诠释学导论
Hermeneutics: An Introduction

作者 安东尼·提瑟顿（Anthony C. Thiselton）
英译 刘兵，杜娜娜，辛婷
编审 徐西面

中文版权 © 贤理·璀雅

作者 / 安东尼·提瑟顿（Anthony C. Thiselton）
英译 / 刘兵，杜娜娜，辛婷
编审 / 徐西面
中文校对 / 甘雨，若凡，摩西

中文书名 / 诠释学导论
英文书名 / Hermeneutics: An Introduction

All rights reserved. **English Edition © Anthony C. Thiselton, 2009.** No Part of this book may be reproduced or transmitted in any form or by any means, electronic or mechanical, including photocopying, recording, or by any information storage or retrieval system, without permission in writing from the publishers. For information, address **William B. Eerdmans Publishing Company of 2140 Oak Industrial Dr. NE, Grand Rapids, Michigan, 49505, U.S.A**. or address **Latreia Press, Hudson House, 8 Albany Street, Edinburgh, Scotland, EH1 3QB**.

本书部分经文引自《和合本》，版权属香港圣经公会所有，蒙允准使用。其余经文直接译自英文原文。

策划 / 李咏祈
装帧设计 / 冬青
出版 / 贤理·璀雅出版社
地址 / 英国苏格兰爱丁堡
网址 / https://latreiapress.org
电邮 / contact@latreiapress.org
中文初版 / 2020年7月

ISBN：978-1-913282-11-0

目录 CONTENTS

林序 1
编者序 5
作者序 7

第一章 诠释学的目的和范畴 9
诠释学的定义/诠释学的研究之于我们有何益处？/哲学诠释学与更为传统的哲学思想的区别，以及它们与解释和理解的关系/初步和暂时的理解（预先理解）和诠释循环/建议初学阅读书籍

第二章 哲学、圣经研究、文学理论和社会自我处境下的诠释学 ... 27
与更传统的哲学思想的更多差异：群体与传统; 智慧或知识？/传统圣经研究进路：文本在时间和地理上的"根植性"/文学理论对诠释学和圣经解释的影响：新批判主义/文学理论的影响：读者回应理论/诠释学更广阔的维度：利益，社会科学，批判理论，历史原因和神学/建议初学阅读书籍

第三章 诠释学方法示例：耶稣的比喻 47
比喻的定义及其与寓言的关系/比喻的情节及其存在性的解释/严苛的历史方法：朱利希，多德和耶利米亚/历史方法的有限性：回顾性观点？/修辞方法与文学批判/其他进路：新诠释学，叙事世界，后现代性，读者回应和寓言/建议初学阅读书籍

第四章 承继古代世界的老问题：犹太教与古希腊 75
基督教的传承：拉比犹太教的诠释学/希腊犹太教的文献/基督时代前后的犹太天启文学/解释的希腊源头：斯多亚/建议初学阅读书籍

第五章 《新约圣经》与第2世纪 93
将《旧约圣经》作为参考框架或前设理解：保罗书信与福音书/《希伯来书》《彼得前书》与《启示录》：以旧约为前设理解/《新约圣经》使用寓意解释还是预表法？/保罗书信中比较"艰涩"的经文：《七十士译本》还是希伯来文？/福音书、《彼得前书》和《希伯来书》中的《旧约圣经》引用/第2世纪的解释和诠释学/建议初学阅读书籍

第六章 第3至13世纪 121
西部拉丁语区：希坡律陀、特土良、安波罗修、耶柔米/亚历山太传统：俄利根与亚他那修、狄迪莫斯和西里尔/安提阿学派：狄奥多、西奥多、约翰·屈梭多模与狄奥多勒/通往中世纪的桥梁：奥古斯丁和大格列高利/中世纪：自比德至里拉的尼古拉的九个人物/建议初学阅读书籍

第七章 宗教改革、启蒙运动与圣经鉴别学的兴起 149
宗教改革：威克里夫，路德和墨兰顿/进一步宗教改革：威廉·丁道尔和约翰·加尔文/新教正统主义、敬虔主义和启蒙运动/18世纪圣经鉴别学的兴起/19世纪圣经鉴别学的领军人物/建议初学阅读书籍

第八章 施莱尔马赫和狄尔泰 177
影响、生涯和主要作品/施莱尔马赫之诠释学的新概念/心理和语法解释：对比和直观；诠释学循环/更多的主题和对施莱尔马赫的评估/威廉·狄尔泰的诠释学/建议初学阅读书籍

第九章 鲁道夫·布尔特曼与新约的去神话化 197
影响和早期关注/布尔特曼的"神话"概念/存在主义的解释和去神话化：具体例子/对布尔特曼整体研究方案的批判/争论的后续进程：左翼和右翼批判者/建议初学阅读书籍

第十章 20世纪中叶的一些进路：巴特、新诠释学、结构主义、后结构主义和巴尔的语义学ㅤ219

卡尔·巴特的早期和后期诠释学/富克斯和艾伯林所谓的新诠释学/结构主义及其在圣经研究中的应用/应用于圣经的后结构主义和语义学/建议初学阅读书籍

第十一章 汉斯-格奥尔格·伽达默尔的诠释学：第二转折点ㅤ243

背景，影响及早期生活/《真理与方法》第一部分："方法"批判和艺术与游戏的"世界"/《真理与方法》第二部分：在人文科学中的真理与理解/《真理与方法》第三部分：本体论诠释学和语言，及对此的评估/《真理与方法》三部分的进一步评估/建议初学阅读书籍

第十二章 保罗·利科的诠释学ㅤ267

背景，早期生活，影响及重要性/中期：弗洛伊德的阐释、阐释的冲突与隐喻/晚期：《时间与叙事》/《作为他者的自己》：自我的身份，"他者性"与叙事/《作为他者的自己》对伦理学的意蕴，以及其他后期作品/五项评估：文本、作者意图和创造力/建议初学阅读书籍

第十三章 解放神学的诠释学及后殖民诠释学ㅤ297

定义，起源，发展及圣经主题/古斯塔沃·古蒂雷斯与解放神学的诞生/第二阶段："基层群体"与20世纪70年代的何塞·波菲里奥·米兰达/第二阶段的延续：胡安·路易斯·塞贡多，塞韦里诺·克罗托，莱昂纳多·波夫及其他人/第三阶段：20世纪80年代至今的后殖民诠释学/进一步的评估和评价/建议初学阅读书籍

第十四章 女权主义和妇女主义诠释学ㅤ323

早期妇女的公众知名度和事工/第一波和第二波女权主义与女权主义诠释学/伊丽莎白·舒斯勒·菲奥伦扎的《为记念她》：论点/

伊丽莎白·舒斯勒·菲奥伦扎的《为记念她》：评估/第二波碎片/
妇女主义诠释学/女权主义诠释学的暂时性评估/建议初学阅读书籍

第十五章 读者回应与接受理论 355
读者回应理论：起源与多样性/对理论的评估及其在圣经研究中的应用/寓意解释是读者回应理论的一个子类别吗？一条建议/
近期向接受理论的转向和汉斯·罗伯特·贾斯/
接受理论与具体的圣经段落/建议初学阅读书籍

第十六章 后现代主义与诠释学 379
后现代主义与基督教信仰相容吗？三个可能的答案/欧洲后现代主义：雅克·德里达（与后期的巴特斯）/欧洲后现代主义：让·弗朗克欧伊斯·利奥塔（与让·鲍德里亚）/欧洲后现代主义：福柯；知识与权力/美国的后现代主义：理查德·罗蒂（与后期的斯坦利·费什）/
建议初学阅读书籍

第十七章 一些总结性的评论 405
神圣施动和圣经权威/语言学和语用学的进展：礼貌理论/布里瓦德·查尔兹与正典进路/更全面的意义、预表和寓意解释/天主教圣经学术研究与两个重大转折点

参考书目 414

索引 446

林序

提瑟顿（Anthony Charles Thiselton, 1937-）教授是英国圣公会福音派牧师、学者。从伦敦大学国王学院获得道学士与神学硕士学位后，他于1963年起在布里斯托（Bristol）大学担任教职，1970年转往谢菲尔德（Sheffield）大学，1977年在那里以优异成绩完成诠释学研究论文取得博士学位，并在1979年晋升圣经研究系高级讲师。

从1992年起，提瑟顿教授担任诺丁汉（Nottingham）大学神学系主任。任内九年，他与一些福音派优秀学者同心齐力把此系的神学研究带到一个高峰。在2001年退休后，他前往切斯特（Chester）大学担任教授，在那里推动神学研究五年，而后再度受邀重任诺丁汉大学教授直到2011年；之后则全心从事研究写作。

在教会服事方面，他担任教会牧师、法政牧师并参与神学教育以及多项重要委员会，包括在英国圣公会教义委员会大约30年之久。其中，他在1985年担任诺丁汉的圣约翰学院院长（圣公会福音派服事训练学院），并在1988年担任杜伦（Durhum）的圣约翰学院院长（圣公会福音派取得杜伦大学认证的学院）。由于教会服事加上神学教育经历，他在学术研究之外具有深厚的信仰灵性、教会服事视野。

整体而言，提瑟顿教授的学术专业随着教会、神学院到大学的经历成长，研究焦点则从新约到诠释学，并延伸到神学与哲学，成为举世闻名的诠释学专家，著作等身，四处讲学，获有多项重要头衔，如英国国家学术院院士等。

笔者于神学院教书初期对诠释学产生兴趣，受到1980年提瑟顿教授出版的《双视域：从海德格尔、布尔特曼、伽达默尔、维特根斯坦探讨新约诠释学与哲学描述》（*The Two Horizons: New Testament Hermeneutics and Philosophical Description with Special Reference to Heidegger, Bultmann, Gadamer, and Wittgenstein*）的启发。他以希腊文与新约研究学者背景写出了一本跨越圣经研究、神学、哲学诠释学的深度著作，展现出优异的整合能力以及跨科际的眼界；从书名可见其追求诠释者视域与文本视域丰富会遇的雄心壮志。

《双视域》原为提瑟顿教授的博士论文，两位外审教授是著名神学教授詹姆斯·托伦斯（James B. Torrance, 1923-2003）与约翰·麦奎利（John Macquarrie, 1919–2007）。前者在为此书写的〈前言〉中赞誉此书为前所评阅过最能力卓绝的论文，是有关现代神学的第一流报道，提供给英语世界急切需要的深度综览。后来提瑟顿教授根据诠释学最新知识而于1992年接续出版《诠释学新视域：转化研读圣经的理论与实践》（*New Horizons in Hermeneutics: The Theory and Practice of Transforming Biblical Reading*）。这两本书已成为英语世界的诠释学经典，其后他的写作范围从诠释学跨越到教义学、神学、圣经研究、宗教哲学，研究兴趣之广泛令人惊讶！

1992年，笔者开始与提瑟顿教授通信请教。笔者非常惊讶地发现，他总是能够非常深入地了解笔者在信上所写的，并且针对重点回应问题。笔者印象深刻地感受到一位长期研究诠释学的学者具备如此非凡的"了解"（understanding）与"解释"（interpretation）能力——这两样正是诠释学追求的目标，让我对诠释学产生极大的研究兴趣。笔者于1998年在提瑟顿教授指导下在诺丁汉大学人文学院完成一本哲学诠释学的博士论文。在接受指导写作论文期间，深深感受到他具有百科全书式的渊博学识，这尤其反映在他2000年出版的《哥林多前书》注释，在他转向诠释学研究多年之后，竟然仍能写出1424页篇幅且专业十足的新约研究著作。

至于提瑟顿教授在诠释学与神学、哲学方面的著作，除了知识广博之外，还加上细心聆听的宽阔胸襟以及杰出过人的整合能力，且勤于写作、源源不绝。他的神学立场如斯托得牧师、巴刻教授，是坚定的圣公会福音派。在私下场合，提瑟顿教授曾告诉笔者他认同改革宗神学传统，然而他总是细心地倾听、同情地了解不同立场与主张，绝不轻易发出批判。他总是先求了解而后优雅地提出不同的观察与建议，在温和宽容的氛围中呈现自己的立场，并期盼在相异观点之间能有建设性发展。这实在可作为华人教会、学界典范，以了解对话取代交锋论战，目标不在于追求一枝独秀、压倒不同意见，而在于取长补短、呈现真理的丰富性，使得对话双方都得以提升。

提瑟顿教授的胸襟气度，让人想起英格兰启蒙运动，如洛克调和鼎鼐于合理性、反理性与超理性三方，稳健地奠定信仰与理性的分际，在英格兰促成一股温和的启蒙力量，循次渐进地推动稳定成长，不若激进的法国启蒙运动路线终结于激烈失控的法国大革命。这种讲理、倾听、对话、包容的传统同样形塑了提瑟顿教授的学术风格。

温文和煦的风格或许并未使他凸显出独特的思想家形象，然而他仍为名符其实的一代大师，因他自然流露的学问风范、敦厚的教导风格、坚定的福音立场，以及经年累月的学术耕耘，树立了另一种华人教会、学界急切需要的典范，提供众多心血著作作为优质入门导引、教科书以及专业研究的参考，呈现出一幅聚沙成塔、扎实建造基督教思想的画面，而非仅仅璀璨一时的辩才无碍或昙花一现的运动口号。

《诠释学导论》为一本适合本科生、研究生的优秀诠释学教科书，书中的启发性、开放性风格符合教学讨论的需要。诠释学起源于圣经释义，逐渐发展到面对更广泛意义的文本，形成追求"了解"与"解释"的一门学问。书中对于起源时期的发展历史有简要清晰的介绍，并刻画了从19世纪施莱尔马赫打造"普遍诠释学"起，通过海德格尔、伽达默尔、利科等大师形塑现代诠释学的发展，也介绍了与21世纪诠释学相关的解放神学、后殖民理论、女权主义、妇女主义、读者回应理论以及后现代思潮等。书中使用大量研经例证说明诠释学的重要，并在结语中回归圣经作为真理泉源的神圣权威，结合圣经研究与诠释学而带领读者进入丰富的诠释学世界。

　　笔者期许读者免于陷入狭隘主观偏见的纠结，不只面对一般文本，而且面对圣经，乃至追随圣经真理而面对世界、人以及自我都能如此。

2020/1/18

台北

林鸿信

系统神学教授

台湾神学院

编者序

　　本书作为诠释学的入门书，从圣经、神学、哲学的角度全方位地介绍了该门学科。因为是导论，本书的一个鲜明特征就是资料的丰富性。提瑟顿教授旁征博引，用细腻的文笔梳理出一条诠释学的历史脉络。丰富的文献资料为进一步诠释学研究提供了丰富的信息平台。因此，本书可作为神学生和有兴趣研究诠释学人士的一本手册。

　　本书体现了提瑟顿教授极强的整合能力，因此翻译工作极富挑战。在众多专业词汇的译文之后，此中译本大体上都给出了相应的外文，以作说明。在此，笔者特别指出三个词的翻译。本书一致地将 hermeneutics 译作"诠释学"，将 interpretation 译作"解释"，将 exegesis 译作"释经"或"注释"。在一些中文著作中，hermeneutics 常常被简单地译作释经，这实则淡化了该词的丰富意义。本书则鲜明地突出了这种意义的丰富性。

　　此中译本的面世经历了诸多坎坷。从起初的找寻译者到因不可抗因素而更换译者，导致翻译工作一度暂停，最后经三位译者之手终于完成。在最后的排版校对阶段，又面临几个月的疫情影响。本书如同难产的婴儿，终于呱呱坠地。在这过程中，有众多同工投入了心血。感谢刘兵弟兄、杜娜娜姊妹和辛婷姊妹的协同翻译。感谢甘雨姊妹、若凡弟兄、摩西弟兄在中文编辑方面的辛勤工作。在此特别感谢我的好友维尼博士，她为此中译本提供了许多指正和建议，令笔者受益匪浅。林鸿信牧师在忙碌的工作中为本书作序，对此我深表谢意。

　　作为一本资料信息如此丰富的书，笔者相信此中译本仍有许多可待改善之处，望请读者斧正！

2020/7/4

英国苏格兰爱丁堡

徐西面

哲学博士（系统神学）

爱丁堡大学

作者序

这本书旨在成为学生和普通读者的诠释学教科书。它的写作是基于我近 40 年教授这门学科的经验。在介绍专业术语时，我一般都对其进行了定义。在这 40 年期间，我的学生帮助我界定了需要涵盖的问题、作者和主题。

我避免赘述已在其他书中写过的内容，尤其是《诠释学新视域》（*New Horizons in Hermeneutics*）和《提瑟顿论诠释学》（*Thiselton on Hermeneutics*）。然而，布尔特曼的章节可能与《两个视域》（*The Two Horizons*）有些重叠。但是《两个视域》是一本写于近 30 年前的专著；相较而言，现在这本书中的该章极为简短。另外，关于施莱尔马赫，也无人能写出全新的内容，因为他在诠释学方面的写作范围很小，但是我试图以不同的方式，比以前更简单地介绍这个主题。就其余的 14 章而言，几乎没有出现重叠现象。我在写这本书的时候，并未打开我以前所写的著作。

两年前，几乎没有任何关于诠释学的教科书，除了大卫·贾思柏（David Jasper）的那本，它非常基础和简短。[1] 不过，它仍然令人略微体验了该学科。后来又出现了其他三本，但无一完全充足。尽管它们各有优点，但它们都过于笼统简短，而且作者在该学科上无法做到偷工减料却不冒误解的风险。没有一本充分涵盖了伽达默尔和

---

[1] 中注：贾思柏，《基督教诠释学浅析》，纪荣神译（香港：基道出版社，2008）。

利科，也没有一本所提供的作者和主题的范围可与本书相当。

我非常感谢我的秘书卡伦·伍德沃德（Karen Woodward）夫人，她一丝不苟地录入了整份手稿，尤其是在去年夏天我患了严重中风之后，我的手稿比平时更潦草。我也感谢我的妻子罗斯玛丽（Rosemary）所做的校对和大部分的索引，以及希拉·里斯（Sheila Rees）夫人的校对。我感谢埃德曼公司副总裁乔恩·波特（Jon Pott）先生个人的鼓励。

01

诠释学的目的和范畴

一.诠释学的定义

诠释学（hermeneutics）探索的是我们如何阅读、理解和处理文本，特别是那些在另一个时代或另一种不同于我们的生活处境中所写的文字。圣经诠释学更加明确地研究我们如何阅读、理解、应用以及回应圣经文本。

广义而言，从 19 世纪初以来，尤其是在弗里德里希·施莱尔马赫（Friedrich Schleiermacher, 1768-1834 年）的著作之后，诠释学所涉及的就不止一个学科了。（1）圣经诠释学提出了**圣经**和神学方面的问题。（2）它提出了与我们如何理解以及理解之基础相关的**哲学**问题。（3）它涉及有关文本类型和阅读过程等**文学**问题。（4）它涵盖了有关既定利益（有时属于阶级、种族、性别或先验信念）可能会如何影响我们阅读的**社会性**、批判性或社会学性质的问题。（5）它借鉴了沟通理论，有时也包括一般的**语言学**，因它探索了向**读者**或群体传达内容或效果的整个过程。

就理解圣经文本而言，负责的解释（interpretation）会借鉴圣经研究的各种资源，包括旧约和新约的概论和释经（exegesis）。这继而也不能忽视基督教神学和圣经正典的问题，特别是要以释经历史或文本"接受"（the reception of texts）为背景。

把诠释学中一些复杂的理论问题，与几乎关系到所有人的实际问题分离是不可能的。例如：文本的含义到底是由读者"构建"，还是由文本作者通过文本 "给出"？这是一个复杂的诠释学理论的问题，但这取决于我们如何寻求回答一个基本的实际问题：圣经蕴含的意思是否就是我们希望它所包含的意思？我们如何就负责地或有效地解释圣经所需的规范或标准达成一致观点？

在教父时代（直到大约公元 500 年）以及从宗教改革到 19 世纪早期，诠释学常被定义为"解释圣经的**规则**"。在许多作家中，尽管不是全部，诠释学几乎等同于**释经**，或者至少是以负责任的方式进行释经的规则。只有到了 19 世纪的施莱尔马赫，还有特别是 20

世纪后期的汉斯-格奥尔格·伽达默尔（Hans-Georg Gadamer, 1900-2002 年）的时候，"诠释学是一门**艺术**而非一门**科学**"这一观念才出现。施莱尔马赫在 1819 年写道："诠释学是思维艺术的一部分，因此也是哲学性的。"[1] 同样，伽达默尔也将这个主题从制定纯粹理性主义的"方法"步骤中分离出来，并评述："诠释学首先是一种实践，是理解的艺术……其中人最需要动用的就是耳朵。"[2] 伽达默尔最重要的著作《真理与方法》（Truth and Method）的标题就表明了，他怀疑理性主义或机械的"方法"是使人理解和获取真理的一种方式。他原本可能会称他的这本主要著作为《真理**或**方法》（Truth or Method）。

然而，我们可以为诠释学或为文本的诠释制定"规则"这一概念有着悠久的历史，并且现今在某些领域仍然存在。早期拉比传统下的"诠释规则"具有这种形式并不令人感到惊讶。首先，对神圣圣经的解释开始蕴于固定不变的拉比传统（即使这些传统经常被发展以解决新的情况）。第二，这些早期的表述更多与逻辑推理有关，而不是广义上的诠释学。传统上认为，七条解释规则由拉比希勒尔（Rabbi Hillel，大约公元前 30 年）设立，其中前五条实际上是推理和归纳逻辑的规则。第一条（称为"轻与重"）与推论有关。第二条是关于比较和类比的应用。第三、第四和第五条则涉及推论（从一般原则到具体情况的推理）和归纳（即根据特定情况的推论形成一个通用公理）。相比之下，第六和第七条规则才是更真实的诠释学。它们问道：圣经的一段经文对另一段经文的意义有什么影响？一个段落的更广泛的语境如何阐明它的意义？

我们不应该夸大这七条"规则"（或"middoth"）的重要性，因为它们通常随后就会被随意拿来应用，犹太拉比对神圣经文的研

---

[1] Friedrich Schleiermacher, *Hermeneutics: The Handwritten Manuscripts*, ed. Heinz Kimmerle, trans. James Duke and J. Forstman (Missoula: Scholars Press, 1977), p. 97.

[2] Hans-Georg Gadamer, "Reflections on My Philosophical Journey," in *The Philosophy of Hans-Georg Gadamer*, ed. Lewis Edwin Hahn (Chicago and La Salle, Ill.: Open Court, 1997); 整篇论文见 pp. 3-63.

究（midrash，密德拉西）不但相信经文的绝对权威性，同时也包容从根本上会有多种解释和应用的可能性。这些所谓的规则也与那时希腊修辞学所形成的原则有许多共同之处。[3]

解释的"规则"的概念常常对那些保守派的基督徒作家很有吸引力。对他们而言，绝对可靠或绝对无误之圣经正典的概念至关重要。然而，他们认为，在实际应用圣经内容时，易错的人为解释似乎成了传达圣经权威过程中的一个薄弱环节。例如，关于诠释学最保守的教科书之一（1890年）的作者米尔顿·特里（Milton S. Terry）如此说："诠释学是一门解释的科学。"[4] 他这样的表述并不令人讶异。然而，即便是特里也承认，解释学"既是一门科学也是一门艺术。作为一门科学，它阐明了原则……并对事实和结果进行分类。作为一种艺术，它教导了这些原则应有的应用……在阐明更难的经文中表现出其实用价值。"[5]

但是，特里的著作几乎完全聚焦于圣经文本，将其视作交流（communication）过程中的"原始资料"。相对的，它很少关注**读者**或**读者群体**理解文本的范畴。而恰恰是对于这个"第二个"（或读者的）范畴的重视，施莱尔马赫和伽达默尔将诠释学重新定义为"**理解**的艺术"。就像主授一门课程一样，"交流"不仅描述文本**传递**的内容或主题的来源，也包括所**传递**给读者或"目标"受众的以及他们所**理解**和**接受**的内容。在交流理论和一般语言学中，作者经常使用"发送者"和"接收者"这两个词表示这一过程的双方。作为交流的行为或事件，这种对于整个过程（因它涉及到作者、文本和读者）的关注，是区分诠释学与注释学（exegesis）几种不同方法中的一种。

一些作者有时会抱怨说，犹太作家斐洛（Philo）以及以革利免

---

[3] 相关的一个学术研讨可见于 David Daube, "Rabbinic Methods of Interpretation and Hellenistic Rhetoric," *Hebrew Union College Annual* 22 (1949): 234-64.

[4] Milton S. Terry, *Biblical Hermeneutics: A Treatise on the Interpretation of the Old and New Testaments* (Grand Rapids: Zondervan, 1974), p. 17.

[5] Terry, *Biblical Hermeneutics*, p. 20.

（Clement）和俄利根（Origen）为首的亚历山太教父们，"寓意化"（allegorize）了圣经作者的文字，或者使之超越了所谓的字面意义而变成了一种寓意。他们认为这种方法常常扭曲了作者有意要表达的"字面"意思。在基本层面上，这说出了部分事实，但其中所牵涉的问题更为复杂。亚历山太学派的诠释学有意识地探究有关文本对听众和读者的理解与反应之影响的问题；至少这个问题是有效的。我会在下文论述，这个答案比直接的"是"与"非"更为复杂。这种对读者的关注就促成了独特的亚历山太诠释学。[6] 与之相反的侧重点，与狄奥多（Diodore）、摩普绥提亚的西奥多（Theodore of Mopsuestia）、约翰·屈梭多模（John Chrysostom）和安提阿学派相关，常被描述为支持"字面"的意义。从广义而言，这是正确的。但屈梭多模也关注文本作者的角色，特别是在有关耶稣、使徒和先知的例子中，作者就保持对文本意义的"控制"。这就很有力地提供了一个更好、更准确的方式来描述二者之间重点的差异，而非对"字面意思"加以评论。"字面的"是一个不明确的词，人们对其使用也各不相同。[7]

最后，虽然**注释**（exegesis）和**解释**（interpretation）都描述了解释文本的实际过程，然而诠释学也包含了二级训练，即批判性地提问：**当阅读、理解和应用文本的时候，我们到底在做什么**。诠释学探索那些用来试图确保负责、有效、有成果并恰当之翻译的条件和标准。这也就再一次说明了诠释学需要参考各种学科的原因。它解释了为什么我们需要借鉴有关"我们如何理解"的哲学问题，有关自我、自我利益和自我欺骗的心理学、社会学以及批判性的问题。它表明了为什么我们借鉴那些源自文学理论、与文本和文本力量（textual forces）的本质与效果相关的问题。它也解释了我们为什么借鉴在圣

---

[6] Karen Jo Torjesen, *Hermeneutical Procedure and Theological Method in Origen's Exegesis* (Berlin: Walter de Gruyter, 1986) 正确地强调并探究了俄利根的教牧关怀在其方法中的功用。

[7] 对"字面的"一词意思的复杂使用，R. W. L. Moberly, *The Bible, Theology, and Faith: A Study of Abraham and Jesus* (Cambridge: Cambridge University Press, 2000), pp. 225-32 提供了精彩的论述。

经研究中、在解释教会和其他信仰群体的历史中、在教义和神学中所出现的问题。

二. 诠释学的研究之于我们有何益处？

严谨的诠释学研究让我们有何期待？我从 1970 年开始在谢菲尔德大学（University of Sheffield）按学位课程主授释经学。从那时起，我已经在其他三所英国大学，以及美国、加拿大、欧洲和中东地区教导诠释学。我经常问学生（从本科到博士），他们从这门课学到了什么（如果有的话）。有三个答案最普遍。

第一，也是最常见的回答，学生说，当完成课程后，**他们开始以一种与以往不同的方式阅读圣经**。如果继续追问，许多人会补充说，他们特别从伽达默尔学到了按照其本意来**倾听**经文的重要性，而非过早地预设、或让经文符合他们可能预先已有的概念和期待。他们也从保罗·利科（Paul Ricoeur, 1913-2005 年）那里学到，需要用一种健康的批判性**怀疑**来审视他们的阅读方式，并且要知道人是多么容易被自我利益欺骗。[8] 选择一种方便的或自我肯定的解释实在太容易了。

第二，许多人发现因跨多门学科的性质，诠释学为他们的神学和宗教研究提供了一个**整合的维度**。如果之前在圣经研究和根本的哲学问题之间，或者新约研究和基督教思想史之间似乎还没多少联系，那么这些不同领域和方法都**汇聚**于诠释学，成为理解文本过程中**一致、整合、互为关联**的因素。

第三，一些人表达了这样一种观点，即诠释学产生了对乍看之下不相容、或不可接受的观点与论据，表示出尊重并以更多的同情去理解的习惯。诠释学试图在对立的观点之间**架起桥梁**。这并**不需**

---

[8] 利科在他的许多著作中对此都有解释，但是他对这方面最经典的研究是 *Freud and Philosophy: An Essay on Interpretation*, trans. Denis Savage (New Haven: Yale University Press, 1970), e.g., p. 27.

要向其他观点让步，而是首先去同情地理解引发各自观点或论点的不同**动机**和**历程**。

这是从施莱尔马赫到如今涉及众多学科的诠释学的一个持久主题。在他早期（1805年和1809年）的格言中，施莱尔马赫写道："在解释时，至关重要的是能够走出自己的思维框架而进入作者的思维框架中。"[9] 解释者必须运用想象（imagination）和历史性的研究去了解文本的"最初读者"是如何理解的。[10] 威廉·狄尔泰（Wilhelm Dilthey, 1833-1911年）在诠释学的发展中有效地继承了施莱尔马赫。他谈到需要尝试进入作者或寻求**理解**的对话伙伴的角色。这就涉及一种同理心（他使用了德文单词 Hineinversetzen）。[11]

在20世纪中叶，新约学者鲁道夫·布尔特曼（Rudolf Bultmann, 1884-1976年）接受了狄尔泰的诠释学，并坚持认为，要理解一个人或一段文字，就必须与他所要理解的对象有"生命的关系"。[12] 他引用了尝试去理解一段音乐或数学理论的例子。如果音乐或数学在读者或解释者的生活中无足轻重，那么要理解它们几乎是不可能的。在20世纪下半叶，另一位新约专家恩斯特·富克斯（Ernst Fuchs, 1903-1983年）是"新诠释学"的主要构建者。他坚持认为，**同理心或相互理解**是诠释学的重心所在。他用了一个广义的德文单词 Einverständnis 来表达这一点。[13] 有位作家认为，这个词意味着"渗透性理解"（penetrative understanding）。

关于我们可以从诠释学的学习中收获什么这一问题，埃米利奥·贝蒂（Emilio Betti, 1890-1968）的评论可能是最令人关注的。贝蒂

---

[9] Schleiermacher, *Hermeneutics*, p. 42.

[10] Schleiermacher, *Hermeneutics*, p. 107.

[11] Wilhelm Dilthey, *Gesammelte Schriften*, vol. 7 (Leipzig and Berlin: Teubner, 1927), pp. 213-14; translated in Selected Writings, ed. H. P. Rickman (Cambridge: Cambridge University Press, 1976), pp. 226-27.

[12] Rudolf Bultmann, "The Problem of Hermeneutics," in *Essays Philosophical and Theological* (London: SCM, 1955), p. 242; the essay is on pp. 234-61.

[13] Ernst Fuchs, "The Hermeneutical Problem," in *The Future of Our Religious Past: Essays in Honour of Rudolf Bultmann*, ed. J. M. Robinson, trans. C. E. Carlston and R. P. Scharlemann (London: SCM, 1971), pp. 267-68; the essay is on pp. 267-78.

在哲学、神学和法律方面都有著作，许多人认为他是 20 世纪诠释学中，作为伽达默尔和利科之后的第三位重要人物。他认为，诠释学培养的是思维的"开放性"和"接纳性"。它培育了宽容、相互尊重、并以耐心和正直的态度**互相倾听**的品性，因此这门课应该在所有大学中被设定为必修课。[14]

第四点可能就关系到基督徒以及圣经诠释学了，虽然它也与更广泛的宗教兴趣有关。诠释学有助于解释两种现象。一方面，诠释学表明，"理解"可能是一个需要用多年时间揭示真相的缓慢过程。理解不是一个"打开"与"关闭"事件，以至于我们期待信仰会突然发生。有些人需要很多年才能完全地相信。但是，同样还有另一种情况。有些人经历了戏剧性和突然的理解，就好像鳞片从他们眼中掉下来一样。然而，这两种方式在"理解"的含义上是一致的。了解什么是"理解"有助于人们明白这两种走向信仰的方式都是可期待的。

三. 哲学诠释学与更为传统的哲学思想的区别，以及它们与解释和理解的关系

大多数关于哲学诠释学的作家，尤其是伽达默尔和利科，都认为哲学诠释学的寻常进路与勒内·笛卡尔（René Descartes，1596-1650年）的理性主义和大卫·休谟（David Hume，1711-1776年）的经验主义相距甚远，甚至几乎背道而驰。无论是内在精神还是外在形式，它都与世俗启蒙主义的理性主义，及后来被神话了的、作为控制所有

---

[14] Emilio Betti, *Allgemeine Auslegungslehre als Methodik der Geisteswissenschaften*, German translation and edition of the Italian (Tübingen: Mohr, 1967), p. 21. 然而，这本书的翻译工作还在进行中。部分节录可见于 Josef Bleicher, *Contemporary Hermeneutics: Hermeneutics as Method, Philosophy, and Critique* (London and Boston: Routledge and Kegan Paul, 1980), pp. 51-94. 中注：这本书的英文翻译已于 2017 年全部完成面世：Emilio Betti, *General Theory of Interpretation*, trans. Giorgio A. Pinton, 10 vols. (CreateSpace Independent Publishing Platform, 2015-17).

人类知识模型的自然科学，相距甚远。我们可以找出哲学诠释学（或诠释学哲学）与偏向以传统方式实践的哲学之间的几个不同点。

1. 不可否认，虽然理性维度仍然处于诠释学研究的过程中，但诠释学更具创造性的维度，在根本上更依赖听众和读者**以开放性去聆听的**接受能力。敏感地欣赏（appreciate）和援用（appropriate）我们追求理解的内容，要优先于审查感知、思想和知识之"对象"的传统方法。这种"倾听"的维度通常被描述为"**理解**"过程的一部分，与更为理性、认知或批判的"**解释**"的维度相对立。包括詹姆斯·罗宾逊（James Robinson）在内的一些作者，将这一原理解释为认识论或知识论中"传统流的逆转"。[15] 在笛卡尔和其他理性主义哲学家的理性主义中，人类自我作为**主动的主体**（active subject），审查并反思作为**被动对象**（passive object）的所寻求认识的事物（如下图所示）。但是在诠释学中，**文本本身**（或者一个人寻求**理解**的事物）实际上几乎是以主动的主体发挥作用，揭露和审问作为其审查**对象**的人类探究者。

人类主体 → 知识的对象　　　人类询问者 ← **主动的文本**
传统哲学的进路　　　　　　　更倾向诠释学的模型

图 1

恩斯特·富克斯（他强调的是我们已经提及的相互理解）认为："在我们翻译之前，**文本要先翻译我们**。"[16] 根据自然科学家或经验主义者的假定立场类推，文本解释者不是一个中立的观察者。充分意义上的**理解**需要**参与**和**自我介入**。实际上，每一位当代诠释学的倡导者都支持这一观点，从施莱尔马赫和狄尔泰开始，由圣经学者布尔特曼和富克斯发展而成，并且由 20 世纪后期伟大的诠释学家伽达默尔和利科最充分地予以阐明。

---

[15] James M. Robinson, "Hermeneutics since Barth," in *New Frontiers in Theology, vol. 2, The New Hermeneutic*, ed. James M. Robinson and John B. Cobb, Jr. (New York and London: Harper and Row, 1964), pp. 23-24.
[16] Fuchs, "The Hermeneutical Problem," p. 277.

罗伯特·芬克（Robert Funk）承认他受益于富克斯的方法，参照浪子的比喻（路十五 11-32）阐明了这种理解的认识论流程（epistemological flow）的动态。这个比喻描绘了小儿子从想要独立到离家出走、穷困潦倒，直至被遗弃，以及最后悔恨的过程。在他无路可走时，决定回到他父亲身边，只希望成为一个雇工。然而，他父亲却跑着去欢迎他，并赐给他戒指、长袍和鞋子为礼物，以此恢复他的个人尊严。但是，这个寓言也转向了大儿子的态度。他恼怒父亲对浪子的慷慨和接纳，并且义愤填膺地拒绝加入欢迎仪式。因为他认为，小儿子的行为与对其的欢迎之间的对比，对于他而言极为不公。

关于大儿子，芬克写道："他拒绝被定为罪人，因为他是正义的，不需要神的恩典。恩典的言语和恩典的行为将听众分为小儿子们和大儿子们——罪人和法利赛人。这就是恩斯特·富克斯所说的，不是人解释比喻，**是这些比喻来解释人。**"[17]（在讨论比喻和新诠释学时，我们会再次简要地提到这一点。）

同样，在诠释学理论中，人们普遍认为更传统的、以文本为审查"对象"的方法仍有一席之地，即便这不占据最重要的地位。大多数拥护诠释学的人都认为，需要严格检查诠释的过程。可信性与轻信不同。因此，许多诠释学的作者都区分了**解释和理解**（explanation and understanding）这两个有效维度。**解释**的轴心更类似于传统的**认识**（knowing）的流程，而理解需要更加个人的、直觉的或超理性的维度。施莱尔马赫将他所谓的批判和比较的"男性"（masculine）活动，与人际理解或感知的"女性"（feminine）特质之间进行了对比，就像我们试图了解朋友时一样。他分别称这些为"比较性"和"直觉性"（divinatory）（他用的德文 divinatorische 类似于英文 divinatory）[18]。他坚持认为，尽管直觉性理解或感知的女性特质，比单单的批判性和比较性更具创造性，我们仍需两者作为互补的进程。

解释和理解之间的平行对比已经在欧洲大陆的诠释学根深蒂

---

[17] Robert W. Funk, *Language, Hermeneutic, and Word of God* (New York: Harper and Row, 1966), p. 16.
[18] Schleiermacher, *Hermeneutics,* pp. 150-51.

固,并广泛流传,即使英语作家也广泛使用相关德文 Erklärung(解释)和 Verstehen(理解)。在德国,卡尔 - 奥托·阿佩尔(Karl-Otto Apel)不仅出版了《解释与理解的争议》(*Die Erklären-Verstehen-Kontroverse*)[由佐治亚·沃恩克(Georgia Warnke)英译为倒序标题《理解和解释》],而且还常常以"E-V"的缩写形式在哲学方法的辩论中提及。[19] 反过来,这与保罗·利科对透过怀疑的诠释来对抗自我欺骗而"抛弃偶像"的重要任务,和更加独特地以开放和倾听来"检索"象征、比喻、叙事和其他文本的诠释学任务之间的平行区分,紧密相关。[20]

2. 诠释哲学与更传统的哲学思想之间的第二个对比,源于伽达默尔认为的直面人类生活中产生的抽象哲学"问题",和探索在反映人类生活具体情况的一系列问答中"产生的问题"之间的根本对比。[21]

在成为诺丁汉大学基督教神学教授的第一年,笔者从前任接手了关于神、自由和邪恶的联合荣誉课程。哲学系和神学系最后一年的荣誉学生会参加这些课程。彼时,我直接体会到这种对比的意义。哲学学生明确表示,他们认为只有慎重地从生活中抽象出来、并且实际上"自立"(self-contained)的论点或想法,才能视为值得评估和评价的问题。相比之下,神学生询问人类生活中争论的背景和动机,正如他们在圣经和历史研究中已经习以为常的。

举例来说,神学生理解并检验不同动机和受众的变化,因这些认为奥古斯丁(公元 354-430 年)的不同著作对"神、自由和邪恶"的问题有不同的侧重点。由于目的各异,受众和议题在不同的作品中也不同。奥古斯丁的重点在以下几个方面会有所不同:他早期反对摩尼教的著作(公元 397-399 年);他的神学性自传《忏悔录》(公

---

[19] Karl-Otto Apel, Understanding and Explanation: A Transcendental-Pragmatic Perspective (Cambridge: MIT Press, 1984); the full German title is Die Erklären-Verstehen-Kontroverse in transzendental-pragmatischer Sicht.
[20] Ricoeur, Freud and Philosophy, pp. 27-28.
[21] Hans-Georg Gadamer, *Truth and Method,* 2nd English ed. (London: Sheed and Ward, 1989), pp. 369-79, especially pp. 376-77.

元 398-400 年）见证了神圣恩典；他反对伯拉纠的著作（公元 411-421 年）；他的历史和护理哲学《上帝之城》（公元 416-422 年）；《教义手册》（*Enchiridion*；公元 421-423 年）；他晚年反对半伯拉纠主义的著作，包括《恩典和自由》（*Of Grace and Free Will*；公元 426-427 年）。特伦斯·蒂利（Terrence Tilley）认为，只有《教义手册》近于给出"神义论"。他认为奥古斯丁的大部分作品，都是为了完成特定任务而写的"施事言语行为"（performative speech acts）。蒂利恰当地总结道，《教义手册》（*Enchiridion*）"不是一种论证，而是一种指导"。[22]

伽达默尔阐述了抽象"问题"与生活内在的质疑过程之间的根本差异，认为这是哲学上的一个关键区别。"科林伍德（Collingwood）阐述的问答逻辑终结了对永久性的**问题**的讨论……该问题的本身特征（identity of the problem）就是空洞的抽象……事实上，没有所谓作为历史之外的一个点，从那里可以设想出问题的本身特征。"[23] 伽达默尔继续论道："问题的概念显然是一种抽象的概念，即将问题的**内容**与实际上**起初就揭示**该内容的**问题**分离，……这样的'问题'已经脱离了提问的动机性的背景。"[24] 问题不是固定自立的实体，好比"天空中的星星"。[25] 伽达默尔总结道："对诠释学经验的反思将问题转化回所产生的问题，并从其动机获得它们意义的问题。"[26]

这不是个微小的或钻牛角尖性的区分。它几乎突出了伽达默尔整个进路和他哲学诠释学的表述。它也对笔者最近的著作《教义诠释学》起到了推动作用，提供了很多有关基督教教义的独特进路。[27] 它也反映了维特根斯坦（Ludwig Wittgenstein）后期哲学的独特进路

---

[22] Terrence W. Tilley, *The Evils of Theodicy* (Washington, D.C.: Georgetown University Press, 1991), p. 121.
[23] Gadamer, *Truth and Method*, p. 375.
[24] Gadamer, *Truth and Method*, p. 376.
[25] Gadamer, *Truth and Method*, p. 377.
[26] Gadamer, *Truth and Method*, p. 377. 中注：在英文版中，提瑟顿此处有笔误，将"意义"（sense）错写成了"来源"（source），中译本此处已予以修正。
[27] Anthony C. Thiselton, *The Hermeneutics of Doctrine* (Grand Rapids: Eerdmans, 2007).

（1889-1951年）。维特根斯坦认为，不能在特定的语言游戏的"外部"来提问和回答概念性的问题。他指的是"包括语言和将其编织在内的行为的整体"。[28] 语言的使用被认为在它们原本语言游戏中变得可被理解。当语言被抽象地认为如"空转的发动机"时，就会出现混淆和模棱两可的情况。[29] 当"应用语言的语言游戏丧失"时，这种情况就会出现。[30]

3. 笛卡尔还提出了一种哲学方法，我们以**怀疑**开始，与**所继承的理解**（inherited understanding）对立；我们从**个人**开始，而不是**群体**；我们从易错的**人类主体**开始，而不是我们试图理解的**事物**。在这三方面，包括伽达默尔和利科在内的诠释学主要代表，都采用了完全不同、实则相反的进路。

笛卡尔著名的（或臭名昭著的）"我思故我在"正是基于如下观点：除了我自己的有意识的反思过程，要怀疑所有其他知识，这为哲学思考提供了一个真实的起点。然而，在诠释学的处境中，伯纳德·龙纳根（Bernard Lonergan）称这是"头脑空白的原则"，并揭示了它的无用以及不足以开始任何解释的进程。

> 头脑空白的原则……要求解释者忘了自己的观点，着眼于外在事物，让作者解释他自己。事实上，外在事物是什么？只有一系列的符号（signs）。任何超出在相同次序下重现的相同符号的事物，都将由解释者的经验、才智和判断来调节。经验越少，才智就培养得越少，判断也形成得越少，解释者将作者从未有过的观念归属于作者的可能性就越大。[31]

与以**怀疑**为出发点（如笛卡尔所推崇的）相反，诠释学的倡导者推崇**前设理解**（pre-understanding）作为"理解"（understanding）

---

[28] Ludwig Wittgenstein, *Philosophical Investigations,* 2nd ed., German and English (Oxford: Blackwell, 1958), sections 7, 19, and 47.
[29] Wittgenstein, *Philosophical Investigations*, section 132.
[30] Wittgenstein, *Philosophical Investigations*, section 96.
[31] Bernard J. F. Lonergan, *Method in Theology* (London: Darton, Longman and Todd, 1972), p. 157.

的更加有效的出发点。英语中可能更习惯用"初步理解"(preliminary understanding）。它表明了更充分理解某些事物的过程中的初始和暂时的阶段。当然，并非所有的哲学都是"笛卡儿式"或理性主义的。但是笛卡尔给各门学科留下了不可磨灭的印记，甚至休谟和经验主义者在这方面也有着相同的思维模式。在很大程度上，这是启蒙运动的思维模式。有一些哲学家截然不同。晚年的维特根斯坦就是其中之一。存在主义者和后现代主义者，不管他们在何处失败，则代表了另一些人。

四．初步和暂时的理解（预先理解）和诠释循环

"预先理解"这一术语对英语世界的人而言并不自然。这毫不奇怪，因为该词是从德国思想家施莱尔马赫开始广泛使用的 Vorverständnis 这一术语英译而来。显而易见的是，这个术语是在名词德文"理解"（Verständnis）前添加了前缀 Vor-，而其反过来又与动词"理解"（verstehen），或名词"理解"（Verstehen）相关。

这个概念并不反对怀疑作为对话对象的作用，因为谈论**初步**理解的目的是要强调它不过是寻找一个桥梁或起点，以致通向进一步更稳妥之理解的暂时方式。从一开始它就能够**纠正**和**调整**。它预示了最初将试验性的可行假设应用于理解的开始，并使之发展至对这一假设所蕴含的一切有更全面的领会。就英格兰教会教义委员会的神学讨论，笔者记得一位特别的主教，他经常以这句话来开始一个对新想法的探索："让我们试试这是否可行。"当开始理解并继续发展时，我们可能会发现我们初步理解的某些方面需要被纠正，而其他方面似乎证明了它们的价值。有些方面似乎在整体上显为"合宜"；而其他方面已经在错误的轨道上了。这就是为什么"理解"往往是一个**进程**，很少是一个突发事件（尽管一项论述或一个新想法有时可能具有使人豁然开朗的力量，但是直到随后的测试才能揭示它是否真实，或是幻觉）。

笔者经常以拼图的类比来启发学生。我们手中拿着一块拼图，猜测蓝色可能代表天空或海洋。我们在到处尝试拼上。另一块拼图有一条黑线，其形状可能代表动物的腿，但也可能是别的东西。当一些初步的猜测或判断被证明是错误的，而其他的猜测和判断有望实现并很可能是正确的，一块一块地，我们开始建立一幅图画。为了取得进展，我们必须对这件作品可能代表什么、以及它如何适合整体画面心存**一些**可行的假设。但最终只有在更大的画面呈现时，我们才能确定这块拼图属于哪里，以及它的意义。

这种类比不仅适用于预先理解。这也是一个寓言，向我们介绍了诠释循环。"循环"这个词在这里是误导性的，尽管使用该词是因为它已经成为自弗里德里希·阿斯特（Friedrich Ast, 1778-1841年）和施莱尔马赫之后19世纪诠释学标准专业术语的一部分。哲学家马丁·海德格尔（Martin Heidegger, 1889-1976年）和伽达默尔使用了这个词。格兰特·奥斯邦（Grant Osborne）更准确地使用了"诠释螺旋"（the hermeneutical spiral）一词作为他所写的诠释学著作的书名，其原因有二。首先，它表示一个从早先的预先理解转向更充分理解的**向上的建设性**进程，然后再回转检查并复审是否需要纠正或改变初步理解。其次，预先理解和理解之间的这种对话合并成下一步进程，检查我们最初处理的拼图配件或片段，并将它们与对整个画面的理解联系起来。[32] 不仔细审视这些拼图配件或片段，我们便无法得到整体的画面；在直到我们意识到更大范围的画面前，我们无法分辨这些单个碎片是什么意思。

当我们细阅施莱尔马赫的诠释学时，我们将更充分地探索这一原则。然而，与此同时，圣经研究的学生将很快觉察到，理解诠释循环（或螺旋）在他们阅读圣经经文时是如何持续发挥作用的。例如，对保罗书信经节或段落的注释和解释，阐明了作为一个整体的保罗

---

[32] Grant R. Osborne, *The Hermeneutical Spiral: A Comprehensive Introduction to Biblical Interpretation* (Downers Grove, Ill.: InterVarsity, 1991). 中注：格兰·奥斯邦，《21世纪基督教释经学——释经学螺旋的原理与应用》，刘良淑、李永明译，增订版（台北：校园书房出版社，2012）

神学。同时，对保罗神学谨慎和明智的理解，反过来在推动我们处理独立经文段落的注释和解释的问题中有不可估量的价值。正如我在其他地方所评论的，克里斯蒂安·贝克（J. Christiaan Beker）就是极好地展示了这一原则的保罗学者。[33]

这就说明了为什么某些神学家和历史学家，倾向于用了解他们作品之人几乎可以预料到的方式来解释某些文本。这不应引起怀疑的态度。可以预见的是，我们如何理解更大范围的图景会影响我们理解构建这一图景之元素的方式。愤世嫉俗者或怀疑论者可能会忍不住在"一切都取决于你的预设"的错觉中离开。这通常是一种排斥进一步讨论的廉价方式，当一个学生与教授意见相左的时候尤然！但是，更好地了解诠释学就会显明，协调既定的观点与暂时的预先理解，在任何意义上都不是不可协调的固定预设之间的冲突。初步的理解和通向更充分理解的负责的过程，会依据随后对部分和整体的处理，为重新协调、重塑和纠正留有余地。

这是我们以上论述的要点：在严谨的哲学层面上，诠释学如何培养尊重"他方"、耐心和相互理解，而不会削弱以真诚负责所持守的信仰的完整性。我们先前提到，贝蒂（Betti）认为所有大学和学术界都需要诠释学。正如海德格尔所坚称的，诠释循环不是一个恶性循环。[34] 它带来的不是怀疑论，而是努力工作、重新开始"倾听"，尽管并不放弃自己的评断能力。这就是为什么格兰特·奥斯邦的术语"诠释螺旋"更准确地表达了其内在所蕴含的意义。

诠释学并不鼓励产生紧密的、脆弱的、完全成形的思想体系。这些思想体系是"封闭"的，杜绝修改或进一步发展。解释者在诠释探究中的视野总是在前进和扩展，并且经常受制于新的评定。然而，这并不排除合理连贯之思想的重要性，也不排除宽松灵活的"体系"出现。这种连贯性与后期的维特根斯坦所描述的"巢穴"的隐喻是

---

[33] J. Christiaan Beker, *Paul the Apostle: The Triumph of God in Life and Thought* (Edinburgh: T. & T. Clarke; Philadelphia: Fortress, 1980).

[34] Martin Heidegger, *Being and Time* (Oxford: Blackwell, 1962), p. 194 (German edition, p. 153). 中注：马丁·海德格尔，《存在与时间》，陈嘉映译（北京：生活·读书·新知三联书店，2014）。

相容的。他认为,一个信徒所"相信"的,"不是一个单一的命题,而是一个命题体系(一束光逐渐照亮全部)"。[35] 这个孩子形成了一个灵活的信仰体系,"一点一点地……有些东西变得根深蒂固、不可动摇,其他东西或多或少都有可能变化……这个体系被周围的事物紧紧地托住"。[36] 一个信仰体系更加不是僵化的,它是"一个命题之巢"(a nest of propositions)。[37] 一个信仰体系什么时候会失去其特性或完整性?那个"巢"的明喻很合宜。如果一些小枝丢失或挪位了,巢仍可能作为实体而保持完整;但是如果树枝接连被拆下来,这个巢就不复存在了。这也许是诠释学中部分与整体之关系的另一个类比。维特根斯坦写道:"所有的检测……已经**在一个体系**里发生了。"但与笛卡尔相反,他说"怀疑是在信仰**之后**"。[38] 这是一个不同于偏向传统哲学所采用的进程,我们很快就会进一步探讨这些差异。

与此同时,我们可能注意到,虽然伽达默尔赞同维特根斯坦对特殊情况对立全方位概括之重要性的关切,但即使是伽达默尔,也呼吁以古罗马的"普遍意识"(sensus communis)概念作为一种理解方式(它避免了因"专业"原因而有的分裂)。他在人们的生活中寻求一些共同的理解;这些理解将"部分"联系到一个可行的"整体",甚至是以还在进展中的临时方式。在希腊罗马古典世界的术语中,他寻求的是**智慧**(phronēsis)而不是**工具性**或技术性的知识(technē)。[39] 诠释学在这种特殊情况和更广泛的参照系之间的张力(或辩证)内运作。后者在人类历史、人类语言和人类生活的处境中提供了一种暂时的一致性。

---

[35] Ludwig Wittgenstein, *On Certainty,* German and English (Oxford: Blackwell, 1969), section 141. 中注:路德维希·维特根斯坦,《论确实性》,张金言译(桂林:广西师范大学出版社,2002)。
[36] Wittgenstein, *On Certainty,* section 144.
[37] Wittgenstein, *On Certainty,* section 225.
[38] Wittgenstein, *On Certainty,* sections 105 and 160.
[39] Gadamer, *Truth and Method,* pp. 19-30.

五．建议初学阅读书籍

Jasper, David, *A Short Introduction to Hermeneutics* (Louisville and London: Westminster John Knox, 2004), pp. 7-28.

Jensen, Alexander S., *Theological Hermeneutics* (London: SCM, 2007), pp. 1-8.

Oeming, Manfred, *Contemporary Biblical Hermeneutics: An Introduction*, translated by Joachim Vette (Aldershot and Burlington, Vt.: Ashgate, 2006), pp. 7-10 and 15-27.

Thiselton, Anthony C., *New Horizons in Hermeneutics: The Theory and Practice of Transforming Biblical Reading* (London: HarperCollins; Grand Rapids: Zondervan, 1992), pp. 31-46.

——. *The Two Horizons: New Testament Hermeneutics and Philosophical Description* (Grand Rapids: Eerdmans; Exeter: Paternoster, 1980), pp. 3-23.

02

哲学、圣经研究、文学理论和社会自我处境下的诠释学

一. 与更传统的哲学思想的更多差异：
群体与传统；智慧或知识？

诠释学思想和更传统的哲学思想之间还有其他区别。首先，这些区别源于对诠释学中群体（community）和群体传统之强调，和对理性主义并经验主义中个人意识之强调的反差对比。

笛卡尔以单独个体作为"思想主体"开始自己的哲学思考。这一"思想主体"从世界中抽象而成。对于笛卡尔而言，任何事物都被隔绝和压制，从而让个体独自思考，这是至关重要的。大主教威廉姆·坦普（William Temple）对这种姿态的不真实性及其对社会的影响感到愤怒。他宣称（即使有些夸大其词），这一表述标志着"也许是欧洲历史上最灾难性的时刻"。[1] 同样，在洛克（Locke）、伯克利（Berkeley）和休谟（Hume）的古典英国经验主义中，无论洛克在其他情境中是否有更广泛的社会关注，个体对感观印象（sense impressions）的觉察开始了对"知识"的处理。

伽达默尔、利科、贝蒂以及诠释学理论的主要倡导者都坚决反对这种个人主义的出发点。他们也拒绝自己所认为的天真虚假的"客观性"。初步理解始于我们从自己出生和接受教育的群体与传统的智慧或普遍意识所继承的事物。伽达默尔坚持认为，被传播的群体智慧高于易错的个体"意识"的主观信息。对伽达默尔而言，这种对比的重要性仅次于他对"抽象的问题"和"出现的问题"之间的比较。[2]

利科认为，相较于笛卡尔在他那个时代对个体意识（consciousness）的理解，心理分析学、心理学和社会科学对个人意识的不可靠性（fallibility）提供更深刻的理解。这绝**非**是将人的"理性"（rationality）降到由社会或历史力量所引发和限定的水平。社会因素和塑造我们的历史纪元确实会影响我们的思维和推理方式，但推理（reasoning）

---

[1] William Temple, *Nature, Man, and God* (London: Macmillan, 1940), p. 57.
[2] Hans-Georg Gadamer, *Truth and Method,* 2nd English ed. (London: Sheed and Ward, 1989), pp. 362-79.

和合理性（reasonableness）不仅仅是社会或历史条件的**产物**或**建筑**，如在后现代"社会建构主义"（social constructionism）中一样。另一方面，利科恰当地表明，心理学和社会学的进步确实会使人质疑假定的理性反思和判断之个人能力的主权与"自主"。潘能伯格（Pannenberg）也正当地质疑这神学的有效性。

于是，诠释学的倡导者们一方面避免对人类理智的天真自负。这种自负就是那些没有认识到历史和社会因素会影响我们推理之人所采纳的。另一方面，他们使自己远离悲观主义式地退避理性（reason）和合理性（rationality）。这种退避正是那些将所有事物都归因于社会、历史和经济力量之人所接受的。后者代表的是后现代主义而非诠释学的根源。在神学方面，诠释学远非天真地过度相信人类的理智；这种自负低估了人类的罪所带来的扭曲性的影响。另一方面，诠释学不同于那些对社会经济力量持准决定论（quasi-determinist）观点的人（好像这些力量就是人生的一切）。

然而，连同尤尔根·哈贝马斯（Jürgen Habermas）和其他社会批判理论家，诠释学倡导者都承认权力的"利益"、欲望、自我肯定、自我膨胀和压迫的力量所发挥的作用。[3] 这些可能会扭曲人们阅读和解释文本的方式；并在处理信仰群体的神圣经文时，这些因素可能导致滥用经文。然而另一方面，即使有历史的局限性，他们也将积极的作用赋予解释和理解之标准中的理性判断和连贯性。尽责的诠释会带来批判性的解释和创造性的理解。可证实的是，伽达默尔不够重视"正确"解释的标准；但是在利科的术语中，这产生了一种怀疑性的诠释（hermeneutic of suspicion）和检索性的诠释（hermeneutic of retrieval）。

伽达默尔视群体的角色对理解的过程至关重要，正如利科认为与"另一方"的互动对于避免"自恋"的伦理讨论非常重要一样。[4]

---

[3] Jürgen Habermas, *Knowledge and Human Interest,* 2nd ed. (London: Heinemann, 1978).

[4] Paul Ricoeur, *Oneself as Another,* trans. K. Blamey (Chicago and London: University of Chicago Press, 1992), especially pp. 113-297.

两位思想家都要求、并试图培养对超越个人之言论的开放态度。相较启蒙运动，伽达默尔尊重并接受詹巴蒂斯塔·维科（Giambattista Vico，1668-1744 年）倡导的人文主义和对群体传统的关注。维科和伽达默尔反对过度的个人主义和"诡辩者的空洞臆测"。[5] 如笛卡尔的"方法"所蕴含的，个人的自我反思可能会以"哈哈镜"的形式出现。[6]

与世俗启蒙运动的理性主义相反（这种理性主义提倡自主个体超越所承袭的传统和价值观），伽达默尔呼吁"恢复权威和传统"。[7] 他认为，承认这些是"基于……理智行为本身，它意识到自身的局限性，而相信他人会有更好的洞见。"[8] 他拒绝在所承袭的历史传统与人类知识之间有任何假定的对立。这与基督教神学非常一致。潘能伯格承认，在某种意义上，"自主性"使责任方成为可能；但从另一方面来说，道德自治的概念已被"个人自我决定的随意性所取代"，它反映了人类罪恶的自我中心性，并忽视了人的命运（human destiny）乃是与神和其他人的团契。[9]

利科研究了尼采（Nietzsche）、马克思（Marx）和弗洛伊德（Freud）对笛卡尔哲学的影响。"在笛卡尔学派受过训练的哲学家知道事物是可疑的……但他从不怀疑意识是否与其本身一样……意义（meaning）与对意义的意识是否一致……领悟（理解）第一次变成了诠释学。"[10] 即使从不同角度来看，心理分析和圣经著作在个人意识或"心灵"方面，就"自我欺骗"和"抵抗真理"而言有着共同的见证（参 耶十七 9；林前四 4-5）。

利科解释说，这种抵抗源于"一种原始的和持续的自恋……一种包含'怀疑和欺骗'的自恋式的耻辱"，并身陷要保护自己规避源

---

[5] Gadamer, *Truth and Method,* p. 19.
[6] Gadamer, *Truth and Method,* p. 276.
[7] Gadamer, *Truth and Method,* pp. 277-85.
[8] Gadamer, *Truth and Method,* p. 279.
[9] Wolfhart Pannenberg, *Systematic Theology,* trans. G. W. Bromiley, 3 vols. (Edinburgh: T. & T. Clark; Grand Rapids: Eerdmans, 1991, 1994, 1998), 2:224-25.
[10] Paul Ricoeur, *The Conflict of Interpretations: Essays in Hermeneutics,* trans. D. Ihde (Evanston, Ill.: Northwestern University Press, 1974), pp. 148-49.

自超越自我的公开之事的企图。[11] 利科指控笛卡尔找到了毫无真理的确信（certitude）。[12] 因为个体"意识"成了最终以自我为中心之思想和欲望的受害者。诠释学则涉及更广泛、多重视野的意义和理解。

二．传统圣经研究进路：
文本在时间和地理上的"根植性"

文本"根植性"（rootedness）的比喻来自施莱尔马赫对圣经解释的评述；这在下文很快就会提到。从16或17世纪左右到20世纪中叶或后期，**圣经研究**中传统的解释进路以圣经撰写者或作者的意图、以及文本出现的历史背景为出发点。

在历史方面而论，早期教会中许多人，特别是那些被委以使徒或先知角色的人，也非常强调撰写者或作家的思想和目的，以此为意义和解释的起点。这在大数的狄奥多（Diodore of Tarsus，卒于公元390年左右）和约翰·屈梭多模（John Chrysostom，约公元347-407年）身上是显而易见的，并且在摩普绥提亚的西奥多（Theodore of Mopsuestia，约公元350-428年）以及"安提阿学派"（Antiochene）传统中的其他解释者中也十分突出。直到近期，对摩普绥提亚的希欧多尔的误解才消除。[13] 在中世纪，彼得·伦巴得（Peter Lombard，约1100-1160年）和圣维克多的安德鲁（Andrew of St. Victor，1110-1175年）一直坚持以作者为中心，并谨慎使用寓意解释。

许多人认为，约翰·加尔文（1509-1564年）是第一位"现代"圣经注释家。他把在奥尔良（Orléans）大学和巴黎大学接受的文艺复兴人文主义者的训练引入了圣经注释，另外也引入了法律研究的训练。法律研究中的"新"方法是从原始的历史背景，而不是后来

---

[11] Ricoeur, *The Conflict of Interpretations,* p. 152; cf. also pp. 151-53.
[12] Paul Ricoeur, *Freud and Philosophy: An Essay on Interpretation,* trans. Denis Savage (New Haven: Yale University Press, 1970), p. 44.
[13] Dimitri Z. Zaharopoulos, *Theodore of Mopsuestia on the Bible: A Study of His Old Testament Exegesis* (New York: Paulist, 1989), especially pp. 103-41.

的法律评论开始。这与加尔文的神学关注十分协调，即回溯到先知和使徒的原始著作以及耶稣的言论，而不是后来的圣经注释和教会传统层面。与此同时，他的进路仍然是联系上下文而非断章取义，并且像路德一样，他保留了对早期教父传统的明确尊重。他认为，这些传统常常值得考虑，但并非不加批判的复制。加尔文在《罗马书》注释的序言中明确指出，注释者的首要责任是揭示作者的想法。[14]

加尔文与马丁路德（1483-1546 年）都强调了仔细的历史和语言学的调查研究的重要性，即使有一个神学的附带条件，即圣经解释应该留意耶稣基督在神圣启示中的中心位置。基督自己解释希伯来圣经的方式，正如祂弥赛亚的工作所阐明的那样（路二十四 27）。同时，这样的方式也阐明了祂弥赛亚的工作（路二十四 45-46）。在随后的章节中，我们将更仔细地察看安提阿学派的作家和改教者的圣经解释。

在 19 世纪，施莱尔马赫同样认为，圣经的意义和解释应始于圣经作者的意图，同时也要考虑到作者撰写的历史背景和环境。"只有历史解释才能正确处理新约作者在他们的时间和地点的根植性。"[15] 在我们后面关于施莱尔马赫的一章中，我论到他头脑中不仅有一些暗示性的"心理状态"或者"意向"（intending）的内在心理过程，更有一个文本和其背后的目标和目的，表明作者的愿望、意图以及行为（文本和周围环境中所显明的）。经文的意义和解释所包含的远非这些，但这些仍然是他的出发点。

有时，人们会忘记施莱尔马赫的诠释学构想同样是出于对学术品格的关注以及他对有效的基督教讲道的看法。当他还是柏林大学的神学教授时，施莱尔马赫每周日还在柏林的三一教堂讲道。他写

---

[14] John Calvin, *Iohannis Calvini Commentarius in Epistolam Pauli ad Romanos,* ed. T. H. L. Parker (Leiden: Brill, 1981), p. 1. See also T. H. L. Parker, *Calvin's Old Testament Commentaries* (Edinburgh: T. & T. Clark, 1986), pp. 81-82.

[15] Friedrich Schleiermacher, *Hermeneutics: The Handwritten Manuscripts,* ed. Heinz Kimmerle, trans. James Duke and Jack Forstman (Missoula: Scholars Press, 1977), p. 104.

道，有效的圣经讲道包含"演奏音乐"以及唤醒"沉睡的火花"。[16]但是，只有讲员捕捉到启发圣经作者动笔写作的异象才能做到这一点。因此，他（那时）开创新约概论的新学科并不是要对文档的日期、完整性或福音书的编纂顺序提供简单的事实。今天许多学生经常发现"概论"枯燥、乏味且毫无建设性。然而其目的正好相反：使人理解新约是如何根植于特定的时间、地点和历史情景，而并不是要决定它们的作者会处理什么语言学内容。新约概论原意本是要使文字活起来，正如它们的作者希望它们是鲜活的并能够说话。

直到20世纪下半叶，这种方法在圣经研究中一直占据主导地位。有三个理由使其乍看之下是合理的。首先，作者选择了特定的语言、词汇、语法、句法和文体来满足他或她的写作目的。其次，即使在日常言论中，如果需要澄清话语的含义，我们经常会要求说话者或作者进一步解释"他或她的意思"。第三，在神学中，神圣文本作为启示的地位常常来源于作者或作家被委以先知或使徒的身份，或源于耶稣基督的话语。

圣经的解释和对圣经经文的"接受"（将在第十五章讨论）的历史很好地说明了考虑经文背景及其写作目的的必要性。我在切斯特大学（University of Chester）所做的公开讲座中列举了几个例子，包括从雅各和拉班的故事中选出的一段（《创世记》二十九至三十一章）。[17]在《创世记》三十一 49 拉班说道："我们彼此离别以后，愿耶和华在你我中间鉴察。"许多虔诚的基督徒已经用这段经文作为在神面前对亲爱的人或朋友所表达的爱的承诺（当他们要分开一段时间时）。它被用作神保护彼此的祝福和承诺。

这是这节经文表达的意思吗？一位作家称此为"无意的"含义。在这里使用的希伯来文"鉴察"（tsaphah）这个词在某些情况下可

---

[16] F. D. E. Schleiermacher, *On Religion: Speeches to Its Cultured Despisers*, trans. J. Oman (New York: Harper, 1958; original in German, 1799), pp. 119-20. 中注：施莱尔马赫，《论宗教》，邓安庆译（北京：中国人民出版社，2011）。

[17] Anthony C. Thiselton, *Can the Bible Mean Whatever We Want It to Mean?* (Chester, U.K.: Chester Academic Press, 2005), pp. 10-11.

以解为此意，但更多时候它表示注意某人或某物，特别是一个敌人。《创世记》二十九章及随后的语境脉络描绘了雅各和拉班使出一个又一个针对彼此的诡计，每一个都比之前的更恶劣。从骗取另一方的羊群演变到确保另一个人被错误的妻子拖累。《创世记》二十九25 的希伯来文很有戏剧性。他想，雅各婚礼后与他心爱的拉结（大概是蒙上了一层薄纱）同房。希伯来文是 bhabhoqer hinneh-hu' Leah："到了早晨，一看 [请选择任何强烈表示怀疑沮丧的感叹词]，是利亚！"所以拉班会对雅各说"当我们分开之后，我忠心祝福主会保护你，将你的安全交托于祂"吗？这节经文的意思是："愿主定睛在你身上，如果你再敢耍一次花样，愿祂为我伸冤！"

如果不了解文字背后的情景，我们可能会错失其真正的含义。这段文字是否意指在宗教敬虔主义传统中有时被认定的意思呢？从纯粹的描述意义上讲，它可以。但是，当文本中的所有内容都排除了文本、叙述者和说话者那部分的意思时，这还是其原文的意义吗？我们将再次回到这些问题上，特别是当我们讨论读者而不是作者"创造"文本意义的说法时。

在同一场讲座中，我使用了《哥林多前书》六 1-8 的另一个例子。保罗宣称："你们中间有彼此相争的事，怎敢在不义的人面前求审？"（六 1）"你们竟是弟兄与弟兄告状……你们彼此告状，一定会失败。"（6-7 节）一个普遍的假设是，这些经文谴责基督徒对法律的任何诉诸手段。但是，这是否是争论的焦点，尤其是对于 21 世纪的读者呢？历史和考古研究表明，尽管哥林多在地理位置上是希腊的一座城市，然而在保罗时代，哥林多的宪法、政治、法律和政府是仿照罗马的而非希腊的体制。朱利叶斯·凯撒（Julius Caesar）在公元前 44 世纪把它作为罗马殖民地进行了改造，从保罗到哈德良（Hadrian）时代，几乎所有的铭文都是拉丁文，而不是希腊文。这在我们的经文中有所体现，因为虽然罗马刑法相对公正，但民事诉讼的运作方式不同。预计争端的双方会给法官（以及在可行情况下也会向陪审团）好处以谋求有利的裁决。这些好处可能是一个无耻的财务贿赂，或提供商业往来的好处、享有声望的社交活动的邀请、财产或奴隶作礼物或任何其他东西。

在这种情况下，只有富有和有影响力的基督徒才会考虑将基督教同伴带到民事法庭。保罗不是攻击对法律负责任的使用。确实，他自己也赞成罗马的法律。这里他攻击的是通过利用优越的财富、权力、支持、社会影响力或商业网络不当地操纵一个基督教同胞。这相当于利用间接的力量来获得富裕的一方所贪图的。禁止诉诸法律本身就不是这些经文的**意思**。它们可以意味着我们希望它们意味的任何意思，除非我们身处激发了保罗写下这些文字的目的的历史情景中。仔细研究保罗的目的，负责任地使用理性思考，并尊重上下文背景的约束，就可以辨别出这段经文就其原本时间和地点而言的意义。传统的圣经研究方法至少从宗教改革时期开始，（许多情况下）甚至早在那之前就已经尊重并遵守了这一原则。

三．文学理论对诠释学和圣经解释的影响：新批判主义

那么，为什么会有人挑战这样一种显然合理、历史悠久的方法呢？起初的挑战不是来自圣经研究或古典语言学，而是来自文学理论。如果文本似乎带有层层意义，常常超越作者的直接意识思维，那么文本通常被认为是"文学性的"。许多文学理论家开始认为，文本传达的意义实际上是独立于其作者或作家之外的自发的符号和意义系统。

这种观点在20世纪30年代末和20世纪40年代以约翰·兰塞姆（John C. Ransom, 1938年）、雷纳·威勒克（René Wellek, 1949年）、门罗·比尔兹利（Monroe C. Beardsley, 1946和1954年）以及其他人的文学理论中变得突出。他们所代表的思想运动以两个名字出现：新批判主义（new criticism）和文学形式主义。他们直接攻击的目标是19世纪的浪漫主义，其中约翰·戈特弗里德·赫尔德（J.G. Herder）、施莱尔马赫和威廉·狄尔泰（Wilhelm Dilthey）等人研究了文本"背后"的成因，尤其是感动作者的异象，来说明其意义并促进他们的理解。

威勒克（Wellek）和沃伦（Warren）开始了他们的文学理论（Theory of Literature; 1949 年），并且抨击了狄尔泰关于文本"前因"的概念。[18] 浪漫主义倾向于强调（实际上过分强调了）具有创造性的作者的个人天分在创作伟大文学中的角色。

1946 年，维姆萨特和比尔兹利发表了一篇著名的或名声狼藉的文章，当时产生了巨大的影响，被称为"蓄意的谬误"（The Intentional Fallacy）。他们攻击了自己认为的诗歌本身与诗歌起源之间的概念混淆。他们的目标是所谓的"客观性"（它拒绝了诗作为诗人"个人表达"的概念），并认为诗作为一个实体，本身拥有其独立自主的存在。他们将"意图"定义为"作者思想中的设计或计划"，基于此而质疑这种内在的精神实体是否已经可以被探索。他们坚持认为，即使可以探索到，它也不会与诗歌的意义有关。他们制定了一个后来很著名的（或臭名昭著的）公理："作为判断文学作品成功的标准，作者的设计或意图是既不可遇也不可求的。"[19] 他们认为任何文本之外的材料，即他们所谓的"外部证据"，都属于文学传记而非文学批评或对文本的质疑。这种材料"会使人的目光远离"诗本身；该文本是已经与作者分离了。

我们不需要进一步追求新批判主义或文学形式主义的发展，除了要注意罗兰·巴特斯（Roland Barthes）于 1968 年在他著名的文章 <作者的消亡>（The Death of the Author）[20] 中，重新提出了文本作为一个独立系统的概念。当我们在第十章和第十六章中分别考虑结构主义和后现代主义对诠释学的影响时，会进一步探讨这一点。

大约有二十年的时间（非常宽泛地说，1950-1970 年），圣经研究和文学理论的方法趋于分开。但从 20 世纪 70 年代开始，许多圣

---

[18] René Wellek and Austin Warren, *Theory of Literature* (London: Jonathan Cape, 1949; 3rd ed., Pegasus, 1973), p. 17.

[19] W. K. Wimsatt and Monroe C. Beardsley, "The Intentional Fallacy," *Sewanee Review* 4 (1946): 468-88; revised and republished in Wimsatt and Beardsley, *The Verbal Icon: Studies in the Meaning of Poetry* (Lexington: University Press of Kentucky, 1954), pp. 3-18.

[20] Roland Barthes, "The Death of the Author" (1968), in *Image-Music-Text,* trans. Stephen Heath (London: Fontana, 1977), especially pp. 145-47.

经学家越来越被文学理论中的各种方法和假设所迷惑。从积极方面讲，这开启了对圣经叙事性质、叙述手法、包括"观点"在内的新理解。从消极方面讲，一些圣经学家不加辨别地被文本自主性的概念所引诱，即使文本并不具有明确的"文学"性质。一些圣经学者支持"蓄意的谬误"，甚至更明确地称之为"起源的谬误"（genetic fallacy）。他们随从维姆萨特（Wimsatt）和比尔兹利（Beardsley），断言传统方法将意义（meaning）与历史渊源（historical origins）混为一谈。不幸的是，由于词典中的词义和起源以及语言学中的字义之间的另一混淆使得这个言论变得更加合理可信。这个不同点反映了普通语言学中的有效原则，最主要的认同来自于詹姆斯·巴尔（James Barr），他阐述"词源学经常更多地讲论一个词的历史而不是它的含义"。[21] 这将在第十章中讨论。然而，文本自主性的概念则属于完全不同的想法。

但是，在新批判主义的背景下出现的几个观点显然不适用于圣经的解释。这些都在提醒我们，在被曾经被认为是"现代"的东西诱惑之前要进一步思考这件事。首先，"在所有情况下，'外在'因素都无法揭示圣经文本含义"的观点明显是错的。我们在前面的章节中已经看到，在《创世记》三十一 49 和《哥林多前书》六 1-8 中，拉班所说话语的意思和保罗关于诉求法律的言论的含义，受到其所处历史背景语境的约束和限制。同样的原则也适用于保罗在《哥林多前书》十一 2-16 中关于穿戴头巾或面纱的意思，或者在十一 17-34 中关于主的晚餐的分歧。如作家塔西佗（Tacitus）等人所明证的[22]，这些经文只有根据高贵的罗马已婚妇女在第 1 世纪中期被人期望的着装规范，以及罗马餐饮习俗和用餐空间的情况，才能充分理解。

---

[21] James Barr, *The Semantics of Biblical Language* (Oxford: Oxford University Press, 1961), pp. 107-60.

[22] Anthony C. Thiselton, *The Epistle to the Corinthians: A Commentary on the Greek Text,* New International Greek Testament Commentary (Grand Rapids: Eerdmans; Carlisle: Paternoster, 2000), pp. 418-40 and 799-899; and Thiselton, *1 Corinthians: A Shorter Exegetical and Pastoral Commentary* (Grand Rapids: Eerdmans, 2006), pp. 88-92 and 169-91.

我们无法"理解"法利赛人和税吏的比喻（路十八 9-14）的观点，除非我们从"外部"证据中得知法利赛人在耶稣时代因献身于律法而受到敬仰和尊敬。他们没有被认为是自以为义或假冒为善的象征，好像今天"法利赛人"这个词所轻易代表并且不合史实的暗示。

其次，维姆萨特（Wimsatt）和比尔兹利（Beardsley）在他们的论文中明确地将他们的"文学"方法应用于诗和诗歌，而不是应用于在特定时间、带着特定目的、针对特定听众表达的，与那个情景有关的特定信息的文本。用施莱尔马赫的话来说，他们并不关心那些"根植于时间和地点"的文本。不可否认，圣经包含了许多诗歌。有些文本故意被写成诗歌的形式。在这种情况下，实际上在一些独立的比喻叙述中，文学理论家所提出的观点值得仔细考虑和重视。它可能适用于一般概念，然而仔细的注解也会根据其自身的优点来判断每个情况。圣经中有许多例子，一位作者明确地向以色列人声明的预言性的应许似乎有了进一步延伸的应用，可能是"基督是以色列的弥赛亚"。詹姆斯·斯马特（James Smart）坚持认为，所有解释的"第一步"必须是听到最初被说出或写出的文本。但他问道："难道经文中会有一些意思，不是说话或写信的人不完全知道或理解的？"[23] 他将这一点应用在了《以赛亚书》四十至五十五章，其中包括受苦仆人的经文——五十三 1-12。

第三，意图并不总是表示一种只为发出意图的人所知的内心精神状态。在许多情况下，将其视为"精神状态"根本就是误导性的。我曾在《诠释学新视域》一书中建议，如果我们称其为导向或有意的导向，我们就可以避免这种假设和可能的误解。[24] 当我们用"意图"（intention）这个词作为副词时，是最容易理解的，如"你**故意**（intentionally）这样做吗？"用这样的术语来说，去发现一个内在状态的假定神秘追求就被曝露为无关紧要了。维姆萨特（Wimsatt）

---

[23] James Smart, *The Interpretation of Scripture* (London: SCM, 1961), pp. 34-35.
[24] Anthony C. Thiselton, *New Horizons in Hermeneutics: The Theory and Practice of Transforming Biblical Reading* (London: HarperCollins; Grand Rapids: Zondervan, 1992), pp. 558-61.

和比尔兹利（Beardsley）攻击了一个太过简单的目标。在法律上，法院经常需要判断一项行为是偶然的还是有意为之的，甚至是"怀有恶意的预谋"。意图的逻辑"语法"的复杂性在哲学中被伊丽莎白·安斯科姆（Elizabeth Anscombe）和维特根斯坦等作家细致地讨论过。他们认为，一些意图概念太容易将我们的注意力引向错误的东西。[25]

我们也许可以用以下方式总结圣经解释中的传统方法（如加尔文和施莱尔马赫的方法）与新批判主义或文学形式主义（比如维姆萨特和比尔兹利的方法）的特点之间的差异：

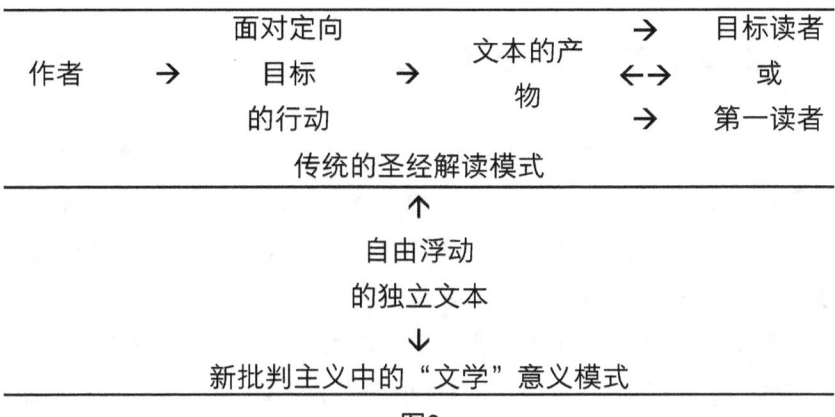

图2

文学理论对圣经研究的影响也有进一步的帮助。罗伯特·摩根（Robert Morgan）和约翰·巴顿（John Barton）在他们的著作《圣经解读》（*Biblical Interpretation*；1988年）中，在方法的层面上描述了其中的一些内容。摩根认为这种方法可以弥合"批判性学术和宗教信仰之间的鸿沟"。[26] 罗伯特·阿尔特（Robert Alter）的《圣经叙事艺术》（*Art of Biblical Narrative*；1981年）就是这样一个例子，其中包括对《撒母耳记上》十六1-23和《撒母耳记上》十七章至

---

[25] Ludwig Wittgenstein, *Philosophical Investigations,* German and English (Oxford: Blackwell, 1967), sections 334-37. 中注：路德维希·维特根斯坦，《哲学研究》，涂纪亮译（河北教育出版社，2003）。

[26] Robert Morgan (with John Barton), *Biblical Interpretation* (Oxford: Oxford University Press, 1988), pp. 10, 25, and 198.

《撒母耳记下》五章中分别对大卫的呼召的两个不同说法的反思。阿尔特把这些解释为有代表性的、立体的，好像它是神的掌权（撒上十六 12-13）和人类生活中的喧嚣（撒上十七 1 - 撒下五 5）。[27] 大卫·冈恩（David Gunn）、斯蒂芬·普里克特（Stephen Prickett）、以及汉斯·弗雷（Hans Frei）也以他自己的方式探索了这种方法的优势。但是，正如我们所看到的那样，它也存在缺点。[28] 避免过分强调圣经鉴别也意味着不重视历史的参照和体现（enfleshment）或"具体性"（bodiliness）；它变成了幻影说。

四. 文学理论的影响：读者回应理论

在我们放下文学批判影响的主题之前，至少现在，我们可以注意到在此认识之后另一项更深远的发展，即使在文学理论家当中亦然，就是新批判主义也未能解决某些特定的问题。新批判主义之后的下一代文学理论家很快认识到，"自主的"文本的概念似乎使文本不仅脱离了作者，而且也脱离了它所提及的主题，甚至脱离了它的读者。它似乎失去了公共世界或现实中的所有锚地（anchorage）。在文学理论中，文本被视为"文学"还是非文学取决于读者的判断；这很合理地得以确立。

因此，到了 20 世纪 60 年代末，当然也包括 70 年代和 80 年代，出现了一个实际上倾向于取代新批判主义的运动。这一运动促成了一种观点，即产生意义的关键性的决定因素是读者或读者们。意义不是作者或文本本身的产物，甚至不是文本与作者之间关系的产物，

---

[27] Robert Alter, *The Art of Biblical Narrative* (New York: Basic Books, 1981), pp. 147-53. 中注：罗伯特·阿尔特，《圣经叙事的艺术》，章智源译（北京：商务印书馆，2010）。

[28] Anthony C. Thiselton, "On Models and Methods: A Conversation with Robert Morgan," in *The Bible in Three Dimensions: Essays in Celebration of Forty Years of Biblical Studies in the University of Sheffield,* ed. David J. Clines, Stephen Fowl, and Stanley E. Porter, Journal for the Study of the Old Testament: Supplement Series 87 (Sheffield: Sheffield Academic, 1990), pp. 337-56.

而是文本与读者之间关系的产物。读者如何回应文本被认为是意义的主要来源和决定因素。这种方法被称为"读者回应理论"（reader-response theory）。再次，正如在新批判主义中那样，这个理论在进入圣经研究学科之前就出现在了文学批判中。我们会将第十五章一半的篇幅留给"读者回应理论"。

一位更有经验的文学评论家弗兰克·莱特里希亚（Frank Lentricchia）站在1980年的高度回顾了20世纪50年代和60年代，并评论道："1957年新批判主义的霸权坍塌时，文学评论家的巨大希望是……年轻的评论者会以某种方式再次将诗歌与世界联系起来。"[29] 但是，"世界"现在主要不是指作者的，也不是文本所指的那个，而是读者或读者群体以及他们从文本中所理解的。有许多教科书和论文集出版，其中包括"文本中的读者"这样的标题，其中还包括一篇题为＜读者是否会制造意义？＞的文章。[30] 在这篇文章中，罗伯特·克罗斯曼（Robert Crosman）总结道："意义正如我们希望的那样被制造出来。"[31]

我们现在开始看到背后的一些理论问题了，这些问题对基督徒而言是关于圣经的非常实际的问题："圣经是否意味着我们希望它有的意思？"我们如何回答这个问题的确与文本理论和我们所持的意义理论关系密切。没有说明我们的文本和意义理论，或者换句话说，没有阐述我们的诠释学理论，就无法给出答案。

之后我们将追溯这些问题与结构主义、后结构主义和后现代思想是如何相关的。正如我们将在第十五章中看到的，从温和有建设性的版本到更激进和可疑的构想，"读者回应理论"在他们的观点上有很大的差异。许多人把罗曼·英伽登（Roman Ingarden）置于早

---

[29] Frank Lentricchia, *After the New Criticism* (Chicago: University of Chicago Press, 1980), p. 7.

[30] Susan R. Suleiman and Inge Crosman, eds., *The Reader in the Text: Essays on Audience and Interpretation* (Princeton: Princeton University Press, 1980); cf. Robert Crosman, "Do Readers Make Meaning?" in *The Reader in the Text,* pp. 149-64.

[31] Crosman, "Do Readers Make Meaning?" p. 164.

期的新批判主义家之列；但因为他唤起了对许多文本的开放性或"不确定性"的关注，英伽登更为这样一种观念铺平了道路，即读者可以用特殊的方式"自己填写"文本中留下的空白。因此，他为"读者回应理论"奠定了基础。他比较了我们（为了理解或解释）倾向于"填补"日常中对世界认知的缺口的方式。事实上，我们可能只看到了一个立方体的三面，或者只看到一张桌子的三条腿，但是我们会产生一个解读，即立方体有六个面或一张桌子有四条腿。

沃尔夫冈·伊瑟尔（Wolfgang Iser）更详细地发展了这种方法。伊瑟尔认为，读者总是会把自己的东西带到文本中。实际上，他们"填补了"文本可能保持开放的"空白"或者本身就不明确的地方。伊瑟尔的书《隐式读者》（The Implied Reader）和《阅读的行动》（The Act of Reading）是"温和"的"读者回应理论"的经典来源。[32]

然而，读者回应理论家之间的差异变得如此激进，以至于此理论最极端的倡导者之一（他会说，最一致的人之一），即斯坦利·费什（Stanley Fish），用他在其他各类讨论中从未有的凶狠，攻击了伊瑟尔的温和版本，他攻击伊瑟尔不仅因为他过于谨慎，而且还因为他是个"客观主义者"。费什认为文本中没有任何东西可以解释，因为他就像尼采一样，认为一切存在都只是解释。关于一个文本，我们不是问"它是什么意思"，而是问"这个文本是做什么的"。他宣称："读者的回应不是指向意义，其本身就是文本的意义。"[33]

我们预留了第十五章来对"读者回应理论"进行更全面的讨论。我认为，根据所看到的文本和正在考虑的理论类型，这种方法要么鼓励读者更积极地参与，要么导致一种映射到文本的自我投射（self-projection），即利科恰当地将其与自我中心式的自恋和偶像崇拜联系到一起。这可能是指志趣相投的读者群体的共同利益。如

---

[32] Wolfgang Iser, *The Implied Reader: Patterns of Communication in Prose Fiction from Bunyan to Beckett* (Baltimore: Johns Hopkins University Press, 1974), and *The Act of Reading: A Theory of Aesthetic Response* (Baltimore: Johns Hopkins University Press, 1978, 1980).

[33] Stanley Fish, *Is There a Text in This Class? The Authority of Interpretive Communities* (Cambridge: Harvard University Press, 1980), p. 3; cf. pp. 12, 13, and 1-17.

果文本一开始就被预设为符合读者的欲望和自我,在它最激进的形式下(费什会称这是它最一致的形式),很难理解包括圣经在内的任何文本如何在恩典或审判中将其读者视为"其他人"。迪特里希·潘霍华(Dietrich Bonhoeffer)宣称,如果透过文本我们所遇见的只是"与我符合的事物",那么我们只不过遇到了一个偶像。[34] 再一次,图表可以说明正在讨论的不同阅读模式。

作者 →	文本 ↔	读者
	温和版"读者回应理论"	
读者	← →	构思的文本
	更极端的"读者回应理论"	

图3

五. 诠释学更广阔的维度:
利益,社会科学,批判理论,历史原因和神学

读者回应理论带来的一个积极益处是:它强调了读者和诠释者带到文本中的信念和假设所不可避免发挥的作用。不仅作家和文本受到其历史地位的影响,而且读者和诠释者也受他们的历史和社会地位的影响。这就将伽达默尔所称的历史条件原因(与"有效的历史"有关)和尤尔根·哈贝马斯(Jürgen Habermas,生于1929年)所称的利益(interest)集合在了一起。

从技术意义上讲,"利益"与施莱尔马赫、布尔特曼和伽达默尔所谓的"初步理解",或者使用他们的术语——"预先理解"(在第一章第4部分已有讨论)非常接近。当然,预先理解是一个可协商的临时起点,而"预设"这个词有时可能会有误导性,因为它往往似乎在暗示不可改变的固定信念。然而,"利益"的概念比预先理解更进一步,因为它表示了一种特定的预先理解,即特别服务于

---

[34] Dietrich Bonhoeffer, *Meditating on the Word* (Cambridge, Mass.: Cowley, 1986), pp. 44-45.

自我利益，比如权力、自我肯定或自我满足欲望等方面。"利益"在某种程度上来自于以自我为中心的价值观所产生的扭曲视角。

黑格尔（Georg W. Hegel，1770-1831年）是施莱尔马赫在柏林大学的同时代竞争对手。他首先充分阐述了嵌入在历史和传统过程中的历史原因的概念。黑格尔看到了正在进行的历史过程如何塑造人类思维方式，更特别是我们在历史中的位置如何支配我们的价值观。祁克果（Kierkegaard）坚持认为他的投机理想主义或绝对（Absolute）精神哲学代表了对这种洞见的否定。然而，黑格尔开创了一种新的"历史"解读方式，这种方式成了哲学诠释学的核心，特别是在狄尔泰（Dilthey）、海德格尔（Heidegger）和伽达默尔的著作中。此外，与笛卡尔、英国经验主义者和康德的个人主义相反，它为更加以社会为导向的思维方式开辟了道路。

因此，在黑格尔的唤醒之下，卡尔·马克思（1818-1883年）、威廉·狄尔泰（Wilhelm Dilthey，1833-1911年）、马克斯·韦伯（Max Weber，1864-1920年）、卡尔·曼海姆（Karl Mannheim，1893-1947年）和最近的尤尔根·哈贝马斯都试图将这样的社会维度带到"历史性的"解读理论中。实际上，他们不仅将理解理论或诠释学应用于文本，而且还应用在了**社会机构**和社会理论中。马克思仅仅基于经济力量和社会行动的形成力量就尝试建立一套历史和社会理论。曼海姆和哈贝马斯则允许根植于特定时间和背景中的解释者的曲解、偏好和利益。对狄尔泰来说，"生活"（Leben）取代了黑格尔的精神（Geist）或思想，可以说狄尔泰是第一个将诠释学系统性地引入社会科学的人。

哈贝马斯攻击实证主义的知识论主要是因为他们错误地声称那是价值中立的或者真正"客观"的。他声称，"意识"主要是由社会生活和历史存在塑造的。与利科一样，哈贝马斯利用弗洛伊德的精神分析作为制定批判人类自身利益和被误导的欲望的资源。两位思想家都认为，无意识的驱动力可以"阻挡"人类主体或解读者想要压制的因素。哈贝马斯论述了就理性与社会理论之间的关系而言不断出现的争论。在他的《沟通行为理论》（*Theory of Communica-*

tive Action）中，他试图为涉及交流和社交界的诠释学的特殊性提供空间。然而，他的一些批评者声称他倾向于将真正的诠释学归结为社会理论。在他看来，哈贝马斯批评伽达默尔忽视了诠释学的社会现实。

在基督教神学中，**被误导的欲望**这一概念将我们带入了人类罪恶本质的核心。我在我的《教义诠释学》（*Hermeneutics of Doctrine*）中详细讨论了这一点。[35] 哈贝马斯与圣经传统和基督教神学一样，承认实证主义（或者用更神学性的术语，一种世俗科学的世界观）在价值观方面远非"中立"，和其他任何意识形态或信仰体系一样，很可能会扭曲理解和交流。将文本解释中的有神论或神学排除在外，就像对企业强加任何其他信仰一样有失偏颇或带有价值倾向。这是一个世俗的或无神论者利益的例子。事实上，可以说圣经研究中的神学解释更多地尊重，而不是排除所考虑的文本的本质。怀疑性的诠释学必须在反对虚假中进行；这虚假通常是世俗臆想的虚假客观性。

最近几位圣经研究和神学方面的作家以极强的说服力强调了这一点。弗朗西斯·沃森（Francis Watson）认为，像所有其他学科一样，圣经解释在学院之外有其"社会基础"，正是教会的敬拜群体。他的抨击不是一种"对学术世俗主义中立的承诺"。他写道："信仰与适当的学术标准或者与对其他观点的开放态度不相容的假设最终只是一种偏见，不管对此问题采取谨慎态度的实际理由如何。"[36] 莫伯利（R. W. L Moberly）正当地揭露和哀叹了圣经和文化集体（Culture Collective，它产生了后现代版的圣经[37]）讽刺性的自我矛盾的特点。这些"后现代"作家应该比其他人更加意识到"利益"的作用；但是，莫伯利写道："实际上，他们对基督教和犹太人信仰的关切的忽视，

---

[35] Anthony C. Thiselton, *The Hermeneutics of Doctrine* (Grand Rapids: Eerdmans, 2007), chapters 12 and 13. See also Pannenberg, *Systematic Theology*, 2:231-76.
[36] Francis Watson, *Text, Church, and World: Biblical Interpretation in Theological Perspective* (Edinburgh: T. & T. Clark, 1994), p. 9; see also pp. 1-17.
[37] Bible and Culture Collective, *The Postmodern Bible* (New Haven: Yale University Press, 1997), and R. W. L. Moberly, *The Bible, Theology, and Faith: A Study of*

恰恰发挥了把这种关切边缘化的作用，转而支持完全世俗化的议题。他们的行为是在实行一个有说服力的定义。"[38] 彼得·巴拉（Peter Balla）、克里斯托弗·塞茨（Christopher Seitz）和詹斯·齐默尔曼（Jens Zimmermann）等人也持类似观点。[39]

利益、自我肯定、欲望和自我欺骗的问题会更详细讨论，尤其是利科的"怀疑的诠释学"（第十二章）。在这前两章中，我们的目标是指明诠释学作为一门学术性和实践性学科的性质和范围的相关内容。包括圣经的诠释学在内的诠释学，除非它是真正的多学科和跨学科的，否则就不能真正完成其任务。

六. 建议初学阅读书籍

Jensen, Alexander, *Theological Hermeneutics,* SCM Core Text (London: SCM, 2007), pp. 207-17.

Oeming, Manfred, *Contemporary Hermeneutics* (Aldershot and Burlington, Vt.: Ashgate, 2006), pp. 31-54 and 60-74.

Palmer, Richard E., *Hermeneutics: Interpretation Theory in Schleiermacher, Dilthey, Heidegger, and Gadamer* (Evanston, Ill.: Northwestern University Press, 1969), pp. 43-71 (in most libraries, but may be out of print).

Thiselton, Anthony C., *New Horizons in Hermeneutics* (London: HarperCollins; Grand Rapids: Zondervan, 1992), pp. 55-71.

Abraham and Jesus (Cambridge: Cambridge University Press, 2000), pp. 26-39.
[38] Moberly, *Bible, Theology, and Faith,* p. 35.
[39] For example: Jens Zimmermann, *Recovering Theological Hermeneutics: An Incarnational-Trinitarian Theory of Interpretation* (Grand Rapids: Baker Academic, 2004); Christopher R. Seitz, *Figured Out: Typology and Providence in Christian Scripture* (Louisville: Westminster John Knox, 2001).

03

诠释学方法示例：耶稣的比喻

接下来，我们将转向耶稣的比喻的解释，因为比喻提供了一个极好的示例场所。在那些示例中有一些被称为"错误"的诠释路径，也有很多富有成效的进路。历史或文学进路将比喻置于能阐释他们的历史情景中，然而有些比喻也欢迎极其不同的进路。

有些比喻在其原始形式上极其靠近寓言；许多比喻展现出一个叙事"世界"，正如伽达默尔和利科所预见的；还有一些比喻欢迎读者回应的进路；很多比喻是"存在性的"，甚至要求注意比喻中的人物。同时，许多比喻展现出完全不同的解释动态；这些动态分别用于比喻和寓言。或许一些比喻也同时显示出读者回应理论的价值及有限，还有诠释者使用他或她所希望的心理学或符号学理论的有限自由。

一．比喻的定义及其与寓言的关系

在半个多世纪以前，查尔斯·多德（Charles H. Dodd）提出了比喻的定义，并且如今其定义仍然如之前一样有意义。他在《天国的比喻》（*The Parables of the Kingdom*）中写道："简单地说，比喻是一个暗喻或明喻，它来自于自然或普通的日常生活，通过其生动性或奇异性而吸引听众的注意，并让大脑置于对其确切的应用有足够的怀疑之中，从而激发它成为活跃的思想。"[1] 根据约阿希姆·耶利米亚（Joachim Jeremias）的观点，"比喻是传统的原始基础的一部分……图像比抽象概念在大脑中能留下更深刻的印象。"[2] 罗伯特·芬克（Robert Funk）对多德的四个元素逐一评论。首先，暗喻比象征或类比更加深入，并且涉及全人。第二，比喻可能因着其对比的价值观而生动。例如，一个不义管家被称赞（路十六 8）和一个不义法官被一个寡妇搅扰（路十八 5-6）。有时生动性并不是由对比而

---

[1] Charles H. Dodd, *The Parables of the Kingdom* (London: Nisbet, 1935), p. 16.
[2] Joachim Jeremias, *The Parables of Jesus*, trans. S. A. Hooke, rev. ed. (London: SCM, 1963), p. 11.

产生，而是因为听众真的看见或听见了这个事件，正如塔楼建造因耗尽了钱财而留下半途而废的工程（路十四 28-30）。这个比喻生动却简单。第三，比喻肯定是来源于日常生活。例如，它有可能是关于面粉的测量，或杂草和麦子（太十三 24-29）。第四，这也是芬克的主要观点，即比喻借由促使听众自发思考的不确切应用来吸引他们的注意，例如对不诚实管家的夸奖（路十六 8）。[3] 芬克评论道："可以说，比喻直到听众进入其中成为参与者才算完成。"[4] 这样，我们已经开始关注一些读者回应理论的例子。

然而，多德对比喻的定义包含所有的比喻吗？难道一些比喻没有提供生活中不言而喻的真理，且有明显用于格言的应用吗？在一百多年前，阿道夫·朱利希（Adolf Jülicher）将不言而喻的例子的故事视为比喻确实源于耶稣的证据。如此"真实的"例子包含无知财主的比喻（路十二 16-21）。[5] 但是与朱利希相反，多德明确表达，他所考量的是"恰当的"比喻；这些比喻因自身的动态性而独特。

多德和朱利希似乎都不完全正确。阿摩司·怀尔德（Amos M. Wilder）正确地指出，"耶稣以多种方式使用修辞手法……事实上，我们必须说'比喻'一词具有误导性，因为它暗示了一种简单的模式，并且常常扭曲我们对这个或那个特殊事例的理解。"[6] 耶利米亚同样指出，"希伯来**比喻**（Mashal）和亚兰**比喻**（Mathla）包含所有这些类别……比喻（parables）、相似（similitude）、寓言（allegory）、寓言故事（fable）、箴言（proverb）、天启式启示（apocalyptic revelation）、谜语（riddle）、象征（symbol）……笑话（jest）。类似地，在新约中的比喻不仅有'比喻'的意思，也含有'比较'和'象征'的意思……在《马可福音》七 17 中它的意思是'谜语'，在《路加

---

[3] Robert W. Funk, *Language, Hermeneutic, and Word of God* (New York: Harper and Row, 1966), p. 133.

[4] Funk, *Language*, p. 133.

[5] Adolf Jülicher, *Die Gleichnisreden Jesu*, 2nd ed., 2 vols. (Freiburg: Mohr, 1899-1900), pp. 92-111.

[6] Amos M. Wilder, *Early Christian Rhetoric* (Cambridge: Harvard University Press; London: SCM, 1964), p. 81.

福音》十四 7 中就是简单的'规条'（rule）。"[7] 对于《约翰福音》十 6 和十六 25、29 中的希腊文 paroimia，耶利米亚提出了类似的观点。这样，诠释学就有了挑战。克雷格·布隆伯格（Craig Blomberg）则宣称，"在 20 世纪解释比喻的主要进路是有误导性的，需要重新思考。"[8]

布隆伯格认为，多个世纪以来，基督教会都将比喻解释为寓言，但是现代批判学者追随朱利希和耶利米亚而拒绝寓言式解释。然而，布隆伯格也评论道，许多比喻也包含寓言的元素，甚至新约也将一些比喻解释为寓言。他认为学术性共识具有过度的选择性；最新的学术研究发现，比喻所包含的意义远超朱利希和其他人所认为的简单比较。

同样，解释比喻和寓言的动态是非常不同的。一个适当的比喻能令听众措手不及。它是从背后出击。当神告诉他要揭穿大卫与拔示巴的通奸罪的时候，先知拿单要如何应对大卫王？他可以简单地与大卫对峙，但与东方君王，甚至是以色列君王对峙是不明智的。他给大卫讲述了一个故事。一位客人拜访了一位富翁，富翁决定向客人展现最热忱的款待。但是富翁不顾自己的羊群能提供一切招待之物，反而偷了他邻舍的一只羊羔，并以此为他的骄傲和喜悦。大卫问道："那家伙到底是谁？他应该被鞭打至死。"拿单解释道："你就是那个人。尽管你有众多嫔妃，你却抢夺了你邻舍乌利亚所爱的那位。"此时大卫不得不承认自己的错误。这个比喻将听众引入一个叙述世界，而又温柔地将听众置于攻击之下（撒下十二 1-15）。

寓言的动态或功能却迥异。一个寓言就像一串编码。在《以西结书》十七 1-10 中"大鹰"代表着尼布甲尼撒，他来到代表耶路撒冷的"黎巴嫩"。他抓住代表约雅斤的香柏树顶端的树枝，并要将它带到代表巴比伦的"商业之城"。这段经文就是向能解读编码的"局内人"所讲述的一个寓言。大部分学者也认为《马太福音》二十二 1-14 也是以寓言作为结尾。它可能看似极端，差派军队去处理拒绝受邀

---

[7] Jeremias, *The Parables of Jesus*, p. 20.
[8] Craig L. Blomberg, *Interpreting the Parables* (Leicester: Apollos, 1990), p. 14.

的人肯定不是人们的日常生活的一部分。因此这段经文不仅是一个比喻。埃塔·林内曼（Eta Linnemann）评论道："因此寓言是无法理解的，除非一个人知道……它所指向的是事件的情形。任何没有这把钥匙的人都可以读这些文字，但是更深层次的意义之于他却是隐藏的。因此，寓言可以用来传递只有发起者理解的编码信息。"[9]

因此，寓言是以共同的理解为前提，而比喻却是**创造**共同的理解。它们之间还有进一步的区别。寓言是讲给能懂的**局内人**，而比喻却是试图赢得**局外人**。另外，至关重要的是，比喻在整体上呈现一个**连贯的叙述世界**，而寓言可以包含一系列**独立的应用**。通常这是通过坚称比喻只有一个重点来表达。尽管这常常随之而来，可并非总是如此，并且这种观点已受到质疑。

如果不是用在以教义和普遍的方式来决定什么比喻出自耶稣而非初期教会，那么这个原则基本上是正确的。在英文文献中最广为人知的寓言例子是约翰·班扬的《天路历程》。其目的是教导性的，且假定读者对圣经有深入的了解。然而，在新约中遗失的硬币是真实普通的日常房间中的真实硬币（路十五 8–10）。在《天路历程》中圣灵清洁房间是代指圣灵清洁心灵。世智先生（Mr. Worldly Wiseman）不是一位真实人物，而是一个圣经思维模式。绝望沼泽（The Slough of Despond）也不是一个真实的地方，而是代指穿过绝望。绝望巨人（Giant Despair）的囚徒亦然。这一切都是寓言。

因此在新约中我们找到的是比喻或寓言重要吗？尤为重要，因为它们每一个的解释截然不同。在很多比喻中（虽然不是所有的比喻），听众都被引入一个叙述世界。芬克对浪子和嫉妒之兄的比喻的评价是正确的（路十五 11-32）。恩典这个字将听众分为大儿子和小儿子。芬克写道："法利赛人是一群坚持解释恩典一词而非让他们自己被恩典解释的一群人。大儿子则坚持他的忠诚是有价值的：他的忠诚必须是解释的基础。"[10] 听众中悔改的人都认同小儿子，

---

[9] Eta Linnemann, *Parables of Jesus: Introduction and Exposition*, translated by John Sturdy from 3rd edition (London: SPCK, 1966), p. 7.
[10] Funk, *Language*, p. 17.

且在欢迎时分享他的喜悦。

但是一旦父亲成为"神",这难道不是寓言吗?诚然,它超越了大多数的比喻,但是它的解释动态却又不是寓言的解释动态。只有当听众"迷失"在一个连贯的真实叙述世界中,它才会发挥作用或产生影响。那老生常谈的问题就是,"这是比喻还是寓言?"这必须根据它的诠释功能和文本体裁来回答。答案也很少会是简单的。同时,芬克坚称"比喻作为日常生活的一部分,在其中是具有出乎意料的'转变',通过平凡的事物来看待现实的新观点。"[11] 遵循伽达默尔的观点,即理解与应用是不可分割的,芬克评论道:"回应不是在比喻之后,而是伴随着比喻。"[12] 听众中的"小儿子"发现自己是被欢迎的,而"大儿子"却发现自己是被拒绝的。在沃尔夫冈·伊瑟尔(Wolfgang Iser)的读者回应理论中显明,听众之所以"理解",是因为他们对比喻的回应完全了比喻的意义。[13]

二. 比喻的情节及其存在性的解释

并不是所有耶稣的比喻都有同样的诠释动态。布尔特曼和耶利米亚区分了从生活里典型的或重复发生的情景中获得的相似(similitude),和从特定的、可能重复之情景中获得的比喻。面酵的比喻描述了当把酵母加入面粉中总会发生的情况(太十三33),因此它被视为相似。芥菜种的比喻描述的也是它逐渐生长茂盛、变大(太十三31–32)。同样,主仆各自的态度描述的也是典型的情景(路十七7–10)。

其他一些比喻描述的是某人曾经做过的事情。朱利希说:"我

---

[11] Funk, *Language*, p. 161.

[12] Funk, *Language*, p. 180.

[13] Wolfgang Iser, *The Act of Reading: A Theory of Aesthetic Response* (Baltimore and London: Johns Hopkins University Press, 1978), pp. ix-x and 163-232. 参 Anthony C. Thiselton, *New Horizons in Hermeneutics: The Theory and Practice of Transforming Biblical Reading* (London: HarperCollins; Grand Rapids: Zondervan, 1992), pp. 515-23.

们看到的不是每个人做了什么，而是某人曾经做了什么，无论将来其他人是否会以同样的方式去做。"[14] 不忠的管家就是一个很好的例子（路十六 1–8）。朱利希评论道："相似诉诸普遍有效的事物，而比喻适用于仅发生一次的事物……相似会防止对立的事物，因为它只涉及既定的事实。"[15] 比喻则通过其热情、新鲜或扣人心弦的叙述来防范对立的事物。如今我们也许会说"叙述世界"。它通常也是虚构的，并且令听众措手不及。好撒玛利亚人的比喻提供了另一个很好的例子（路十 29–37）。一个撒玛利亚人去帮助一个犹太人是不常见的，但是在这个场合中，一个爱胜过传统或公义的"世界"展露无遗。正如恩斯特·富克斯（Ernst Fuchs）所说，这种比喻放弃了武力的使用。

朱利希与林内曼坚称，比喻只有一个重点，这与产生一系列独立应用的寓言相反。林内曼如此写道："在比喻中，叙述迫使一个人做出的评价必须上升到另一个层次"。[例如，从图像到现实，或自朱利希以后的德国学者，从半图像（Bildhälfte）到半内容（Sachhälfte）。][16] 林内曼把比喻描述为有"叙事规律"。[17] 这主要源于布尔特曼，他认为比喻反映了普遍讲故事的"规律"，通常伴随着一个他所称为"最后的强调"（end stress）的渐进发展，比如差派仆人到葡萄园（可十二 2–8）。他们通常涵盖三人组 [祭司，利未人和撒玛利亚人（可十 24–37）]，还有那些找借口的人，比如在大宴席或喜宴比喻中的人（太二十二 1–10；可十四 16–24）；尤其是对比的"规则"，正如在聪明与愚拙的童女（太二十五 1–11）和财主与拉撒路（可十六 19–31）的比喻中一样。[18] 布尔特曼也认为一个比喻只有一个重点，使用对比与对立，也常使用递进。所有这些都显示了耶稣的艺术技巧，虽然也有被认为是早期教会或对观传统的修饰。

---

[14] Jülicher, *Die Gleichnisreden Jesu,* 1:93.
[15] Jülicher, *Die Gleichnisreden Jesu,* 1:97.
[16] Linnemann, *Parables of Jesus*, pp. 4-7.
[17] Linnemann, *Parables of Jesus*, pp. 8-16.
[18] Rudolf Bultmann, *History of the Synoptic Tradition*, trans. John Marsh (Oxford: Blackwell, 1963), pp. 188-92.

比喻还常常涉及很高的情感强度。最后，比喻常常是以省略细节的方式叙述。

有时这些所谓的规则也有例外，维亚（Don Otto Via）正确区分了"喜剧"和"悲剧"的情节。在所谓的喜剧比喻中，最终一切都会好起来。维亚评论道，这些比喻包括了葡萄园的工人（太二十 1–16），不义的管家（可十六 1–9）和浪子的故事（可十五 11–32）。[19] 在悲剧比喻中，如同所有的悲剧一样，英雄或女主人公都面临灾难，这是观众而非英雄或女主人公所能预见的。这些包含了按才受托的比喻（太二十五 14–30），十个童女（太二十五 1–13）和没穿婚宴礼服的人（太二十二 11–14）。所有这些比喻都有一个清晰可辨的情节；向上的动态是走向幸福，向下的动态是走向悲剧。

另外，维亚揭示了比喻的存在维度。在葡萄园工人的比喻中（太二十 1–16），每个工人每日至少获得一个商定的、公平的工资。有些人确实获得更多，这令那些不喜欢"恩典胜过公义"之概念的人惊讶。慷慨甚至比公义更伟大，也使公义变得黯然失色。"当雇主用全天的工资付给最后一位只做工一小时的工人时……我们最佳的存在取决于我们是否接受神恩典的行为。祂的恩典行为掩盖了我们如何考量或如何安排事情的方式。"[20] 不义管家"活在公共规范之外"。[21] 他在危机中表现得很精明（可十六 1–9）。浪子的故事是关于和解、悔恨、作为一个人的身份地位（鞋子、戒指和长袍），是关于欢迎或嫉妒与苦涩（可十五 11–32）。

悲剧比喻甚至更具有明显的存在主义色彩。拥有一他连得的人视自己为受害者。他告诉主人："我知道你是一个严厉的人。"因此，他想摆脱责任和问责的愿望实际上却导致他失去了机会。[22] 他不想冒风险，因此风险会被移除。在任何城市他都将不会获得管理的机会。惩罚是"内在语法"（internal grammar）之一。在愚昧童女的比喻

---

[19] Don Otto Via, *The Parables: Their Literary and Existential Dimension* (Philadelphia: Fortress, 1967), pp. 147-76.
[20] Via, *The Parables*, p. 132.
[21] Via, *The Parables*, p. 160.
[22] Via, *The Parables*, p. 120.

中，维亚写道："愚拙的童女太自以为是地认为她们的福祉是有保障的，不管她们做了什么……她们以为别人会照顾她们，别人会买单。"[23] 她们不能控制新郎所选择到来的时间，但是却活得和表现得好像她们能控制。她们自欺欺人，因为长时间以来似乎无事发生（太二十五 1–13）。第三个比喻是关于一个试图穿脏衣服参加婚礼的人。他的尝试"体现了他分裂的存在……人的有限性在于他无法选择某些路线和立场，也无法避免灾难性的后果。"[24] 他尝试要一举两得。

然而，我们不禁要问，维亚是否从有一个重点的比喻中提取了太多的细节。这在杰兰·特沃恩·琼斯（Geraint Vaughan Jones）阐述浪子比喻的存在性意义中占据了很高的比例。[25] 琼斯详细地阐述了布尔特曼和耶利米亚的担忧，但因着理论而非实践的原因，他拒绝接受他们的"一个重点"规则。他认为，比喻涉及整个存在性的人类状况。他坚称，历史方法具有太强的限制性。许多不太知名的比喻解释者已经探讨了它们的细节。他把范·科斯特维尔德（C. G. van Koestveld）和芬得利（J. A. Findlay）列入这些人群，他们引用旧约背景，尤其是具有各种各样比较的智慧文学。他还研究了拉比背景。[26] 他引用了保罗·菲比格（Paul Fiebig）对《塔木德》（Talmud）中一些比喻的用法。他认为，比喻就是一件艺术品。无论传统做了什么，就像所有好的艺术一样，比喻是超越时间和空间的。

琼斯是在读者回应理论刚刚对圣经研究产生影响的年代写作。比喻的细节是否具有他所要求的位置，可能取决于读者如何回应，尽管这已经使它们脱离了历史范畴。他特别引用对浪子比喻的极佳解释来支持他的观点（可十五 11–32）。琼斯认为，这是一个关于生命、自由、疏远、决定与和解的比喻。这些都是存在性的主题。悖逆的小儿子以为他选择了自由和独立，但是"在离开的那一刻，在贫困和遗弃中的新自我生活在某种意义上是不同于自信、悖逆和自

---

[23] Via, *The Parables*, p. 126.
[24] Via, *The Parables*, p. 132.
[25] Geraint Vaughan Jones, *Art and Truth of the Parables* (London: SPCK, 1964), pp. 135-66.
[26] Jones, *Art and Truth*, pp. ix-xii and 59-64.

我。……他是一个陌生人，不受欢迎的，也是匿名的，经历着玩忽职守的极度恶心"。琼斯继续写道："这个比喻是逃入疏远，并通过渴望而回归。"[27] 琼斯探讨了恶心、焦虑、匿名及绝望等存在性主题。"当浪子走出他父亲的房子，当亚当离开伊甸园，他们进入了一个幻想破灭的世界，他们对其并不熟悉。"[28] 这是人类处境的缩影。小儿子是在痛苦之中的。"当危机来临时，他被抛弃；他被他的朋友和同事抛弃，因为他们和他之间只有金钱关系，而金钱关系又是所有关系中最脆弱的。他发现没有人际关系，生命是空虚的，无意义的，他变得绝望……没有人想要他。"[29] 甚至在他回归之后，大儿子与其说把他当做一个人来对待，不如说把他当作是一种需要标准方式来处理的一类人。

然而，父亲恢复了小儿子的身份。他赐予小儿子代表身份的戒指、礼袍和鞋子。"通过再次被当作一个人来对待，他正在重新获得他的声望。"[30] 万物的原型恢复（archetypal restoration）是福音的核心，而小儿子的恢复正是其中的一部分。但是被排斥在宴席之外并非这个比喻所特有德。愚拙的童女和那没穿礼服的人作出了自愿的选择，导致他们被排斥，从而被孤立。

琼斯是否太注重细节了呢？他当然解释了比喻所隐含的意思。这是否合理在某种层度上取决于我们是优先考虑历史性解释还是读者反映理论。正如我们在接下来所要看到的，后者有各种不同的版本。

三 . 严苛的历史方法：朱利希，多德和耶利米亚

朱利希于1888年至1923年之间在马尔堡（Marburg）任新约教授，他也是布尔特曼的老师。他是阿道夫·冯·哈纳克（Adolf von Harnack）等人所在的自由主义阵营崛起的代表者。在他有关比喻的

---

[27] Jones, *Art and Truth*, pp. 175.
[28] Jones, *Art and Truth*, pp. 177.
[29] Jones, *Art and Truth*, pp. 185.
[30] Jones, *Art and Truth*, pp. 191.

两卷本著作中，大部分内容都是关于它们作为耶稣话语的真实性。他扭转了 19 世纪作家的趋势，即将比喻解释为具有一系列独立的要点，如同它们是寓言一样。这些作家中最有名的乃是大主教特伦奇（Archbishop R. C. Trench）。

朱利希泾渭分明地将比喻分为明喻和令人费解的隐喻。他相信明喻可以追溯至耶稣，而令人费解的隐喻是由于对观福音的传统或早期教会破坏性的编辑造成。明喻（Vergleichung）在意义上是显而易见或直截了当的。隐喻则是令人费解的，除非读者或听众知道其暗码。说"一头狮子冲上去"作为阿基里斯的隐喻和说"阿基里斯像狮子一样冲上去"是有区别的，后者是一个明喻。隐喻是一种非字面意义的言语，朱利希采用了德文"言语不当"（uneigentliche Rede）来描述。相反，明喻则是"字面意义的言语"，对此朱利希则采用了德文"真正的言语"（eigentliche Rede）。遗憾的是，这些术语也可以分别代表不真实的言语和真实的言语。

因此，对朱利希而言，将隐喻作为非真实的耶稣言语，而将明喻作为耶稣的真实言语，只是一小步而已。[31] 他深信，耶稣只会教导简单的、概括的、易懂的真理。他相信，"榜样故事"（Beispielerzählung）是耶稣的所独有的。好撒玛利亚人的比喻（可十 29–37）被认为是简单、明显且忠于耶稣的。按才受托的比喻不过是意味着"明智的利用当下是未来幸福的条件"，或"只有忍耐才能获得奖赏"。[32] 陪伴新郎之人的比喻中，他们不禁食仅意味着"只有表达了适当的情感，宗教情感才是有价值的"。[33] 财主与拉撒路的比喻（可十六 19–31）也只是意味着痛苦一生之后可以有大喜乐。[34]

金斯伯利（J. D. Kingsbury）恰当地宣称，朱利希开创了比喻解释的现代时期，沃伦·基辛格（Warren Kissinger）称"他是比喻解释史上的巨人"。[35] 然而，他也受到了严厉的批评。他的自由派前设意

---

[31] Jülicher, *Die Gleichnisreden Jesu*, 1:92-111.
[32] Jülicher, *Die Gleichnisreden Jesu*, 2:495, 511.
[33] Jülicher, *Die Gleichnisreden Jesu*, 2:188.
[34] Jülicher, *Die Gleichnisreden Jesu*, 2:638.
[35] Warren S. Kissinger, *The Parables of Jesus: A History of Interpretation and*

味着他视耶稣为一个普遍真理的教师,而非一个需要积极回应且常使用间接沟通的传道者。阿奇博尔德·亨特(Archibald M. Hunter)是对此提出了严厉的批评。亨特问,为什么一个行走于加利利、从生活中汲取无害道德的人应该被钉在十字架上且受死?为了强调审慎的陈词滥调,人们会把一个讲生动故事的人钉死在十字架上吗?[36]

与朱利希的年代接近,克里斯蒂安·布格(Christian A. Bugge)在 1903 年,保罗·菲比格(Paul Fiebig)在 1904 年与 1912 年,各自基于《旧约圣经》和犹太教对朱利希提出了严厉的批判。布格承认,有些比喻是明显的,它们的意义不言而喻。但是希伯来**比喻**(mashal)可以包含暗话,谜语,谜题(结十七 22;但四 10)。布格和菲比格都认为朱利希的观点更多的是基于亚里士多德对比喻的希腊式定义,即作为一种比较,而非耶稣所熟悉的希伯来背景。他对比喻的定义并没有提供很好的理据来决定哪些比喻是忠于耶稣的。[37] 菲比格强调耶稣比喻的原创性和栩栩如生。它们与恩典、祷告、怜悯、爱和治理或神的国度有关。1912 年,菲比格出版了关于耶稣比喻的第二卷。[38] 他仔细斟酌了三十六份来自巴比伦和耶路撒冷的《塔木德》(Talmud)、拉比的密德拉西(midrash)以及《米示拿》(Mishnah)的比喻。[39] 同时,他再次抨击了朱利希对希腊思想的依赖。

令人惊讶的是,鉴于布格和菲比格的批判,朱利希的作品被很多人认为是基础性的。这可能与当时的自由主义精神有关,也有可能与在 19 世纪占主导地位但需要被纠正的特伦奇的寓言方法有关。朱利希确实指出了比喻与寓言之间的不同,和对历史方法的需要。但是,如今罗伯特·斯坦(Robert Stein)和克雷格·布隆伯格等许多

Bibliography (Metuchen, N.J., and London: Scarecrow, 1979), pp. 71-72.

[36] A. M. Hunter, *Interpreting the Parables* (London: SCM, 1964); cf. Hunter, *The Parables Then and Now* (London: SCM, 1971).

[37] C. A. Bugge, *Die Haupt-Parabeln Jesu* (Geissen: Ricker, 1903), and Paul Fiebig, *Altjüdische Gleichnisse und die Gleichnisse Jesu* (Tübingen: Mohr, 1904), pp. 14-73.

[38] Paul Fiebig, *Die Gleichnisreden Jesu im Licht der rabbinirohen Gleichnisse der neutestamentlichen Zeitalters* (Tübingen: Mohr, 1912).

[39] Fiebig, *Die Gleichnisreden Jesu,* pp. 6-118.

人已指出了其严重的局限性。[40] 斯坦呼吁人们注意他对"一个重点"比喻的教条主义方法和他对一般道德真理的强调。芬克则认为，一种排他性的说教法违反了很多比喻的诠释动态。

尽管对历史持怀疑态度，阿尔伯特·史怀哲（Albert Schweitzer）的《寻找历史中的耶稣》（Quest of the Historical Jesus）至少让人注意到耶稣的讲道是末世宣告，正如约翰尼斯·魏斯（Johannes Weiss）在先前所做的。[41] 神的国是关于神动态性的掌权。史怀哲同样也相信比喻的信息是对被拣选的少数人，而非所有人显而易见的。

接下来是形式批判的时代，其间出现了马丁·狄贝流斯（Martin Dibelius）和鲁道夫·布尔特曼。[42] 他们两人都强调末世危机，正如我们在不义管家的比喻中所看到的那样。但他们都对比喻的"生活情境"（Sitz im Leben）提出质疑，认为这将太多的比喻置于早期教会生活之中。布尔特曼认为，比喻是"文字图片"（Bildworte），而相似（Gleichnisse）则不同。同样也有很多榜样故事（Beispielerzählungen）。布尔特曼将许多比喻归于早期的基督教传统。但整体而言，英国学者更加谨慎。文森特·泰勒（Vincent Taylor）、曼森（T. W. Manson）和多德重视形式批判，但并不视之为评估所有比喻的起源或真实性的一种方式。1935 年，多德在耶鲁大学发表了他比较温和的演讲，《天国的比喻》，这被证明是历史上比喻解释的又一里程碑。

多德认为，在耶稣的教导和讲道中，比喻是最具特色的元素。多个世纪以来，它们以寓言式来解读，但多德赞同朱利希和布尔特曼的观点，认为这是错误的。多德还强调许多比喻的末世本质，并且很谨慎地运用形式批判在可能的情况下建立一个生活情境（Sitz im Leben）。在他看来，"危机"常常从末世转移到耶稣的事工。多德拒绝了朱利希对"一般真理"的强调，认为许多比喻都适用于

---

[40] Robert H. Stein, *An Introduction to the Parables of Jesus* (Philadelphia: Westminster, 1981), pp. 54-58.

[41] Albert Schweitzer, *The Quest of the Historical Jesus*, trans. W. Montgomery (London: Black, 1931).

[42] Martin Dibelius, *From Tradition to Gospel*, trans. B. L. Woolf (London: Clarke, 1971), throughout, and Bultmann, *History*, especially pp. 39-68.

特殊情况。例如，贵重珍珠的比喻与珍珠商人的特定追求有关。但与寓言相反，这个比喻具有一个重点。

根据形式评判，多德还区分了耶稣生活的特有背景和早期教会生活的背景。我们不应该事先排除有一个以上的生活情境的可能性，尤其是因为迷失羊的比喻在《路加福音》十五 3–7 中有传福音的背景，在《马太福音》十八 12–14 中有教牧的背景。《马太福音》十八章的上下文显然与教会及其领袖有关，而《路加福音》十五章涉及法利赛人对耶稣走近迷失之人的批评。在《路加福音》中，那个比喻是关于庆祝迷失的被寻回；在《马太福音》十八章中，这个比喻是对于弱势群体的教牧关怀（十八 10-11）。同一个比喻被运用在两个生活处景中，并有不止一个应用。

多德还将这个原则延伸至"人子的日子"和比喻的"生活情境"。他引用《马太福音》、《路加福音》及 Q 来源中涉及人子来临的比喻，并提出"这句话是否最初表达了人子'来临'的明确预言，常常是不清楚的"。[43] 人子的复活与祂的来临有何关联呢？例如，如朱利希所说，恶园户的比喻（可十二 1–8）提到的可能是关于耶稣之死的"早期教会的寓言式建构"。多德认为，最初的比喻在耶稣的生活中具有真实的历史背景，但是三位对观福音书作者所引用的旧约**见证**（testimonium）都是由早期教会所添加的（可十二 10 及其平行经文）。多德相信，路加另外还加了一句话，说石头落在谁身上，灾难就会临到谁身上（路二十 18）。另外，福音书作者在这个比喻中有可能还增加了仆人的数量，以体现"先知们的前仆后继"。[44] "爱子"也暗示了早期教会的影响。

这是形式批判相对严谨却严肃的应用。对于不义管家的比喻，多德相信福音书作者增加了关于如何在危机中行事的三个说教性结尾（路十六 1–7）。"意识到其职位的严肃性，管家进行了一番认真的思考，并找到了应付当前情况的极端方法。"[45] 这是耶稣的基

---

[43] Dodd, *Parables of the Kingdom*, pp. 94-95.
[44] Dodd, *Parables of the Kingdom*, p. 129.
[45] Dodd, *Parables of the Kingdom*, p. 39.

本信息，并评论说"今世之子"比光明之子更精明。但是更进一步的应用是来自路加或对观福音的传统。尤其是大多数的"危机比喻"，包含忠心与不忠心的仆人，夜间的盗贼，和十个童女（太二十四 45–51；二十四 43–44；参 路十二 39–40；太二十五 1–13），"最初是针对已经存在的情况……当眼前的危机过后，这些比喻很自然地被重新应用到当前的情况……耶稣死后……对耶稣再来的期待"。[46] 但是比喻可以有不止一个背景。

在其关于比喻的代表性作品中，约阿希姆·耶利米亚以多德为基础，该书的第六版德文版于 1962 年出版。[47] 芬克说得没错，耶利米亚忽略了很多比喻的诠释动态。他的目标完全是追溯历史重构。他想建立耶稣最初的教导。但是"正如没有人比多德表现得更好，朱利希半途而废"。[48] 像多德一样，他反对朱利希的目标，即重新发现"一个尽可能广泛的普遍性的单一观念"，并认为朱利希没有理解希伯来**比喻**(mashal)的范畴。[49] 他认为，"正是多德的著作取得了突破"。[50]

耶利米亚追溯了一系列事件，他相信这些事件会将我们从耶稣领至早期教会。这些包含亚兰文到希腊文的翻译、词汇的变化、修饰、旧约在教会中的影响、听众的变化、比喻的训诫性应用、教会的处境、寓言化，以及一些比喻与其他比喻合并的例子。生活情境的变化也对这一变化有突出贡献。耶利米亚声称，例如在麦子和稗子的比喻中（太十三 36–43），某些特殊之处在耶稣的一贯教导中是不恰当的。他认为，十三 37 可以追溯至马太本人。十三 40–43 和 49–50 主要是对耐心的要求。在 37 节中，教会**得到**的印象是分离的时刻尚未来到。

---

[46] Dodd, *Parables of the Kingdom*, p. 170–71; cf. p. 154–74.
[47] Jeremias, *The Parables of Jesus*.
[48] Jeremias, *The Parables of Jesus*, p. 19.
[49] Jeremias, *The Parables of Jesus*, pp. 19-20.
[50] Jeremias, *The Parables of Jesus*, p. 21.

四. 历史方法的有限性：回顾性观点？

无论怎样，在其著作的前半部分，耶利米亚并不总是正确。我们已经看到，当耶稣讲述那些原始比喻时，它们含有寓言化。另外，作为确定什么是来自耶稣的一种方法，耶利米亚对《多马福音》的使用是有争议的。伴随耶稣话语的"危机"很有可能同样适用于耶稣的第二次来临。在新约书信中所使用的词汇并不意味着它在早期教会中会被优先使用；事实可能恰恰相反。新约书信偶尔能反应耶稣的语言。早在 1970 年，我就尝试通过与语言哲学对话来证明《路加福音》十六 2-8 这类比喻的结尾并不一定与耶稣的意图相冲突。[51] 最重要的是，比喻既可以隐藏也可以揭示，这并不矛盾。撒种的比喻（可四 1–9）并不一定与其解释冲突（可四 11–20）。它们都告诉传道者尽管结果令人失望，但还要继续播种。关于比喻之目的的部分（可四 11–12），将神的旨意[《马可福音》的"为的是要"（in order that）希腊文为 hina]与《马太福音》和《路加福音》的"以致"（so that）联合起来。我们已经看到，浪子的比喻证实了有些听众是悔改的小儿子，但另一些是自满的大儿子。这段经文符合耶稣的意图，且对《以赛亚书》六 9–10 的引用并不一定是早期教会的手法，正如莱恩、琼斯和克兰菲尔德所正确坚持的那样。[52]

尽管如此，耶利米亚在书的后半部分很好地叙述了比喻的主题。随着新时代和基督是救赎者的宣告，神的国来临并扩张。祂是受压者的牧羊人（太十五 24；路十九 10）；耶稣是来医治疾病的医生（可二 17）；他抢夺壮士的家（可三 27；太十二 29）。没有折中的办法；新酒是为新皮袋做的（可二 21–22；太九 16；路五 36–38）；

---

[51] *Thiselton on Hermeneutics: Collected Works with New Essays* (Grand Rapids: Eerdmans; Aldershot: Ashgate, 2006), pp. 417-40.

[52] 参William L. Lane, *The Gospel of Mark* (London: Marshall, Morgan and Scott, 1974), pp. 156-63, and Charles E. B. Cranfield, *The Gospel according to St. Mark: A Commentary*, Cambridge Greek Testament (Cambridge: Cambridge University Press, 1959), pp. 150-63. Geraint Vaughan Jones also attacks the "one-point" view as doctrinaire in *Art and Truth*, pp. 41-166.

新衣是没有补丁的。此外，伟大的结局来自开始；芥菜种长大（可四 30–32；太十三 31–32；路十三 18–19）；酵母充满整个面团（太十三 33；路十三 21；《多马福音》九十六章）。这是一个不可阻挡的成长。一小群耶稣的门徒将要成为新约的伟大子民。撒种的比喻（可四 3–8；太十三 3–9；路八 5–8；《多马福音》九章）保证了这一点，正如种子暗中生长的比喻所说的那样（可四 26–29）。

比喻也谈到神对罪人的怜悯。这些比喻"是最熟悉和最重要的"。[53] 它们又包含了芥菜种的比喻和面酵的比喻，迷失的羊和铜钱的比喻（路十五 1–10），浪子的比喻（路十五 11–32），税吏与法利赛人的比喻（路十八 9–14）。除非我们从历史上重新建构真正法利赛人的宗教地位与虔诚，否则就会失去后者的意义。比喻是一个令人震惊的故事，它颠倒了期望值。这些比喻既攻击敌人，又含蓄宣告了耶稣的权威。

第三，耶利米亚继续说道，许多比喻的目的是给予"极大的保证"。[54] 这些比喻又包含芥菜种和面酵的比喻。耶利米亚也将暗中生长的种子，不义的法官（路十八 2–8），和晚间到达的朋友（路十一 5–8）囊括其中。所有这些比喻的重点是"祈求将会被应允"。[55]

耶利米亚将审判或紧急警告的比喻置于这些标题之下。他的标题是"灾难的迫切性"[市场上的孩童们的比喻（太十一 16–17；路七 31–32）；无知财主的比喻（路十二 16–20；《多马福音》六十三章）]；主题是"可能太迟了"[十个童女的比喻（太二十五 1–13）；大宴席的比喻（太二十二 1–10；路十四 15–24）]，以及"时辰的挑战"[财主和拉撒路（路十六 19–31）；没穿礼服之人的比喻（太二十二 11–13）]。

最终还有"已实现的门徒关系"（Realized Discipleship）、"人子的受难之路和高升"、"完满"、"比喻式行为"。贵重的珍珠（太十三 45–46；《多马福音》七十六章）和在地里的宝藏（太十三

---

[53] Jeremias, *The Parables of Jesus*, p. 124.
[54] Jeremias, *The Parables of Jesus*, pp. 146-60.
[55] Jeremias, *The Parables of Jesus*, p. 159.

44；《多马福音》一百零九章），这对双胞比喻并不是强调门徒的代价，反而是惊喜和喜乐。"同样的想法也在《多马福音》第八章的大鱼的比喻中也有体现。"[56] 耶利米亚也将好撒玛利亚人和残酷仆人的比喻包含其中。完满这个主题包含了麦子与稗子的比喻（太十三 24–30）和撒网的比喻（太十三 47–48），但是一些传统危机只属于耶稣事工的背景。

一个纯粹的历史方法可以很好地阐明比喻，并使我们免于疯狂和不负责任的应用。在很大程度上，埃塔·林内曼追随了耶利米亚。他的方法大体上是历史性的，但或许限制性较少。但**这并不是教父时期和中世纪大多数作者的方法**。我们此处从教父时期选择了五个例子。我们将在第五章和第六章中回到这个话题。

1. 爱任纽（大约主后 180 年）以寓意化的方式处理大多数的比喻。比如，藏在地里的宝藏是基督（太十三 44）。[57] 因为门徒的喜乐**是**基督，可以说这不是寓言。但是，婚礼礼服的比喻被寓意化地用来阐释教义，并强调"外在的黑暗"。[58] 当然，他把葡萄园工人，无花果树，稗子和麦子，好撒玛利亚人等比喻当作教义的详尽寓意性来源。

2. 特土良（大约主后 210 年）寓意化地处理许多的比喻，包含浪子的比喻。大儿子代表犹太人，小儿子代表外邦人或基督徒。戒指代表着洗礼；宴席则是主的晚餐或圣餐；肥牛犊代表着耶稣。[59] 有时他会更加谨慎，只提出一个"历史"应用，如丢失的铜钱的比喻。[60]

3. 亚历山太的革利免与同时代的特土良相似，认为所有的经文都是比喻式的，并有规律地寻找它隐藏的意义。他认为，芥菜种的比喻既见证了教会不可阻挡的本质，也见证了芥菜的药用特性。栖息在枝子上的空中飞鸟是天使。[61] 在葡萄园工人的比喻中，每日的

---

[56] Jeremias, *The Parables of Jesus*, p. 201.
[57] Irenaeus, *Against Heresies* 4.26.1.
[58] Irenaeus, *Against Heresies* 4.26.6.
[59] Tertullian, *On Modesty* 9.2.
[60] Tertullian, *Against Marcion* 30.11.2.
[61] Clement, *Fragments from the Hypotyposes* 4.

工钱就是救恩，与合适的"住处"（出自约十四 2）一致。⁶² 革利免详细地阐述了浪子比喻的细节（路十五章）。

4. 俄利根（大约主后 240 年）将许多经文寓意化，如同经文表达了具有字面、道德和属灵意义的"体，魂和灵"。⁶³ 下文会有更详细的探讨。例如，在好撒玛利亚人的比喻中（路十 30–33），从耶路撒冷下来的那人是亚当；耶路撒冷代表着天堂，而耶利哥是这个世界；强盗是魔鬼或假先知；祭司代表着律法的无能为力；利未人代表着先知；撒玛利亚人是基督；酒是神的道，油则是怜悯的教义；旅店是教会，而旅店老板是使徒和他们的继承者；两个银币是圣经的新旧约。⁶⁴

5. 奥古斯丁同样将半死之人解释为亚当或全人类，陷入对神片面的认识中。撒玛利亚人是基督，洗礼是油和酒，旅店是教会。撒玛利亚人对要回来的应许是基督再临时祂的归回。⁶⁵ 奥古斯丁承认，寓意式解释能帮助讲道，因为它允许讲道者发挥独创性。但就整体而言，除了在比喻中，他对寓意式解释持谨慎的态度。（另见第六章）

有鉴于此，关于"单一要点"，人们可能会支持朱利希，多德，耶利米亚和林内曼。历史方法给比喻的解释提供了必要的约束和纪律。尽管如此，通常还有比历史方法所允许的"更多"的东西，包含许多比喻所传达的含蓄的基督论。每个比喻必须根据其自身的价值来评价和解释。

五．修辞方法与文学批判

1. **阿摩司·怀尔德（Amos Wilder）** 发起了一场新运动，尤其是在美国，这要归功于文学批判。他的方法是要揭露新约的修辞动态。

---

⁶² Clement, *The Stromata* 4.6.
⁶³ Origen, *De principiis* 4.1.11.
⁶⁴ Origen, *Homilies on Luke* 34, and *Fragment* 71.
⁶⁵ Augustine, *Questionam evangeliorum* 2.19, and *Sermon* 69.7. Cf. also Kissinger, *The Parables of Jesus*, pp. 26-27.

他的开创性工作对诺曼·佩林（Norman Perrin）、罗伯特·芬克（Robert Funk）、丹·奥托·维亚（Dan Otto Via）和约翰·多米尼克·克罗斯安（John Dominic Crossan）是功不可没的。怀尔德称这是一种"跨历史的方法"。然而，这种方法不是没有代价的，因为它以牺牲历史和神学为代价来专注于文学方面，但有某些例外。

怀尔德强调耶稣大部分语言的诗意本质。[66] 他宽松地使用"言语－事件"来表达语言的更新。体裁同样对怀尔德很重要。福音书、《使徒行传》、书信和启示录都是不同的，必须以不同的方式来解释。与对话和诗歌相反，他强调比喻形式和先知并《启示录》作者之间的连续性。他们是具有启示性的。怀尔德引用恩斯特·富克斯的话，认为比喻唤起了信心。它们提供了"一个有力且动态的词"。[67] 比喻也来自智慧传统，在智慧传统中沟通常常是间接的或"逆向的"。最后，它们的听众会自己反应。在他后来的著作《耶稣的比喻和神话之战》（*Jesus's Parables and the War of Myths*）中，怀尔德变得更加谨慎一些。

2. 显然，**罗伯特·芬克**大量援用了这方面。我们已经看到他是如何抨击朱利希和耶利米亚忽略了比喻的诠释功能的。它们不仅仅是认知陈述的宝库。[68] 他认可恩斯特·富克斯和格哈德·艾伯林（Gerhard Ebeling）所扮演的角色。他认为是比喻解释听众，而非听众解释比喻。他更喜欢隐喻的力量，而不是单纯的说教写作。"为了一个新的视野，隐喻打破了预言的惯例……隐喻是改变传统的一个手段。"[69] "比喻作为日常生活的一部分，它们当中有意想不到的'转折'。"[70] 但是芬克并没有完全抛弃历史方法。马太根据他当时教会的情况"纠正"了路加关于大宴席的比喻。

---

[66] Amos N. Wilder, *Early Christian Rhetoric* (Cambridge: Harvard University Press; London: SCM, 1964; the second edition of *Jesus and the Language of the Gospel* [Philadelphia: Fortress, reprinted 1976, 1982]), p. 23.

[67] Wilder, *Early Christian Rhetoric*, p. 86.

[68] Funk, *Language*, pp. 126-35.

[69] Funk, *Language*, p. 139; cf. pp. 133-62.

[70] Funk, *Language*, p. 161.

3. 我已经在《诠释学新视域》（*New Horizons in Hermeneutics*）中讨论过**丹·奥托·维亚**的著作，在上文我们也评论了他的《比喻：它们的文学与存在维度》（*The Parables: Their Literary and Existential Dimensions*），并提到了"喜剧"和"悲剧"比喻的情节。[71] 后来维亚写了《在新约中福音的宣讲和喜剧》（*Kerygma and Comedy in the New Testament*）和《在新约中神的启示和人类的接受》（*The Revelation of God and Human Reception in the New Testament*），还写了一些较小的书，包括一些关于伦理的书。[72] 他在《在新约中福音宣讲和喜剧》里采用了一种符号学或形式主义的方法，这种方法可以抑止或绕过历史问题，但是他对这种方法的有限性很敏感。

4. *Semeia* 期刊连续几期讨论了符号学和结构主义方法，但很多人认为这是一条死胡同。《符号学与比喻》（*Semiology and Parables*）和《记号与比喻》（*Signs and Parables*）同样也是形式主义的论文集。[73] 符号学和文学形式主义在展示文本间如何相互联系时作用十分有限。用维亚的话说，这种方法可以解释一个文本从何得到其功能和力量。[74] 但是，这种脱离历史的故事是否、或在多大程度上能揭示比喻的意义，仍存争议。

5. 爱尔兰裔美国人**约翰·多米尼克·克罗斯安**（John Dominic Crossan，1934 年生）的著作的确揭示了比喻的含义，至少在他早期的作品中。他在《在比喻中》（*In Parables*；1973 年）探讨了比喻和寓言、暗喻之间的关系，但是他最大的贡献乃是关于"反转的比喻"

---

[71] Thiselton, *New Horizons in Hermeneutics*, pp. 492-94.
[72] Dan Otto Via, *The Revelation of God and/as Human Reception in the New Testament* (Harrisburg, Pa.: Trinity; London: Continuum, 1997) and *Kerygma and Comedy in the New Testament Parables* (Philadelphia: Fortress, 1975).
[73] Daniel Patte, ed., *Semiology and Parables: Exploration of the Possibilities Offered by Structuralism for Exegesis* (Pittsburgh: Pickwick, 1976), and the Entrevernes Group, *Signs and Parables: Semiotics and Gospel Texts,* with a study by Jacques Geninasca, postface by A. J. Greimas, trans. Gary Phillips, Pittsburgh Theological Monograph 23 (Pittsburgh: Pickwick, 1978).
[74] Patte, *Semiology and Parables*, pp. 1-70; cf. pp. 71-179; and John Dominic Crossan, *In Parables: The Challenge of the Historical Jesus* (New York: Harper and Row, 1973), pp. 247-372.

（Parables of reversal）。[75] 他承认一些比喻只不过是榜样故事；很多比喻却不是。比如，如果好撒玛利亚人的比喻是一个榜样故事，就不会有一个撒玛利亚人作为英雄。"犹太人和撒玛利亚人之间没有来往"（约四9）是历史和社会背景。因此"邻舍"和"撒玛利亚人"对犹太听众看来是矛盾的。如果我们只是听一个榜样故事，"让受伤的人是一位撒玛利亚人和帮助者是一位犹太人，这样的话会更好"。[76] 听众面对的是"不可能的事，他们的世界被颠覆了，并受到了强烈的质疑"。[77] "好"这一词与"撒玛利亚人"无关。[78] 如今我们没有这些同样的预设。我以前的一个学生把这一课学得太好了。他把这个比喻讲给北爱尔兰的新教会众听，故事的主人公是一位天主教神父，而从"另一边"路过的反派人物则是一个奥兰治派教徒（路十31）。

这就解释了为什么财主和拉撒路的比喻（路十六 19-31）被归入对世俗物品热爱的背景之中。它仍然是一个反转的比喻，与观众的期望背道而驰。克罗斯安写道："它的比喻点在于期望与情景的翻转，价值与审判的翻转，这伴随神的国显现而来到。"[79] 同样，法利赛人和税吏的比喻（路十八 10–14）颠覆了听众对遵守律法的虔诚宗教者和与罗马合作的残酷贪婪者的期望。如今，大多数人由于通过非历史性和过时性地将"法利赛人"解释为"伪善"的代名词而忽略了这个比喻的重点。因此，这个比喻变成了一个温馨的维多利亚时代关于奖励谦卑的道德故事，但这与它的目的相反。沃尔特·温克（Walter Wink）与克罗斯安同年提出这一观点。除了期望的反转之外，这些比喻还强调了历史间隔的现象。

克罗斯安所引用的其他反转的比喻包括无知的财主、葡萄园工人（太二十 1–16）、婚礼的客人（路十四 1–14）、大宴席（太二十二 1–10）和浪子的比喻（路十五 11–32）。克罗斯安写道："你

---

[75] Crossan, *In Parables*, especially pp. 53-78.
[76] Crossan, *In Parables*, p. 64.
[77] Crossan, *In Parables*, p. 65.
[78] Crossan, *In Parables*, p. 57-66.
[79] Crossan, *In Parables*, p. 68; cf. pp. 56-68.

像耶稣一样能想象,一个流浪且浪荡的儿子被父亲款待,但一个尽职顺服的儿子却被遗弃在寒冷的屋外吗?"[80]

在他的下一本书《黑暗的间隔》(*The Dark Interval*; 1975 年)中,克罗斯安在比喻中更多地使用了"世界"一词。[81] 他认为,神话创造了"世界",而比喻却颠覆了它。比喻是具有破坏性的。我们可能会问这是否适用于所有比喻,但肯定适用于某些比喻。让人意外的是,在他随后的《突袭清晰口述者》(*Raid on the Articulate*; 1976 年)中,克罗斯安部分转向结构主义和符号学,部分转向后现代主义。[82] 书名来自艾略特(Eliot),在这里他跟随罗兰·巴特斯(Roland Barthes)将语言与历史分离。耶稣在本质上变成了固定及稳固偶像的毁灭者。什洛夫斯基(V. Shklovsky)的"陌生化"手法(使熟悉的或惯常的东西变得陌生)构成了他计划的一部分。他写道:"一个寓意化比喻会产生多重和吊诡的解释。"后现代性成为《发现是第一幕》(*Finding Is the First Act*; 1979 年)的一个主要主题,而《秋天的悬崖》(*Cliffs of Fall*; 1980 年)则完成了这一过程。[83] 获得比喻中的场地为发现提供了空间,《突袭清晰口述者》将所谓的"唤醒圣经"与关于吊诡和多元价值的论点相结合。这些比喻可以代表一个人对它们的理解,琳恩·波兰(Lynn Poland)正确地抨击了那些同样可能被冠以"模棱两可"之名的比喻。最终,神的行为"只是空洞的"。[84]

20 世纪 80 年代初期之后,克罗斯安将注意力转向了重建"历史上的"耶稣,并在圣经文学学会成立了耶稣研讨会。他后来的著作《历史中的耶稣》(*The Historical Jesus*; 1991 年)、《耶稣:一部革命

---

[80] Crossan, *In Parables*, p. 74; cf. pp. 69-75.
[81] John Dominic Crossan, *The Dark Interval: Towards a Theology of Story* (Niles, Ill.: Angus Communications, 1975).
[82] John Dominic Crossan, *Raid on the Articulate: Comic Eschatology in Jesus and Borges* (New York: Harper and Row, 1976), p. 129.
[83] John Dominic Crossan, *Finding Is the First Act: Trove Folktales and Jesus' Treasure Parable* (Missoula: Scholars Press, 1979) and *Cliffs of Fall: Paradox and Polyvalence in the Parables of Jesus* (New York: Seabury Press, 1980).
[84] Lynn M. Poland, *Literary Criticism and Biblical Hermeneutics: A Critique of Formative Approaches* (Chico, Calif.: Scholars Press, 1985), p. 119.

传记》（*Jesus: A Revolutionary Biography*；1994年）和《神与帝国：耶稣对抗罗马》（*God and Empire: Jesus against Rome*；2007年）越来越多地把耶稣描绘成一个有争议的犹太愤世嫉俗者，他来自一个农民家庭，教导解放和宽容。尽管克罗斯安拥有爱尔兰天主教徒的背景，但他仍将耶稣与主流正统基督教神学疏离；他认为主流正统基督教神学是教会的构筑物。琳恩·波兰已经证明了他在比喻上的局限性，威廉·莱恩·克雷格（William Lane Craig）和汤姆·赖特（Tom Wright）曾公开辩论过他对耶稣的刻画。

6. 伯纳德·斯科特（Bernard B. Scott）同样参加了成立于1985年的耶稣研讨会。他与克罗斯安一样对文学批判感兴趣，并将比喻定义为"使用短篇叙事小说来指代超然象征的**希伯来比喻**（mashal）。"[85] 他比大多数人更看重拉比比喻和诺斯底主义的《多马福音》。尽管他对新约社会学感兴趣，但他认为许多比喻用象征性的语言指向超然的事物。同时，更多传统的历史研究还在继续进行，例如戴维·温汉姆（David Wenham）的《耶稣的比喻》。[86]

六. 其他进路：
新诠释学，叙事世界，后现代性，读者回应和寓言

1. 对于恩斯特·富克斯和格哈德·艾伯林的新解释学，我们还未详述。一方面是因为下文有单独章节与他们有关，又一方面是因为对此我在其他著作中已有颇多论述，还有一方面是因为这场运动似乎在很大程度上已自生自灭了。[87] 正如我在其他著作中提到的那样，

---

[85] Bernard B. Scott, *Hear Then the Parable: A Commentary on the Parables of Jesus* (Minneapolis: Fortress, 1989), p. 8.

[86] David Wenham, *The Parables of Jesus: Pictures of a Revolution* (London: Hodder and Stoughton, 1989).

[87] Anthony C. Thiselton, *The Two Horizons: New Testament Hermeneutics and Philosophical Description* (Grand Rapids: Eerdmans; Exeter: Paternoster, 1980), pp. 330-47; *Thiselton on Hermeneutics*, pp. 417-40; and Thiselton, "The New Hermeneutic," in *New Testament Interpretation*, ed. I. H. Marshall (Exeter: Pater-

对于富克斯有关耶稣和比喻的著作而言，核心是以下这个问题："如果我们以后想在讲台上摆放文本，我们要在办公桌前做什么？"[88] 富克斯和艾伯林认为，新约文本并非预设信仰；相反，它创造了信仰。

耶稣的比喻寻求一个决定，但这是听众的决定。这面临一个风险。例如，富克斯提到，葡萄园工人的比喻"挑选出一个人，并将他深深地抓住"（太二十 1-16）。[89]这个比喻影响并需要一个决定。在这个比喻中，听众可以和群众一起期待为那些工作时间最长的人伸张正义。但是，当他们最终听到主人关于不配的施舍的话语时，他们"被吸引到神的一边，学习用神的眼睛看待每一件事"。[90] 将短期工作人员留在最后是故意的。富克斯写道："这难道不是真爱的方式吗？爱不仅仅是突然爆发出来的。相反，它事先提供了会遇发生的范围。"[91] 我们将对新诠释学的进一步评论保留至第十章。

2. 在其他处境和其他形式中，文本也强调了所创造的"**世界**"，作为会遇、理解和重新看见的地方。保罗·利科在探索叙事世界概念的人当中非常著名，这不仅是因为他以"可能性"和"世界"的概念研究了马丁·海德格尔，而且他也熟悉叙事理论。

比喻的"叙事世界"的概念根本上来自海德格尔，伽达默尔扩大了其影响，并在利科身上得到直接的表达。在第十一章中，我们将看到伽达默尔对游戏、艺术和节日的"世界"做了大量的描述。所有这些都是由参与者"完成的"，他们实际参与的比单纯的旁观者更多。

我们会在第十二章中看到利科视代理人或自我的"世界"为叙事世界。利科将该世界的连贯性或"协和性"追溯至亚里士多德的"情节"概念，把它在时间上的延伸和它的不一致性追溯至奥古斯丁。《时间和叙事》（*Time and Narrative*）显示了比喻所包含之"情节"

---

noster, 1972), pp. 308-31.
[88] Ernst Fuchs, *Studies of the Historical Jesus*, trans. A. Scobie (London: SCM, 1964), p. 8.
[89] Fuchs, *Studies*, p. 35.
[90] Fuchs, *Studies*, p. 155.
[91] Fuchs, *Studies*, p. 129.

的重要性，而他的《作为他者的自己》（*Oneself as Another*）显示了当时的代理、决定和问责的重要性，这些也都被比喻铭记。

3. 我们曾提及克罗斯安从"反转的比喻"转变为把比喻看成**在意义上彻底的多元主义和对立矛盾**。许多其他作者在这些比喻中找到了不确定的"**后现代**"意义的合法性。克罗斯安有争议地写道："神话建立了世界……讽刺攻击了世界。比喻颠覆了世界。"[92] 霍金斯（P. S. Hawkins）声称，比喻是"话语，而不是揭示隐藏的事物"。[93] 斯坦利·费什（Stanley Fish）将激进的读者回应理论与后现代主义相结合，类似于后现代新实用主义哲学家理查德·罗蒂（Richard Rorty）。面对比喻和其他文本，他问的不是"这个文本是什么意思？"而是"这个文本做了什么？"。接受文本的读者群体实际上是创造文本的人。文本中没有无缘无故包含"给定的内容"；文本是读者的作品。读者回应理论家并不都是后现代的。沃尔夫冈·伊瑟尔（Wolfgang Iser）和翁贝托·艾柯（Umberto Eco）提出了一种更温和、更冷静的读者回应理论。我们将在第十五章进一步研究此点。

4. **符号学**进路（符号理论）有时会导致多元主义或后现代主义的解释。玛丽·安·托伯特（Mary Ann Tolbert）尝试如此解释浪子回头的比喻：在这个比喻中"没有一个正确的解释……尽管可能会有使某些解读无效的一致性的限制"。[94] 在我们发现她以弗洛伊德思想的方式去解释前，这似乎是合理的。她认为，父亲、大儿子和小儿子分别代表了弗洛伊德心理学中的自我，超我和本我。"小儿子体现了弗洛伊德对本我的某些理解；大儿子表现出与自我理想或'良心'的惊人类比；超我是道德的所在。"[95] 所有这些作品都是读者回应的一种版本，因为她经常提到"读者的观点"。但这还不代表一个完全后现代的观点；比喻在后现代观点中没有明确的内容。但是

---

[92] Crossan, *The Dark Interval*, p. 59.
[93] P. S. Hawkins, "Parables as Metaphor," *Christian Scholar's Review* 12 (1983): 226; cf. pp. 226-36.
[94] Mary Ann Tolbert, *Perspectives on the Parables* (Philadelphia: Fortress, 1978), p. 99.
[95] Tolbert, *Perspectives on the Parables*, p. 104.

我们正朝着这个方向前进。

5. 我们没有空间去探索**编修批判**的影响。编修批判试图强调每个福音书作者独特的编修活动。这也许始于金斯伯里（J. D. Kingsbury）的《马太福音十三章的比喻》（*Parables of Matthew 13*；1969年），也包括福布斯最近出版的《古老的神：在路加福音的目的中的路加比喻的角色》（*The God of Old: The Role of Lukan Parables in the Purpose of Luke's Gospel*；2001年）。[96] 鉴于如此多种多样的方法，有些人应该争辩说，比喻和寓言之间的区别已被严重地夸大了，从而损害了寓言；这不足为奇。玛德琳·布歇（Madeline Boucher）的《神秘的比喻》（*Mysterious Parable*）强调了许多比喻的寓言本质；克雷格·布隆伯格，伊恩·兰布雷希特（Ian Lambrecht），玛丽·福特（Mary Ford）和米迦勒·帕森（Mikeal Parsons）坚决捍卫某些寓言元素。[97]

6. 上述论述的结论是，解释者不应该对"**这些**比喻"**一概而论**。与许多学者一样，多德、耶利米亚和林内曼提出了严格的历史解释是有理的。在某些比喻中，谨慎或"有控制地"使用寓言解释、读者回应批判和存在性解释也是有理的。文学批判是有价值的，但要有限度，不能以牺牲神学为代价。当一种单一的方法被认为是耶稣所有比喻的关键时，我们就会陷入困境。

---

[96] G. W. Forbes, *The God of Old: The Role of Lukan Parables in the Purpose of Luke's Gospel*, Journal for the Study of the New Testament, Supplement Series, no. 198 (Sheffield: Sheffield Academic Press, 2001).

[97] Madeline Boucher, *The Mysterious Parable: A Literary Study* (Washington, D.C.: American Catholic Biblical Association, 1977), especially pp. 17-20; Craig L. Blomberg, *Interpreting Parables* (Leicester: Apollos, 1990), pp. 36-49 and 309-28; Ian Lambrecht, *Once More Astonished: The Parables of Jesus* (New York: Crossroad, 1981); J. M. Ford, "Towards the Reinstatement of Allegory," *St. Vladimir's Theological Quarterly* 34 (1990): 161-95; and Mikeal Parsons, "Allegorizing Allegory: Narrative Analysis and Parable Interpretation," *Perspectives in Religious Studies* 15 (1988): 147-64.

七. 建议初学阅读书籍

Blomberg, Craig L., *Interpreting the Parables* (Leicester: Apollos, 1990), pp. 131-70.

Crossan, John Dominic, *In Parables: The Challenge of the Historical Jesus* (New York: Harper and Row, 1973), pp. 8-15 and 57-78.

Jeremias, Joachim, *The Parables of Jesus*, translated by S. H. Hooke, rev. ed. (London: SCM, 1963), pp. 11-66 and 115-60.

Stein, Robert H., *An Introduction to the Parables of Jesus* (Philadelphia: Westminster, 1981), pp. 15-81.

Thiselton, Anthony C., "Reader-Response Hermeneutics, Action Models, and the Parables of Jesus," in Roger Lundin, Anthony C. Thiselton, and Clarence Walhout, *The Responsibility of Hermeneutics* (Grand Rapids: Eerdmans; Exeter: Paternoster, 1985), pp. 79-115.

04 承继古代世界的老问题：
犹太教与古希腊

一．基督教的传承：拉比犹太教的诠释学

或许有人会觉得本章内容单调乏味，难免地会读到一连串的名字和事实描述。然而，本章旨在说明（1）犹太教中并无某个解释方法可以绝对凌驾于其他方法之上，（2）从早至第 1 世纪（甚至更早）至今，《希伯来圣经》的解释问题都没有达成普遍接受的解决方法，如今也未求得普遍认同。犹太教从来不是单一形式的，尤其是拉比犹太教、希腊犹太教、库姆兰（Qumran）（创造死海古卷的群体）以及所谓的天启犹太教，它们之间尚存差异，更遑论现代犹太教了。在拉比犹太教中（若我们将其起始时间定为公元 70 年，或稍早），虔诚的与平凡的法利赛人不同于祭司撒督该人，尽管犹太公会或参政议会（ruling council）都有这两个群体的人。他们解释《圣经》的方法相对而言是相似的。

基督教初期时代的犹太教使用多种解释方法。虽然拉比时期起始的年代界定存在争议，但是所谓与基督同时代的拉比犹太教使用历史的或相当字面的解释方法，这也是一种相当原子的（atomic）的解释方法。然而，拉比们在这方面绝非一致，犹太教的其他流派使用**密德拉西**（midrash）（训诫材料），有时似乎暗示了寓意解经（allegorical interpretation）。他们还使用"佩舍儿"（pesher）（主要是末世论的）释经和象征（symbolic）解释。这些方法都为基督教所传承。基督教所学的一个功课是，教会传承了各种老问题以及解释《圣经》的方式，其中大多数仍为我们使用。

犹太教的解释模式也具有研究价值。其很重要的一个原因是，希腊犹太教与拉比犹太教迥异。虽然两者之间互为滋养，但我们却不能简单地认为古代犹太人的解释是单一的。在散居犹太教中，斐洛（Philo）和其他人广泛使用（尽管不是唯一的）象征或寓意解释。这些资料极其丰富，而且它们对《旧约圣经》的解释，或对犹太圣经与最早的基督教圣经的解释是不同的。

我们首先应注意犹太人对《圣经》的态度。几乎所有犹太人都相信《圣经》的每个部分都是受圣灵默示的。《圣经》构成一个连

贯的整体，传达神的真理。在大多数情况下，犹太人将《圣经》等同于神的智慧，并认为《圣经》的每句话都具有一定的意义或目的。[1] 最早的释经例子之一极有可能是《巴勒斯坦的他尔根》(Palestinian Targum)，它既将《圣经》翻译为亚兰文，又向犹太会堂的听众解释《圣经》。会堂中许多人是根据《他尔根》，而不是根据希伯来文本来理解《圣经》。它起初是用来翻译会堂所使用的《旧约圣经》——除了《但以理书》、《以斯拉记》、《尼希米记》和《耶利米书》这些大部分用亚兰文写成的旧约书卷。会堂的任一成员都可以翻译，后来这翻译也成了解释。[2]

《哈加达他尔根》(Haggadic Targum)（主要为叙事的）出现于不同的来源，与如下的他尔根有相似之处，但又有各自独特的特点：《尼奥菲提他尔根》(Neofiti Targum)，《他尔根残篇》(the Fragment Targum)，《开罗藏经库他尔根残篇》(the Cairo Geniza Targum Fragments)，《盎克罗斯他尔根》(the Onkelos/Onqelos Targum)，与《伪乔纳森译本》(Pseudo-Jonathan)。[3] 最后三本是《摩西五经》的《他尔根》，《伪乔纳森译本》是先知书的《他尔根》，而旧约圣卷(Writings)的《他尔根》更具个人性。[4] 在库姆兰所发现的《他尔根》（即11QTgJob和4QTgJob）成书于公元前1世纪，甚至更早。

《他尔根》最初是翻译。《出埃及记》三十三3的希伯来文本是"我将不会上到你们那里"，《尼奥菲提他尔根》是"我的同在不会从你们中间挪去"。最佳的译文往往不是完全逐字直译。《创世记》四14："看，你如今赶逐我离开这地，以致不见你的面。"《尼奥菲提他尔根》和《盎克罗斯他尔根》将之译为："看，你如今赶逐

---

[1] Daniel Patte, *Early Jewish Hermeneutic in Palestine,* Society of Biblical Literature Dissertation Series 22 (Missoula: Scholars Press, 1975), pp. 19-29.
[2] Mishnah Megillah 4:4 描写了这个过程。
[3] Richard Longenecker, *Biblical Exegesis in the Apostolic Period* (Grand Rapids: Eerdmans, 1975), pp. 21-23; cf. P. Grelot, *What Are the Targums? Selected Texts* (Collegeville, Minn.: Liturgical Press, 1992).
[4] Craig A. Evans, "Targum," in *Dictionary of Biblical Criticism and Interpretation,* ed. Stanley E. Porter (London and New York: Routledge, 2007), pp. 347-49.

我离开这地,但我却不可能不见你的面。"几乎所有的翻译都不可避免地成了解释。《他尔根》的创作者们认为,他们无法忽视他们对神的认识,以此来陈述新的要点。

有时,《他尔根》会扩展其《圣经》经文。《创世记》六3的《巴勒斯坦他尔根》为:"看哪,我已经给予他们一百二十年,或许他们能悔改,但是他们却没有悔改。"《英文新标准修订版》将之译为:"他们的日子还可到一百二十年。"《出埃及记》三1是另一个例子。《尼奥菲提他尔根》写作:"他(摩西)来到神的荣耀彰显的山上。"希伯来文原文为:"他来到何烈山,就是神的山。"希尔顿论道,虽有困难,但是

> 现存的《他尔根》的某些文本与新约中耶稣的讲论惊人相似。《路加福音》六36的"你们要慈悲,像你们的天父慈悲一样",与《伪乔纳森译本》的《利未记》二十二28类似。《马可福音》四11-12节的"耶稣对他们说:'神国的奥秘,只叫你们知道;若对外人讲,凡事就用比喻;叫他们看是看见,却不晓得;听是听见,却不明白",也反映了《伪乔纳森译本》对《以赛亚书》六9-10的理解。[5]

最后,《他尔根》被编辑成书,成了《塔木德》(Talmud),比《他尔根》更为详细。虽然《巴勒斯坦他尔根》出现于公元2世纪,但其大部分内容都来自于更早的口头传统。《米示拿》(Mishnah)的出现也早于2世纪中叶,它是由"王子"拉比犹大于公元135年编纂而成。拉比犹大将材料组织成六个部分、三十六节,对照其他《圣经》章节来解释经文,认为《圣经》**适用于生活的各个方面**。据说拉比犹大曾讲过:"若直译圣经,该译者是说谎者;若有所添加,则他

---

[5] Bruce D. Chilton, "Targum," in *Dictionary of Biblical Interpretation,* ed. John H. Hayes, 2 vols. (Nashville: Abingdon, 1999), 2:533; cf. pp. 531-34; and Chilton, *A Galilean Rabbi and His Bible: Jesus' Use of the Interpreted Scripture of His Time* (London: SPCK, 1984).

是亵渎者和诽谤者。"⁶ 然而,《他尔根》的元音标注与《马索拉抄本》（the Masoretic Text）（著名的拉比希伯来文版本）存在许多差异。《马索拉抄本》有可能反映了更早的文本，也有可能只是更改或重写。《他尔根》经常扩充文本。例如，《他尔根》将以斯帖的儿子界定为大流士（Darius）。传统常在时间和空间中被"套叠"了（telescoped）。

《陀瑟他》（The Tosefta）是《米示拿》的补充本，由拉比犹大的一个拉比学生所写。《革马拉》（The Gemara）含有律法讨论，旨在将《米示拿》应用在生活的每个领域，不过成书较晚。这就产生了训诫（homily），或密德拉西（midrash 源自 darash，意为询问、搜索），以及《圣经》的注释和解释。

人们会在犹太会堂里会读《圣经》（seder 和 haftarah）、传讲《圣经》（密德拉西）。密德拉西或训诫材料只需略基于圣经。但是另一方面，拉比希勒尔（Hillel，公元前 25 年前后生于巴比伦）起草了七条解释圣经的原则（middoth）。⁷ 最初这七条原则是源自有关逾越节与安息日孰重孰轻的争论。前文我们提过，首五个原则是关乎演绎逻辑，而不是严格意义上的"诠释学"。第一条"原则"：较大的涵盖较小的。然而，第六与第七条原则确实关于诠释学。第六条原则关注其他经文的支持，第七条原则认为经文的意思取决于它的文本脉络。希勒尔的学生拉比以实玛利·本·以利沙（Ishmael Ben Elisha）将这七条原则扩展为十三条原则，来限制拉比阿基巴（Akiba，公元 50-135 年）的更为宽松的改革/创新。三十二条原则归功于加利利人拉比以利以谢·本·约瑟（Eliezer Ben Jose）。尽管如此，密德拉西绝大部分还是原子的，且相当松垮。⁸ 拉比阿基巴用寓意解释《雅歌书》为神对以色列人的爱。密德拉西尤其包含《利未记注释》和《民数记与申命记注释》[它们属于准则、法律、或哈拉卡（Halakha）一类，

---

⁶ Babylonian Talmud *Kiddushim* (Betrothals) 49a; Patte, *Early Jewish Hermeneutic*, p. 63 n.

⁷ Babylonian Talmud *Shabbat* (The Sabbath) 31a; on the rules, cf. Patte, *Early Jewish Hermeneutic,* pp. 109-10; and Longenecker, *Biblical Exegesis,* pp. 32-35.

⁸ J. V. Doeve, *Jewish Hermeneutic in the Synoptic Gospels and Acts* (Assen: Van Gorcum, 1954), pp. 65-75.

区别于叙事的哈加达（Haggadah）一类]，很可能成文于第 2 世纪中叶或晚期。《创世记》的《哈加达密德拉西》（*Haggadic Midrash*）很可能成文于第 3 世纪。

今日基督教会中许多人都习惯于根据特别的日子和季节来设定经课。基督教之前，宣读圣经先是在圣殿中，随后不久在会堂里也有，也开始了为不同节期设立经课，以及后来为安息日设定经课。此种做法的起源和时间难以确定，但最终形成了三年一循环的经课表。《米示拿》出现相当晚，却可追溯至早期传统，它的扩充版是《塔木德》。《巴勒斯坦塔木德》成书时间比《巴比伦塔木德》早，但后者所呈现的却是第 2 世纪与第 6、7 世纪之间的拉比犹太教。虽然《巴勒斯坦塔木德》也可追溯更早的口头传统，其根源却模糊不清。

《塔木德》甚至比《米示拿》更清楚地表明，人们相信圣经适用于生活的各个方面。因此，它是对《圣经》的补充，而不是替代。它试图将《圣经》应用于圣经作者未完全想到的情况。恩斯特·冯·多布舒茨（Ernst von Dobschütz）认为，所有的诠释都必定"补充"了文本。[9] 尽管《塔木德》所用的标题和章节与《米示拿》相同，但它却比《米示拿》更进一步，为拉比犹太教的发展提供了宝贵的指导。例如，有时为了强调神的超越，它会软化或消除"神"这个名字（即使在《他尔根》著作中亦然），而使用"荣耀"、"存在"或"话"（Memra）。

同时，《圣经》的早期解释也起源于库姆兰的《死海古卷》。库姆兰群体兴盛于基督教之前（大约公元前 200 年；或公元前 150-公元 70 年），但这是一个与众不同的犹太异端（heterodoxy）。该群体坚决与拉比犹太教分开。该群体的成员认为，其他犹太人都妥协了他们的传承，是不洁的罪人。这个群体离开世界，并认为自己活在时代的尽头；他们视自己为接受《圣经》启示的受宠者，特殊启示或解释的恩赐都赋予他们。有时，这是末世解释，即他们生活

---

[9] Ernst von Dobschütz, "Interpretation," in *Encyclopedia of Religion and Ethics*, vol. 7, ed. James Hastings (Edinburgh: T. & T. Clark, 1926), p. 391; cf. pp. 391-95.

在末世。而且，他们认为很多经文，尤其是预言，是专门针对他们，并在他们的时代得以应验。

故此，库姆兰的解释并不代表主流犹太教，而且库姆兰的解释传统对爱仁纽等教父和许多拉比犹太人而言，也并不是"公开"的。库姆兰群体的著作中有很多对《圣经》的解释，有些是注释书，例如著名的《哈巴谷书注释》。库姆兰作者把《哈巴谷书》一 5 解读为他们那个特别时代的正义教师（1QHab 二 1-3）。彼得·恩斯（Peter Enns）详细解释了库姆兰群体对文本独特不同的理解。[10] 安东尼·汉森（Anthony Hanson）讨论了他们对《那鸿书》二 11 的不同解释，[11] 这里的狮子成了希腊王德米特里一世（Demetrius）。同样，《哈巴谷书》三 2 的"Kittim"成了罗马人。有些人认为末世解释与《路加福音》二十四 27 相似。在这节经文中，耶稣将《圣经》中的某些事件应用在自己身上。这种看法虽被广泛接受，但仍有争议。

二. 希腊犹太教的文献

我们当如何对待希腊或希腊化的（Hellenistic）犹太教呢？

1. 首先，我们进入希伯来文圣经的希腊译本《七十士译本》。理查德·朗格内克（Richard Longenecker）等人认为，《七十士译本》并不像《他尔根》一样，见证了犹太人对《圣经》的解释。[12]《七十士译本》虽早于希伯来文的《马索拉抄本》（标准的拉比抄本），但它与同类译本在某些地方是对希伯来文圣经的重写或扩充。马丁·亨格尔（Martin Hengel）等人正确地揭示了巴勒斯坦犹太教和希腊犹太教并未存在严格的差异。[13] 然而，《七十士译本》是宣传性文集，

---

[10] Peter Enns, *Inspiration and Incarnation: Evangelicals and the Problem of the Old Testament* (Grand Rapids: Baker Academic, 2005), pp. 124-26.

[11] Anthony Tyrrell Hanson, *The Living Utterances of God: The New Testament Exegesis of the Old* (London: Darton, Longman and Todd, 1983), pp. 15-16.

[12] Longenecker, *Biblical Exegesis,* pp. 20-21.

[13] Martin Hengel, *Judaism and Hellenism: A Study of Their Encounter in Palestine during the Early Hellenistic Period* (London: SCM, 1974), and Hengel, in

而《他尔根》不是。著名的《亚里斯提亚书信》(Letter of Aristeas)（公元前 200-50 年）告诉我们，埃及的托勒密王写信给大祭司以利亚撒，命其翻译。信中进而说道，以利亚撒召集七十二位译者来翻译。不幸的是，虽然斐洛和约瑟夫都讲到此事，但这个故事却没有历史依据，它不具备我们今日所言的历史性。许多人认为，这个故事也是宣传性地记述了《七十士译本》的起源。

保罗·卡尔（Paul Kahle）于 1915 年指出，并未存在某一个"七十士译本"的文本，而保罗·德·拉加德（Paul de Lagarde）认为诸多版本是源自某一个已遗失的文本。今日，许多人追随伊曼纽尔·托夫（Emanuel Tov）。他先后于 1981 年和 1986 年提出，有一个最初的文本，但不同的学派也有不同的文本传统。第 1 或 2 世纪时出现了较为稳定的单一文本。朗格内克认为，这种逐渐相信末日复活和天使教义的倾向，使《七十士译本》丧失了作为犹太解释的见证者的资格。某个作者认为，从翻译的慎重或正确性而言，《七十士译本》的翻译是"危险的"，甚至"不诚实的"。[14] 它在翻译《约伯记》四十二 17 时增加了希伯来文文本没有的内容："[约伯]将会与神所复活的那些人一同复活。"它对《以赛亚书》二十六 19 的翻译也增加了"他们将活着"，给《但以理书》十二 2 增加了"他们必醒来"；《出埃及记》三十五 40 与希伯来文的《马索拉抄本》也有显著区别，《耶利米书》亦然。

《七十士译本》还倾向于避免希伯来文本所保留的拟人化。《出埃及记》十五 3 的希伯来文本为"耶和华是战士"，但《七十士译本》为"耶和华粉碎战争"。《民数记》十二 8 的希伯来文说摩西"他看到耶和华的像"，但在《七十士译本》中为"他看到了耶和华的荣耀"。[15]《撒母耳记》五 10 有一些地理上的变化，例如将以革伦（Ekron）换成阿什克伦（Askelon）。最后，一些段落为了便于理

---

collaboration with Christoph Markschies, *The "Hellenization" of Judaea in the First Century after Christ* (London: SCM, 1991).

[14] Melvin K. H. Peters, "Septuagint," in *The Anchor Bible Dictionary,* ed. David Noel Freedman (New York: Doubleday, 1992), 5:1100; cf. pp. 1093-1104.

[15] 更多的例子可参考 Hanson, *Living Utterances of God,* pp. 12-13.

解的目的，精简了希伯来文，例如《诗篇》四十 6（《七十士译本》三十九 7）的希伯来文为："献祭和礼物，你不喜悦；你已经开通了我的耳朵"。为了使它更通俗易懂，《七十士译本》改为："你为我准备了耳朵。"

有些人不同意此普遍观点，部分是因为《七十士译本》是早期教会的圣经，这令许多人产生疑问。保罗引用《七十士译本》的次数要多于《马索拉抄本》。[16] 许多人声称，尽管保罗和约翰著作的作者可能都知道这两种版本，但《约翰福音》和《启示录》都使用了《七十士译本》。《希伯来书》的作者可能只知道《七十士译本》。俄利根和众多教父使用了《七十士译本》，尽管有一两个人知道希伯来文。但是，今天的大多数学者认为，《七十士译本》对我们理解公元前第 3 世纪、甚至第 2 世纪的犹太教思想具有至关重要的启发作用。

圣地向希腊文化开放的部分原因是大希律（Herod the Great）（公元前 43-44 年），他想借着对希腊罗马文化的开放来打动罗马人。撒都该人和法利赛人拒绝对他们的犹太遗产作出希腊化的妥协。公元前 4 年后，就是大希律驾崩后，领主菲利普（Philip the Tretrarch）统治了以土利亚（Iturea）和特拉可尼（Trachonitis）；安提帕特（Antipater）统治（罗马属下的）加利利和佩尼亚（Perea）；亚基老（Archelaus）一开始便统治罗马属下的犹太地（Judea），一直到被废为止。而后，由罗马皇帝奥古斯都直接任命的一众行政长官或地方长官接管犹太地。后来在提比留皇帝的领导下，彼拉多接任犹太地地方长官。加利利（"外邦人的加利利"）的"希腊化"程度远胜犹太地，许多人讲希腊语，尤其为了贸易和商业的缘故。

无论如何，希腊犹太教文学的兴起值得我们在此处简短描述。商业和战争意味着，到第 1 世纪，散居犹太人的人数和势力都非常重要。犹太人大量居住在罗马、亚历山大、叙利亚的安提阿和其他

---

[16] Christopher D. Stanley, *Paul and the Language of Scripture: Citation Technique in the Pauline Epistles and Contemporary Literature* (Cambridge: Cambridge University Press, 1992).

希腊文中心。除了斐洛和约瑟夫的作品,最重要的也许是《马加比四书》(*4 Maccabees*)和冒名所写的《所罗门智训》(the *Wisdom of Solomon*),不过,我们也会简要考量《亚里斯提亚书信》(*Letter of Aristeas*)。

2.《马加比四书》(约公元 18-37 年)是一篇希腊哲辩(diatribe)的拟哲学(quasi-philosophical)专著,是部良好的希腊演说著作,不过带有训诫的元素。它追忆并美化马加比烈士和忠诚者的殉道精神,同时敦促理性至上。它把大祭司以利亚撒描绘成一位哲学家。如同基督教的《启示录》,它把殉难描绘为征服(nikao)。它视犹太律法为"最真实"的哲学。智者选择"智慧人生",这就是理性(《马加比四书》一 15)。对以利亚撒而言,理性是"圣洁的盾牌"(七 4):"哦,祭司啊……哦,律法和哲学家的告白者"(七 7)。显而易见,柏拉图主义在希腊犹太教中繁荣发展,并成了解释的仲裁者。此外,本书中的"灵魂"和不朽(immortality)的教义并不等同于复活,后者的行动者是神。《马加比四书》颂扬殉道者呼气而终之能力(expiratory power),以利亚撒和苏格拉底也名列其中。

3.《所罗门智训》(约公元前 40 年,或公元前 80 至 10 年之间)不应与较早的《便西拉智训》(*Wisdom of Ben Sirach*;又称为 *Ecclesiasticus*)相混淆。它捍卫对神的信仰并攻击偶像崇拜,但使用希腊化修辞和学习方法来达此目的。同样,它教导永生,而非复活。它对偶像崇拜的谴责与保罗在《罗马书》一 18-32 的谴责相似。《所罗门智训》一至五章,十四 24-26 与十三至十五章,大体上反映了这一点,并且很可能代表了犹太会堂标准的训诫材料。与《马加比四书》和斐洛一样,这本书说明了希腊犹太人对柏拉图主义的痴迷,但柏拉图主义并不是犹太人解释圣经的主要模式。

4. 如上所言,《亚里斯提亚书信》(约公元前 100 年)意图以目击者的角度叙述《七十士译本》的起源。然而,它实际上是一位亚历山太的犹太人为希腊读者的缘故而对犹太圣经进行冒名辩护。作者旨在表明摩西律法与当代大多数受过教育的希腊人所共有的哲学箴言相符。因此,相对于这个广泛的读者群而言,任何看似武断或明显与文化相关的内容都被重新解释，以避免这种理解。例如，允许吃"凡蹄分两瓣、倒嚼的走兽"的经文（利十一3）被解读为一种促进明智辨别的寓言。在《马加比四书》和《所罗门智训》中的寓意解释并未达到这种程度。

5. 支持寓意解经的典型犹太学者当属亚历山太的斐洛（Philo of Alexandria，约公元前20- 公元50年）。他的思想是否可以代表流散时期希腊化犹太人的思想[古迪纳夫, (E. R. Goodenough) 的观点]，抑或他只是一个特立独行之人[巴雷特（C. K. Barrett）的观点]，对此学者们意见不一。他是第一位重要的护教士，致力于维护《圣经》为神的"圣言"或"神的话"的权威性，但他力图向有文化的希腊人推荐圣经。[17] 他尊敬摩西，也谈及"伟大的柏拉图"，并经常引用荷马（Homer），品达（Pindar），欧里庇得斯（Euripides）等希腊作家的名言。他对芝诺（Zeno）、克里安西斯（Cleanthes）、毕达哥拉斯（Pythagoreans），尤其是柏拉图（Plato）的哲学很感兴趣。他是两个世界的人，并且是寓意解释神圣文本方面的佼佼者。

当文本有损神，如祂的智慧和超越性时，斐洛就不会取文本的"表面"意思（或字面意思）。故此，不能说亚当"躲避"神的面（创三8），因为这预设了神有所不知。亚当无法"躲避"无所不知的神。因此，我们必须探求"其他"（allos）意思。"神栽种果树"（创二8-9）的表面意思也无法为有文化的亚历山太人、希腊人和罗马人所接受；那纯粹是"愚蠢"。这句话是寓意地指出神在人的灵魂中栽种美德。[18] 巴别塔的故事（创十一1-9）与它的表面意思，即语言的起源，也无多大关系，它其实讲的是神的主权和人的愚昧。[19] 遇到"现代"难题，例如该隐在哪里找到了妻子，以及他如何建造"城市"（创四17）等，斐洛都用寓意解经来处理。[20]《创世记》一1节至二3节和二4-25中的两则创造叙事，分别指向天上或"属灵的"亚当（创一27）和

---

[17] Philo, *On Change of Names* 8; *The Heir of Divine Things* 53; and *On the Life of Moses* 3.23.
[18] Philo, *On Husbandry* 8-9.
[19] Philo, *On the Confusion of Tongues* 38.
[20] Philo, *On the Posterity and Exile of Cain* 11 and 14.

世俗的肉身亚当（创二 7）。²¹《民数记》很少指实际的数字或数量，它们通常具有象征意义，正如"一"指的是独一神。²²

虽然斐洛的诠释学是源自对护教的关注，而且他以柏拉图的属世与属灵领域的对比为前提，但他确实也从文本的属性和体裁来捍卫他的方法。他说道，由于难以想象蛇会说话（创三 1），所以这节经文所讲的必不只是关于蛇。此外，斐洛认为摩西五经并不主要指偶然情况或特定情况，而是超越时间和地点的更大的原则。例如，亚伯拉罕始离开迦勒底吾珥的行程（创十二 1- 二十五 8），代表的是人类灵魂在智慧中成长的旅程。雅各执杖过约旦河（创三十二 10），象征着节制（由杖代表）克服了卑劣（由约旦河代表）。

斐洛以神的超越性主导着他的圣经解释。亨利·查德威克（Henry Chadwick）写道："在第 1 世纪所有非基督徒作家中，新兴基督教历史学家最需要向斐洛学习。"²³ 他在忠于圣经和犹太教的同时，力求向有文化的罗马人推荐犹太教。这些罗马人知晓希腊哲学，包括柏拉图主义和斯多亚主义以及新毕达哥拉斯哲学。斐洛有时认为《圣经》包含了一个历史核心，此核心不容寓意简化。斐洛间接地影响了教父们。他与保罗一样谴责异教偶像崇拜及其后果（参 罗一 18-32）。与保罗一样，他说我们是天国的子民，我们现在对神的认识正如在镜中一样。他的著作汗牛充栋。

6. 弗拉维奥·约瑟夫（Flavius Josephus，约公元 37-100 年）出生在耶路撒冷一祭司家庭，研究法利赛人、撒都该人和艾赛尼派的生活之道。19 岁时，他成为法利赛人。²⁴ 公元 64 年，他年仅 26 岁，前往罗马试图释放某些被俘的祭司。他成功返回，并在公元 66 年建议不要与罗马战争。²⁵ 在随后耶路撒冷被围困时，他呼吁犹太人向提多投降。战争结束后，他与提多一起去了罗马，并获得了罗马

---

[21] Philo, *On Allegorical Interpretation* 3.12 and 3.16.

[22] Philo, *On Allegorical Interpretation* 2.1.

[23] Henry Chadwick, "St. Paul and Philo of Alexandria," *Bulletin of the John Rylands Library* 40 (1965-66): 288; cf. pp. 286ff.

[24] Josephus, *Life* 2.12.

[25] Josephus, *Life* 4.17-19.

公民身份、收入和财产。他的所有著作，特别是《犹太战记》（*The Jewish War*）和他的自传《人生》（*Life*），都鼎力支持罗马。《犹太古史》（*The Antiquity of the Jews*）共二十册，记述了犹太人自创世以来的历史。但是，作为《圣经》的解释者，约瑟夫修改了《圣经》，删除一切冒犯罗马人的内容。

三. 基督时代前后的犹太天启文学

最后，我们简略总结更为重要的天启文学（约公元前200-公元100年）。人们普遍认为世界太邪恶了，无以改造。人类必须等待神闯入历史这一关键时刻，那时神将带来新的创造，也可能带来复活；这可能很快就来临了。

1. 相对较早的一部天启文学是《以诺一书》（约公元前100-80年）。它描绘了两个时代和审判，具有弥赛亚的弦外之音。

2. 更符合我们旨趣的是《所罗门诗篇》（约公元50-40年）。当时，庞培（Pompey）围攻耶路撒冷一事仍历历在目，《所罗门诗篇》把《圣经》章节应用到当下，攻击当时的外国压迫者。人们庆祝大卫之约，期盼有一位君王能清除耶路撒冷中所有的异教徒，包括"拉丁人"。这种将圣经应用于当下的做法令人想起库姆兰群体的末世解释。

3-4.《以斯拉续篇下卷》（《以斯拉四书》）和《巴录二书》（《巴录启示录》）（约公元50-90年）的观点也是末世性的。《以斯拉续篇下卷》使我们想起《但以理书》的天启部分，如"一位像人的，从海中上来"也"驾着天上的云飞翔"，而大卫之狮则在时候满足之时救赎了余民（十三3；参加四4）。审判是世界的结局。克劳斯纳（J. Klausner）对《巴录启示录》如此评论："没有其他伪经有这么多的弥赛亚期望。"[26]《以斯拉续篇下卷》在描写神对待以色列人一事是"历史性的"；与此相反，《以诺二书》却是虚构的。

---

[26] J. Klausner, *The Messianic Idea in Israel,* trans. W. F. Stinespring (London: Allen and Unwin, 1956), p. 331.

毋庸置疑，虚构之书需要象征性的解释。阿尔伯特·史怀哲（Albert Schweitzer）等人认为《以斯拉续篇下卷》和《巴录二书》对理解保罗极其重要。[27] 虚构的天启文学很像《启示录》。与《巴录二书》不同，《以斯拉续篇下卷》将亚当的堕落描绘成一场普世灾难。

5-6.《十二族长遗训》（The Testaments of the Twelve Patriarchs）包括了自由扩写后的《创世记》叙事，给出了美德与邪恶的例子以及道德训诫。"《圣经》的历史叙事由哈加达密德拉西的方式填充，为要提供道德指引。"[28]《禧年书》（Book of Jubilees）实际上重写了圣经的记载。出于自身目的，它延伸了《创世记》一章至《出埃及记》十二章的内容。由于它与"解释"相距甚远，故有人认为它甚至毫不以第一手的《圣经》知识为前提，而包括戈珀特（Goppelt）在内的另一些人将其视为"哈加达释经的经典模式"。[29]

四 . 解释的希腊源头：斯多亚

公元前 6-4 世纪，希腊最早讨论的问题是关于寓意解释法。用寓意法解读荷马和赫西德的文本是否合适？寓意解经在早期教会备受争议。在宗教改革时期，它又再次成了一个受争议的问题。

希腊人寓意解释可以追溯到公元前 6 世纪的赫雷基乌姆的塞阿戈奈斯（Theagenes of Rhegium）和地理与历史学家赫卡塔埃乌斯（Hecataeus）。塞阿戈奈斯成名于公元前 525 年左右，他的著作未得流传。但是根据可靠的传统，他寓意解释了荷马的部分内容，其主要目的是捍卫这一"神圣"或受人尊敬的文本免受理性主义者对其多神论和可疑的道德性的攻击。荷马中的希腊万神殿的众神和女神之间的战争和嫉妒的故事，被寓意解释为自然的力量，或是鼓励

---

[27] Albert Schweitzer, *The Mysticism of Paul the Apostle,* trans. W. Montgomery (London: Black, 1931), chapter 3.
[28] Leonhard Goppelt, *Typos: The Typological Interpretation of the Old Testament in the New,* trans. D. H. Hadvig (Grand Rapids: Eerdmans, 2006), p. 25.
[29] Goppelt, *Typos,* p. 25.

谨慎行事的神话。阿波罗（Apollo）和赫菲斯托斯（Hephaestus）代表大火；波塞冬（Poseidon）代表水；赫拉（Hera）代表空气；诸如此类。

公元 5 世纪，拉穆普萨库斯的迈特罗多鲁斯（Metrodorus of Lampsacus 或 Lampsakos）把荷马的神话故事理解为代表人类身体部位的寓言：阿波罗表示胆汁，得墨忒耳（Demeter）代表肝脏。这种寓意编码并不局限在生理学范围，也反映了宇宙和人类作为一种严肃的哲学体系的有序性；这得到了一些著名文献的支持。斯多亚派的创始人芝诺（约公元前 334-262 年）以此方式阅读赫西奥德（Hesiod）。克里安西斯（约公元前 331-232 年）将万神殿（宙斯除外）解释为自然力量，宙斯则是象征神圣的秩序或掌控。

早期的斯多亚哲学家和修辞学家使用寓意解释。柏拉图（约公元前 428-348 年）对此慎重保留。我们需要区分对文本的**寓意解释**（allegorical interpretation of texts）和**寓言文本**（allegorical texts）。寓意解释是一个诠释程序，预设了与文本的语法或日常"字典"含义不同的含义。它与读者或口译员认为的文本的基本意思不同。相较于后来的术语 allegoria（寓言），柏拉图和大多数较早的作家更喜欢用 hynonoia（表面之下的意思）。寓言文本使用日常的普通语言来传达象征的、附加的或不寻常的含义。

柏拉图已经认识到荷马的某些段落所传达的神话意思可能深于其文字性、描述性和指涉性的语言的意思。但是，他不赞成毫无节制的寓意解释，他主张"质朴的智慧"。[30] 在《法德罗斯》（*Phaedrus*）中，苏格拉底主张理性的解释，反对幻想。

公元 1 世纪赫拉克利特（Heracleitus 或 Heraclitus 或 Heraclides）和康努图斯（Cornutus）分别讨论了早期斯多亚派和柏拉图主义者所使用的解释原则。赫拉克利特赞同斯多亚阅读荷马史诗的视角，就好像文本真的只是在描述女神雅典娜（Athene）在拉阿喀琉斯（Achilles）的头发，或者好像众神真的密谋反对宙斯；但这是

---

[30] Plato, *Phaedrus* 229e.

对它的误解和贬值。事实上，前一个例子只是描写阿喀琉斯主观上的犹豫不决或心理状态，而后一个例子则描写空气（赫拉）、太阳（阿波罗）和水（波塞冬）与穹苍（宙斯）之间的相互作用。事实上，赫拉克利特坚持认为，荷马"说的是一件事，但意味着另一件事……这被称为寓言（希腊文：allegoria kaleitai）"。[31] 看"表面之下"之意的读者就会明白，荷马传达了一个深刻的人生哲学。

柏拉图主义哲学家在对寓意解释的评估中趋于分歧。有些人在理论上拒绝，但在实践却接受。对于普鲁塔克（Plutarch）而言，他持谨慎态度。他拒绝过分地将文本解读为都是关乎自然界的宇宙理论，但是他接受了这样一个原则，即神话在平面的、客观的描述之外传达了象征的或实践的意义。在下文去神话色彩的章节中，我们将注意到鲁道夫·布尔特曼（Rudolf Bultmann）呼吁人们关注一个由来已久的认知，即"神话"更关乎邀请或改善人的**态度**，而非仅是"客观地"描述事件或事态。

正如我们所见，当希腊思想家寓意解释荷马和赫西奥德时，一些犹太思想家正在寓意解释《希伯来圣经》。《旧约圣经》中的某些段落可以说已经是寓言文本。例如，《以西结书》十七 1-10 中的大鹰、雪松和葡萄树分别寓指巴比伦王、犹大王以及他们之间的政治关系。《以西结书》的经文充满了象征和隐喻，以致延伸意、甚至寓意都不会显得格格不入。

然而，更多的系统性寓意解释较少是源于对文本类型的关注，而较多是源于对神的超越和拟人化的关切。第 2 世纪上半叶的阿里斯托布鲁斯（Aristobulus）对那些将神拟人化的圣经经文表现出了这种关注。这些经文不仅包括明显的隐喻，如"神的手"表示神在行动中的力量，还包括神"降在"西奈山上，或者神在创造的第七天"安息"（创二 2）。阿里斯托布鲁斯认为这里讲的不是停止行动，而是要建立永久秩序。理查德·汉森（R. P. C. Hanson）对此准确地描述，与其说这是寓意解释，不若说它是"在寓言的边缘颤抖"。尽管如此，

---

[31] Heracleitus, *Quaestiones Homericae*, 22.

汉森补充道，阿里斯托布鲁斯"从希腊化模式中借用他的寓言"。[32]

翁贝托·艾柯（Umberto Eco）在此方面的评论极具启发性。他指出，斐洛在很大程度上使用寓意解经，将文本的重点从特定的、有时限的处境**扩展**至一般的哲学或神学原则。相比之下，亚历山太教父们使用寓意解经却达到一个相反的结果，即将文本的重点缩小至基督教的应用范围内。[33] 他还指出，基督教前的寓意解释倾向于用更哲学的或更世俗的含义来代替更"宗教的"含义，但是早期基督教的寓意解释却倾向于用更宗教的含义来代替世俗或普通的含义。

下一章我们进入新约和第2世纪，必须探讨寓意解释与**预表**（typology）使用二者之间的关系。在耶稣的比喻中，我们已经看到了它的一丝复杂性，待我们进入第3世纪至13世纪（第六章）；宗教改革、启蒙运动和圣经鉴别的兴起（第七章）以及本书的其他章节时，将发现其更多的复杂性。

五. 建议初学阅读书籍

Hanson, R. P. C., *Allegory and Event: A Study of the Sources and Significance of Origen's Interpretation of Scripture* (London: SCM, 1959), pp. 11-64.

Jensen, Alexander, *Theological Hermeneutics,* SCM Core Text (London: SCM, 2007), pp. 9-23.

Patte, Daniel, *Early Jewish Hermeneutic in Palestine,* Society of Biblical Literature Dissertation Series 22 (Missoula: Scholars Press, 1975), pp. 49-129.

---

[32] R. P. C. Hanson, *Allegory and Event: A Study of the Sources and Significance of Origen's Interpretation of Scripture* (London: SCM, 1959), p. 43.
[33] Umberto Eco, *Semiotics and the Philosophy of Language* (London: Macmillan, 1984), pp. 147-48.

05 《新约圣经》与第2世纪

《新约圣经》至少提出了三种有关解释的问题。有些经文将耶稣和《旧约圣经》作为神如何对待世界的**参照框架**（frame of reference）。第二类文本似乎使用了**预表的**（typological）或寓意的解释来说明特定的观点。第三组经文视拿撒勒人耶稣为先知和《旧约圣经》作者们长期以来所预言的那一位，例如《马太福音》一至三章的经文。我们将首先考量的是：以《旧约圣经》为参考框架的，或认为《旧约圣经》为解释耶稣基督的福音提供了有效的**前设理解**（pre-understanding）的例子，因为《旧约圣经》事实上是新约教会的《圣经》。

一．将《旧约圣经》作为参考框架或前设理解：保罗书信与福音书

如果我们从保罗之前的最早公式开始，我们发现，根据早于保罗书信的传统（即约公元51年之前），"基督照着经上所记的，为我们的罪孽死了，而且被埋葬了，又照着经上所记的，在第三天复活了"（林前十五3-4）。这里并未暗指某处特定经文，而只是告诉我们，理解基督之死亡与复活的关键是"照着经上所记"（kata tas graphas；"经"为复数）。乌尔里希·鲁兹（Ulrich Luz）写道："对保罗而言，旧约并不是我们首先要去理解的东西，但它本身会产生理解。"[1] 这里的关键点并非某个单一经文证明基督"第三日"（何六2）复活，而是《旧约圣经》的总原则——神容许祂的仆人经历苦难、最终得以辩明无罪。[2]

安德斯·埃里克森（Anders Eriksson）指出，保罗之前的使徒传统对于保罗和教会而言是极其重要的。[3] 犹太圣经的历史视野为理解

---

[1] Ulrich Luz, *Das Geschichtsverständnis des Paulus* (Munich: Kaiser, 1968), p. 134.

[2] Anthony C. Thiselton, *The First Epistle to the Corinthians: A Commentary on the Greek Text,* New International Greek Testament Commentary (Grand Rapids: Eerdmans; Carlisle: Paternoster, 2000), pp. 1186-1203.

[3] Anders Eriksson, *Tradition as Rhetorical Proof: Pauline Argumentation in 1 Corinthians* (Stockholm: Almqvist & Wiksell, 1998), especially pp. 86-97 and

"当时候满足的时候"（加四4）神通过基督所做之事奠定了基础。根据《路加福音》，耶稣告诉门徒："摩西的律法、先知的书和《诗篇》上所记一切指着我的话都必须应验。然后祂开了他们的心窍，使他们能明白圣经"（路二十四44-45）。《路加福音》二十四26-27："弥赛亚不是必须受这些苦难，然后进入祂的荣耀吗？于是，祂从摩西和众先知起，凡经上所指着自己的话（希腊文：en pasais tais graphais）都给他们作了解释（希腊文：diermēneusen autois）。"[4]

这就涉及现代关于诠释学的争辩。从第2世纪的马吉安开始，许多人都将《旧约圣经》放置一旁，忽略或忽视它作为耶稣和新约教会的《圣经》这一事实。《旧约圣经》或《希伯来圣经》构成了我们的初步理解，这为真正理解《新约圣经》铺平了道路。即便是施莱尔马赫，如果他对《旧约圣经》的专研程度与对《新约圣经》、康德、哲学、启蒙运动以及他同时代的德国文化专研程度相当的话，他会写出一部不同的神学著作。他几乎教授所有其他的神学学科分支。布尔特曼或许是更不够重视《旧约圣经》的犯错者。

如果我们追随这个领域的安东尼·汉森（A. T. Hanson）、奥托·米歇尔（Otto Michel）、乌尔里希·鲁兹（Ulrich Luz）、理查德·朗格（Richard Longecker）、穆迪·史密斯（Moody Smith）、阿吉森（J. W. Aageson）等专家，我们会发现《新约圣经》的作者在许多地方都将《希伯来圣经》当作解释耶稣的降生、服事和福音的前设理解或参考框架。[5] 保罗在他的主要书信中认为福音是"藉着众先知在圣经上所应许的"（罗一2），他在《罗马书》三21-22重述了该观点。保罗在《罗马书》十五4中告诉读者，这些著作是为"教训我们"而写的，给予我们"圣经的安慰"。在《罗马书》四1-15中，保罗以亚伯拉

332-78.

[4] Richard Palmer, *Hermeneutics: Interpretation Theory in Schleiermacher, Dilthey, Heidegger, and Gadamer* (Evanston, Ill.: Northwestern University Press, 1969), pp. 23-26.

[5] Cf., for example, J. W. Aageson, *Written Also for Our Sake: Paul and the Art of Biblical Interpretation* (Louisville: Westminster John Knox, 1993), and Richard N. Longenecker, *Biblical Exegesis in the Apostolic Period* (Grand Rapids: Eerdmans, 1975).

罕为例，称他为"我们的祖先"（四1），因为他是因神的应许而被称义的。《罗马书》九至十一章论及以色列人——"我的血肉亲属"（九3）。许多人，尤其是阿尔伯特·史怀哲（Albert Schweitzer）论道，我们应当期待保罗在《罗马书》和《加拉太书》中特别提及《旧约圣经》，毕竟保罗的写作对象有一部分是"犹太主义者"（Judaizers）或犹太基督徒（Jewish Christians），他们会对《旧约圣经》很感兴趣。然而，《哥林多前后书》却不符合此种分类。在《哥林多前书》十1-13中，保罗不仅说以色列是基督教会的鉴戒，他说得更多。他写道，"这些事都是我们的鉴戒"（十6）；它们"写在经上，正是警戒**我们**"（十11）。保罗在《哥林多后书》一20确认了《旧约圣经》所记载的神在基督里的应许；他在《哥林多后书》三14-18说，已经为基督信徒挪去了那挡住旧的盟约 [或**圣约**（Testament），二者都符合希腊文 diathēkē 的意思] 的面纱。

该参考框架不仅是单个文本的事情，它可延伸到主要主题。在保罗笔下，基督是新的或"最后的"（末后的）亚当（罗五12-21；林前十五45-50）。福音带来了新的创造（加三27-28；林后5:17）。教会是"属灵的"以色列（罗九4-5）。保罗以《创世记》十五章的亚伯拉罕为例（参 加四21-31）。[6] 最近，汤姆·霍兰德（Tom Holland）也表明了保罗的思想应归功于《旧约圣经》。[7] 许多隐喻，例如橄榄树的隐喻，若无经文背景，将是无法理解的（罗十一17-24）。

在对观福音书中，耶稣的洗礼视耶稣与以色列人都为神的子民。与《以赛亚书》四十至五十五章及一些诗篇一样，祂被称为神的仆人和儿子（诗二7；可一11）。登山变像中的摩西和以利亚分别代表律法和先知。登山宝训是以与《旧约圣经》的各种比较为前提。耶稣经常与摩西作对比：祂是新的摩西。有些神迹与《旧约圣经》

---

[6] 这些主题罗列在 Leonhard Goppelt, *Typos: The Typological Interpretation of the Old Testament in the New*, trans. D. H. Hadvig (Grand Rapids: Eerdmans, 2006), pp. 127-52.

[7] Tom Holland, *Contours of Pauline Theology: A Radical New Survey of the Influences on Paul's Biblical Writings* (Fearn, Scotland: Christian Focus, 2004).

的事件相似，这不能因"回读"（reading back）而予以否定；就像使拿因城的少年人复活（路七 11-17）与《列王纪上》十七 17-24 中以利亚的故事（或王下四 18-37），两则事件中的死者都是"寡妇的独子"。耶稣之死是"作多人的赎价"（可十 45），这点要藉着经文的启发来理解（路二十四 26-27，44-45）。耶稣是大卫的儿子（太十二 23），《马太福音》中尤然。祂也是"人子"（可二 10），这可回溯到《但以理书》七章。[8] 即使在福音书中，耶稣也是最后的亚当和正义的受苦者。[9] 主的晚餐出现于逾越节筵席的处境中。

《使徒行传》中的五旬节以及圣灵的恩赐（徒二 14-21）只有藉着《耶利米书》三十一 33-34、《以西结书》三十六 27-32，尤其是《约珥书》二 28-32 才可以被理解，末世应许的重要性在此得以领受。《使徒行传》六 1-6 的委任七人很可能反映了《出埃及记》十八 17-23。《使徒行传》上半部的"十二"大概反映了以色列的十二个支派。

《约翰福音》的序言"太初有道"着眼于《创世记》一 1-5 的创世记述。[10] 这道是基督，"万物都是藉着祂造的"（约一 3）。"帐篷"（tent）或"帐棚"[tabernacle（skēnē）]一词可能反映了《出埃及记》三十三 9 或《民数记》十二 5 中神荣耀的会幕。在 <神迹之书>[the Book of Signs（约一 19-十二 50）] 中，耶稣是吗哪之源，或生命的粮，这粮是"从天上来的粮"（约六 32；参 六 35、41、48、50、51）。《旧约圣经》中的摩西叙事为《约翰福音》六章中的天上之粮的谈道提供了必要的**前设理解**。[11] 正如摩西在旷野举蛇，人子也必照样在十

---

[8] Cf. Maurice Casey, *The Son of Man: The Interpretation and Influence of Daniel 7* (London: SPCK, 1979); A. J. B. Higgins, *The Son of Man in the Teaching of Jesus* (Cambridge: Cambridge University Press, 1980); and Seyoon K. Kim, The "Son of Man" as the Son of God (Tübingen: Mohr, 1983); cf. Anthony Tyrrell Hanson, *The Living Utterances of God: The New Testament Exegesis of the Old* (London: Darton, Longman and Todd, 1983), pp. 27-63, 177-89.

[9] 参 Goppelt, *Typos*, pp. 61-106.

[10] 见 Rudolf Schnackenburg, *The Gospel according to St. John*, 3 vols. (London: Burns and Oates; New York: Herder and Herder, 1968-82), 1:236-41.

[11] Joachim Jeremias, "MZus3s," in *Theological Dictionary of the New Testament*, ed. G. Kittel, vol. 4 (Grand Rapids: Eerdmans, 1967), pp. 873-74, cf. pp. 864-74; T. F. Glasson, *Moses in the Fourth Gospel* (London: SCM, 1963). Cf. Hanson,

字架上"被举"(约三 14)。[12] 住棚节(约七 2),尤其是逾越节(约二 13;六 4;十一 55;十二 1;十三 1;十八 28、39;十九 14;希腊文:to pascha)扮演了重要角色。它们是犹太人的(《旧约圣经》)节日。耶稣是真圣殿、真葡萄树、真的出水的磐石。在受难篇章中(自约十三 1 往后),耶稣是逾越节的祭品。[13]

二.《希伯来书》《彼得前书》与《启示录》: 以旧约为前设理解

在本节中,我们会简要查看不断影射《旧约圣经》的《希伯来书》;也会简要查看《彼得前书》,该书提醒新归信者要有新的生命,且要重视《希伯来圣经》或《旧约圣经》;最后我们会一窥《启示录》。《希伯来书》的作者并不是保罗,而是早期教会的一个主要神学家,他的姓名无处考察,不过有人说作者是亚波罗或百基拉。所以,在我们上节所列的三个传统之外,我们会考量《新约圣经》的三个(或两个)独特传统。

显然,整卷《希伯来书》都集中在耶稣是中保或大祭司的观念上。它不像保罗以因信称义或复和(reconciliation)为主题,亦不同约翰以新生命为主题,《希伯来书》的主题是进入或就近神,乃基于一种礼拜仪式的进路。[14] 这包括进到施恩宝座前,其基础是《利未记》十六章的赎罪日。《希伯来书》开篇介绍耶稣是开启通向神之路的大祭司,引用《诗篇》二 7(来一 5)指出"今日"。这篇讲

Living Utterances of God, pp. 11132; Goppelt, *Typos*, pp. 165-98; P. Borgen, *Bread from Heaven: An Exegetical Study of the Concept of Manna in the Gospel of John* (Leiden: Brill, 1965); and Raymond Brown, *The Gospel according to John*, 2 vols. (New York: Doubleday; London: Geoffrey Chapman, 1966 and 1971), 1:273-304.

[12] Longenecker, *Biblical Exegesis*, pp. 153-54; cf. pp. 152-57.

[13] Longenecker, *Biblical Exegesis*, p. 154; cf. Goppelt, *Typos*, pp. 188-94.

[14] William L. Lane, *The Epistle to the Hebrews*, 2 vols., Word Biblical Commentaries, vol. 47 (Dallas: Word, 1991), and H. W. Attridge, *Commentary on the Epistle to the Hebrews* (Philadelphia: Fortress, 1989).

道（homily）接着引用了《撒母耳记下》七14、《申命记》三十二43 与《诗篇》一百零四 4，共近十节的经文全部集中于一个章节中（来一 5-13）。该信或讲道接着又回到关键的参考框架，即《诗篇》一百一十篇（《七十士译本》诗一百零九篇），将之引用在《希伯来书》一 3、十 12 与十二 2。威廉·莱恩（William Lane），范霍伊（A. Vanhoye）等许多作者强调了本书的讲道性质，以及《诗篇》一百一十篇的重要性。耶稣与天使、摩西（来三 1-19）、约书亚（四 1-13）形成对比，约书亚未能实现带领以色列完全进入应许之地的盼望；**约书亚**是**耶稣**的希腊文。

然后，作者考量了真正大祭司的四个资质。耶稣像亚伦等次的大祭司一样，完全与人类生活在一起，并由神任命。但是，与亚伦等次的大祭司相比，只有耶稣是"永远的"，只有耶稣可以献上"一次成为完全"，全然不是为自己的罪孽，而是为所有人的罪孽。因此，祂是"继麦基洗德之后"的完美的大祭司 - 君王（参 创十四 17-20），为了所有人的罪献上自己"一次成为完全"（ephapax），从而使人能"坦然无惧地"就近施恩座（来四 14-16）。像古代的以色列人一样，他们也怀着信心等候最后的末世荣耀（来十一 1-3，13-40）。麦基洗德是祭司 - 君王，祝福亚伯拉罕（创十四 19），从他那里得到十分之一（十四 20），因此被证明是他的"上级"[superior,（来七 4-7）]。他像耶稣一样，一直是祭司，或（在文本中）"永远"（来五 6；诗一百一十 4）是祭司。作者还强调《旧约圣经》或旧的盟约（old covenant）的崇拜的不足（来九 1-10）。"更美好"之事物已经应许。论信心的第十一章所探讨的全是《旧约圣经》的例子，读者或听众必不会背道。他们必须放弃世上虚假的安全保障（来十一 9-13）。耶稣给予了完美的信心典范（十二 1-3）。[15]

我们不能争辩说，《彼得前书》只针对**犹太**基督徒，甚至针对

---

[15] Robert Jewett, *Letter to Pilgrims: A Commentary on the Epistle to the Hebrews* (New York: Pilgrim Press, 1981), and Ernst Käsemann, *The Wandering People of God: An Investigation into the Epistle to the Hebrews,* trans. R. Harrisville and A. Sandberg (Minneapolis: Augsburg, 1984).

犹太化的基督徒。读者或听众是新归信者，该书信的作者教导他们以《旧约圣经》为参照框架来理解福音。[16]《彼得前书》二4-10告诉他们，这个群体是圣洁的祭司、属灵的圣殿和神的真子民。若不参考《旧约圣经》，就无法完全理解这点。《彼得前书》一18中，他们蒙拯救或得赎虽然能从希腊罗马世界的奴隶买卖中得到一些亮光，但是理解《旧约圣经》的从埃及得赎提供了他们对被基督赎回的最全面的前设理解（参二10、25）。对基督宝血（一2、19）的提及预设了对旧约祭祀制度有所了解。苦难与辩护（vindication）的主题亦可追溯到《旧约圣经》（一11）；应许和盼望的主题亦然（一3-5、10、11）。本书信直接引用《旧约圣经》九次（一16、24、25、2：6等），暗指《旧约圣经》多达三十几次。

　　直到许多《旧约圣经》中象征的背景被解释之前，《启示录》中复杂的象征（symbols）引起了无尽的困惑。安东尼·汉森（Anthony T. Hanson）写道："我们动不动就遇到奇怪的象征。一个从祂的口中出来一把剑的人物（启一16）；四个各有六个翅膀的有生命的活物（启四8）；马的头像狮子，尾巴像蛇（九17-19）；娼妓坐在深红色的七头野兽上（十七3-4）；每个门都由一颗珍珠组成（二十一21）。但是这些象征几乎全都取自《旧约圣经》。"[17]

　　《启示录》的作者使用旧约，并非要对在基督里的应验给出明确的引文，亦非要证明他所提倡的教义，而是将之视为象征的存储库（repertoire），强调神圣的启示在《旧约圣经》和基督里的连续性。耶稣是"首先的，末后的，死过又活的"（启二8）。《以赛亚书》四十四6写道："我是首先的，也是末后的，除我以外再没有真神。"在《启示录》十三1-8中，一头野兽从海中升起，有十个角和七个头，但也有豹、熊和狮子的特质。正如汉森所说："几乎所有这些特征都取自《但以理书》七1-7。在这段经文中，它们属于相继出现的野

---

[16] Cf. Edward G. Selwyn, *The First Epistle of St. Peter: The Greek Text with Introduction, Notes, and Essays,* 2nd ed. (London: Macmillan, 1947); Francis W. Beire, *The First Epistle of Peter: The Greek Text,* 3rd ed. (Oxford: Blackwell, 1970); and Ernest Best, *1 Peter* (London: Oliphants, 1971).

[17] Hanson, *Living Utterances of God,* p. 159; cf. pp. 159-77.

兽，每一个比前一个更可怕。"[18] 在《但以理书》中，它们象征的是相继奴役以色列的帝国；在《启示录》中，它们象征的是教会之敌。

在《启示录》十九 11-16 中，一个人坐在一匹白马上，长袍上沾满鲜血，宣判并发动战争。汉森对《以赛亚书》六十三 1-6 评论道，它描绘了一幅残酷的画面：神从与以色列之敌以东对战的战场返回时，衣服沾满了鲜血。"《启示录》十九 11-16 中的人物无疑是复活和得胜的基督。因此，祂衣服上的鲜血是祂自己在十字架上所流的鲜血。"[19]《启示录》四、五章的异象主要是基于《以赛亚书》六章和《以西结书》一章，主题是有翅膀的生物和天使，并附有赞美诗。汉森写道："火灯、闪电、水晶海、彩虹色、活物的多种特征都来自以西结的异象。"[20] 约翰将两个著名的象征异象结合起来作为他自己的前设理解。

汉森进一步指出，对《旧约圣经》的这种使用与**预表**有密切联系，而不是与所谓的末世释经有关。作者将《旧约圣经》的语言编织进自己的异象中，作为对基督教时期的事件、《旧约圣经》及他的异象的解释框架。《启示录》借用的许多隐喻都源自《旧约圣经》。打开书卷是展开计划的常见隐喻。可怕的野兽是残暴的势力或帝国的自然象征或隐喻。天启文学的背景与《启示录》相似。尽管作者们谈到先见约翰使用《旧约圣经》的"创造性的自由"（creative freedom），但这不是为了证明教义，而是为了开启理解。凯尔德（G. B. Caird）写道："象征主义（symbolism）来自《旧约圣经》，但经修改后具有全新的含义。撒迦利亚有两个异象，一个关于四个骑兵之一，一个关于四个战车之一……（亚一 8-11；六 1-8）。但是在约翰看来，四种颜色代表着不同的使命，"[21] 这与《旧约圣经》既有

---

[18] Hanson, *Living Utterances of God*, p. 160; cf. George B. Caird, *The Revelation of St. John the Divine* (London: Black, 1966), pp. 161-69; Caird also sees allusions to Gen. 1:2; 7:11; and Job 28:14; 38:26.

[19] Hanson, *Living Utterances of God*, p. 160. Cf. Caird, *Revelation*, pp. 239-48.

[20] Hanson, *Living Utterances of God*, p. 161. Cf. Caird, *Revelation*, pp. 13 and 60-77. Caird adds 1 Kings 22:19-21; Jer. 23:18; Ps. 18:10; Isa. 65:17; 66:22; and numerous other references.

[21] Caird, *Revelation*, pp. 79-80.

连续性，又有对比性。

三．《新约圣经》使用寓意解释还是预表法？

许多人认为《新约圣经》的作者用寓意解释《旧约圣经》，但是事情其实更加复杂。一个反驳的说法是他们所用的不是寓意而是预表，即便如此亦很复杂。亚利山太·詹森（Alexander Jensen）认为预表太现代了,《新约圣经》的作者对此不会不予重视。[22] 另一方面，预表的使用对莱昂哈德·戈珀特（Leonhard Goppelt）至关重要，而且理查德·汉森（Richard P.C. Hanson）认为寓意反映了物体、人物或**观念**之间的相似之处，而预表则基于**事件**之间的相似之处。[23]

斐洛的时期与保罗较早书信的撰写日期大致吻合。保罗和其他新约作者是否曾经寓意解释过旧约？保罗在《加拉太书》四 21-31 讨论了《创世记》十六 1-16、十七章、十八章、二十一 1-21 中的夏甲与撒拉之间的对比。保罗谈到了夏甲和以实玛利、以及撒拉和以撒各自的地位和意义，保罗评论说：hatina estin allegoroumena，NRSV 译为"现在这是一个寓意"（加四 24）；但是严格来说，希腊文是动词形式。尽管如此，布鲁斯（F. F. Bruce）在其注释书中正确地指出："他不是在以斐洛的意义上考虑寓意……他脑中的寓意其实通常被称为预表。"[24] 奥托·米歇尔（Otto Michel）和莱昂哈德·戈珀特（Leonhard Goppelt）更加着重指出这一点。[25] 与此相反，安德鲁·卢斯（Andrew Louth）等人拒绝将寓意和预表作任何明显的

---

[22] Alexander Jensen, *Theological Hermeneutics,* SCM Core Text (London: SCM, 2007), pp. 15-25.

[23] Richard P. C. Hanson, *Allegory and Event: A Study of the Sources and Significance of Origen's Interpretation of Scripture* (London: SCM, 1959), p. 7; Goppelt, *Typos,* throughout.

[24] F. F. Bruce, *The Epistle to the Galatians: A Commentary on the Greek Text* (Grand Rapids: Eerdmans; Carlisle: Paternoster, 1982), p. 217.

[25] Otto Michel, *Paulus und seine Bibel* (Gütersloh: Bertelsmann, 1929), p. 110; Goppelt, *Typos,* pp. 151-52.

区别，并坚持认为保罗在这里使用的是寓意。[26] 但是，卢斯有一个神学议程（theological agenda），在第十五章中我们将更全面地提及该议程。

实际上，斐洛式的寓意与预表之间存在迥异。寓意假设**两组观念**之间存在平行、对应或共鸣，预表（广义上）假设**两组事件或人**之间存在平行或对应关系。正如詹森所言，将两者都称为"预示"（pre-figuration）是不够的。詹姆斯·斯玛特（James Smart）用神学术语来表达这种对比。"预表与寓意的区别在于，它与事件的历史事实息息相关，而寓意却无视历史事实，并得出与原始事件无关的当代意义。"[27] 理查德·汉森提出了类似的观点。他写道，保罗"在这里并未试图从历史背景中解放出这段经文的含义"，以便将其转化为某种"永恒的"道德或哲学真理。[28]

一些作者坚持认为保罗在这段话中使用了"寓意"，但是使用一个已由斐洛发展出如此不同含义的术语是不明智的（如果要避免误解的话）。戈珀特在其论预表解释的书中很好地表达了这个问题。"对斐洛而言，寓意与从可见世界向更高的思想世界前进一样"，通常可用身体和灵魂来类比。[29] 在其经典著作《预表学文集》（Essays on Typology）中，兰佩（Lampe）和伍尔科姆（Woollcombe）将预表定义为"在《旧约圣经》中的某些事件、人或事与《新约圣经》中的类似事件、人或事之间建立历史联系。"[30] 阿吉森等人的最新研究证实而非质疑了这一公理（axiom）。[31] 斐洛对这些《创世记》的段落已经作了更充分的寓意解释；他的寓意解释与保罗的截然不同。在斐洛笔下，亚伯拉罕、撒拉和以撒代表的是探索真神之路上的美德和智慧；夏甲代表的是各学派的低等学识；她的儿子以实玛

---

[26] Andrew Louth, *Discerning the Mystery: An Essay on the Nature of Theology* (Oxford: Clarendon, 1983), pp. 138-39.
[27] James Smart, *The Interpretation of Scripture* (London: SCM, 1961), p. 123.
[28] Hanson, *Allegory and Event*, p. 82.
[29] Goppelt, *Typos*, p. 52.
[30] Geoffrey W. H. Lampe and K. J. Woollcombe, *Essays on Typology* (London: SCM, 1957), p. 39.
[31] Aageson, *Written Also for Our Sake*.

利代表的是诡辩家比较武断的论点。[32] 保罗的进路大相径庭。

在保罗写信的历史处境中，毫无疑问，他在加拉太的读者会争辩说，要显明自己真是以撒的继承人，就应该遵守犹太条例和盟约的标志；在犹太圣约之外，就会像夏甲一样，被抛弃到旷野。保罗翻转了这一解释。以撒的更深层含义是他是"自由的"，而夏甲和以实玛利则作为仆人、受到束缚。因此，更深层的对照是律法与福音之间、奴役与恩典之间的对照。"夏甲对应于西奈山，生子为奴"（加四24下）。撒拉对应于"在上的耶路撒冷：她是自由的，她是我们的母亲……你们是凭着应许作儿女，像以撒一样"（加四26、28）。辩论的结论是："我们是自主妇人的儿女"（四31）。

保罗讲了加拉太人极可能使用的一段话，并将之转到布鲁斯（F. F. Bruce）所言的一个不同"层次的含义"，使文本转向了一个不同于加拉太人所设想的方向。但是，束缚与自由、应许与继承的观念仍然立足于文本的历史的或事件的层面，而未将历史消散为抽象或永恒的东西。

也有人指控保罗在《哥林多前书》九8-10对《申命记》二十五4的使用是寓意解释："牛在场上踹谷的时候，不可笼住它的嘴。"例如，汉斯·康泽尔曼（Hans Conzelmann）坚称《申命记》二十五4只是为了保护动物，这"与保罗的释义相反。"[33] RSV 将希腊文 pantōs（第10节）翻译为"为我们的缘故而写下"，将《申命记》二十五4的直接含义排除在外。更佳的翻译应是"当然"、"毫无疑问"或"确定"。理查德·海斯（Richard Hays）正确地理解了保罗的意思：保罗认为，圣经**最终**是在一种既包括且又超越即刻偶然例子的意义上来服务神末世的子民。[34] 阿吉森（J. W. Aageson）也认为：保罗将之扩展到与毫无安慰或认可之盼望的无休止重复的劳作日常相关的

---

[32] Philo, *On Abraham* 11.53, 54; 33.177; *On Flight and Finding* 30.166-68; 38.208-11; *On the Change of Names* 39.216-19; cf. further, Bruce, *Galatians*, p. 215.

[33] Hans Conzelmann, *1 Corinthians: A Commentary*, Hermeneia (Philadelphia: Fortress, 1975), pp. 154-55.

[34] Richard B. Hays, *First Corinthians* (Louisville: John Knox, 1997), p. 151.

情境。³⁵ 这种相似至少是预表式的，而非寓意式的。我已经在其他地方详细讨论过这节经文。³⁶

阿道夫·朱利希（Adolf Jülicher）试图在耶稣的教导和宣讲中非常明确地区分比喻和寓言。但是约阿希姆·耶利米亚（Joachim Jeremias）等人正确地坚持道，虽有着动态和功能方面的明显差异，但有些情况是边界情况，或者有些情况下比喻和寓言可能重叠。《马可福音》十二 1-9（平行经文：太二十一 33-41）似乎是从比喻开始的，但是根据《以赛亚书》五 1-2（描绘以色列是葡萄园），将儿子和继承人逐出葡萄园并杀死他的细节（可十二 6-8）成为了耶稣之死的寓意陈述。《马太福音》二十二 2-10 中的婚宴亦然。乍一看，这似乎与《路加福音》中的比喻是平行的，但随后又以寓意的转折结束；在经文中，国王"发兵除灭那些凶手，烧毁他们的城"（太二十二 7）。但是，这两个例子的寓意又都不同于上文所探讨的对神圣文本的寓意解释。在这些例子中，耶稣非典型地使用寓言的方式（如在结十七 1-10）来代替祂惯常的比喻谈道的模式。如第三章所述，它们具有不同的诠释动态。

尽管包括格兰特（R. M. Grant）在内的一些作者坚持认为《新约圣经》的作者使用亚利山太风格的寓意解释，但这种判断仍需格外谨慎。多德（C. H. Dodd）在其较早的经典著作《依据圣经》（*According to the Scriptures*）中宣称，《新约圣经》作者对《旧约圣经》的解释是"从其最初的历史意图出发"，视之为"**整体……查看的是总体情境**"，而且这是"基于对历史的一定了解"。³⁷ 多德总结道，他们的解释"**总体上**保持了作者的主要意图"。³⁸

这些问题大多数都成为了圣经诠释学中的反复出现的问题：《旧约圣经》的地位，寓意解释的地位和角色，寓意和预表之间的区别，以及以末世的方式将原始文本扩展用以指涉现在。所有这些问题都

---

³⁵ Aagerson, *Written Also*, pp. 49-53.
³⁶ Thiselton, *First Epistle*, pp. 685-88.
³⁷ Charles H. Dodd, *According to the Scriptures* (London: Collins/Fontana, 1965), pp. 109 and 126.
³⁸ Dodd, *According to the Scriptures*, p. 130.

影响着教父、中世纪和现代教会，甚至在启蒙运动和圣经批评兴起之后仍有影响。但是，我们必须首先考虑《新约圣经》中其他问题。

四．保罗书信中比较"艰涩"的经文：
《七十士译本》还是希伯来文？

新约作者经常使用《七十士译本》（LXX），或《旧约圣经》的希腊文译本。从一开始，从希勒尔（Hillel）到阿奎拉（Aquila）的犹太拉比就批评《七十士译本》翻译是对《希伯来圣经》的不正确翻译。但是可以理解的是，如果大多数《新约圣经》都是针对说希腊语的人，那么《新约圣经》的作者通常会使用《七十士译本》，第2世纪以后的早期教会也会经常使用《七十士译本》，就像今天的作者会选择 NRSV 而不是希腊文或希伯来文。这些批评导致了第二版《七十士译本》的产生，即《叙马库斯》（*Symmachus*）。耶柔米（Jerome）在拉丁文译本《武加大译本》中使用了《叙马库斯》。同时，第三个版本称为《迪奥多蒂翁》（*Theodotion*），代表了巴勒斯坦地区对《七十士译本》的修正，其中一部分的内容要比第2世纪还古老。

在有关保罗的著作中，克里斯托弗·斯坦利（Christopher D. Stanley）分别仔细比较和讨论了希伯来文或《七十士译本》的引文。[39] 我们大致遵循斯坦利的顺序。

1. 首先，他考量了引用《哈巴谷书》二4下半节的《罗马书》一17。保罗的措辞几乎体现了《七十士译本》，但省略了《七十士译本》中的"我的"（mou）。然而，斯坦利指出，问题取决于《七十士译本》的三种不同抄本之间的关系。但是无论如何，mou 若保留

---

[39] Christopher D. Stanley, *Paul and the Language of Scripture: Citation Technique in the Pauline Epistles and Contemporary Literature,* Society for New Testament Studies Monograph Series, no. 69 (Cambridge: Cambridge University Press, 1992).

下来，"将与保罗的论点不一致"。⁴⁰

2. 保罗在《罗马书》二 24 中引用了《以赛亚书》五十二 5，但其词汇顺序与《七十士译本》不同；几个单词更改为第二人称复数。然而，这加强了保罗的论点。犹太人的虚伪行为促使外邦人毁谤神的名。dia pantos 的省略，可能是由《七十士译本》传统的变化而引起的，而用 tou Theou（"神的"）替换掉 mou（"我的"），避免了神用第三人称言说祂自己。"外邦人中"与大多数《七十士译本》抄本一致。

3.《罗马书》三 10-12 摘自《诗篇》十三 1-3（《七十士译本》）。《诗篇》五十二篇有一个相似的段落。保罗宣告："没有义人，连一个也没有。没有明白的，没有寻求神的。都是偏离正路，一同变为无用。""义人，连一个也没有"这几个词是保罗添加的，但这是他论述的一部分，而不是引文。《七十士译本》用"愚蠢"（aphrōn），但不适合保罗的观点，保罗插入"义"来表达他的观点。斯坦利考虑了更多出自《罗马书》的经文，但我们已经列举了足够多的例子来了解他的方法，现在我们移到《哥林多前书》。

4.《哥林多前书》三 19 间接地提到《约伯记》五 13。保罗使用"中了自己的诡计"。希腊文曾指**能够将手转向任何事物**（转向所有事物），但现在表示**狡猾的或灵巧的**。然而，保罗似乎更接近希伯来文 'ārmāh。同样地，与"诡计"一起，他采用"抓住"（drassomai）一词，用来翻译希伯来文 lākad，"抓住了"。他还使用了"惊讶地抓住"（katalambanein，带有 kata，加强语气）。因此，他传达了《约伯记》五 13 的希伯来文所描绘的图画。布伦特·夏勒（Brendt Schaller）认为，保罗的引文与希伯来文的马索拉抄本有密切联系。⁴¹ 斯坦利进一步论道，保罗和《七十士译本》是希伯来文本的两个独立译本。⁴²《哥林多前书》三 19 是暗示保罗如何使用希伯来文圣经的六处经文之一。

---

⁴⁰ Stanley, *Paul*, p. 84.
⁴¹ Thiselton, *First Epistle*, p. 322.
⁴² Stanley, *Paul*, pp. 190-94.

5. 康泽尔曼（Conzelmann）和森夫特（Senft）认为《哥林多前书》九 8-10 与"保罗对……神关注更高之事……的解释相反"，保罗引用的《申命记》二十五 4 是关乎保护动物。[43] 然而，《申命记》二十五 4 的大语境，即《申命记》二十四、二十五章（尤其是二十四 6-7、10、22；二十五 1-3）是关乎提升人类的尊严和正义。《申命记》二十五 1-10 是关乎收继婚姻（levirate marriage）。因此，关于《申命记》二十五 4，保罗写道："不全是为我们说的吗？"（林前九 10）因此，施塔布（Staab）写道，《申命记》二十五 4 "刚好成为保罗想要表达的观点的一个优雅的隐喻：打谷场上四处走动的牛不应被限制去吃自己劳动所得的食物……因此，使徒亦然。"[44] 理查德·海斯（Richard Hays）、费伊（Gordon D. Fee）和我也支持并强化这种诉诸更广处境的观点。[45] 多德主张保罗和其他《新约圣经》的作者在适当的语境中使用了《旧约圣经》的经文。

6. 《哥林多前书》十四 21 引用了《以赛亚书》二十八 11-12，但未精确反映出《七十士译本》或希伯来文本。斯坦利认为这几乎是无法解决的，并将之视为"整个保罗引文中最大的挑战之一。"[46] 但俄利根声称自己在阿奎拉（Aquila）的文本中看到了保罗的措辞。[47] 此外，保罗可能结合了释经与应用。保罗写道："我用奇怪的舌头（en heteroglōssois）和外邦人的嘴唇向这百姓说话，"但是，这与《七十士译本》传统有六处差异。然而，所引的这段话确实传达了"作为一个陌生人或外国人"的感觉，这是亚述地区的以色列人，或基督徒在一个许多人"说方言"的教会群体中的命运。在这两种情况下，

---

[43] Conzelmann, *1 Corinthians,* pp. 54-55; C. Senft, *La Première Épitre de S. Paul aux Corinthiens,* 2nd ed. (Geneva: Labor et Fides, 1990), p. 119 n. 17.

[44] W. Staab, *Der Bildersprache des Apostels Paulus* (Tübingen: Mohr, 1937), pp. 81-82.

[45] Hays, *First Corinthians,* p. 151; Richard B. Hays, *Echoes of Scripture in the Letters of Paul* (New Haven: Yale University Press, 1989), pp. 165-66; Gordon D. Fee, *First Epistle to the Corinthians* (Grand Rapids: Eerdmans, 1987), p. 408. Thiselton, *First Epistle,* pp. 684-88.

[46] Stanley, *Paul,* p. 198.

[47] Origen, *Philocalia* 9.

人们都未感到他们是"归属的"。这正是保罗的观点。[48]

斯坦利考量了《罗马书》中 45 处引文和《哥林多前书》中 12 处引文。我们只考量了每封书信中 3 处，共 6 处引文。但是，它们几乎肯定已经颇具代表性了。

五. 福音书、《彼得前书》和《希伯来书》中的《旧约圣经》引用

许多作者都谈到了福音书，特别是《马太福音》使用《旧约圣经》的特殊性：法朗士（R. T. France）出版了《耶稣与旧约》；罗伯特·甘德里（Robert H. Gundry）《特指弥赛亚盼望下马太福音中的旧约》；道格拉斯·穆尔（D. J. Moo）《福音书受难叙事中的旧约》；克里斯特·斯坦达尔（Krister Stendahl）《圣马太学派及其对旧约的使用》；唐·哈格纳（Don Hagner）撰写了几篇该主题的文章。[49] 我们必须将此大部分讨论留给专家。

1. **马太**使用六十多处来自《旧约圣经》的明确引文，以及多处间接提及《旧约圣经》。马太特别关心《旧约圣经》在耶稣个人和事工上的应验。这通常是通过福音书作者的补充评论来完成的，或者根据斯坦达尔（Stendahl）的说法，这是由马太门徒的学派提出的。例如，《马太福音》一 22-23 有一个标准公式："这一切的事成就，是要应验主借先知所说的话说：'看哪，必有童女怀孕生子，人要称他的名为以马内利。''以马内利'翻出来就是'神与我们同在'。"

该引文来自《以赛亚书》七 14，《七十士译本》在此说到处女

---

[48] Thiselton, First Epistle, pp. 1120-22.
[49] R. T. France, *Jesus and the Old Testament* (London: Tyndale Press, 1971); Robert H. Gundry, *The Use of the Old Testament in St. Matthew's Gospel with Special Reference to the Messianic Hope* (Leiden: Brill, 1967); Douglas J. Moo, *The Old Testament in the Gospel Passion Narratives* (Sheffield: Almond, 1983); Krister Stendahl, *The School of St. Matthew and Its Use of the Old Testament,* 2nd ed. (Lund: Gleerup, 1968); and Donald H. Hagner, *The Gospel of Matthew,* 2 vols. (Dallas: Word, 1993), 1:liii-lvii.

（parthenos），而且要给亚哈斯王和大卫家一个兆头，即将有一个王室之子要降生，他将为以色列人带来胜利和安全感。这与称耶稣为大卫的儿子有关。《以赛亚书》七14使用的希伯来文非"处女"，而是"年轻女子"（'almâ）。斯坦达尔提出，应验方面不仅是"学派"的产物，而且还代表了第四章所讨论的犹太教的末世解释（"这就是那"）。但并非所有学者都接受他的论点。加特纳（B. Gärtner）和甘德里对此说法提出异议。马太包含十一个"应验"的引文。一些激进的作者建议，马太等人改写事件，从而使事件符合预言，但这是基于对"超自然"（supernatural）的假设，而非明确的证据。

马太确实使用"是要"（in order that），或者说希腊文介词（hina）通常被译为"是要"（太一22）。但是，兰普（P. Lampe）、丹克（F. Danker）和穆勒（C. F. D. Moule）指出，《马太福音》的三十九次这种情况中有十六次是从马可那里借用的，后者宽松地使用了口语化的希腊文。在《马可福音》中，介词hina经常失去了其在《新约圣经》、希腊化的（Hellenistic）或通用希腊文中所指的目的性的力度（purposive force）。它具有多种用法，包括用来指结果或后果。[50]

2. 另一种引用公式（我们省略了 太二5-6）见于《马太福音》二15："我从埃及召出我的儿子"。这里的引文可能来自《何西阿书》十一1，反映了希伯来文马索拉文本而非《七十士译本》。何西阿暗指出埃及，就是以色列人从埃及"出来"。但是耶稣被带"入"埃及。然而，事件往往被套叠在预言中。在耶稣从埃及"出来"之前，他必须进入埃及，从而体认神的百姓。因此，哈格纳称其为"预表对应的问题"。[51] 鲁兹也称之为"预表"。[52]

3. 汉森考量了一个尤其问题重重的引文公式，即《马太福音》

---

[50] P. Lampe, "Hina," in *Exegetical Dictionary of the New Testament,* ed. Horst Balz and G. Schneider, 3 vols. (Grand Rapids: Eerdmans, 1981), 2:188-90; W. Bauer and Frederick W. Danker, eds., *Greek-English Lexicon,* 3rd ed. (Chicago: University of Chicago Press, 2000), pp. 475-77, abbreviated BDAG; C. F. D. Moule, *An Idiom Book of New Testament Greek,* 2nd ed. (Cambridge: Cambridge University Press, 1959), s.v. "hina."

[51] Hagner, *The Gospel of Matthew,* 1:36.

[52] Ulrich Luz, *Matthew 1–7: A Commentary,* trans. W. C. Linns (Minneapolis:

八17。这节经文引自《以赛亚书》五十三4:"祂诚然担当我们的忧患,背负我们的痛苦。"汉森认为《七十士译本》已经"属灵化"了文本,使其指向我们的"罪孽"。但是汉森、哈格纳、斯坦达尔和鲁兹认为马太译自希伯来文,很好地抓住了它的含义。

4. 马太在《马太福音》二十一 4-5 引用了《撒迦利亚书》九 9:"谦谦和和(或温顺)地骑着驴,且骑着驴的驹子。"不知情者提议,耶稣在《马太福音》中骑着两只动物。但是,凡了解马太对希伯来文本知识的人都知道这是诗意的平行,在第二行重复第一行文字之意。其中一个例子就是"在祢的同在中,充满欢乐;在祢的右边,有无尽的快乐"。我们没有篇幅进一步探索马太。

5. **马可**对《旧约圣经》的兴趣和专长不及马太,但他仍将其作为耶稣和福音的参照系。然而,在他对《旧约圣经》的引用中,至少有一处是众所周知的,即《马可福音》四 12,马可说天国的比喻被误解"是要(hina)"'他们看是看见,却不晓得,听是听见,却不明白;恐怕他们回转过来,就得赦免"。这节经文引自《以赛亚书》六 9-10(《七十士译本》),且是精确地引用《以赛亚书他尔根》第六章。[53] 问题不在于这样的引文,而在于马可用 hina 引介,而它的平行经文都省略了 hina,正如《马太福音》十三 14-15 使用"因为"(hoti,第 13 节)一样。有些人认为 hina 是原始的,这意味着比喻阻止不成熟的信仰,马太对此进行了修改,以避免误解。

6. 在福音书作者中,只有**路加**把《以赛亚书》五十三 12 的直接引述归算给耶稣。他在《路加福音》二十二 37 的受难叙事中说:"他被列在罪犯之中"。引文与《七十士译本》吻合(一处细微的变形除外),这符合我们对以希腊文读者为写作对象之作者的期望。虽然路加的读者是外邦人或外邦基督徒,但值得注意的是,他与马太

Augsburg Fortress; Edinburgh: T. & T. Clark, 1989), pp. 146-47.
[53] Longenecker, *Biblical Exegesis*, p. 59; Charles E. B. Cranfield, *The Gospel according to St. Mark: A Commentary,* Cambridge Greek Testament (Cambridge: Cambridge University Press, 1959), pp. 155-58; cf. Morna D. Hooker, *The Gospel according to St. Mark* (Peabody, Mass.: Hendrickson; London: Black, 1991), pp. 130-31.

和马可都认为《旧约圣经》是他宣扬福音的参考框架,而且他的直接引用或间接影射非常频繁。路加的兴趣常是神对世界护理的旨意（the providential purposes），他认为基督是亚伯拉罕、摩西和大卫的原型（antype）。弗朗索瓦·博文（François Bovon）在一项令人印象深刻的研究中充分讨论和记录了路加对《圣经》的使用。[54]

7. 汉森观察到,**约翰**"与任何法利赛人一样,坚信'圣经不能被打破'"（约十 35）。提到徒然"查考经文",并不意味着"查考经文是徒然的"（五 39-40, 46-47）。[55] 正如汉森提醒我们的那样,约翰包括了对《圣经》传统的引用（例如,约一 23 的"在旷野哭泣的声音",引自赛四十 3）；用介绍性的公式引用的经文（例如,约十七 12 可能引自诗四十一 9 或诗一百零九 8；约十九 28-29 引自诗六十九 21）；明确引用《圣经》（例如,约二 17 引用 诗六十九 9 上）；以及对《圣经》的微妙暗示,这为约翰的思想奠定了基础。这也许就是约翰最大的特点。例如,《约翰福音》一 14 的措辞——"道成了肉身,住在我们中间,充充满满有恩典、有真理。我们也看到了祂的荣光"——重现了《出埃及记》三十四 6 的字词。在那里,神充满了爱（或恩典）和忠诚（或真理）。约翰的语言在《出埃及记》三十四 6 的对照下呈现出其重要性,或者正如我们今天应该说的那样,带出互文的共鸣（intertextual resonances）。同样,《约翰福音》一 51（"你将看见天敞开,神的使者在人子身上上去下来"）以《创世记》二十八 1-16（雅各的叙事）为背景。[56]

8.《彼得前书》显然认为先知是受圣灵默示的（彼前一 10-12）。《彼得前书》一 19 和二 22-25 引用了《以赛亚书》五十二 13– 五十三 12 中的第四首仆人之歌。耶稣是流下宝血的羔羊。《彼得前书》二 6-8 引用了《以赛亚书》二十八 16:"匠人所弃的石头已做了房角的头块石头。"在关乎"一个拣选的族类"的《彼得前书》二 9 中,作

---

[54] François Bovon, *Luke the Theologian,* 2nd ed. (Waco, Tex.: Baylor University Press, 2006), pp. 87-122; cf. also Joel Green, *The Gospel of Luke* (Grand Rapids: Eerdmans, 1997), pp. 51-59.

[55] Hanson, *Living Utterances of God,* p. 123.

[56] Cf. Brown, *Gospel according to John,* pp. 88-92.

者引用了《以赛亚书》四十三 20。最"艰涩"的一段经文是《彼得前书》三 19-22，是关于挪亚和基督"传道给那些在监狱里的灵听"。在一本不到 200 页的小注释书中，欧内斯特·贝斯特（Ernest Best）专门用了 16 页来论述这段经文。[57] 人们不常用这段经文指基督在祂死后与复活之间向在阴间的人传道。有些人视这里的"灵"为《创世记》六 1-4 或《以诺一书》中的堕落天使。奥古斯丁认为"传教"发生在道成肉身之前，而许多人认为这是在升天之后发生的。《彼得前书》四 6 说，死人也曾有福音传给他们，但这可能是指"那些在写作时已死的人"。显然，三 19-22 提到《创世记》六 12- 九 29 中的挪亚叙述，可能是向要受洗（或最近已受洗）的读者或听众叙述。从这个意义上讲，他们的旧生命死了，并在圣灵中复活了（彼前三 18）。然后介绍挪亚的故事，作为清洁和新生命的类比或原型。该宣言可能是指耶稣向那些"不服从的人"、且此时（即写作之时）在"监狱"里的人讲道。它不一定要指下到阴间的人。最早提到这种学说的是游斯汀的《与特来弗对话录》（*Dialogue with Trypho*）第 72 章。爱任纽知道该学说，但并未将之与《彼得前书》联系起来。挪亚经常出现在如《以西结书》十四 14、20 和《所罗门智训》十 4 中。

9《希伯来书》的作者以各种技巧熟练地使用了《旧约》。[58] 来自《旧约圣经》的引文对《希伯来书》的论点都是至关重要的，其中最重要的是《诗篇》一百一十 1-4。布坎南（G. W. Buchanan）提议《希伯来书》一至十二章的整个部分都是在论述《诗篇》一百一十篇的讲道，但是《诗篇》八 4-6 和九十五 7-11 以及《耶利米书》三十一 31-34 也值得关注。[59]《希伯来书》二 5-18 开始了这个论述。麦基洗德的主题在《希伯来书》七 1-19 中得到了阐述，它反映了《诗篇》一百一十篇和《创世记》十四章。我们已经说过，耶稣被视为独特的君王大祭司。祂不是亚伦式的祭司，而是我们伟大的大祭司，"按

---

[57] Best, *1 Peter*, pp. 135-50. Cf. Selwyn, *First Epistle*, pp. 313-62.
[58] Lane, *Epistle to the Hebrews,* 1:cxii-cxvii, and L. D. Hurst, *The Epistle to the Hebrews: Its Background of Thought,* Society for New Testament Studies Monograph Series, no. 65 (Cambridge: Cambridge University Press, 1990).
[59] George B. Caird, "The Exegetical Method of the Epistle to the Hebrews," *Ca-*

照麦基洗德的等次"。《诗篇》九十五 7-11 强调"今天",这对于读者或听众来说非常重要。《希伯来书》八 1- 十 31 强调《耶利米书》三十一 31-34 中新的盟约。出于篇幅考虑,我们现在必须进入第 2 世纪。

六．第 2 世纪的解释和诠释学

根据《新约圣经》,令人惊讶的是,第 2 世纪因着马吉安而有的第一次诠释学斗争与《旧约圣经》的地位有关。这场辩论影响了第 2 世纪诸多人士,包括捍卫基督教观点的爱任纽,以及马吉安本人和一些诺斯底主义者。游斯汀等护教士没有那么直接介入这场辩论。

马吉安(约公元 85-160)出生于小亚细亚的本都(Pontus),但大约在公元 140 年来到罗马。在那里,他受到一些诺斯底主义教师的影响;他们认为犹太人的神与基督徒的神相反,前者默示了《旧约圣经》或犹太人的圣经。马吉安拒绝通过寓意解释来重新解释圣经的部分内容,而是坚持其字面意思。他拒绝《旧约圣经》,认为它不是针对基督徒,而是针对犹太人。他定义了自己的正典,排除了福音书,仅留下一个严重损毁的《路加福音》。他排除了教牧书信,但接受了十封保罗书信,并对其进行了编辑,以删除任何犹太教的余迹。公元 144 年,罗马教会将他逐出教会。马吉安建立了自己的"教会"。

爱任纽告诉我们,马吉安教导说:"律法和先知所宣告的神**不是我们主耶稣基督的父**。"[60] 根据爱任纽,马吉安认为耶稣的父亲"高于创造世界的神。""他使《路加福音》面目全非,删除了所有关

---

nadian *Journal of Theology* 5 (1959): 44-51.
[60] Irenaeus, *Against Heresies* 1.18.1. Cf. also E. C. Blackman, *Marcion and His Influence* (London: SPCK, 1948), and R. Joseph Hoffmann, *Marcion: On the Restitution of Christianity* (Chico, Calif.: Scholars Press, 1984).

于我们主诞生的经文。"⁶¹ 特土良写道:"蓬图斯的异端引入了两位神。"⁶² 特土良为神的合一性而辩解。⁶³ 他问:为什么启示只能始于保罗?耶稣的确启示了造物主,并且先知们预言了祂。⁶⁴ 《旧约圣经》中揭示的许多法律都是好的,包括守安息日的命令。⁶⁵ 神在《旧约圣经》中赐下应许,摩西是祂的真仆人,以基督的一种样式"预示"基督。⁶⁶

诺斯底主义的作者们使用了大量《新约圣经》的语言。他们的日期和定义复杂而有争议。大多数人视诺斯底主义主要为第2世纪的运动,但其效果和影响要晚得多。1945年发现的《拿戈玛第经集》(Nag Hammadi)中发现了许多诺斯底主义的著作。若不然,我们的主要资料来源则是教父们。诺斯底主义内的瓦伦丁教派(Valentinian sect)也许是最广为人知的,而摩尼教(Manichees)至少留存至奥古斯丁时代。汉斯·乔纳斯(Hans Jonas)表明,许多诺斯底主义的宇宙和神话推测背后都有存在的目的。⁶⁷ 诺斯底主义者通常是反犹太人的,"塞特派"[Sethian(或 Scithian)]将许多《旧约圣经》的人物形容为"笑柄"。⁶⁸ 然而,由于他们对宇宙学和创造的浓厚兴趣,许多人也使用了《旧约圣经》的经文,即使被造物归因于造世者(Demiurge),而不是耶稣的父亲。

塞缪尔·劳赫里(Samuel Laeuchli)也许是诺斯底主义者使用《新约圣经》语言的最佳代表之一。⁶⁹ 劳赫里表明,诺斯底主义文本,

---

⁶¹ Irenaeus, *Against Heresies* 1.18.2.
⁶² Tertullian, *Against Marcion* 1.2.
⁶³ Tertullian, *Against Marcion* 1.3 and 8.
⁶⁴ Tertullian, *Against Marcion* 1.19 and 20.
⁶⁵ Tertullian, *Against Marcion* 2.18 and 21.
⁶⁶ Tertullian, *Against Marcion* 2.26.
⁶⁷ Hans Jonas, *The Gnostic Religion: The Message of the Alien God and the Beginnings of Christianity,* 2nd ed. (Boston: Beacon Press, 1963).
⁶⁸ "Tractate Seth," in *Nag Hammadi Codex,* ed. James M. Robinson and others (Leiden: Brill, 1972-84), 7.2.
⁶⁹ Samuel Laeuchli, *The Language of Faith: An Introduction to the Semantic Dilemma of the Early Church,* introduction by C. K. Barrett (London: Epworth, 1965; Nashville: Abingdon, 1962).

包括瓦伦丁教派的文本，大量使用了《新约圣经》词汇。其中包括：kosmos（世界或宇宙）；plērōma（丰满）；gnōsis（知识）；aiōn（年龄）；sophia（智慧）；agapē（爱）；alētheia（真理）；pater（父亲）；huios（儿子）；heis 或 hens（一）；dikaiosunē（公义）；sarx（肉身）；pneuma（灵）；sōma（身体）；mustērion（奥秘或启示）；phōs（光）；pistis（信念）；chronos（时间）；zōē（寿命）等。[70] 许多短语最初与《新约圣经》的短语相似。但是劳赫里仔细地引用了巴西里德斯（Basilides）著的《真理福音》（*Gospel of Truth*）、《弗罗拉书信》（*Epistle to Flora*）、《狄奥多士选集》（*Excerpta Ex Theodoto*）、《约翰密传》（*Apocryphon of John*）、瓦伦丁（Valentinus）等。他表明许多术语来自保罗或福音书，但是他坚称："原始框架（即圣经）的含义与它所插入的新框架之间存在张力。"[71] 他补充道："词相同，但意思不同，短语亦然。"[72] 正如维特根斯坦所言，单词的使用并不总是与其表面之意一致。

爱任纽精确地强调了诺斯底主义者对《圣经》的原子式和不连贯的使用。"他们滥用经文来支持自己的体系。"[73] 他在一个著名的段落中断言："他们无视经文的顺序和联系……正好像，当一幅美丽的国王图像已经从珍贵的宝石中塑造出来时……一个人却把男人的像全部弄成碎片、重新排列这些宝石，然后将它们组装在一起，使其变成狗或狐狸的形式。"[74] 爱任纽实际上是在呼吁要适当注意语境和体裁，并注意《圣经》的其他部分。

毫无疑问，诺斯底主义者声称自己是合理的，并辩称教会的教

---

[70] Laeuchli, *The Language of Faith,* pp. 15-55. Cf. Elaine Pagels, *The Johannine Gospel in Gnostic Exegesis* (Nashville and New York: Abingdon, 1973), and Pagels, *The Gnostic Paul: Gnostic Exegesis of the Pauline Letters* (Philadelphia: Fortress, 1975).

[71] Laeuchli, *The Language of Faith,* p. 19.

[72] Laeuchli, *The Language of Faith,* p. 19.

[73] Irenaeus, *Against Heresies* 1.9.1; cf. 1.3.1.

[74] Irenaeus, *Against Heresies* 1.8.1. See further, Kendrick Grobel, *The Gospel of Truth: A Valentinian Meditation on the Gospel* (London: Black, 1960), and Werner Foerster, *Gnosis: A Selection of Gnostic Texts,* trans. R. McL. Wilson, 2 vols. (Oxford: Clarendon, 1972).

父们用基督论的方式解释了一切。但是，早期的基督教护教者殉道士游斯汀（Justin Martyr，约公元100-165年）在写作时诉诸普世的理性逻格斯（the universal logos of reason），正如在基督里所揭示的那样。他的《与特来弗对话录》大概写于130或135年前后。他先后教学于以弗所和罗马。他向罗马皇帝安东尼奥·皮乌斯（Antoninus Pius）与他的养子和继任者马库斯·奥雷留斯（Marcus Aurelius）护教。他是第2世纪最杰出的护教士之一。

游斯汀的《第一护教辞》（*First Apology*）和《第二护教辞》（*Second Apology*）对《旧约圣经》有很多参考。他视《创世记》四十九10-11为基督的寓言；在《与特来弗对话录》中，他认为《弥迦书》四1-7指向基督的两次降临。[75]《创世记》中的利亚预示以色列民，但是拉结预示着教会。[76] 他将《旧约圣经》中的律法解释为道德指南，不过承认律法自身并不能带来救赎。但是，与诺斯底主义和异端邪说有关的一个要点是，他呼吁逻格斯（理性）存在于每个人身上，在基督中达到了最真实的表达。威利斯·肖特韦尔（Willis A. Shotwell）在他对游斯汀使用圣经的研究中对此予以强调。[77]

游斯汀认为，神圣的启示有两种形式：神在基督中启示的形式是逻格斯，在《圣经》中是书面文本的形式。他认为《圣经》是由圣灵默示的。[78] 他经常引用《旧约圣经》，包括《以赛亚书》七14的"处女必受孕"，以及《诗篇》二十二篇的十字架上的呼喊。[79] 游斯汀使用《七十士译本》，称其为"《圣经》"。《旧约圣经》中的许多事件或人物都"预示"了基督，并且他明确地使用了"代表"（types）一词（例如 申二十一23）。有人将之描述为寓言；他确实使用了寓言，但也用类比。[80]《旧约圣经》"预告"（fortells）、

---

[75] Justin, *Apology* 1.52.43; 53.1-6; *Dialogue* 109.1; 110.1-6.
[76] Justin, *Dialogue* 134.3-6.
[77] Willis A. Shotwell, *The Biblical Exegesis of Justin Martyr* (London: SPCK, 1965), pp. 2-3.
[78] Justin, *Dialogue* 7, 32, and 34.
[79] Justin, *Dialogue* 98-106 (on Ps. 22); *Dialogue* 4.1; 68.7 (on Isa. 7); and *Apology* 1.25.
[80] Justin, *Dialogue* 129.2.

"宣告"（announces），甚至"预言"（predicts）。他频繁使用sēmainō 一词，意为"标志"（to siginify）（肖特韦尔声称有35次）；或 sēmeion，意为"记号"（sign），约28次。[81] 在《与特来弗对话录》九十六4中，"代表"和"记号"共同表示摩西所作的预备(provision)。肖特韦尔声称"代表"一词在游斯汀笔下共出现过十八次，包括论摩西举蛇。[82]

最后，游斯汀使用《新约圣经》，包括《使徒行传》《罗马书》《哥林多前书》《加拉太书》《腓立比书》《歌罗西书》《帖撒罗尼迦后书》，甚至是《希伯来书》和《约翰一书》，并把福音书称为使徒的"回忆录"，让使徒与先知并列。他并不经常使用字面解释，但就他主要使用寓言还是预表的问题，学者们意见不一。无论如何，《圣经》为他的论证提供了参考框架，而且个别经文常常预示了神在基督里的作为。[83]

阿里斯提德（Aristides）是第 2 世纪的护教士，但我们主要是透过他人了解他的著作。西奥菲勒斯（Theophilus）是第 2 世纪后期的护教士，但是他抨击马吉安的著作却遗失了。塔提安（Tatian）是游斯汀的学生。特土良（约公元 160-225 年）主要是第 3 世纪作者。但是，我们仍需考量一些后使徒时期的著作和亚历山太的革利免（Clement of Alexandria, 约公元 150-215 年）。在后使徒著作中，《巴拿巴书信》（成书时间通常定为公元 75-150 年之间）使用了《旧约圣经》，但经常将之寓意化。它的作者可能是亚利山太主义者，且将动物献祭和物质的圣殿视为犹太教的错误产物。然而，通过使用寓言，作者相信《旧约圣经》指向基督。例如，赎罪日的小母牛被认为是基督的代表或预示。[84] 旷野中的磐石出水是基督教洗礼的隐喻或寓言。[85] 同样，罗马的革利免（Clement of Rome），就是《革利免一书》（*Clement 1*）的作者，于临近第 2 世纪时（约公元 96 年）写道，《约

---

[81] Justin, *Dialogue* 14.7; 21.2; 42.5; 66.1; and Shotwell, *Exegesis,* p. 15.
[82] Justin, *Apology* 1.60.3, 5; cf. Shotwell, *Exegesis,* pp. 18-19.
[83] Shotwell, *Exegesis,* pp. 29-47, and L. W. Bernard, *Justin Martyr: His Life and Thought* (Cambridge: Cambridge University Press, 1967).
[84] *Barnabas* 8.
[85] *Barnabas* 11.

书亚记》第二章中喇合的"红绳"指向基督的宝血。[86]

相比之下，**安提阿的伊格那修**（Ignatius of Antioch，约公元 35–110 年前后）既不使用寓意，也不使用预表。但是，他经常改述（paraphrases）福音书的内容，并认为与基督有关的"经上记着说"是意义确切的。[87]《十二使徒遗训》[Didache（年代不确定，但可能是第 2 世纪初）] 没有寓意解释，预表也很少；但《十二使徒遗训》说大卫是通过基督被人认识的，而在另一地方应用《玛拉基书》一 11、14。[88]

爱任纽引用《以赛亚书》四十五 1 来表明"我受膏的居鲁士"指向基督。汉森认为，爱任纽（和游斯汀）未表现出亚历山太寓意化的痕迹。但是他确实看到了伊甸树和十字架之间的**预表**对应。然而，他可能确实寓意解释了《以赛亚书》十一 6-9，认为它所描述的是弥赛亚时代动物的和谐。[89] 在他后期的作品中，他更多地涉足寓意解释，以基督论为焦点。在好撒玛利亚人的比喻中，他把受伤的人看作是亚当，将客栈看作是教会，诸如此类。[90] 但是，我们决不能忘记爱任纽对语境和体裁的重视，以及他对圣经新旧约合一和"信仰准则"（rule of faith）的贡献。[91] 他坚持认为并未存在诺斯底主义所宣称的"秘密"传统，只存在公开且可验证的传统。他宣称福音书有四本，是教会的"正典"福音书。[92]

与此相反，亚利山太的革利免相信秘密的准诺斯底主义传统（quasi-gnostic tradition）。他说，这不可能是明朗的，因为真理只能以"谜语和象征，寓言和隐喻，以及类似的手法来传达"。[93] 据

---

[86] *1 Clement* 12.
[87] Ignatius, *Epistle to the Philadelphians* 8.2; cf. Hanson, *Allegory and Event*, p. 101.
[88] *Didache* 9.2 and 14.2.
[89] See also Irenaeus, *Against Heresies* 5.23.4.
[90] Irenaeus, *Against Heresies* 4.30.3 and 4; *Fragments* 52; *Against Heresies* 3.17.3, respectively.
[91] Irenaeus, *Against Heresies* 1.10.1, 2.
[92] Irenaeus, *Against Heresies* 3.11.8.
[93] Clement, *Stromata* 5.4.1-3; cf. 5.5-8.

说，朦胧的教学（veiled teachings）能激发探究。圣经的风格是隐喻的。汉森观察到："借着亚利山太的革利免，我们触及了一位作家，他的寓意不仅是亚利山太式的，而且开明坦诚而言是斐洛式的。"[94]隐藏的意义无处不在。他暗指《创世记》中的撒拉为智慧，夏甲为世上的智慧。[95] 伊甸园中的生命树意味着"神圣的思想"。[96] 革利免对《圣经》的解释与游斯汀，尤其是爱任纽形成了鲜明对比。他为自己的继任者俄利根做了准备，但这也与大多数《新约圣经》作者不同。我们已经看到了各种各样的基督教解释，以及它对一些关键问题的回应。

七．建议初学阅读书籍

Goppelt, Leonhard, *Typos: The Typological Interpretation of the Old Testament in the New* (Grand Rapids: Eerdmans, 1982), pp. 61-106, 127-40, 161-70, and 179-85.

Hanson, Anthony Tyrrell, *The Living Utterances of God: The New Testament Exegesis of the Old* (London: Darton, Longman and Todd, 1983), pp. 44-132.

Longenecker, Richard, *Biblical Exegesis in the Apostolic Period* (Grand Rapids: Eerdmans, 1975), pp. 51-75 and 104-57.

McKim, Donald K., ed., *Dictionary of Major Biblical Interpreters* (Downers Grove, Ill., and Nottingham: IVP, 2007), s.v. "Marcion," "Gnosticism," "Justin," "Irenaeus."

---

[94] Hanson, *Allegory and Event*, p. 117.
[95] Clement, *Stromata* 5.12.80.
[96] Clement, *Stromata* 5.11.72.

06

第3至13世纪

一. 西部拉丁语区: 希坡律陀、特土良、安波罗修、耶柔米

1. 除了特土良（Tertullian），**希坡律陀**（Hippolytus, 约公元170年-约公元236年）是第3世纪西方拉丁地区最早的重要圣经学者。有人将他视作早期教会的罗马教会中最重要的神学家。他反对罗马的加里斯都（Callistus）主教，视之为异端，并被选为相对立的罗马主教。他在诠释学中运用了基督论的解释，强调了《旧约圣经》对基督徒的价值，尊重使徒传统，并发表了许多释经著作。

希坡律陀是最早的基督教释经家之一。在他大量的释经书中，涉及《创世记》二十七章和二十九章（雅各的叙事），《申命记》三十三章（摩西的祝福），《撒母耳记上》十七章（关于大卫和歌利亚），《雅歌》一至三章，《但以理书》和《启示录》十九至二十二章。他对预言（prophecy）和天启（apocalyptic）特别感兴趣，不过他的许多著作都已经失传了。他追随游斯汀和爱任纽，重视基督论的解释，以及后者所强调的使徒信经传统或"信仰准则"（the rule of faith）。《旧约圣经》于希坡律陀的重要性是毋庸置疑的。他对天启文学的许多注释也出现在他的《论基督与敌基督》（*Treatise on Christ and the Antichrist*）一书中，其中包括《马可福音》十三 14-37、《帖撒罗尼迦前书》二 1-11 和《启示录》十二 1-6。[1] 所有的注释都立足于希腊文本。

2. **特土良**（约公元160年-约公元225年）是皈依基督教的北非人，在迦太基学习法律和修辞学。他大约在197年，也就是近40岁的时候，皈依了基督教。到晚年的时候，他追随了孟他努主义者（Montanists）。他在最早的基督教著作中主要是为信仰辩护，但也写作抨击那些他认为信仰不够严谨的基督徒。他在中后期的著作中用《圣经》谴责那些他认为是异端或信仰的"腐败"（corruptions）之事。有关三位一体和《驳帕克西亚》（Against Praxeas）的著作则是他后来成为孟

---

[1] 分别参 Hippolytus, *Treatise on Christ and the Antichrist* 63 and 61。

他努主义者时所写。他强调使徒教导的重要性，并拒绝向世俗哲学有任何妥协。他的许多著作都具有争议性。

在早期和中期的著作中，特土良分别在《异端邪说》(*Prescription against Heretics*)和《驳马吉安》(*Against Marcion*)中抨击了诺斯底主义者和马吉安，力图将《圣经》从滥用之中解救出来。他反对读圣经是为**满足"好奇心"**的观点；**圣经是属于教会的**。他热情地捍卫《旧约圣经》的价值以抵御马吉安对它的攻击；他认为基督就在摩西的讲话中。《圣经》证明神起初就将自己启示为创造者，马吉安却暗示了一个不当的新近启示。[2] 创造者即是耶稣基督的天父，而不是另一个神（2.2.1）。他讽刺地问，难道神愿意"永远隐藏"吗（2.3.1-2）？律法有数个目的，包括使人依赖神。特土良还按字义解释《圣经》；例如，神的"后悔"或改变心意不需用寓言去缓和（2.19.1）。神宣誓或发怒并不意味着抛弃《旧约圣经》。此外，基督的到来是被应许和宣告的（2.24.1）。《圣经》也反驳了马吉安的幻影说（3.2、7、17-19和5.4）。路加的福音书应予以继续捍卫，保持原样。特土良从《新约圣经》书卷中阐述了恩典的本质（4.2、5）。他将《哥林多前书》解释为流水式的评论，适用于对马吉安的指控（5.5-10）。

特土良将教义和圣经解释交织在一起，从《圣经》角度捍卫复活、恩典和神合一性的教义。[3] 他考量异教徒所呼吁的恶的问题。他还在《圣经》中为严格的伦理规范寻找基础。他全然相信自己正确地理解《圣经》，并全然相信自己的理解支持并符合他所了解的基督教教义。他的言辞坚定，铿锵有力。

3. **米兰的安波罗修**（Ambrose，大约公元338-397年）带我们进入第4世纪[我们绕过特土良在北非的继任者居普良（Cyprian），因他对圣经解释的独特贡献不多]。安波罗修在罗马受教，因广受赞誉而被选为米兰主教。他通晓希腊文和拉丁文，并广泛阅读了斐洛、

---

[2] Tertullian, *Against Marcion* 1.25.1-4. Parenthetical references in this paragraph are to *Against Marcion*.
[3] Tertullian, *Apology* 17.

俄利根、亚他那修和巴西流（Basil）的圣经解释。安波罗修本质上是一位牧者型和教学型的主教。确实，他在其三卷本《神职人员的职责》（*On the Duties of the Clergy*）中都强调主教或教师的角色，引用了以下经文："我要将敬畏耶和华的道教导你们"（诗三十四11）和"祂所赐的有使徒，有先知，有传福音的，有牧者和教师"（弗四11）。[4]

安波罗修对《圣经》的大部分解释都是出现在口头讲道的服事中，经常由他人记录。安波罗修注释了《创世记》一至二十六章，部分的《撒母耳记上下》和《列王纪上》（以利亚和大卫），以及《诗篇》《以赛亚书》《雅歌》和《路加福音》。这样做的主要目的就是宣讲基督或帮助基督徒的实际生活。他依据《创世记》一章辩称：复活并不比神从无造万物更令人难以置信。[5] 他认为三位一体的所有三个位格都参与了创造："起初，**神**创造了天地"（创一1）；"**圣灵**运在水面上"（创一2）；"让我们照着自己的形象造人"（创一26）。[6] "你说**话**，他就必痊愈"（太八8）。示每诅咒大卫时，大卫表现出忍耐，没有生气（撒下十六12）。[7] 安波罗修阐述了《诗篇》一百一十八篇，强调"主是我的帮助者，我不惧怕人类要对我做什么"（诗一百一十八6）。[8] 他从基督论的角度解释《雅歌》（歌一2、3）。[9] 他经常使用《新约圣经》，包括《约翰福音》中的谈道。他援引以赛亚的话说："你们的罪虽像朱红，我必使之变成雪白。"（赛一18）[10] 安波罗修认真且负责地使用《圣经》作品的许多部分，既弘扬了基督，又促进了道德教育与属灵或"灵修"的目的。

4. 安布罗夏斯特（Ambrosiaster）或伪安波罗修，也出现于第4世纪。我们不知道安布罗夏斯特的身份，但他著书于罗马主教达马

---

[4] Ambrose, *Three Books on the Duties of the Clergy* 1.11.
[5] Ambrose, *On Belief in the Resurrection* 2.2.84.
[6] Ambrose, *Of the Holy Spirit* 2.1.1-3.
[7] Ambrose, *Duties of the Clergy* 1.48.245.
[8] Ambrose, *Of the Christian Faith*, 5.3.42.
[9] Ambrose, *On the Mysteries* 6.29.
[10] Ambrose, *On the Mysteries* 7.34.

苏斯（Damasus，公元 366-384 年）时期，并为保罗的全部十三封书信以及其他经卷的片断撰写注释。他成年后的全部或部分时间都生活在罗马。他熟悉犹太教，认为主教和长老共享"一个圣职"。他是一位谨慎的释经家，尊重《圣经》的"字面意义"。他还观察了各个篇章的历史和语言背景。[11]

5. 耶柔米（Jerome，大约公元 340-420 年）横跨第 4、5 世纪，是一位令人印象深刻的翻译家和文本鉴别家。他深受斐洛、亚历山太的革利免、尤其是俄利根的影响，但也熟悉安提阿学派的狄奥多（Diodore）、西奥多（Theodore）和约翰·屈梭多模（John Chrysostom）。耶柔米是当时熟知**希伯来文**和犹太人解经法的少数人之一。实际上，他努力以希伯来文、希腊文和拉丁文来建立**文本**，并基于希伯来文和希腊文提供了拉丁**译本**（《武加大译本》）。除了在文本鉴别和翻译方面的工作，他还写了大量的圣经注释书，其目的就是解释和澄清晦涩难懂的经文。与特土良相异，他还希望向读者呈现不同的传统和选择。他意识到，尝试解释圣经是"爱的劳动"，但同时"既危险又冒昧"。[12]

耶柔米非常了解亚历山太学派的解经法，即有时通过寓意解释来寻找圣经文本的"属灵"意义。但是，他会先挖掘圣经作品历史背景中的**字面意义**，然后常常继续做"属灵"解释，有些内容引自俄利根。目前尚存的《新约圣经》注释书包括《马太福音》《加拉太书》《以弗所书》《提多书》和《腓利门书》，《旧约圣经》注释书有《以赛亚书》《耶利米书》《以西结书》《但以理书》《约拿书》和《小先知书》。他还从事少量的自 19 世纪初以来所谓的"新约导论"工作。[13] 他注意到以赛亚的诗歌，并认为他更像福音布道者，而不是先知。[14] 在罗马的最后几年，他成为了一些罗马尊贵妇女的顾问，然后在公元 384 年离开罗马前往安提阿和圣地的修道院生活，

---

[11] Cf. A. Souter, *A Study of Ambrosiaster,* Texts and Studies 7 (Cambridge: Cambridge University Press, 1905).

[12] Jerome, preface to *The Four Gospels* 1.

[13] Jerome, *Matthew* 1.

[14] Jerome, *Isaiah,* 序言.

部分原因是涉嫌丑闻。他宣称，对经文的无知就是对基督的无知。[15]他说自己不是翻译"字句"（word）而是翻译"意义"（sense），以此限定他对"字面"意义的关注。[16] 与革利免一样，他认为圣经充满了晦涩和奥秘。[17]

二.亚历山太传统：俄利根与亚他那修、狄迪莫斯和西里尔

1. 俄利根（大约公元185年-大约公元254年）在十七岁时继任亚历山太的革利免为教理问答学校的校长。他是一位多才多艺、富有创造力的学者，著作等身。他是一位护教士和传道者，一位哲学神学家，一位文本鉴别家以及一位圣经注释家。他众多著作的四分之三都在解释《圣经》。教会史学家优西比乌（Eusebius）告诉我们，他富有的朋友安布罗休斯（Ambrosius）雇了七名速记作家和一些女性作为俄利根的抄写员。[18] 他学习了希腊哲学传统、释经法和基督教教义。亚历山太在当时可能是罗马帝国最大的知识中心。俄利根深谙希腊的古典文学和哲学，还与诺斯底主义各派的拥护者辩论。然而，他的思辨导致了对正统信仰的真实或所谓的偏离，他的教导最终在公元553年第五次普世大公会议上遭到谴责。随后，他的许多著作丢失，或被禁止。

关于《圣经》构成和如何理解《圣经》的问题一直都是俄利根关注的核心。他的成就之一就是创作了《六文本合参》（Hexapla），以六栏并列的格式详尽比较了圣经文本的原文和其他译本。第一栏是当时并不广为人知的《旧约圣经》希伯来文文本。第二栏是希伯来文的希腊文字母音译。其他四栏包含了《七十士译本》的不同版本：阿奎拉版本、叙马库斯版本、修订的《七十士译本》以及迪奥多蒂

---

[15] Cf. Jerome, *Letter 47: To John the Oeconomus*.
[16] Jerome, *Letter* 126.29 and *Letter* 112.19.
[17] Origen, *Commentary on John* 10.11-13.
[18] Eusebius, *Ecclesiastical History* 6.25.2.

翁版本。该项目花费了大量的精力，历时约 30 年。它显示了俄利根在建立最佳《圣经》文本方面的坚持不懈。约瑟·特里格（Joseph W. Trigg）检查了《六文本合参》，然而他认为俄利根的希伯来文知识都是基础性的，且主要是间接获得的。[19]

俄利根相信使徒传统或"信仰准则"的重要性。他认为《圣经》是受圣灵默示的。[20] 据说他对《圣经》的所有书卷都作了注释。耶柔米将俄利根的作品分为注释书、评注（Scholia）或旁注、讲章。自公元 228-231 年，俄利根撰写了《约翰福音注释》（Commentary on John）、《创世记注释》（Commentary on Genesis）以及其他的圣经注释、《杂记》（The Miscellanies）和《论首要原理》（De principiis）。《约翰注释》是他最好的圣经注释之一。《论首要原理》是一部重要的神学与教义著作。

公元 231 年，主要因着亚历山太主教的不满，俄利根离开了亚历山太和它一流的图书馆，前往凯撒利亚。然后继续撰写注释书和《殉道劝勉》（Exhortation to Martyrdom）。在公元 238-240 年间，他写了《以西结书注释》（Commentary on Ezekiel）。在公元 241-245 年间，他写了许多《旧约圣经》的布道文（holimies）以及《新约圣经》的注释书，并完成了巨著《六文本合参》。从公元 245 年至离世那一年，他写了八卷本护教书《驳塞尔苏斯》（Against Celsus）去抨击一位刻薄批判基督教的外邦人。俄利根死后，纳西昂的格列高利（Gregory of Nazianzus）和大巴西流摘录了他的著作，创作了《费洛卡利亚》(The Philocalia)。

俄利根主张《圣经》的每个词都有深远意义。甚至每个历史段落都有一个字面意义，好比身体（body），并都有一个道德意义，好比魂（soul），也都有一个属灵意义，好比灵（spirit）。[21] 他的释经法很大程度上是借鉴了亚历山太的斐洛（已在第四章予以讨论）。

---

[19] Joseph W. Trigg, *Origen: The Bible and Philosophy in the Third-Century Church* (London: SCM; Louisville: John Knox, 1983, 1985), pp. 82-86.

[20] Origen, preface to *De principiis* 4; cf. *De principiis* 1.3; 4.1. The Hexapla is no longer extant in full but is partially reconstructed.

[21] Origen, *De principiis* 4.2.4. Cf. Trigg, *Origen,* pp. 125-26 and 204-5.

他认为意义（meaning）就像一把梯子，起点也就是最低的横档，构成了"身体"或"字面"的意义。他认为《圣经》的字义层面包含一些矛盾，但是"属灵真理经常被保存在物质的虚假中；言语上彼此矛盾的陈述"在属灵层面却是"真实的"。[22] 因此，他经常将寓意当作护教的工具。俄利根有时像斐洛，有时像革利免。与斐洛一样，他否认了神在伊甸园里种树的字面意思。[23] 在字义层面，他将赫西俄德（Hesiod）与《创世记》相提并论；与革利免一样，俄利根认为圣经充满了晦涩和奥秘。

在他的伟大著作《论首要原理》中，俄利根写道：

> 如下是我们应当如何处理圣经并从中提取其意义的方式……以三重方式（希腊文：trissōs）……简单的人可能会受圣经中的"肉身"教诲……就是明显之意；通过"灵魂"以某种方式提升的人（希腊文：apo tēs hōsperei pseuchēs autēs）；完美的人（希腊文：ho teleios）……不是用世界的智慧……而是神奥秘的智慧，这是隐藏的智慧……来自属灵的律……学自圣灵（希腊文：tou Pneumatos）。[24]

他进一步宣称："当一个人能够证明犹太人'按着肉体'供奉的事本是天上事的形状和影像（hupodeigma kai skia）时，这就是'属灵的'的解释。"[25]

俄利根相信整部《圣经》都是连贯和谐的，"是神的一个完美工具"，[26] 所有内容都有意义。俄利根认为，《雅歌》是一部以戏剧形式写成的婚姻诗。他对本卷经文的注释和讲道很好地说明了它

---

[22] Origen, *Commentary on John* 10.4.
[23] Origen, *Against Celsus* 4.38, 39.
[24] Origen, *De principiis* 4.2.4 (Greek, Jacques-Paul Migne, *Patrologiae Graecae Cursus Completus,* 81 vols. [Paris: Garnier, 1856-61; reprint, 1912], vol. 11, col. 364).
[25] Origen, *De principiis* 4.2.4 (Migne, vol. 11, col. 264).
[26] Origen, *Commentary on Matthew* 2; cf. R. B. Tollinton, ed., *Selections from the Commentaries and Homilies of Origen* (London: SPCK, 1928), pp. 47-49.

的"属灵"意义。那里的名字适用于"里面的人"。[27] "无形"文本的话（logoi）将读者引向"属灵思想"（pneumatika noēta）。[28] 在《新约圣经》中，他的解释深受柏拉图的影响，特别是他对《约翰福音》的解释极为重视逻格斯（Logos）。逻格斯实际上就是精神世界（ho kosmos noētos）。[29] 子是永恒"不变"的，这跟柏拉图将偶然物质的复本与观念（ideas）或形式（forms）的领域作对比是一致的。逻格斯基督是真理和智慧。一些人认为这过于接近诺斯底主义的释经。甚至根据俄利根（以及柏拉图）的说法，灵魂是永恒的，因此逻格斯基督也是先存的。俄利根还教导等级从属论（subordinationism），即子次于父、圣灵次于子，尽管"未有子不存在的时刻"。[30]

人们通常认为，通过寻找"属灵的"意义，俄利根宽松处理《圣经》的"字面意义"，我们可以支持"安提阿"学派（如下所述）的反应。但是正如格伦·乔·托尔杰森（Karen Jo Torjesen）所指出的，这种做法的部分原因是俄利根对读者的教牧关怀。[31] 如果屈梭多模和安提阿学派主要关注圣经**作者**或**作家**的目的或意图，那么俄利根和亚历山太学派主要关注**读者**以及文本对他们的**影响**。确实，俄利根对护教与教牧关怀同样重视。在捍卫基督教信仰、反对诺斯底主义时，他很容易遵循斐洛和革利免的方法"拯救"旧约的合理性。与《雅歌》或《利未记》相比，俄利根不太倾向于消除福音书许多篇章的"身体"意义。他在《马太福音》中讨论了彼得在耶稣受审时的"远远"站着。[32] 受难时的假见证表明"耶稣没有犯罪"。[33] 大祭司"租了他的衣服"，

---

[27] Origen, *Commentary on the Song of Songs* 2.21.
[28] J. Christopher King, *Origen on the Song of Songs as the Spirit of Scripture: The Bridegroom's Perfect Marriage Song* (Oxford: Oxford University Press, 2006), p. 74.
[29] Origen, *Commentary on John* 19.5; cf. *De principiis* 2.3.
[30] Origen, *De principiis* 4.28; cf. 1.3.
[31] Karen Jo Torjesen, *Hermeneutical Procedure and Theological Method in Origen's Exegesis* (Berlin: Walter de Gruyter, 1986), especially pp. 36ff. Cf. Gerald Bostock, "Allegory and the Interpretation of the Bible in Origen," *Journal of Literature and Theology* 1 (1987): 39-53.
[32] Origen, *Commentary on Matthew* 105.
[33] Origen, *Commentary on Matthew* 107.

显露出他的羞耻和灵魂的赤身露体。[34]

然而，亨利·德·卢巴克（Henri de Lubac）引用俄利根的话："在整部《圣经》中，魂与灵之间是有区别的。"[35] 卢巴克认为俄利根大胆的三分法丰富了中世纪的释经。据某些人所言，这是基于《帖撒罗尼迦前书》五 23 和《罗马书》八 16。（然而，这些远非定论：《帖撒罗尼迦前书》五 23 的"你们的灵、魂和体"仅表示"你们的整个自我"；《罗马书》八 16 中的"圣灵以我们的心同证"仅表示"与我们"或"与我们内在的自我"。）无论如何，卢巴克都认为俄利根的影响力是巨大而积极的。

2. 亚他那修（约公元 296-373 年）是第 4 世纪最重要的神学家之一。他在亚历山太接受教育与培训，于公元 319 年被任命为执事，并在公元 325 年的尼西亚会议中发挥了关键作用。他继任亚历山大为亚历山太的主教直到公元 366 年。他在反对亚流主义者和捍卫正统的迦克敦基督论方面起到了决定性的作用。他捍卫了"与父同质"（homoousion）这一条款，为君士坦丁堡会议（公元 385 年）和《尼西亚信经》奠定了基础。但是，他被称为系统神学家和护教者，而非圣经注释家。

确实，亚他那修使用《圣经》主要是为了解决护教和神学问题，不过他也强调使用个别经文时当着眼于整本《圣经》。经文的解释应符合信仰准则。"耶和华以智慧立地"（箴三 19）表明"智慧"存在于世界之前，因为基督是我们的智慧，这表明祂存在于创造之先，以此否定并挫败了亚流主义者。[36] 基督徒要考查圣经，预备好审判者基督的来临。[37] 亚他那修写道："如果他们（亚流主义者）否认《圣经》，他们就名不符实……是基督的敌人。但是，如果他们同意《圣经》的话语是神圣的默示，那就让他们大胆公开地说……神没有智

---

[34] Origen, *Commentary on Matthew* 112.

[35] Origen, *Commentary on John* 32.18 (455); *De principiis* 2.8.4 (162). Cf. Henri de Lubac, *Medieval Exegesis,* 2 vols. (Grand Rapids: Eerdmans; Edinburgh: T. & T. Clark, 2000), 1:142.

[36] Athanasius, *Against the Arians,* discourse 2.22.73.

[37] Athanasius, *Incarnation of the Word* 56.

慧，并且'曾经有一段时间祂（基督）并不存在。'"³⁸ "圣经没有像亚流主义者用这样的语言描述救主"，这些人使用《约翰福音》一 14 时脱离了上下文语境。³⁹ 他偶尔似乎并未正确引用《圣经》。⁴⁰ 但是，他看起来比俄利根更尊重"身体的"意义，尽管他认为《旧约圣经》主要关乎基督。

3. **盲人狄迪莫斯**（Didymus the Blind，约公元 313 年 – 约公元 397 年）以俄利根的释经传统解释圣经而闻名。他为尼西亚大公会议辩护，并与爱任纽一样是修道运动的领袖。因为与俄利根的联系太过紧密，以至于他的许多作品都无法保留下来。但在 1941 年，他的一些著作被发现了，包括《创世记注释》《约伯记注释》《撒迦利亚书注释》以及《诗篇》二十至四十四篇的讲座。他延续了亚历山太传统，关注文本对读者的护教和牧养的意义。他认为读者应当进入"属灵的"成熟和理解。解释发生在字面和"属灵"（通常是象征性）层面。狄迪莫斯将他的对手称为"字句主义者"（literalists），并与安提阿学派的代表们进行了激烈的辩论。

4. **亚历山太的西里尔**（Cyril of Alexandria，约公元 378-444 年）是亚历山太的大主教（或牧首），主要以他拥护尼西亚基督论（pro-Nicene Christology）而闻名。他还接受过亚历山太释经传统的训练，寻求超越字义层面的更高层面的意义。他关于《旧约圣经》的解释主要是基督论的，但他在《新约圣经》方面的解释要比俄利根的更克制谨慎。他与安提阿派或叙利亚教会的冲突不仅是在释经法上；在基督论上，他反对叙利亚人、君士坦丁堡大主教聂斯脱利（Nestorius）。聂斯脱利受教于安提阿的解经家的摩普绥提安的西奥多（Theodore of Mopsuestia），二人皆受西里尔的谴责，并在以弗所会议上被定罪（公元 431 年）。同时，西里尔以俄利根为基础建立自己的释经，创作了《以赛亚书注释》《小先知书注释》《马太福音注释》《路加福音注释》《约翰福音注释》《罗马书注释》《哥

---

[38] Athanasius, *De decretis* (or *Defense of the Nicene Definition*) 4.
[39] Athanasius, *Against the Arians,* discourse 1.4.11.
[40] Athanasius, *Defense of His Flight* 13 and 17.

林多前后书注释》和《希伯来书注释》。⁴¹

三．安提阿学派：
狄奥多、西奥多、约翰·屈梭多模与狄奥多勒

1. **大数的狄奥多**（Diodore of Tarsus，约公元 330-390 年，具体生平日期不能完全确定）通常被视为安提阿学派圣经解释的奠基人。毫不奇怪，安提阿人反对俄利根的释经，认为俄利根关注读者而非作者，以及关注圣经文本的"属灵"意义，这些都导致文本很容易成为**解释者或读者关注之事的镜子**。我们更喜欢狄奥多所写的"对文本的**历史**解读，而非寓意"。⁴²

然而，就"历史的"或"字面的"而言，我们不应认为安提阿学派是死板僵化的字句主义者，即拒绝隐喻、比喻或预表的解读。⁴³ 狄奥多所说的"历史"意义指的是文本和作者都会受其处境或生活环境的制约。狄奥多将其描述为释经的指导原则。在公元 378 年当选为大数主教之前，他曾是叙利亚安提阿的释经学校校长。狄奥多明确写道："我们不禁止更高层次的睿见（theoria）[寓意]解释，因为历史叙事并不排斥它……但是，我们必须保持警惕，不能让这种睿见[寓言]废除历史基础，因为结果将不会是睿见，而只是寓言。"⁴⁴

显然，这种在睿见和寓言之间的区分是很好的，也是至关重要的。由于狄奥多卷入基督论的论战，他的大部分著作都丢失或被毁，只遗留了最近才被发现的《诗篇注释》（*Commentary on the*

---

⁴¹ Cf., for example, Cyril, *Commentary on the Gospel according to St. John*, ed. T. Randell (Oxford: J. Parker, 1885), and N. Russell, ed., *Cyril of Alexandria* (London: Routledge, 2000), which gives selections from Isaiah.

⁴² Cited in Dimitri Z. Zaharopoulos, *Theodore of Mopsuestia on the Bible: A Study of His Old Testament Exegesis* (New York: Paulist, 1989), p. 12.

⁴³ James D. Wood, *The Interpretation of the Bible* (London: Duckworth, 1958), p. 59.

⁴⁴ Diodore, preface to *Commentary on the Psalms;* cf. J. N. D. Kelly, *Early Christian Doctrines,* 5th ed. (London: Black, 1977), pp. 75-79.

Psalms），被奥利弗（J. M. Oliver）等人编辑为各种版本。[45] 亚流主义者毁掉了许多著作，狄奥多因与被定罪的西奥多有关，也被判为有罪。他也遭到了亚波里拿留（Apollonarius）的反对。双方都指控他为潜在的聂斯脱利主义（该教义认为耶稣基督是两个截然不同的位格，而非"同质"的两性）。然而，狄奥多实际上主张的是尼西亚基督论，而且他为第一次君士坦丁堡大公会议（公元381年）做出了决定性的贡献。

2. **摩普绥提安的西奥多**（约公元350-428年）在安提阿的释经学校受教于狄奥多，是约翰·屈梭多模的朋友。他曾在安提阿学校学习近十年，而后于公元392年在西里西亚成为摩普绥提安的主教。在以弗所会议上，亚历山太的西里尔将聂斯脱利揭示为异端，西奥多也在死后因聂斯脱利主义与狄奥多同被定罪。然而，他是否真正持聂斯脱利的观点仍值得怀疑。他坚持认为基督既是完美的神又是"完美的"人，不过对于这两性如何结合在一个人身上，他的观点尚不清楚。他只使用圣经的语言，拒绝使用形而上学的推测。[46]

西奥多几乎撰写了《圣经》所有书卷的注释书，考查它们的写作日期和作者、结构与统一性、历史背景、正典性和圣灵默示。但是因为与聂斯脱利主义的联系，他的注释书很少得以保留。埃德萨的拉伯拉（Rabboula of Edessa）是第一个强烈谴责西奥多之人。他就《创世记》写了三本书，佛提乌（Photius，约公元819-915年）引用了其中第一本。[47] 他《出埃及记》注释的片段内容得以保留，其中包括对《出埃及记》二十五8-20有关约柜的解释。我们还有他关于《士师记》十三25和十六17的简短摘录。我们知道他写过《诗篇注释》《撒母耳记上下注释》《约伯记注释》《传道书注释》和《雅歌注释》。关于《新约圣经》，有人提及他写的《马太福音注释》《路加福音注释》和《约翰福音注释》以及《保罗书信注释》。[48]

---

[45] Cf. J. M. Oliver, ed., *Diodore: Commentary on the Psalms,* in *Corpus Christianorum, Series Graeca,* 6 vols. (Turnhout: Brepols, 2006).
[46] Zaharopoulos, *Theodore,* pp. 18-26.
[47] Migne, *Patrologia Graeca,* 103:72; cf. 66:123-632.
[48] H. B. Swete, ed., *Theodori episcopi Mopsuestini In epistolas beati Pauli com-*

西奥多关于《圣经》的著作的许多结论都与现代的历史鉴别学相吻合。他拒绝了一些诗篇的标题，将一些诗篇的写作日期界定于马加比时期，并辩称不同的诗篇代表了不同的观点。另一方面，他与早期教会的同代人都强烈认为《圣经》启示是神所默示的（提后三16）。扎哈若波罗斯（Zaharopoulos）将西奥多的默示观与他的释经法联系起来。他写道："他的第一个释经原则认为，由于《圣经》是神默示的，所以这意味着绝不存在任何有损神或对人类无用的内容。"[49] 因此，他并不完全反对斐洛和俄利根以及他们对寓言的使用。然而，他极力主张寓言不能主导或削弱历史事实。睿见（Theoria）不等同于寓言，而等同于**预表**。西奥多也承认对一些诗篇采用基督论释经；特别是《诗篇》二篇和《诗篇》一百一十篇，它们从基督论的角度被应用于《使徒行传》和《希伯来书》中。但在大多数情况下，预表解释还是被限制，并很少出现在他的注释书中。他接受对《诗篇》六十八篇的基督论解读，理由是《以弗所书》四8将"掳掠了仇敌"应用在基督身上。[50] 西奥多通常被称作安提阿学派中最博学的学者。

3. 约翰·屈梭多模（约公元347-407年）与他几乎同时代的朋友西奥多一同受教于狄奥多门下，并较早蒙召过修士的生活。他还曾在安提阿教会中担任长老，他在这里的讲道令人印象深刻，为他赢得了"金口"（Chrysostoma）的称号。特别值得注意的是他的讲道"论塑像"（公元387年）曾致使皇帝的塑像被破坏。他定期地基于《圣经》来讲道，这为他赢得了许多人口中的"基督教世界中最伟大的释经者"的称号，至少在早期的教会中如此。公元398年，他无奈地被任命为君士坦丁堡的牧首（或大主教）。他着手改革宫廷、神职人员和君士坦丁堡整个教会的腐败。

屈梭多模反对寓意解经，谴责俄利根的教导。他因直言不讳而树敌，尤其是亚历山太的牧首（或大主教）提阿非罗（Theophilus）

---

mentarii (Cambridge: Cambridge University Press, 1880-82).
[49] Zaharopoulos, *Theodore,* p. 106.
[50] Theodore, *Commentary on the Psalms* 688; cf. Dudley Tyng, "Theodore at Mopsuestia as an Interpreter of the Old Testament," *Journal of Biblical Literature* 50 (1931): 301; cf. 298-303.

和皇后欧多西娅（Eudoxia）。他被谴责并逐出教区，于公元404年被正式废黜。尽管西方教会和他的人民都支持他，但他被强行放逐到本都（Pontus），这导致他被杀。但除了更现代的鉴别性文本，他的著作还有《尼西亚和后尼西亚教父》系列中的其中六卷（后尼西亚系列第一辑）。[51]

与他的朋友西奥多一样，屈梭多模完全依靠作为教会《旧约圣经》的《七十士译本》。在他的注释中，他阐述了圣经作者的体裁和风格，比如他说《加拉太书》"充满了热情和崇高的精神（spirit）"。[52] 他解释《加拉太书》一4"为我们的罪舍己"时说道："律法不仅没有拯救我们，甚至还定我们的罪。"[53] 谈到"别的福音"（加一6），他在注释中提到了欺骗的可能性和四本福音书的一致性。[54] 关于"我没有与属血气的人商量"（加一16），他评述道："对于一个已被神教导的人，后来却要去向人推荐自己是何等荒谬。"[55]

屈梭多模就《哥林多前书》的著作在形式上称为"布道"（homily），但它首先是将简洁的注释与解释和应用的讲道结合起来。他马上抓住《哥林多前书》的语气："如今之于他，呼召就是一切；之于被召的人，并无他物……基督的名在任何其他书信中都未如此频繁重复地出现。但是在这几节经文中却出现了许多次。"[56] 当保罗让他的读者"都说一样的话"时，屈梭多模简要地讨论了"不要有分党……或分裂成许多部分"（schismata），且无教义上分裂的迹象。[57] 关于"十字架的愚拙"（林前一18），屈梭多模解释说："它不是任何神奇之物，因为这样一个消亡的标记，无法使人注意到那些引到救赎之

---

[51] Philip Schaff, ed., *A Select Library of the Nicene and Post-Nicene Fathers*, vols. 9-14, 1st ser. (1889-; reprint, Grand Rapids: Eerdmans, 1978-94).

[52] John Chrysostom, *Commentary on Galatians*, on 1:1-3.

[53] John Chrysostom, *Commentary on Galatians*, on 1:4.

[54] John Chrysostom, *Commentary on Galatians*, on 1:7.

[55] John Chrysostom, *Commentary on Galatians*, on 1:16.

[56] John Chrysostom, *Epistles of Paul to the Corinthians*, hom. 1.1, and 2.7 (on 1 Cor. 1:1-5).

[57] John Chrysostom, *Epistles of Paul to the Corinthians*, hom. 3.1 (on 1 Cor. 1:10).

事物。"[58] 他认为这几乎就是我们今天所说的"内部语法"的问题。

在他的注释书中，我们发现了一个清晰简洁的释经模型，该模型考量历史背景、关注风格和语言。即使在《加拉太书》四 22-31 这段有争议的章节中，他谈到第 24 节时说，保罗"将预表称为寓意"，且使用"预表"一词直到本章末。[59] 在他的讲道中，屈梭多模作了更广泛的应用，但这通常也是理智清晰的，并不会使我们远离文本。例如，他在《马太福音的讲道》（*Homilies on Matthew*）（太十三 34、35）中考虑了比喻的目的。他明白撒种人所撒的种子是神的道，但这导向的是劝勉牧师们要研读《圣经》的每卷书。[60] 在《论塑像》中，他保留了关于"富人"的准确解释，但是他将其应用到皇帝塑像的浮华上也只是往前多迈了一小步。[61] 他所关注的始终是"聆听使徒的声音"或"来自天上的号角声"。[62] 与亚历山太的革利免不同，他认为隐瞒并不意味着神秘，而是不负责任。[63]

约翰·屈梭多模宣称："神圣的作者们甚至亲自写信论及当下这紧急重要之事，不管它当时可能是什么……作者当下的目的就是宣告基督从死里复活……宣告祂被升到神那里，且是从神而来的。"[64] 因此，圣经作者们的目的仍然是首要的，但允许做一些"应用"。有些人认为他有着中介性的影响力，在理解释经和诠释方面，既接近他安提阿学派的同伴们，但也不疏远亚历山太学派，并始终留意他们的区别。

4. 赛勒斯的狄奥多勒（Theodoret of Cyrrhus，约公元 393-460 年）在安提阿出生、接受教育，并在那里参加修道院生活。公元 423 年，他无奈地被任命为在安提阿以东约 80 英里的叙利亚赛勒斯的主教。他深入参与了当时的基督论论战，并且是聂斯脱利的朋友和顾问。

---

[58] John Chrysostom, *Epistles of Paul to the Corinthians*, hom. 4.2.
[59] John Chrysostom, *Commentary on Galatians*, on Gal. 4:24.
[60] John Chrysostom, *Homilies on Matthew*, hom. 47.1-3.
[61] John Chrysostom, *Concerning the Statues*, hom. 2.13.
[62] John Chrysostom, *Concerning the Statues*, hom. 1.1.
[63] John Chrysostom, *Concerning the Statues*, hom. 16.3.
[64] John Chrysostom, *Commentary on the Acts of the Apostles*, hom. 1.1, 2.

由此带来了亚历山太的西里尔的敌视，西里尔的继任者指控狄奥多勒将基督分为神的**两个**儿子。鉴于此，他的著作也只有一部分得以留世。

狄奥多勒主要是一位圣经解释者。他引述俄利根、狄奥多以及摩普绥提安的西奥多，撰写了《摩西五经》《约书亚记》和《士师记》《列王纪上下》和《历代志上下》的注释书。他知晓希腊文和叙利亚文，至于是否懂希伯来文还尚有争议。例如，他认为《创世记》一 2 中 pneuma 或 ruach 的意思是"风"而不是"灵"。他将"神认为这是好的"（创一 18；一 25）解释为挑剔神的创造是忘恩负义的行为，认为"神知道你吃的时候……你会像神一样"（创三 5）是反讽。[65] 我们还拥有狄奥多勒对《诗篇》《耶利米书》《雅歌》《路加福音》和《新约书信》的注释残篇，以及许多讲章残篇。

狄奥多勒的释经主要是历史的和"字义的"，但在《雅歌》中恋人却成了基督和教会。他并非总是拒绝"更全面"的意义。他使用比喻性或隐喻性的语言、预表，有时还有寓言，但他批判解经者将任何个人的想法侵入文本的行为。

四．通往中世纪的桥梁：奥古斯丁和大格列高利

1. **希坡的奥古斯丁**（公元 354-430）在北非出生并受教育，其母亲莫妮卡（Monica）是位基督徒，父亲是位异教徒。他早年是个异教徒，但由于莫妮卡的祈祷和米兰的安波罗修的讲道而被引向基督教信仰。公元 386 年，他被米兰教堂的赞美诗和颂歌所深深打动。他在作异教徒时期因受摩尼教徒的影响，于是在公元 388 年回到非洲后就写了《论创世记》（*On Genesis*）和《驳摩尼教徒》（*Against the Manichees*）。在这两本书中，他使用了寓意解经。继他归信及后来按立圣职之后，他写了一系列圣经注释，包括《创世记》《马太福音》《罗马书》和《加拉太书》的注释（全在公元 394 年），并修订了他的《罗

---

[65] Theodoret, *Commentary on Genesis,* questions 8, 10, and 40.

马书》注释（公元 394-395 年）。

在公元 414-417 年间，奥古斯丁的圣经注释在其《诗篇注释》(*On the Psalms*)和《约翰著作注释》(*The Johannine Writings*)中达到了"高峰"。[66] 他也写了许多著名的教义专著，包括《论基督教教义》(*On Christian Doctrine*)、《论三位一体》(*On the Holy Trinity*)、《信望爱手册》(*Enchiridion*)、《论信经》(*On the Creed*)、《驳摩尼教徒》(*Against the Manichees*)、《驳多纳图派》(*Against the Donatists*)、《上帝之城》(*City of God*)，以及伦理专著——《论婚姻》(*On Marriage*)、《论丧偶》(*On Widowhood*)和《论节制》(*On Continence*)。最著名的当属他的神学自传《忏悔录》。虽然他的讲道和注释书使他赢得基督教世界（或至少是教父时期教会）第二或第三伟大的神学家的称号，但我们最关心的并不是这些。格兰特（R. M. Grant）在自己圣经研究著作中写道："奥古斯丁不是简单的传统主义者，但他坚持信仰准则的权威……释经者必须区分文字陈述和比喻陈述。如果仍感到困扰，他应该'咨询信仰准则'。"[67] 对圣经的理解是来自一个"旨在为神祂自己的缘故而讨神喜悦"的人。[68]《圣经》中的命令不是比喻，除非它们是要禁止犯罪或恶习。"除非你吃人子的肉"（约六 53）不是字面上命令去吃人，而是一个比喻的意义。

奥古斯丁根据《七十士译本》解释《诗篇》四十 6；神是在预备一个"身体"，这不仅是指道成肉身的"身体"，也指教会这个"身体"，即"我们"。关于"不要使我离开祢的面"（诗五十一 11）这节经文，他注意到认罪祈祷"是来自圣灵……[所以]你才与神联合。"[69] 奥古斯丁对"道成了肉身"（约一 14）解释道："靠着

---

[66] Cf. Gerald Bonner, "Augustine as Biblical Scholar," in *The Cambridge History of the Bible,* ed. P. R. Ackroyd and C. F. Evans (Cambridge: Cambridge University Press, 1970), 1:543; cf. pp. 541-63.

[67] Robert M. Grant, *A Short History of the Interpretation of the Bible,* rev. ed. (London: Black, 1965), p. 87. See Augustine, *On Christian Doctrine* 3.2; cf. 3.5.

[68] Augustine, *On Christian Doctrine* 3.10.16.

[69] Augustine, *On the Psalms,* Ps. 51, section 16.

恩典......道自己首先选择由人所生，从而你能由神而生，得救......神并非毫无理由地盼望一个'人类式'的诞生，因为祂重视我（我们），为要使我能不朽。"[70] 关于"哀恸的人有福了"（太五4），奥古斯丁写道："哀恸是因丧失珍爱之物而致的悲伤。"[71]

奥古斯丁在许多方面与屈梭多模和西奥多一样，给出了一个清晰、简洁、历史性的释经，但并非没有"应用"。正如改教家们所认识到的，这得益于对"信仰准则"的了解和对罪与恩典的强烈观念。詹姆斯·伍德（James Wood）写道："奥古斯丁锲而不舍的精神无法完全满足于寓言。他不断发展的思想不能忽视书面文字的主张。寓意解释只能是一个过程中的一个阶段。"[72] 奥古斯丁写道："如果圣经的权威开始动摇，信仰就会摇摇欲坠。然后，如果信仰摇摇欲坠，爱本身就会变得冷淡。"[73] 他承认意义有时候似乎晦涩难懂，但这能帮助我们远离骄傲。[74] 学术上的严谨必须与对神和邻舍的爱相结合。我们确实需要包括历史知识和哲学知识在内的教育，但我们还需要与神相交。[75] 但这不需要大量的学问，而只要求能力。解释者也必须诚实。

罗伯特·马库斯（Robert Markus）对奥古斯丁和罗马的格列高利（Gregory of Rome）进行了具有启发性的比较。两者都研究和探索符号（signs），但奥古斯丁仍然继承了一个更广的希腊和基督教思想的混合传统。直到费迪南·德·索绪尔（Ferdinand de Saussure），对语言符号和意义的思考才变得像奥古斯丁笔下一样复杂。一百年后，格列高利写出了更狭义的教会传统。马库斯写道："格列高利没有那种令奥古斯丁不信任寓言的犹豫......恰恰相反......因着格列高利，我们处在一个不同的释经世界。"[76]

---

[70] Augustine, *On the Gospel of John* 2.15.
[71] Augustine, *On the Sermon on the Mount* 1.2.5.
[72] Wood, *Interpretation of the Bible,* p. 65.
[73] Augustine, *On Christian Doctrine* 1.37.
[74] Augustine, *On Christian Doctrine* 2.6, 7.
[75] Augustine, *On Christian Doctrine* 1.35, 36; 2.16.23; 2.28.42; and 2.40.60.
[76] Robert Markus, *Signs and Meanings: World and Text in Ancient Christianity* (Liverpool: Liverpool University Press, 1996), p. 48.

2. **大格列高利**（Gregory the Great，约公元 540-604 年）属于一个人们只能听从教会的不同时代。他捐出自己的财产来支持穷人，过修道生活，并在公元 585 年成为他以前修道院的院长。他适时成了罗马的大主教或教皇。他的作品倾向实用性，他任职教皇时期以向英国宣教为标志。

尤其是透过俄利根和他的拉丁文译者鲁菲努斯（Rufinus），亚历山太学派的影响主导了这个时期和中世纪的大部分时期。格列高利强调俄利根的三层解释，《约伯记中的道德》（*Morals in the Book of Job*）尤然。他还写了关于《以西结书》和《列王纪上下》的反思，以及四十篇关于福音书的讲道。他将基督视为包括《旧约圣经》在内的全部圣经的参考点。因此，他认为俄利根的三层释经是个宝贵的工具。他从历史层面阐述了《约伯记》，然后给出了"道德"或"奥秘"的解释。正如我们所见，罗伯特·马库斯为格列高利不同于奥古斯丁的寓言观提供了充分理由。

人们常说格列高利缺乏原创性，但是教父们尤其是俄利根的圣经解释在很大程度上是透过他和他的著作才得以传达。亨利·德·卢巴克（Henri de Lubac）告诉我们，格列高利和俄利根的融合才带来了"属灵的理解"，这被视为"基督的信心"（the faith of Christ）与"奥秘"或"信仰秩序"的结合。[77] 卢巴克继续说道，对于大多数中世纪的解经者而言，格列高利是众多大师中最杰出的，是教会的布道者，是最清楚解释圣经之人。他还是"四重意思"的专家。在卢巴克看来，格列高利的影响力完全符合他所援引的两页多的溢美之词。塞维利亚的伊西多尔（Isidore of Seville）、雅罗的比德（Bede of Jarrow）、索尔兹伯里的约翰（John of Salisbury）和阿奎那之前的其他人，以及别的思想家们，都深受他的影响。

这些作家中的一些人将《圣经》的格列高利式的四重意思归功于格列高利。《神曲》（*The Divine Comedy*）的作者但丁（A. Dan-

---

[77] Henri de Lubac, *Medieval Exegesis*, vol. 2, *The Four Senses of Scripture,* trans. E. M. Maeierowski (Grand Rapids: Eerdmans; Edinburgh: T. & T. Clark, 2000), p. 118.

te，公元1265-1321）对此有如下很好的总结。字义层面（literal）着重于世界的感官体验，是所有知识的基础。"寓意层面居于**沉思理性**（contemplative reason）的中心，此理性将周围的世界视为客观的……道德层面或第三层面是信心层面，超越且满足了理性，而神秘（anagogic）层面居于**荣福直观**（beatific vision）的中心。"[78] 另一种说法是："字义层面教你发生了什么，寓意层面教你该相信什么，道德层面教你应该做什么，神秘层面教你当盼望什么（在未来的生命中）。"[79] 因此，"耶路撒冷"在字义层面是有形的城市，在寓意和道德层面上是教会，在神秘层面上是得胜的或末世的教会。有时，寓意层面被称为比喻式讲述的层面（the tropological level）。因此，格列高利在《传讲以西结书》（*Homilies on Ezekiel*）中，将"内外都写着字"的卷轴（结二10）解释为通过属灵的理解被写在内部和通过字面意义被写在外部。[80] 它还应许了属天的或不可见的事物，这暗示着神秘层面的意义。

五．中世纪：自比德至里拉的尼古拉的九个人物

1. **可敬的雅罗的比德**（Venerable Bede of Jarrow，公元673-736年）是诺森布里亚（Northumbria）的蒙克威尔斯茅斯和雅罗的本笃会修士。他成为了一名司祭，但他受欢迎的"可敬者"的称号最初可能只用于他在杜伦大教堂（Durham Cathedral）的遗骸。他著作等身，其中最著名的是《英吉利教会史》（*Ecclesiastical History of the English People*）。

比德了解教父文学，并在他的圣经注释中使用了多重意义和寓意方法。他在《教会史》（*Ecclesiastical History*）附录中写道："我

---

[78] Northrop Frye, *The Great Code: The Bible and Literature* (New York and London: Harcourt Brace Jovanovich, 1982), p. 223.
[79] James Atkinson, *Martin Luther and the Birth of Protestantism* (London: Penguin Books, 1968), p. 91.
[80] Gregory, *Homilies on Ezekiel* 1.9.30.

一生都在这座修道院里，将毕生的精力投入到圣经研究中。"[81] 他注释了《创世记》一至二十章、《出埃及记》二十四 12 至三十 21、《撒母耳记》《列王纪》《雅歌》《以斯拉记》《尼希米记》《多比传》《马可福音》《路加福音》《使徒行传》《大公书信》和《启示录》。在《路加福音》注释中，他借鉴了耶柔米和其他人，但在《旧约圣经》注释中，他的方法取自斐洛和俄利根。例如，在《撒母耳记》的开头，《武加大译本》的 "fuit vir unus"（有一个人）在第一层是指以利加拿；在第二层指的是选民的团结；第三层，即道德层面，它指的是一个不一口两舌的人；在第四层，它指的是基督。因此，我们发现了四层意义。通常比德会进行逐句注释。他广泛使用了耶柔米和其他教父的资料，因为他旨在使英国教会完全融入教父和罗马传统。

2. 约克的阿尔琴（Alcuin of York，约公元 735-804 年）是一位教育家。他为那些无法直接接触教父文学的学生汇编了教父选集，并应用到他的圣经注释中。他的第二个成就是对圣经文本的标准化和修正；该《圣经》在公元 800 年皇帝的加冕礼上被他赠送给查理曼大帝。

3. 克莱沃的伯纳德（Bernard of Clairvaux，1090-1153）在 1115 年按立圣职，并成为克莱沃修道院的院长。他最有影响力的圣经著作是《雅歌书讲章》（*Sermons on the Song of Songs*），在本书中他的释经方法遵循俄利根和亚历山太学派的寓意传统。字面意义是关于所罗门的婚姻，寓意与基督和教会有关，道德层面的意义指源自他们联合的实际生活。除《雅歌》外，亨里·德·卢巴克还在伯纳德的《耶利米哀歌》中追溯了俄利根的深远影响。伯纳德还因攻击和他差不多处于同时代的阿伯拉德（Abelard）而出名。伯纳德对许多圣经经卷都有详尽的了解，尤其是约翰著作和保罗书信。他阐述了约翰著作中爱的主题，强调因为神是神而去爱祂是基督徒生活的中心。

4. 圣维克多的休格（Hugh of St. Victor，1096-1141）大约于 1115 年进入巴黎的圣维克多奥古斯丁修道院，并写了有关语法、地

---

[81] Bede, *Ecclesiastical History* 5.24.

理、历史、教义和《圣经》的许多著作。在其关于撒拉弗（Septarium）三对翅膀（赛六 2）的生动解释中，休格写道："要根据历史、寓言和比喻式讲述（tropology）来理解《圣经》。这些方面是独立的，因为它们独立地挑旺灵魂中对神和邻舍的爱。"[82]《挪亚方舟莫里亚》（*Noah's Ark Moralia*）只是作为短篇著作的残篇出现在我们面前，但它阐明了休格的释经法。历史意义包括了解释事情过去发展的情况。然而，有许多段落很可能指示事情未来将要如何发展。[83]

休格在《诗篇》《耶利米哀歌》《约珥书》和《俄巴底亚书》的注释中专注于历史意义。释经传统曾倾向于忽视这些经卷的历史意义。另外，他在《论圣经》（*On the Scriptures*）中谈到"神话语的外在形式"，最初"在你看来可能像灰尘"，但实际上却值得"认真学习它所要告诉你的"。[84] 圣维克多的安德烈（Andrew of St. Victor，卒于公元 1175 年）和圣维克多的理查德（Richard of St. Victor，卒于 1173 年）表达并发展了他的观点。

5. 彼得·伦巴德（Peter Lombard，约 1100-1161 年）生于伦巴第（Lombardy）。他先去了兰斯（Reims），而后于 1136 年到了巴黎。他写了关于《诗篇》和保罗书信的注释书。伦巴德于 1159 年成为巴黎主教。他的主要著作是**教义性的**，有论三位一体、道成肉身以及创造与罪的著作，其中引用了拉丁教父，特别是奥古斯丁的论述。他对圣经的理解受到了圣维克多·休格和《圣定注释》（*Glossa Ordinaria*）的影响；后者是由《武加大译本》和许多作者的注释（Glossa）组成。为发展出一条研究圣经的学术而非修道进路，他所做的比 12 世纪的任何人都多。

尽管伦巴德没有质疑基督论的意义和道德意义的可能性，但他会根据**不同类型**来看待《诗篇》，将同一类型的诗篇归在一起。他重视文本表面的差异，并从整体角度审视每首诗篇。在此基础上，

---

[82] Hugh, *On Noah's Ark Moralia* 1.100.2; also Migne, *Patrologia Latina,* 221 vols. (Paris, 1844-64), 116:24.

[83] Migne, *Patrologia Latina,* 176:994. Cf. Lubac, *Medieval Exegesis,* p. 100.

[84] Hugh, *On the Scriptures* 5.13-15.

他的直接目的不是灵修，而是教义和伦理。他比其他任何中世纪作家都更重视保罗解释的历史意义和字面意义，他将《哥林多前书》十四34-36中保罗关于女性要沉默的表述视为一种特别偶然的情况。关于《哥林多前书》七1对独身主义的偏爱也取决于偶然情境（在这点上，大多数现代注释家正确意识到这是一些哥林多人的观点）。

一些人批评彼得·伦巴德放弃了对《圣经》的默观式的（contemplative）进路，而采取了一个更为"科学的"或技术性的进路。但这的确是一个关键。在某些中心城市，修道院被大学取代，其中巴黎大学和牛津大学就是在12世纪后期开始形成的。他的《四部语录》（*Book of Sentences*）影响深远。他探究了诠释学中符号和能指（signifiers）问题。圣维克多的休格和阿伯拉德对他有特别的影响。

6. 斯蒂芬·兰顿（Stephen Langton，约1150-1228年）协助英格兰贵族对抗国王约翰，最后起草了《英格兰大宪章》（*Magna Carta*）。斯蒂芬被祝圣为坎特伯雷大主教，但是约翰将他逐出英格兰，一直到1213年。与此同时，他在巴黎学习和教授《圣经》，将《圣经》与教义和牧养关怀联系起来。他与巴黎大学的成立有关，影响了牛津大学和剑桥大学的圣经学术研究。像他的前辈们一样，他教授《圣经》的**四重意义**：字义的、寓意的、道德的和神秘的。

7. 波纳文图拉（Bonaventura，约1217-1284年）同时拥有修道院和大学背景。他先进入了方济各修道院，但于1235年进入了巴黎大学，后又于1243年进入巴黎大学神学院。他研习了所有圣经书籍和彼得·伦巴德的著作。他的主要圣经著作是在1255-1256年所撰写的《路加福音》注释，以及关于《传道书》和《约翰福音》的著作。他的释经方法深受圣维克多的休格和彼得·伦巴德的影响。他的诠释学具有很强的神学性，特别关注三位一体和圣灵。然而，他也意识到律法书、历史书、智慧文学和先知书的独特功能。他将《圣经》视为一条河流，许多不同的分支汇入其中；它也是一个使教义成为可能的镜子和梯子。谈到圣经理解方式的"多样性"就像神是三而一的。[85] 他将**教义和《圣经》结合在一起**，产生很大影响，补充了阿奎那甚至第二次梵蒂冈大公会议。

8. 托马斯·阿奎那（Thomas Aquinas，1225-1274年）比波纳文图拉的年纪略小一点，是中世纪西部拉丁教会中最受尊敬和最具影响力的神学家。许多罗马天主教徒仍视他的教导为标准。他是道明会（Dominican）的哲学家和神学家，出生于意大利那不勒斯地区阿基诺（Aquino）附近。他小时候被送往本笃会修道院，但随后被送到那不勒斯大学并加入了道明会。后来，他进入巴黎大学和科隆大学（1248-1251年），深受大阿尔伯特（Albert the Great）的影响。作为巴黎的讲师，他主授《以赛亚书》和《耶利米书》和彼得·伦巴德的《四部语录》。1259年，他回到意大利道明会的住处。1265年，他被召到罗马，在那里开始了他的巨著《神学大全》（*Summa Theologiae*），这是一部非常全面的多卷本系统神学著作。

虽然阿奎那说圣灵是《圣经》的作者，但他也关注其文学和语言学的多样性。他有时被视为首位真正科学意义上的《圣经》注释家或解释者。他虽然认为所有神学都是"科学的"，但神学基于《圣经》。他确实认为亚里士多德哲学和四因原则与神学是紧密相关的，包括《圣经》和圣礼。他对变质说的看法主要依托于亚里士多德对实质和"偶性"（accidents）（可被感官所获的事物）的区分。[86] 至于《圣经》，目的因（final cause）可以反映神的旨意，而动力因（efficient cause）代表了人类作家所用的方式。

阿奎那采取了一种相当"常识"的进路去理解四重意思的传统。四重意思最初来源于俄利根的三重意思，在传统上被认为出自格列高利。字面意思是基本意义，其他"意思"不能用来证明**教义观点**。但是道德、属灵、或比喻的意义，与奥秘或末世的意义都不应被拒绝。如果它们的关联性不是人为驱动的，那么它们就有作用。

---

[85] Bonaventura, prologue to *Breviloquium* 4.2.
[86] Thomas Aquinas, *Summa Theologiae,* Latin and English, Blackfriars edition, 60 vols. (London: Eyre and Spottiswood; New York: McGraw-Hill, 1963), vol. 58, qu. 75-77, pp. 53-195.

尽管《神学大全》和《反异教大全》（*Summa contra Gentiles*）广为人知，但他四分之一的著作都是圣经注释。他写了四福音书注释，关于《约翰福音》《加拉太书》《以弗所书》和《希伯来书》的注释都被译成了英文。例如，我们在《以弗所书》一1 的注释中读到："使徒写信给以弗所人，他们是来自小亚细亚的亚洲人，小亚细亚是希腊的一部分……从《使徒行传》十九1 中[我们得知]保罗找到了一些门徒。"[87]

正如现代注释书一样，阿奎那对作者和读者的历史处境非常感兴趣。他列出了问候、叙事、劝勉和结语的体裁。问候语中出现"神是应当称颂的"，是因为读者已经被基督改变了。

阿奎那仔细比较了《罗马书》中的预定（predestination）和后嗣（adoption），并将神的旨意和祂恩惠的荣耀归因于目的因（一4、5）。第二讲的主题是"取悦神"（一6）。他逐节注释，借此将历史背景和语言解释为字面意思。

《约翰福音注释》（*Commentary on John*）提供了类似的解释。阿奎那认为，正如耶稣在肉身中的工作所阐释的，序言表明了圣子的神性（约一1-14）。基督的先存性与"哲学家"（亚里士多德）的逻格斯有关，但也与《哥林多前书》十4 一致。福音不是反理性的。道与我们自己的话不同，它是完美的，是神的作为，它与我们有不同的本性。道，而非子，在这里避免了"生"（generation）的观念。[88]后来，当两个门徒向耶稣求教时，耶稣说："你们来看。"（约一39）

这些就像现代注释书中的历史注释和解释注释。阿奎那也使用

---

[87] Thomas Aquinas, *Commentary on the Epistle of Paul to the Ephesians,* trans. F. R. Larcher, Aquinas Scripture Commentaries 2 (Albany, N.Y.: Magi Books, 1966), chapter 1, lecture I. Cf. also Aquinas, *Commentary on Paul's Epistle to the Galatians,* trans. F. R. Larcher (Albany, N.Y.: Magi Books, 1966), pp. 1-10; and Thomas G. Weinandy, Daniel Keating, and P. Yocum, eds., *Aquinas on Scripture: An Introduction to His Biblical Commentaries* (London: T. & T. Clark, 2005).

[88] Thomas Aquinas, *Commentary on John,* trans. J. A. Weisheipl and F. R. Larcher, Aquinas Scripture Commentaries 3 and 4 (Albany, N.Y.: Magi Books, 1966, 1998), sections 23-25.

教父的著作，并经常引用屈梭多模，后者是早期教会的最佳注释者之一。托马斯还写了许多其他书卷的注释书，包括《约伯记》《以赛亚书》《耶利米书》和《耶利米哀歌》，并写了《马太福音》的教义论述。虽然天特大公会议（the Council of Trent）视阿奎那为权威，但是圣经委员会的文件《教会中的圣经解释》（*The Interpretation of the Bible in the Church*；1994年）与新教的圣经解释取得了广泛一致。

9. **里拉的尼古拉斯**（Nicholas of Lyra，约 1270-1349 年）是方济各会（Franciscan）的修士，约三十岁时移居巴黎。他在 1309 年成为巴黎大学的在职教师（regent master）。尼古拉斯关注圣经文本的字面意义，对《圣经》的逐句注释也显示出其深谙教父和中世纪的资料。他对希伯来文和拉比释经了解很少。他查阅圣维克多的休格和阿伯拉德，但显然他属于大学的新传统。尼古拉斯的《道德主义》（*postilia moralis*）延续着"属灵"意义的传统，但是在神学或教义的背景下，他会优先考虑字面或历史意义。凭借援用犹太释经，尼古拉斯比同时代的任何人都付出更多，以将释经方法带入现代世界。他表现出严谨的判断，这使他成为我们教父和中世纪释经综览的合格结语。亨利·德·卢巴克用准学术格言赞扬尼古拉斯道："字句教导事件，寓言教你当信之事；道德教你当做之事，神秘教你应盼望之事。"[89] 吉莉安·埃文斯（Gillian R. Evans）认为彼得·伦巴德的注释是前往"宗教改革之路"的"标准著作"。[90]

六．建议初学阅读书籍

Grant, Robert M., *A Short History of the Interpretation of the Bible,* 3rd ed. (London: Black, 1965; rev. ed., Philadelphia: Fortress, 1984), pp. 57-101 (1965 ed.) or 59-91 (1984 ed.).

---

[89] Lubac, *Medieval Exegesis,* 1:1.
[90] Gillian R. Evans, *The Language and Logic of the Bible: The Road to the Reformation* (Cambridge: Cambridge University Press, 1965), p. 95.

Hanson, Richard P. C., *Allegory and Event: A Study of Sources and the Significance of Origen's Interpretation of Scripture* (London: SCM, 1959), pp. 133- 61.

McKim, Donald K., ed., *Dictionary of Major Biblical Interpreters* (Downers Grove, Ill., and Nottingham: IVP, 2007), articles under the names discussed.

Smalley, Beryl, *The Study of the Bible in the Middle Ages* (Oxford: Blackwell, 1952, 1964), pp. 1-25, 83-106, and 281-92.

07

宗教改革、启蒙运动与圣经鉴别学的兴起

这一章为神学学者提出了一些最难的困境。里拉的尼古拉斯（Nicholas of Lyra）和约翰·威克里夫（John Wycliffe）引导我们离开了俄利根和寓意法，却未完全排斥寓意。伊拉斯谟（Erasmus）和路德之间关于《圣经》清晰性（clarity）的争论可能会引起误解，但是启蒙运动带来了真正的困境。一方面，大多数圣经学者都会同意，不能仅靠神学解决所有诠释学问题。对信心的强调并不会预先确定有关历史、语言或每位圣经作者个性的问题。我们需要"旧约或新约导论"的书。但是另一方面，在圣经鉴别学中诸如约翰·萨洛莫·塞姆勒（J. S. Semler）的作家们，渴望将圣经注释和正典与神学区分开来，以至于《圣经》的权威和神圣启示只得到了理论上的认可，并且许多（尽管不是全部）启蒙思想家们将《圣经》视为世俗文学或纯粹的人类著作。

弗朗西斯·沃森（Francis Watson）和其他许多人都打破了纯粹的价值中立之探究的神话。在这个意义上，启蒙运动对传统的态度有些天真。然而，正如施莱尔马赫后来所认同的，诠释学不是一种工具学科，即被用来支持一些既得的神学或基督教教义的结论。我们正在寻找"整全性"（integrity）而不是康德的"自主性"（autonomy）；但是问题很复杂。因此，我们需要用一章来讨论改教家、启蒙运动以及圣经鉴别学的兴起所体现的各种态度。

一．宗教改革：威克里夫，路德和墨兰顿

1. 约翰·威克里夫（1328-1384年）。威克里夫就读于牛津的巴利奥尔学院，被按立圣职，并于1372年被授予神学博士学位。他当选为巴利奥尔学院的院长。国王爱德华三世授之莱斯特郡的拉特沃思（Lutterworth in Leicestershire）教区，直到他逝世。他力求以圣经的权威作为改教的基础，且认为这是每个基督徒的最高权威。它用于检验所有教会会议和宗教经验的主张。

尽管我们倾向于将宗教改革的起始时间定于马丁路德，但威克

里夫在其后期著作中就敦促废除教皇权，并反对变质说的教义。他认为自己的提议与《圣经》真理和早期教会，尤其是与奥古斯丁、安波罗修和安瑟伦相一致。因为这些观点，坎特伯雷大主教在1382年起诉了他，牛津大学的许多人也都谴责了他。他因此退回到拉特沃思教区做牧养工作，两年后去世。威克里夫发展了一群传教士，他们被称作罗拉德派（Lollards）。[1]

威克里夫在牛津大学就职演说中指出，对《圣经》的解释必须遵循其神圣作者的意图。要做到这一点，需要一种道德的态度或内心的正直。这也预设了哲学训练和社会美德。[2] 在1377-1378年间，他在牛津大学撰写并发表了一系列有关《圣经》权威的讲演，并出版《论圣经的真理》（On the Truth of the Holy Scripture）。他视《圣经》为神的律法，足以指导作为基督身体的教会。[3] 威克里夫为神职人员对《圣经》的无知感到震惊。因此，他还写了《教牧职分》（The Pastoral Office），向他们解释了《路加福音》和《使徒行传》对贫困和自律的重视。[4] 他强调《圣经》的字面意义或历史意义，但也意识到这可能包括隐喻（例如《启示录》五5中的"犹大的狮子"）。但是他也允许有道德意义，这可能是寓意性的。像里拉的尼古拉斯一样，他关注圣经文本的各种类型和功能。

威克里夫将《新约圣经》翻译成精确的英语（robust English），并就《约伯记》《传道书》《诗篇》《雅歌》《耶利米哀歌》和许多先知书写了注释。他强调《圣经》的真理、默示、权威和充分性。因此，他为宗教改革铺平了道路。他特别关注在讲道中对《圣经》

---

[1] John Wycliffe, *On the Eucharist,* trans. F. L. Battles, Library of Christian Classics, vol. 14 (London: SCM; Louisville: Westminster, 1963), 3.2, 1.1-2; pp. 61-62.
[2] Beryl Smalley, *The Study of the Bible in the Middle Ages* (Oxford: Blackwell, 1964), p. 274.
[3] John Wycliffe, *On the Truth of the Holy Scripture* (Kalamazoo, Mich.: Mediaeval Institute, and Western Michigan University, 2001), 1.55, 148, 245.
[4] John Wycliffe, *The Pastoral Office,* trans. F. L. Battles, Library of Christian Classics, vol. 14 (London: SCM; Philadelphia: Westminster, 1963), 1.5, 15, and 2.1.1, especially pp. 36, 43, and 58.

的使用。

2. 马丁路德（1483-1546 年）。马丁路德出生于萨克森州的埃斯莱本（Eisleben），并入读莱比锡西南部的埃尔福特大学（University of Erfurt），这是当时德国最负盛名和最古老的大学。他学习了语法、修辞学和辩证法，这使他在措辞表达上十分娴熟。在神学上，对埃尔福特影响最大的是里拉的尼古拉斯。[5] 在 1505 年，二十二岁的马丁路德进入了在埃尔福特的奥古斯丁会修道院（the Augustinian Order），并在随后的两年内成为修士，被任命为执事，后按立为神父。除了研究彼得·伦巴德（Peter Lombard），他还深入研究了《圣经》。1508 年，马丁路德被召入新的威登堡大学（University of Wittenberg）教授哲学；但是到了 1509 年，他又回到了《圣经》教学领域。1512 年，他成为一名圣经研究教授。他在威登堡受到了施德比兹（Staupitz）的影响；后者鼓励马丁路德去功读博士，并为他的灵性挣扎提供建议。

詹姆斯·阿特金森（James Atkinson）认为，宗教改革意识的曙光是出现于马丁路德在 1513 年 4、5 月期间准备《诗篇》的讲座时。[6] 当他读到"凭祢的公义搭救我"（诗三十一 1）时，回想起他那时"厌恶"保罗和"公义"的整个思想，特别是二者同时出现时，比如在《罗马书》一 16-17。《诗篇》七十一 2 重复了"凭祢的公义搭救我"。马丁路德写道，即使作为一个顺服的修士，他自己也毫无"公义"。他起初以为神的公义是谴责他。但他开始意识到，神的公义并非指审判，而是指基督的公义，这公义使人仅靠恩典得以称义。人类只需领受作为恩赐的公义。

鲁普（E. G. Rupp）和本杰明·德鲁里（Benjamin Drewery）用马丁路德自己的话形容他的"突破"。马丁路德写道："'义人因信得生。'在这里，我开始明白神的公义是指一个正直的人依靠神的恩赐而活……我感到自己直接重生了，并且已经从敞开的大门进

---

[5] Cf. James Atkinson, *Martin Luther and the Birth of Protestantism* (London: Penguin Books, 1968), pp. 32-33.

[6] Atkinson, *Birth of Protestantism*, p. 76.

入了天堂本身。"[7] 这与我们将在第十章探讨的巴特的 "新奇的《圣经》世界"类似。

马丁路德在他的早期著作（1517-1521 年）中强调信心是**神**的作为。马丁路德写道："信心 …… 是神的作为，而非我们的。"[8] 他在《海德堡论辩》（*Heidelberg Disputation*；1518 年）中进一步写道："他应该被称为神学家，即他理解神的可见事物 …… 通过苦难和十字架得以看见 …… 荣耀神学家说坏是好，说好是坏。十架神学家则用合宜的称谓称呼他们。"[9]

天主教的基督教世界（Catholic Christendom）在当时不信服马丁路德对圣经的解释。但是德国和斯堪的纳维亚（Scandinavian）的国家向威登堡寻求神学家。马丁路德认为人文主义者伊拉斯谟没有充分重视基督以及神的荣耀与恩典。他指责伊拉斯谟像 "一人两貌"（two persons in one）。[10] 与此同时，在 1516-1521 年间，马丁路德在大学里教授《罗马书》《加拉太书》和《希伯来书》，并两次授课《诗篇》。

马丁路德关于《诗篇》的早期讲座遵循的是里拉的尼古拉斯和彼得·伦巴德的方法，在当时包括了中世纪的 "四重意义"。字面意义传达了神在历史中的作为，其他意义则记录了信徒群体对它们的应用。神秘意义的出现，是因为人类的理解将被天上更大的理解所成全。对于《诗篇》五十一篇和《诗篇》九十二篇，马丁路德写道，有必要怀疑自我。软弱中的刚强成为他早期《罗马书》注释的一个主题。他对《罗马书》一 1 如此注释："我们必须等待祂（神）看我们为公正和智慧的。"[11] 但他也普遍接受基督论意义（christological

---

[7] E. G. Rupp and Benjamin Drewery, eds., *Martin Luther: Documents of Modern History* (London: Arnold, 1970), p. 6; Atkinson, *Birth of Protestantism,* p. 77.

[8] Martin Luther, *Commentary on the Epistle to the Hebrews,* in *Luther's Early Theological Works,* ed. James Atkinson, Library of Christian Classics, vol. 16 (London: SCM, 1962), p. 201; cf. p. 25.

[9] Martin Luther, *The Heidelberg Disputation* 20 and 21, in *Luther's Early Theological Works,* pp. 290 and 291. Cf. Luther, *Heidelberg Disputation* 23.

[10] Atkinson, *Birth of Protestantism,* p. 89.

[11] Gordon Rupp, *The Righteousness of God: Luther Studies* (London: Hodder and

meaning）的概念："圣经中的每句话都响彻基督之名"。或者如他宣称，"整个圣经始终都在讲基督"。[12]

马丁路德的《罗马书注释》（Commentary on Romans；1516-1517年）反映了他对细节的关注。虽然它早于沃尔姆斯国会（the Diet of Worms）七年出现，却包含了他中年时期更为成熟的神学。他写明书信的目的是"拆毁……人所理解的智慧和公义……。祂（神）要透过与此不同的公义和智慧来拯救我们……这不是来自我们自己……我们必须等候神纯粹的怜悯。"[13] 他重新定义《罗马书》一16 的"神的能力"，认为它并非指力量的能力（power of force），而是指世人所视为的愚拙（参 林前一 18-25）。他写道，成为义人与在神面前被称义是同一回事（论 罗一 17 和罗四 16-25）。关于《罗马书》四 7，他认为"真实的罪"（actual sin）是一个不会拯救我们的"行为"。这种错误与伯拉纠主义（Pelagianism）类似。他探讨了保罗对人无力遵行律法的强调。他在《罗马书》七 18 的注释中特别指出了这一点："立志行善由得我，只是行出来却由不得我。"路德写道："整个人都是属血气的。"[14]

这很好地处理了《罗马书》的"字面"信息。马丁路德的《加拉太书注释》（Commentary on Galatians；1517年）包含了较大比例的论述教皇的内容，但这仅仅是区分"行为"与通过信心或转化己用（appropriation）从神那里领受恩典的一种方式。同年，马丁路德发表了他的《九十五条论纲》（Ninety-five Theses）。1518年，马丁路德在奥格斯堡（Augsburg）与枢机主教卡耶坦（Cardinal Cajetan）进行了一场辩论。对此，马丁路德说卡耶坦未能在圣经中找出一句话可以反驳他。同年，在莱比锡（Leipzig）面对艾克（Eck），马丁路德运用《圣经》再次获胜。1521年，沃尔姆斯国会上，马丁路德被传唤至皇帝面前。他用《圣经》来证实他的主张，最终皇帝

Stoughton, 1953), p. 134.
[12] Atkinson, *Birth of Protestantism,* pp. 101 and 116.
[13] *Luther's Works,* ed. J. Pelikan, 56 vols. (St. Louis: Concordia, 1955-); in German, Weimarer Ausgabe (Weimar Edition; hereafter abbreviated WA), 56:157-59.
[14] Luther, WA 56:343.

将他驱逐出境。马丁路德后来回忆说，他所做的只是教导和宣扬神的话："我什么也没做……道成就了一切。"[15]

在1521年后，马丁路德撰写了《申命记》《小先知书》《传道书》《约翰一书》、《提多书》《提摩太前书》《以赛亚书》和《雅歌》（1531年）的注释书。他越来越抵制《圣经》的寓意的或"属灵的"解释，以及多重意义释经法。[16] 许多人视马丁路德把圣经译成有力精准的德文为其最伟大的工作。[17] 他于1519年开始翻译某些章节，其余大多数译于在瓦特堡（Wartburg）的禁闭期间；该译本于1534年出版。许多人把它看作是"一件文学上的头等大事。"[18] 马丁路德认为每个信徒都应有权使用圣经；他根据原文的精心翻译已成为德国的标准译本。

同时，马丁路德解释圣经的背景之一是他与罗马教廷的持久战。罗马教廷过分依赖教父和阿奎那，而几乎取代了圣经。背景之二是马丁路德对战狂热的左翼改教派或包括卡尔施塔特（Karlstadt）和穆恩泽尔（Münzer）在内的狂热分子（Schwärmerei）。在《教会被掳巴比伦》（*The Babylonian Captivity of the Church*）中，他反对所有非基于《圣经》的神学。

我们避免了再次涵盖《诠释学新视域》（*New Horizons in Hermeneutics*）中已经讨论的内容，但或许我们可以在结论中重复一个要点。正如我们从他的著作中所看到的，马丁路德在为《圣经》的**清晰性**辩护时，并未暗示注释书是不必要的。实际上，他是在回应伊拉斯谟的说法，即圣经是如此复杂，其论点如此广泛，以至于我们除了**探索**之外不能致力于更多事情。马丁路德认为这相当于一种怀疑主义。他坚持认为，圣经对于**行动**而言是足够清楚的。《新

---

[15] Cited often, including in Gordon Rupp, *Luther's Progress in the Diet of Worms, 1521* (London: SCM, 1951), p. 99, and Atkinson, *Birth of Protestantism*, p. 182.
[16] A. Skevington Wood, *Captive to the Word: Martin Luther, Doctor of Sacred Scripture* (Exeter: Paternoster, 1969), p. 83.
[17] For example, Wood, *Captive to the Word*, p. 95.
[18] Kenelm Foster, in *The Cambridge History of the Bible*, vol. 3, ed. S. L. Greenslade (Cambridge: Cambridge University Press, 1963), p. 103.

视域》中阐述了双方争论的细节。我在那里也更详细地指出，马丁路德对寓意的保留是逐渐增加的。

3. 菲利普·墨兰顿（Philip Melanchthon，1497-1560 年）。墨兰顿比马丁路德小十四岁，以马丁路德的朋友、支持者和助手而闻名。他自身资质很高。他于公元 1509 年进入海德堡大学，在毕业时就以精通希腊文而闻名。继而在杜宾根大学求学，向著名的希伯来文学者约翰内斯·罗伊希林（J. Reuchlin）学习希伯来文。他出版了一本希腊文语法书，并于 1518 年被任命在威登堡教授古典文学。他在那儿遇到了马丁路德。

在 1518 至 1521 年的早期著作中，墨兰顿完全支持马丁路德。当马丁路德暂时退居瓦特堡（Wartburg Castle）时，墨兰顿带头推进他的思想。然而，在 1529 年，他在主餐或圣餐上表现出了马丁路德所视为的慈运理派倾向（Zwinglian leanings）。他不像马丁路德那般对慈运理持敌对态度。[19] 墨兰顿渴望在改教家中维护和睦与团结。他在 1530 年起草了《奥格斯堡认信》（*The Augsburg Confession of Faith*），并将之作为所有德国新教徒一致认同的教义声明呈交于皇帝。（这包括马丁路德和墨兰顿，但未包括瑞士改教家慈运理。）这是新教徒的首个认信，今天被认为是正统路德宗的教义声明。

路德主要撰写注释书，而墨兰顿创作了一卷系统神学著作。这也许是首卷基于《圣经》的新教系统神学。但是，墨兰顿也花时间帮助马丁路德将希腊文和希伯来文翻译成德文。他还回到威登堡作有关《罗马书》（1522）和约翰著作（1523）的讲座；他还出版了有关《马太福音》的著作（1558）。他偶尔会使用寓意法，但主要坚持圣经文本的字面意思。他的方法反映了马丁路德的中后期，但在二者之间，他或许更具批判性和洞见。

二. 进一步宗教改革：威廉·丁道尔和约翰·加尔文

1. 威廉·丁道尔（William Tyndale，约 1494-1536 年）于 1525 至

---
[19] Atkinson, *Birth of Protestantism*, pp. 273-74.

1535 年间翻译了第一本译自希腊文和希伯来文的英文《圣经》。该译本影响了 1611 年的詹姆士一世的钦定版，以及 1535-1536 年的科弗代尔（Coverdale）版。丁道尔出生于英国的格洛斯特郡，受教于牛津大学的玛格达琳学院（Magdalene Hall）。他在剑桥完成了神学学习，曾在小索德伯里（Little Sodbury）担任牧师，但由于未能获得伦敦主教滕斯托尔（Tunstall）的支持，于 1524 年移民德国。他深受马丁路德神学的影响。

丁道尔推崇马丁路德的神学。从某种程度而言，他预见了我们现今所讲的一些圣经文本的言语行为（speech-act）、行事（performative）或言外性的（illocutionary）功能（关于行事，参 第十七章）。他写道，圣经传达了"神的应许"；"它使人心欢喜"；它"称我们为后嗣"。[20] 我曾论道，他在十多页的著作中列举并界定了圣经文本所用的不少于十八种的特定言语行为。[21] 圣经命名、任命、承诺、给予、谴责、杀死、赐予生命，诸如此类。据说，"如果神豁免我的生命，我将使那个耕犁的男孩比您知道更多的圣经"这句话是出自于他。[22] 丁道尔也受惠于伊拉斯谟版的《希腊文圣经》、拉丁文的武加大译本和马丁路德的德文圣经译本。他声称，他的英文译本比拉丁文译本更接近希腊文。丁道尔的另一句格言是："主啊，求祢开启英格兰国王的眼睛"。

2. 约翰·加尔文（1509-1564 年）。加尔文出生于法国北部的皮卡第（Picardy），并在巴黎接受教育。自 1528 年始，他在奥尔良（Orléans）学习法律。他成为了宗教改革神学的热心拥护者，并于 1535 年被迫从法国逃离，前往瑞士的巴塞尔。他于 1536 年开始撰写第一版《基督教要义》（*Institutes of the Christian Religion*）。同年，

---

[20] William Tyndale, *A Pathway into the Holy Scripture,* in Tyndale, *Doctrinal Treatises and Introductions to Holy Scripture* (Cambridge: Cambridge University Press, Parker Society, 1848), pp. 7-29.

[21] Anthony C. Thiselton, "Authority and Hermeneutics: Some Proposals for a More Creative Agenda," in *A Pathway with the Holy Scripture,* ed. Philip E. Satterthwaite and David F. Wright (Grand Rapids: Eerdmans, 1994), pp. 107-41, especially pp. 117-20.

[22] Greenslade, *Cambridge History,* 3:141-42.

为了前往斯特拉斯堡（Strasbourg），他不得不经过日内瓦（Geneva）。在那里，瓦雷尔·法勒尔（W. Farel）说服他去领导这个城市反对罗马教皇。加尔文渴望和平与安宁地学习圣经，却被说服去引领教会，并协助改革和治理这座城市。他几乎对所有圣经书卷都写了注释书。他连续几版的《基督教要义》可以与阿奎那的《神学大全》、施莱尔马赫的《基督教信仰》或巴特的《教会教义学》相提并论。然而，他希望创作一部有别于其他圣经注释的神学著作。他被公认为第一位"现代"圣经注释者。他的释经著作远超他人。

加尔文的首本注释书是1540年的《罗马书注释》。在序言中，他感谢了菲利普·墨兰顿和马丁·布塞尔（Martin Bucer）的释经工作，但他认为需要进一步加强。他认为解释者的主要美德在于"清晰简洁"以及展现"他已承诺阐明的作家的思想"。[23] 他绝对不能超越这些界限，要坚持"作者的意思"。[24] 加尔文也将某些方面归功于他的法律学习；这种学习强调一条法律产生的历史处境及其实际应用的重要性。

加尔文的《基督教要义》终版写于他去世前第四年（即1560年）。它是解释神学和《圣经》的钥匙。他在卷一第6至10章阐述了圣经的作用。他观察到，老年人可能需要戴眼镜来明晰他们所看到的东西；圣经和圣经解释也聚焦于**神的异像**。[25] 圣经来自神的灵（第7章）。圣经的可靠性已被充分证明是合理的（第8章）。在《新约》中，前三卷福音书以朴素适度的风格叙述；然而，《约翰福音》"在威严中爆发"，并"以胜于雷霆万钧之力出击。"[26] 加尔文写道，狂热分子实际上是通过私人启示来颠覆圣经，但他们是错误的（第9章）。他的观点接近爱任纽。圣经通过拒绝其他"神明"（gods）

---

[23] John Calvin, preface to *The Epistles of Paul to the Romans and the Thessalonians,* trans. R. Mackenzie, ed. T. F. Torrance (Edinburgh: Oliver and Boyd, 1964).

[24] Calvin, preface to *The Epistles of Paul to the Romans and the Thessalonians.*

[25] John Calvin, *Institutes of the Christian Religion,* trans. Henry Beveridge, 2 vols. (London: James Clarke, 1957), 1.6.1; vol. 1, p. 64.

[26] Calvin, *Institutes* 1.8.11; vol. 1, p. 81.

而将我们引向这位真神（the true God）（第 10 章）。

继其《罗马书注释》之后，加尔文出版了《创世记注释》，和自《出埃及记》至《申命记》的摩西五经之和谐的注释，以及对《诗篇》《以赛亚书》《耶利米书》《耶利米哀歌》《以西结书》《小先知书》《约伯记》《撒母耳记》和《约书亚记》的注释（1564 年）。除了《约翰二书》、《约翰三书》和《启示录》，他写了《新约圣经》所有书卷的注释。[27]《旧约圣经》的注释大部分是讲座；《新约圣经》的注释是在家中的口述。据说，他不遗余力、努力工作，以致大大超过了他的健康和力量的负荷。加尔文与伊拉斯谟和文艺复兴的人文主义一致，坚持文本的"自然"或"字面"意义。加尔文宣称："寓言与人文主义的解释准则相悖；'字句主义'渴望获知作者的思想，是解释的精髓。"[28] 他的主要关注是为了"神的荣耀"，但他也一直留意正在法国等地区遭受迫害的新教基督徒。

帕克（T.H.L. Parker）坚持认为，加尔文对寓言的攻击"不是针对寓言的意义（sensus allegoricus），而是针对寓意在其广泛的隐喻意义上的过度使用。"[29] 在《但以理书》十 5-6 上，加尔文观察到："我知道寓意是合理的；但是当我们虔诚地思考圣灵的教导时，这些猜测就消失了。"[30] 在加尔文的解释中，《创世记》十五接近寓言。他对预表也持谨慎态度，尽管他能看到在真实的预表中，有神对事件或人物护理性的安排。基督与大卫，或逾越节与逾越节的羔羊提供了这类例子。在《哥林多前书》十 1-6 中，他看到教会和以色列之间有一种恰到好处的对比。

加尔文对《旧约圣经》和《新约圣经》的注释显示出对圣经历史正常合理的尊重。但这是从神圣护理和两个圣约之间的连续性来

---

[27] Joseph Haroutunian and Louise Pettibone Smith, eds., *Calvin's Commentaries,* Library of Christian Classics, vol. 23 (London: SCM; Philadelphia: Westminster, 1958), p. 16.
[28] Haroutunian and Smith, *Calvin's Commentaries,* p. 28.
[29] T. H. L. Parker, *Calvin's Old Testament Commentaries* (Edinburgh: T. & T. Clark, 1986), p. 70.
[30] Parker, *Calvin's Old Testament Commentaries,* p. 71.

看的。救赎之约的到来是为基督作准备。[31] 律法是为"使过犯变得明显"。[32]《约书亚记》见证了圣约关系的低谷，但谈到了神子民的软弱和错谬。在《创世记》二十五 1 中，加尔文认识到亚伯拉罕在逝世前 38 年左右所犯的错误，以及"死亡"的隐喻力量。论《创世记》第六章时，他在说完我们无需在诺亚方舟的构造上拖延之后，就试图找出其历史细节。加尔文认为神圣的护理和圣约的应许贯穿在人与事件之中，并将它们联系起来。

然而，神秘解释的意义不应被忽略。加尔文在《路加福音》十二 50 中宣称，读者必须反思"属天蒙福的不朽安息"；盼望能使他们承受当前的苦难。他将《哥林多后书》五 7 中希腊文 eidos 译为"我们行事为人是凭着信心，不是凭着眼见"中的"眼见"。"正如我们在《罗马书》八 24 读到的，我们所盼望的是所不见的。"[33] 然而，加尔文将注释带入了现代时期。

三．新教正统主义、敬虔主义和启蒙运动

宗教改革后不久，第 16 和 17 世纪见证了新教正统主义（Protestant Orthodoxy）的繁荣兴盛。约翰·亨利·纽曼（John Henry Newman）将 18 世纪描述为"爱心渐渐冷淡"的一个世纪。它见证了启蒙运动和时有的"世俗"思想的充分影响，并与敬虔主义及不那么理性主义的基督徒灵修相交汇。在 18 世纪下半叶和 19 世纪初，圣经鉴别学的第一阶段和浪漫主义的开端出现了。首先，我们简要地看一看新教正统主义。

1. 伊利里库斯·弗拉齐乌斯（Matthias Flacius Illyricus, 1520-

---

[31] John Calvin, *The Epistles of Paul to the Galatians, Ephesians, Philippians, and Colossians,* trans. T. H. L. Parker (Edinburgh: Oliver and Boyd, 1965), pp. 58-59.
[32] Calvin, *Galatians, Ephesians,* p. 61.
[33] John Calvin, *The Second Epistle of Paul to the Corinthians; The Epistles of Paul to Timothy, Titus, and Philemon,* trans. T. A. Smart (Edinburgh: St. Andrews Press, 1964), p. 69.

1575年）受到伊拉斯谟和文艺复兴人文主义的影响，之后于1541年进入威登堡大学。他被任命为威登堡的希伯来文教授，并在此讲授保罗书信。他跟随了路德和墨兰顿。然后，在耶拿（Jena）作教授时，他著书捍卫新教正统主义，反对罗马天主教。弗拉齐乌斯的主要诠释学著作就是写于1567年的《解经密钥》（*Clavis Scripturae Sacrae*）；该书借鉴了亚里士多德的修辞学，和自俄利根至彼时的释经。在接下来的一百年里，《解经密钥》再版十次，并且很有影响力。他认为圣经的"密钥"是基督。他毫不犹豫地使用预表释经。

2. 克里斯蒂安·沃尔夫（Christian Wolff, 1679-1754年）是哲学家，不是圣经学者。他在哈雷（Halle）接触到敬虔主义和启蒙运动的哲学。他是一位了不起的作家。他将作者意图（Absicht）的多样性引入到诠释学。例如，作者可能以不同的意图重新叙述不同种类的"历史"。丹豪尔（J. C. Danhauer）的《诠释学》于1654年在斯特拉斯堡（Strassburg）出版。之后，诠释学开始在这个时代风靡一时。这似乎是希腊文中"诠释学"一词的首次使用，而不是拉丁语中的"解释理论"。日内瓦的让·阿尔方·图沦汀（J. A. Turretin）在1728年出版的著作呈现了另一个新教正统主义例子。

3. 约翰·马丁·克拉德尼（J.M Chladenius, 1710-1759年）于1742年发表了他的诠释学主要著作，名为《对合乎理性的讲话和著述的正确解释之导论》（*Introduction to the Correct Interpretation of Reasonable Discourses and Books*），其最原创贡献是对作者"视点"（Sehe Punckt）的一种**视角**（perspectival）理解。在某些方面，它是对**历史**解读的首次认可。解释者从历史作者和历史解释者的视点"看"文本，二者都受限于他们在历史中的位置。通常，一个群体的人有着共同的视角。[?]

4. 早期的敬虔主义者：施本尔，富朗克和本格尔。这些人热衷于更新、改革和宣教。但是，除了本格尔之外，他们往往缺乏宗教

---

[34] Cf. Kurt Mueller-Vollmer, ed., *The Hermeneutics Reader* (Oxford: Blackwell, 1985), pp. 7-8 and 54-71, for a selection from his writings.

改革家们在思想方面的关注和严谨。通常认为菲利普·雅各·施本尔（Philipp J. Spener，1635-1705 年）创立了这一运动。他强调圣经的重要性；最理想的是人们作为一个群体而非孤独的个体，借着学习、祷告和向圣灵开放的态度来亲近圣经。

奥古斯特·弗朗克（August H. Francke，1663-1727 年）强调《圣经》的中心性和革新、改变和宣教的必要性。通常，这会伴有对过去罪行的懊悔。[35] 他在哈雷大学建立了许多小组，沃尔夫（Wolf）就是在那里遇到了他们。尽管他不是正式的神学家，但他写了几本关于诠释学的著作。他主张圣经文本的历史意义仅仅是外壳；道或"种子"既是实际真实的，又是属灵的。圣经的解释应当是**在群体**中。

约翰·本格尔（Johann A. Bengel，1687-1752 年）是新约学者和文本鉴别家。许多人认为他是敬虔主义者（就像厄布所做的一样），但许多人也将他视为正统的路德宗。[36] 他 1734 年的作品经常被视为文本鉴别学的奠基之作。1742 年，他撰写了《新约注释》（*Gnomen Novi Testamenti*）；该书现有修订的英译本。他的作品简洁明了，今天仍然适用。

5. 晚期的敬虔主义者包括弗里德里希·奥廷格（Friedrich C. Oetinger，1702-1782 年）、尼古拉斯·路德维希·亲岑多夫（Nicholas Ludwig Count von Zinzendorf，1700-1760 年）、约翰和查尔斯·卫斯理（John Wesley，1703-1791 年；Charles Wesley，1707-1788 年）。他们跨越了 18 世纪，与启蒙运动和圣经鉴别学的开端同时出现。他们几乎不受二者的影响。

弗里德里希·奥廷格被另一位敬虔主义者博姆（Boehme）所吸引，更加关注实际生活而不是理性。相较于启蒙理性主义，伽达默尔更称赞他的敬虔主义。由心生发的理解丝毫不少于由头脑而出的理解。亲岑多夫伯爵是一位激进的敬虔主义者，受到施本尔和富朗克的极大影响。1722 年，他听闻胡斯（Huss）的追随者波希米亚

---

[35] See Peter C. Erb, *Pietists: Selected Writings* (London: SPCK; New York: Paulist, 1983), pp. 9 and 128-34.
[36] Erb, *Pietists*, p. 23.

弟兄或摩拉维亚弟兄会的困境时，就在自己的庄园为他们提供安全保证。他们适时地被称为**赫仁护特**（Herrnhut），或主护城（Lord's Watch）。

亲岑多夫和摩拉维亚弟兄会对卫斯理家产生了影响，最初也影响到施莱尔马赫。约翰·卫斯理在前往美国佐治亚州的途中初遇摩拉维亚弟兄会的成员。卫斯理主要受路德的《罗马书序言》（*Preface to Romans*）、英格兰教会和摩拉维亚弟兄会的影响。从路德的《罗马书序言》中，他获得了路德对《罗马书》—16-17的理解。他写道："我觉得心中极为温暖。我觉得自己确实已信靠基督，借着基督得着了救恩。"卫斯理认为，圣经中任何不明朗的经文都应根据更明朗的经文来解释。他使用了本格尔版的希腊文圣经，并写了《圣经笔记》（*Notes on the Bible*）。

6. 启蒙运动。该术语起源于德文术语 Aufklärung 的翻译，描述了很多（如果不是大多数的话）始于 17 世纪的 18 世纪思想特征。康德谈到了人类的启蒙，从权威的束缚中解放，以至于达到"现代"人的成熟自主性和自由，他们现在可以自我思考。早在潘霍华之前，他就说世界已经成龄。在英格兰，这一运动或许可以追溯到约翰·洛克（John Locke, 1632-1704 年），且一定能追溯到大卫·休谟（1711-1776 年）、艾萨克·牛顿爵士（1642-1727 年）和自然神论者（约 1624-1793 年）。许多人认为，欧洲大陆启蒙运动的早期种子来自勒内·笛卡尔（1596-1650 年））和巴鲁克（或本尼迪克特）的斯宾诺莎 [Baruch (or Benedict) de Spinoza, 1632-1677 年]。这些人大部分都是哲学家，但在圣经研究中，约翰·萨洛莫·塞姆勒（Johann Salomo Semler, 1725-1791 年）和约翰·奥古斯特·埃内斯提（Johann August Ernesti, 1707-1781 年）至关重要。

我们可以参阅有关该时代的公认专著——亨宁·格拉夫·瑞芬洛（Henning Graf Reventlow）的《圣经的权威与现代世界的崛起》（*The Authority of the Bible and the Rise of the Modern World*）一书。该书追溯了自宗教改革、伊拉斯谟和布塞尔到最初的自然神论者，再到启蒙运动后圣经鉴别学兴起的变化。在查考宗教改革后，他从最早的自然神论者,切尔伯里的赫伯特勋爵(Lord Herbert of Cherbury,1582-1648 年)谈起。此人曾是法国路易十三世王朝的英国大使,此前求学于牛津大学。与基督教的神相反,他著述捍卫了"对所有人都有效的自然宗教"这一中心思想。[37] 所有人都天生地被赋予了合理的知识和判断力,他们不必依赖某些特定的信仰。

瑞芬洛随后考量了托马斯·霍布斯(Thomas Hobbes,1585-1679 年)。1640 至 1653 年,霍布斯流亡国外,出版了《利维坦》(*The Leviathan*)。在他的政治哲学中,他将伦理学建立在人类的自然能力之上。伦理并不必然需要"神"。霍布斯是一个复杂的思想家。

瑞芬洛认为英格兰的自由主义者们是剑桥柏拉图主义者们的继承者。他们和贵格会都与 1688 年的自由放任(laissezfaire)精神一致。[38] 名义上是圣公会,但他们却抨击所有的教会教义都过于狭隘。人的良心应放任自由。两种运动都急于完全脱离诉诸特定权威。据称他们的根源可见于约翰·洛克。但是洛克所相信的是合理性(reasonableness),而不是理性主义(rationalism)。

瑞芬洛接着讨论了自然神论的辩论。约翰·托兰德(John Toland)及其著作《基督教并不神秘》(*Christianity Not Mysterious*)在此辩论中极有影响。像笛卡尔一样,托兰德在书中指出:"理性是所有确实之事(Certitude)的唯一基础……被揭示之事无一……豁免。"[39] 接下来,瑞芬洛指出了艾萨克·牛顿爵士的影响,即便牛顿本人是一位虔诚的基督徒,或者也许是一神论者。与他的前人罗伯特·博伊尔(Robert Boyle)与弗朗西斯·培根(Francis Bacon)一样,牛顿所留下的观念就是,世界如同神所造的机器。宇宙本身表达了神完全的护理。无需特殊干预(神迹)来改进这完美的机器。在自然神论的鼎盛时期,神被视为缺席的神,祂放任宇宙和人类"自行"运行。他们不需要奇迹般的护理。

---

[37] Henning Graf Reventlow, *The Authority of the Bible and the Rise of the Modern World,* trans. John Bowden (London: SCM, 1984), p. 189.
[38] Reventlow, *Authority*, p. 224; cf. pp. 223-85.
[39] Reventlow, *Authority*, p. 297; cf. pp. 294-327.

自然神论和理性主义一直延伸到 17 世纪末，并进入 18 世纪。1698 年，马修·廷德尔（Matthew Tindal，1653-1733 年）以"基督徒"自然神论者的身份出版了《出版自由》（*The Liberty of the Press*）。他认为国家应在公共交流的领域控制教会。安东尼·柯林斯（Anthony Collins，1676-1729 年）在其 1713 年的《论自由思想》（*Discourse on Free Thinking*）中抨击了神迹或预言的论点，从而继续了启蒙运动与自然神论的进路。戈特弗里德·莱布尼茨（Gottfried W. Leibniz，1646-1716 年）在其《神义论》（*Essays on Theodicy*；1710 年）和《单子论》（*Monadology*；1714 年）中沿用了笛卡尔的**理性主义**。这些旨在自我认同的哲学，也是个人主义的。克里斯蒂安·沃尔夫（Christian Wolff）在《关于神、世界、人的灵魂和万物的理性思想》（*Rational Thoughts concerning God, the World, the Human Soul, and All Things*；1720 年）中促进了启蒙运动的精神。廷德尔在 1730 年发表了他自然神论的《基督教与创世同龄》（*Christianity as Old as Creation*）。然后，托马斯·丘布（Thomas Chubb，1679-1746 年）于 1731 年撰写了《关于理性的论述》（*A Discourse concerning Reason*）；他在其中抨击了祈祷、预言和神迹。在类似但可能更大的传统中，约瑟夫·巴特勒（Joseph Butler，1692-1752）在《宗教比喻》（*Analog of Religion*；1736 年）中提出了理性的局限。然后，大卫·休谟在 1739-1740 年发表了他的《论人性》（*Treatise on Human Nature*）；这是一部怀疑论著作，表达了对神迹的怀疑。

启蒙思想的下一个阶段始于休谟的后期著作和伏尔泰（Voltaire）的《哲学词典》；该词典横跨 1694 年至 1778 年。它抨击教会并质疑所有的权威。让·雅克·卢梭（Jean-Jacques Rousseau，1712-1778 年）于 1762 年发表了他的《社会契约论》（*Social Contract*），认为人类的"权利"完全取决于公约（convention）。启蒙运动对圣经研究和神学的影响可见于莱辛（G. E. Lessing）的著作，以及匿名的《沃尔芬比特尔残篇》（*Wolfenbüttel Fragments*）——该书后来被认为是由莱马卢斯（Reimarus，1777-1778）所著。最重要的是，约翰·塞姆勒（Johann S. Semler）成了一个转折点。康德的三卷哲学《批判》

(*Critiques*)（第二版分别于 1787 年、1788 年和 1790 年出版）对神学产生了深远影响。启蒙运动的高潮是 1789 年的法国大革命。有人可能会加上 1776 年的《美国独立宣言》及其"不证自明"的事实。

康德在 1784 年很好地定义了启蒙运动。它是"从自我生出的不成熟中解脱出来，从无他人引导就无法运用自我理解力的无能中解脱出来"。启蒙者是自足、自主且自由的。如我们所料，这给圣经解释的方式带来了恶劣影响。许多但并非全部人都把自由和客观性视为圣经研究的关键。最近，马克·博瓦尔德（Mark Bowald）认为，这导致了人在实践中忽略了将神作为圣经的作者（见第十七章）。[40] 他的总论对许多，但并非整个圣经鉴别学都适用。问题比他所提供的"解决方案"要复杂许多，但是他的总体论点仍是有效的。我希望他有讨论启蒙思想和圣经鉴别学的兴起，而不是只专注于哲学和康德。

启蒙运动并未淹没那时的所有基督宗教。敬虔主义在威廉·劳（William Law，1686-1761 年）、约翰·卫斯理和约拿单·爱德华兹（Jonathan Edwards，1703-1758 年）等人中延续。但是他们是少数派，就像抗议者一样。在 19 世纪的黑格尔和施莱尔马赫的引领下，诠释学迈入下一个重大阶段。

四．18 世纪圣经鉴别学的兴起

圣经鉴别学之父可以说是约翰·塞姆勒（Johann S. Semler）。但是在他之前，其他两名人士有时也被赋予该头衔，尽管他们的贡献绝非划时代的。理查德·西蒙（Richard Simon，1638-1712 年）是一位忠实的天主教徒、圣经学者和法国奥拉托利会的成员。他在 1678 年创作了有关摩西五经的著作，认为这些书中两个毫不兼容的传统暗示了摩西不可能是他们的作者。他的目的是摧毁新教徒对《圣经》

---

[40] Mark A. Bowald, *Rendering the Word in Theological Hermeneutics* (Aldershot and Burlington, Vt.: Ashgate, 2007), especially pp. 1-23 and 163-83.

的依赖，但由于他的观点，他被驱逐出法国奥拉托利会。

让·阿斯特鲁克（Jean Astruc，1684-1766年）是另一位候选人。他接受了巴鲁赫·斯宾诺莎的论点，即《圣经》书卷不一定具有文学的统一性。1753年，他将其应用于《创世记》，认为两份资料被融合到了后期的版本中。他称他的著作为《对原始文献之推测》（*Conjectures on the Original Material*），并认为在这些传统被合并之前，摩西只是其中一个传统的原始作者。他特别指出了神的不同名字（"E"传统中的伊罗兴；"J"传统中的雅威）。因此，他开创了许多圣经鉴别学的一个公理。

1. 然而，**塞姆勒**是圣经鉴别学的真正奠基者。最初，他是路德宗信徒，并被任命为哈雷大学的神学教授。他对在哈雷的亲岑多夫敬虔团体反应不佳。他认为《圣经》的文本和规范完全源于**历史**因素和条件，并且无视关于神圣默示或教义的争论。这是启蒙运动的直接影响。当然，他反对莱辛和莱马卢斯（H. S. Reimarus）的极端怀疑主义，但是他的释经排除了神学因素。在1771-1775年间，他出版了四卷本《论正典的自由研究》（*A Treatise on the Free Investigation of the Canon*），论证正典的成书**完全是历史**因素。[41]

可以预料到，塞姆勒拒绝了圣经的四重含义和寓意解经的使用。他还拒绝了在《诗篇》中寻找对基督的暗指。他接近今天所谓的"宗教历史"观点。他还从事新约文本鉴别学，无情地祛除某些文本。尽管他热衷"自由"探究，但还是相信圣经中某种形式的神圣默示，却拒绝"言语的"默示。他相信圣经的"迁就"（accommodation）概念或它所启示的真理；这些真理是古代人类能够理解的。他从广义上保留了路德宗的教义，但认为路德宗"降低"了《圣经》的多样性与独特的体裁和传统。塞姆勒在释经中强调了，根据"可证明的用法"，在圣经作家的历史处境和语言中来理解他们。

除神学之外，塞姆勒是如此忠诚于历史意义，以至于有些人认为他将《旧约圣经》或《希伯来圣经》与《新约圣经》分开，以此

---

[41] Johann S. Semler, *Abhandlung von freier Untersuchung des Canons*, 4 vols. (Halle: C. H. Hemmerde, 1771-75; 2nd ed. of vol. 1, 1776).

作为基督宗教的基础。他拒绝将教义神学强加于圣经的解经和诠释上。许多人认为塞姆勒是理性主义者和自然神论者，但他公开抨击了自然神论，并确实断言过神在基督里的超自然关联。但是，作为一种**进路方法**，他只强调历史因素，因此对圣经研究中所谓的历史鉴别方法产生了决定性的影响。

2. 约翰·奥古斯特·埃内斯蒂（Johann August Ernesti, 1707-1781）进入了威登堡大学，然后移居莱比锡。他于1756年在莱比锡成为教授。他将古典学与沃尔夫的哲学相结合，并强调了圣经的语法和历史解释。在他有关新约诠释的主要著作（1761年）中，他主张应排除非理性因素。他认为文本只有一种意义。他以语言学家和语文学家（philologist）的身份走近释经学，但在独特的诠释任务中，他认为圣经并不自相矛盾。如果它看似矛盾的话，那我们必须诉求更清晰的章节。

埃内斯蒂促进了圣经鉴别学所谓的客观性，但保留了他的有神论信仰。他对18世纪产生了巨大影响，并在当今因与约翰·塞巴斯蒂安·巴赫（J. S. Bach）的争论而被人铭记。他与塞姆勒的差异提醒了我们圣经鉴别学方法的多种形式。

3. 约翰·大卫·米切里斯（Johann David Michaelis, 1717-1791年）出生于哈雷的一个敬虔主义者的家庭，后进入哈雷大学学习希伯来文、亚兰文、阿拉伯文和埃塞俄比亚文。1741年，他前往英国，成了英国学者和德国学者之间的一座桥梁。但是他与英国自然神论的接触导致他摒弃了敬虔主义，转而去支持他在荷兰发现的理性主义的新教正统主义。1750年，他成为哥廷根的东方语言教授。作为一名枢密院议员，他对汉诺威教会和汉诺威市有很大的影响。

米切里斯试图通过经外文献，尤其是阿拉伯文资料来阐明圣经。他使用阿拉伯文的同源形式以及阿拉伯习俗来阐明古代以色列的文学。在1770-1775年间，他分四卷撰写了《摩西律法注释》（*Commentaries on the Laws of Moses*）。[42] 米切里斯与英格兰的自然神论者

---

[42] Johann D. Michaelis, *Commentaries on the Laws of Moses,* trans. A. Smith, 4 vols. (Göttingen: Vandenhoeck & Ruprecht, 1814).

争辩说，这些律法并非一生都具有权威性，但他捍卫了它们乃摩西所著。在《新约圣经导论》（*Introduction to the Divine Scriptures of the New Testament*）中，他反对神圣默示的传统观点和以使徒作者身份作为《新约圣经》正典的判断标准。例如，在福音书中，他认为《马太福音》和《约翰福音》由使徒所著，但《马可福音》和《路加福音》却不然，尽管他们仍然在基督教正典中占有一席之地。

4. 戈特霍尔德·埃弗拉伊姆·莱辛（Gotthold Ephraim Lessing, 1729-1781年）是启蒙运动的领军人物。他今天主要是因审查莱马卢斯之《沃芬布特残篇》（*Wolfenbüttel Fragments*）的出版而闻名；此书最初以匿名形式出现。在《智者纳坦》（*Nathan the Wise*）中，他将宗教刻画为实际中的人为道德。在如今变得著名的格言中，他辩称："历史的偶然真理永远不会成为必然的理性真理的证明。"换言之，他将理性真理视为永恒，而历史真理为短暂和偶然的。他在两者之间安放了一条"丑陋的沟渠"，并驳斥了基督教的历史主张。在圣经研究中，莱辛接受了一个观念，即《马太福音》背后存在着一份亚兰文的资料来源，《马可福音》和《路加福音》都是对它的补充（1788年）。

莱马卢斯将耶稣描画成一位理性真理的老师，理性真理被末日期望扭曲。但是，耶稣确实要求悔改。不过，耶稣简单的教导很快就被教义"破坏"了（哈纳克和自由主义者随后阐述了这个主题）。[43] 莱马卢斯认为自然神论者对自然宗教和理性的看法是正确的。"耶稣没有教导过任何新的奥秘或信仰条款。"[44] 他认为福音书包含严重的矛盾之处，耶稣门徒们所言的复活是错误的。莱马卢斯声称耶稣的生活中没有神迹或奥秘；他的死亡是自然而然的事；他的复活是他的门徒伪造的，为要欺骗世界去相信它。[45] 事件经常被人为地编排以符合旧约的预言。塞姆勒反对这些主张，这再次证明了圣经

---

[43] *Reimarus: Fragments,* ed. Charles H. Tolbert, trans. R. S. Fraser (London: SCM, 1981), pp. 61-134 (sections 1-33).
[44] *Reimarus,* p. 72.
[45] *Reimarus,* pp. 240-69 (sections 55-60).

鉴别方法的多样性。但是莱辛思想的某些方面在今天仍然受到推广。

5. 约翰·哥特弗里德·艾希霍恩（Johann Gottfried Eichhorn, 1752-1827 年）。接下来，我们可能会涵盖约翰·赫德（Johann G. Herder, 1744-1803 年），尽管赫德不是一个理性主义者，而是一个超前的浪漫主义者。他将琐罗亚斯德（Zoroaster）的教导视为理解《新约圣经》的关键，强调圣经中的诗歌文学。艾希霍恩更为人所知的是，他是最早写作圣经"导论"者之一，涵盖各卷书的作者、日期、体裁和历史情况的问题。1788 年，他继任米切里斯成为哥廷根大学的教授。

在哥廷根大学，艾希霍恩主授新旧约圣经、闪族语言和文学史。他是一位"新教义主义者"（neologist）。换言之，从广义而言，他接受《圣经》乃神的默示和启示，但他认为纯粹的理性足以解释圣经。他强调《创世记》前几章的"神话"本质。像赫德一样，他认为这些叙事源自人类童年的艺术形式。亚当和夏娃逃离伊甸园的原因是暴风雨，而不是神的干预；会说话的蛇是幼稚的艺术形式或神话。艾希霍恩扩展了米切里斯的《马太福音》《马可福音》《路加福音》背后有一份原始的亚兰文资料的观点。他还从让·阿斯特鲁克（Jean Astruc）得出《创世记》叙事背后有资料来源的概念。

6. 约翰·雅各布·格里斯巴赫（Johann Jakob Griesbach, 1748-1812 年）在耶拿（Jena）教授《新约圣经》和教会历史。他主要是一位文本鉴别家，最初追随本格尔。他区分了亚历山太、西方和拜占庭的传统。他出版了一部希腊文圣经，这是德国首次摒弃《公认经文》（*Textus Receptus*）。该文本同样也是不加批判地追随狄奥多·伯撒（Theodore Beza）的早期解读。他最闻名的当属其福音书理论，即《马可福音》不是第一本福音书，它仿效了《马太福音》和《路加福音》。尽管威廉·鲁本·法玛尔（W. R. Farmer）最近对这个观点进行了评论，但当今大多数学者都不同意此观点。格里斯巴赫再次拒绝了基于教义神学的圣经解释，主要根据文本的历史来解释圣经。但是从信仰而论，他似乎仍然是一名正统的基督徒。

7. 我们以**约翰·加布勒**（Johann P. Gable，1753-1826 年）作为 18 世纪圣经鉴别学者综览的结束。加布勒受到艾希霍恩和格里斯巴赫的影响。他成为阿尔道夫（Altdorf）的神学教授。他试图将"圣经神学"确立为一种历史体裁（在塞姆勒之后），然而是一种构成教义神学基础的历史体裁。每个圣经作家都需要依据其时间和地点来考量。莱辛的"丑陋沟渠"（ugly ditch）需要克服。教义在历史上取决于时间和地点。在其时间和地点上建构的圣经神学是"真实的"（wahr）圣经神学；"纯粹的"（rein）圣经神学不受时间和地点的制约，而是从"真实的"圣经神学中抽象出来的。在我们所考量的这七人中，加布勒或许是距启蒙运动最远的，但是其"普遍"而纯粹的圣经神学的思想仍然仅来自历史探究。在特定的圣经经文中，仍存在着排除所谓超自然现象的趋势。有人指责他将前鉴别法和鉴别法相结合。与艾希霍恩一样，他也常被称为新教义主义者；他也用"神话的"进路来研究《旧约圣经》。[46]

五．19 世纪圣经鉴别学的领军人物

1. **威廉·德威特**（Wilhelm M. L. De Wette，1780-1849 年）配受 19 世纪圣经鉴别学新纪元开创者这一尊荣。他不是最先提出五经的起源远远晚于摩西的人，但他是最先借着认真重构《撒母耳记》和《列王纪》，呈现出一个关于以色列历史和宗教发展的全新"批判性"记述。[47] 他认为《历代志》是次要的；《利未记》和其中的实践是从流放后时期中推算出来的。他完全重塑了对以色列发展和历史的理解。

德威特将《申命记》的起源定为公元前 621 年约书亚的改革时。关于《诗篇》，他强调了它们的体裁和各自的背景。这在海尔

---

[46] John Rogerson, *Old Testament Criticism in the Nineteenth Century: England and Germany* (London: SPCK, 1984), p. 17.

[47] Cf. Rogerson, *Old Testament Criticism,* pp. 29-30 and 34.

曼·冈克尔（Hermann Gunkel）的发展下形成了形式鉴别学（form criticism）的开端。他将流放后时期"祭典"的发展视为纯粹的先知性宗教的"退步"。关于《新约圣经》，他区分了三种独立的、有时冲突的神学传统：早期的犹太基督教传统，保罗神学传统，与以《约翰福音》和《希伯来书》为代表的亚历山太传统。《民数记》被认为是"神话的"或非历史的。

德威特与施莱尔马赫是柏林大学的同事。但是他把为诠释学树立一个里程碑的任务留给了施莱尔马赫。他改变了圣经鉴别学的面貌。他曾经几乎将宗教与道德等同；然而，他宣称圣经见证的多样性给予了他新的属灵生活，并让他能尊重以色列作为神子民的身份。[48] 与启蒙思想家一样，他不再视历史为神旨意的展现。

2. 威廉·瓦特克（William Vatke，1806-1882年）很大程度上借鉴了黑格尔的历史发展观点来强化德威特认为的对比，就是在先知对社会的看法与流放后犹太教的祭祀和礼仪系统之间的对立。他的批判思考主要是受到德威特和盖塞纽斯（Gesenius）的影响。他于公元1835年出版了《圣经神学》，也与大卫·施特劳斯（David F. Strauss）有过合作。

3. 卡尔·拉赫曼（Karl Lachmann，1793-1851年）是一位语文学家和文本鉴别家。他成为柏林大学的古典语文学和德国语文学教授。他在那里的最后几年里与施莱尔马赫一起工作。他先后在1831年和1842-1850年出版了两版《希腊文圣经》（两卷）。像格里斯巴赫一样，他拒绝了伯撒传统的《公认经文》；但是与格里斯巴赫不同的是，他视马可为前三位福音书作者中的第一位。

4. 反对派：恩斯特·威廉·亨斯滕贝格（Ernst Wilhelm Hengstenberg，1802-1869年）。我们不应给人以圣经鉴别学未曾受阻、大获全胜的印象，即使在德国也是如此。亨斯滕贝格是柏林大学的圣经释经学教授，他抨击施莱尔马赫的神学和鉴别学学术研究。然而，罗杰森评论道："'新鉴别学'的代表们并非直接来自理性主义者……

---

[48] Cf. Rogerson, *Old Testament Criticism*, pp. 39-44.

认信的正统学者并非直接来自超自然主义者……他们的源头都是启蒙运动。"⁴⁹ 亨斯滕贝格凭着丰富的学识反对"鉴别派"。他撰写了许多注释书，至今仍在使用。

亨斯滕贝格具有相当大的影响力，他的作品被翻译成英文后，唤醒了英语世界关于圣经鉴别学的论战。尽管人们仍在使用他的《诗篇注释》（*Commentary on the Psalms*）等作品，但他最著名的著作是《旧约的基督论》（*The Christology of the Old Testament*）。⁵⁰ 他认为理性主义是教会的敌人。

5. 大卫·施特劳斯（David Friedrich Strauss，1808-1874 年）。在其早年，施特劳斯是黑格尔的门徒，且在鲍尔（F. C. Baur）手下工作。1835 年，他因着《耶稣生平》（*Life of Jesus*）而声名鹊起，或声名狼藉。⁵¹ 除了海恩（Heyne），他还借用了黑格尔对宗教中的"表征"（representations）与哲学中的"批判性概念"（Vorstellungen）所作的区分。他认为福音在很大程度上是神话的，而不是历史的。**神话是以叙事形式呈现的观点。**⁵² 他的准唯物主义与黑格尔对"精神"（Geist）的看法形成对照，导致他与费尔巴哈同被归类为左翼黑格尔派。

施特劳斯多次修订《耶稣生平》，随后有了第三版（1838-1839 年）、第四版（1840 年）和最终的第五版（1864 年）。乔治·艾略特（George Eliot）将第四版翻译成英文。最终，施特劳斯放弃了基督教，并抨击施莱尔马赫提出的假设的最后"教会式"神学。他的书受到了各方批判，甚至受到鲍尔和尼采的批判，但在当时很受欢迎。从 1872 年出版的《旧信仰与新信仰》（*Old Faith and the New*）中可

---

⁴⁹ Rogerson, *Old Testament Criticism*, p. 79.
⁵⁰ Ernst W. Hengstenberg, *The Christology of the Old Testament* (Edinburgh: T. & T. Clark, 1854-58); Hengstenberg, *Commentary on the Psalms,* 2nd ed. (Edinburgh: T. & T. Clark, 1849-52).
⁵¹ David F. Strauss, *The Life of Jesus Critically Examined,* trans. and ed. P. C. Hodgson (Philadelphia: Fortress; London: SCM, 1973).
⁵² Hans Frei, "David Friedrich Strauss," in *Nineteenth Century Religious Thought in the West,* ed. Ninian Smart et al. (Cambridge: Cambridge University Press, 1985), 1:215-60.

见他否认了信仰。

6. 费迪南德·克里斯汀·鲍尔（Ferdinand Christian Baur, 1792-1860 年）。鲍尔于 1831 年撰写了〈哥林多教会的基督党：彼得派与保罗派基督教之间的对立〉。他研究了《哥林多前书》一 11-13 中保罗对分裂（schismata）的分析，并提出早期教会中存在彼得和保罗"派别"的纷争。自那时起，约翰·慕克（J. Munck）就表明，schismata 不是代表不同教义的"派别"，有些作者甚至将其中所提到的名字当作是假说。但是，鲍尔在此基础上介绍了最早期教会的发展。

1835 年，鲍尔对教牧书信是否由保罗所写表示怀疑，并质疑《使徒行传》某些部分的可靠性。《使徒行传》代表的是一种"大公性的"尝试，旨在抚平彼得和保罗传统之间的差异。1853 年，他只将四封"主要的"保罗书信视为真的(《罗马书》《哥林多书前书》《哥林多后书》和《加拉太书》)，四福音书中《马太福音》最早，《约翰福音》最晚。尽管鲍尔抨击作为历史学家的施特劳斯，但鲍尔只关注新约教会发展中的历史和社会因素。

7. 本杰明·乔维特（Benjamin Jowett, 1817-1893 年）。在英格兰，很少有人能达到 19 世纪德国学者的严谨，但有两三个例外。乔维特于 1855 年被任命为牛津大学希腊文的钦定教授。尽管他对激进的圣经鉴别学持保留态度，但他在《论文与综述》（*Essays and Reviews*）（1860 年）中发表了文章〈论圣经之解释〉（On the Interpretation of Scripture）。他在文中提出，圣经应该"像任何其他书籍一样"被解释。他成为英格兰教会中自由主义"广派教会"（broad church）的核心人物。

8. 查尔斯·戈尔（Charles Gore, 1853-1932 年）先后成为伍斯特、伯明翰和牛津的主教。他在牛津大学接受教育，主修希伯来文，并极具影响力。他代表自由主义的盎格鲁天主教，并于 1889 年编辑了《世界之光》（*Lux Mundi*），意在维护高阶教会传统，同时对圣经鉴别学的趋势表示赞同。戈尔接受了发展或"渐进式"启示的想法，他关于圣灵和默示方面的作品引起了争议。他认为旧约先祖的历史是"理想化的",并认为耶稣在祂的某些教导中被误解了。

9. **尤利乌斯·威尔豪森**（Julius Wellhausen，1844-1918 年）于公元 1885 年在马尔堡（Marburg）任教。他一直是一名虔诚的基督徒，但他追随德威特对《摩西五经》进行鉴别。他将祭司文献归类为"祭典"（P），细致分析雅威版（J）和伊罗兴版（E），并将申命记派的传统（Deuteronomic）识别为"申典"（D），因此而广为人知。这直到最近仍是旧约研究的议题之一。在《新约圣经》中，他坚持《马可福音》的优先地位。他的研究主要是建立在德威特的基础上。

10. **布鲁克·威斯科特**（Brooke Foss Westcott，1825-1901 年）、**约瑟夫·莱特福特**（Joseph Barber Lightfoot，1828-1889 年）和**芬顿·霍尔特**（Fenton John Anthony Hort，1828-1892 年）通常被归为"剑桥三巨头"（the Cambridge Triumvirate）。[53] 威斯科特去了剑桥的三一学院。他在那儿成为了莱特福特和霍尔特的导师，三人成为了终身朋友。自 1870 至 1890 年，威斯科特担任剑桥大学神学院钦定（Regius）教授。1890 年，他接任莱特福特成为杜伦（Durham）主教。莱特福特被任命为剑桥大学的赫尔辛教席的神学教授（Hulsean Professor of Divinity）（1861 年）。1875 年，他成为神学院的玛格丽特夫人教席教授（Lady Margaret's Professor），并于 1879 年成为杜伦主教。霍尔特于 1878 年成为赫尔辛教席教授和玛格丽特夫人教席教授。这三人显然是虔诚的教会仆人，也是英格兰教会的圣职人员。

威斯科特写了新约书信和《约翰福音》希腊文本的注释书。他谈到了文本的结构和语言中的最细微之处。他还认真讨论了作者身份和导论中常见的问题，还借着"多年不间断的辛劳"撰写了《希伯来书注释》。他探究了《希伯来书》的文本、历史、语言和神学细节，很好地阐述了基督是大祭司，并探讨了该书的基督论。

莱特福特也写了几本保罗书信的注释书，几乎又都是建立在希腊文本上。包括《加拉太书》和《腓立比书》，并且加上了兴趣点的扩展注释,包括《加拉太书》一 15-17 中保罗的使徒身份和他的归信，

---

[53] William Baird, *History of New Testament Research,* 3 vols., vol. 2, *Jonathan Edwards to Rudolf Bultmann* (Minneapolis: Fortress, 2003), p. 60.

以及《腓立比书》中早期教会的事工（1868年）。莱特福特反对天主教的观点，坚称每个基督徒都是神的祭司。三巨头中的霍尔特所写的注释书则是关于福音书和大公书信的。他写了《彼得前书》《雅各书》和《启示录》的部分注释，但他身体状况欠佳。威斯科特和霍尔特还为《新约圣经》的文本鉴别学做出了重要贡献。在1881年，该版本最终以修订版留世。

贝尔德正确地指出，这三人"本身就是巨人——实力与德国最强者相当。此外，这些英国学者是教会的仆人，致力于为信仰和生活进行圣经研究"[54]，他们了解圣经研究对基督教神学的重要性，拒绝将两者分开。有了他们这几个重要例子，就不容许人们对"圣经鉴别学"或"历史鉴别方法"作笼统评论，就好像只有一种评论。

六．建议初学阅读书籍

Grant, Robert M., *A Short History of the Interpretation of the Bible,* rev. ed. (London: Black, 1965), pp. 102-32.

Greenslade, S. L., ed., *The Cambridge History of the Bible,* vol. 3, *The West from the Reformation to the Present Day* (Cambridge: Cambridge University Press, 1963), pp. 1-93 and 199-338.

McKim, Donald K., ed., *Dictionary of Major Biblical Interpreters* (Downers Grove, Ill., and Nottingham: IVP, 2007), articles on the names considered in this chapter.

---

[54] Baird, *History,* 2:933.

08
施莱尔马赫和狄尔泰

弗里德里希·德·施莱尔马赫（1768-1834年）与格奥尔格·威廉·弗里德里希·黑格尔(Georg W. F. Hegel)，也许还有索伦·祁克果(Søren Kierkegaard)，同为19世纪最伟大的哲学神学家。施莱尔马赫被称为"现代诠释学的创始人"和"现代新教神学之父。"[1]他出生在布雷斯劳（Breslau），父亲是普鲁士军队的牧师。他在摩拉维亚弟兄会（或敬虔主义者）中接受启蒙教育，先是在尼尔克（Nierke），然后是在德国哈雷附近的巴伯（Barby）。16岁时，他写下了"我的救主基督"，这与他的敬虔主义吻合。他从一开始就想成为一名传道人，作为他的"真正的职务。"

施莱尔马赫于1796年成为柏林夏里特医院（Charité Hospital）的牧师。1804年，他成为教授，在哈雷大学任教。1810年，他积极参与柏林大学的创建，成了那里的神学教授，直到逝世。同时他每周日会在柏林三一教堂(他于1809年被委派至此)牧养服侍。在早年，施莱尔马赫渴望接受比在敬虔派摩拉维亚弟兄会和神学院所得到的更广泛的教育。在父亲的勉强同意下，他进入了哈雷大学。在那里，他以启蒙运动的学识为乐。他忽略了旧约，但在哲学神学和哲学方面阅读广博，尤其是康德、莱辛和休谟。他重视康德的**超验**哲学（不仅是我们如何知道，还包括知识如何能成为**可能**）。他还将康德提出的理性的局限性和祁克果的"主体性"概念视为个人的参与。

一方面，巴特在谈到施莱尔马赫时写道，"我们必须在这里 [在讲道中] 寻找 …… 他著作的中心 …… 向会众宣讲以唤醒信仰是他一生中最甜蜜的愿望。"[2]然而另一方面，施莱尔马赫讨厌在保守的摩拉维亚敬虔主义青年时期所看到的狭隘。他认为把自己的想法强加给别人不会有什么好处。[3]一篇好的讲道就像"演奏音乐"，或者

---

[1] 1. David E. Klemm, *Hermeneutical Inquiry*, vol. 1, *The Interpretation of Texts* (Atlanta: Scholars Press, 1986), p. 55, and Kurt Mueller-Vollmer, ed., *The Hermeneutics Reader* (Oxford: Blackwell, 1985), p. 72.

[2] Karl Barth, *The Theology of Schleiermacher: Lectures at Göttingen, 1923-24,* trans. G. W. Bromiley (Grand Rapids: Eerdmans, 1982), p. xiii. Cf. also Claude Welch, *Protestant Thought in the Nineteenth Century,* 2 vols. (New Haven and London: Yale University Press, 1972, 1985), 1:59-60.

[3] Friedrich D. E. Schleiermacher, *On Religion: Speeches to Its Cultured Despis-*

唤醒"沉睡的火花"。[4] 他放弃了一些较为保守的信仰，但始终坚持认为"神意识"和与耶稣基督的个人直接关系是基督教的精髓。因此，他欢迎启蒙运动和圣经鉴别学，称自己为"更高层次的敬虔主义者。"[5] 换言之，他相信对神的完全依靠和与基督的个人关系，但他也喜好探索神学、启蒙运动和圣经鉴别学的**超验可能性**。[6]

一．影响、生涯和主要作品

施莱尔马赫为诠释学带来了一个伟大的转折点，只有20世纪下半叶伽达默尔的第二大转折点能与之媲美。施莱尔马赫将诠释学定义为"理解的艺术"或"理解的教义"，而不是"解释的规则。"[7]

1. 施莱尔马赫在一定程度上受到**浪漫主义**（Romanticism）运动的影响。他强调诠释学中"直观的"（divinatorisch）和"阴性的"（feminine）或超理性。他对"纯粹的"浪漫主义极为保留。另一方面，尽管他在1797年前后在柏林与弗里德里希·施勒格尔（Friedrich Schlegel）是舍友，但他并未完全追随他的浪漫主义。鲁道夫·奥托（Rudolf Otto）承认施莱尔马赫的著作为"真正的浪漫主义宣言"，但是马丁·雷德克（Martin Redeker）坚持认为我们不应该高估浪漫主义的影响。[8] 施莱尔马赫的浪漫主义是有力的，但不是决定性的。正如第九章所言，伽达默尔在批评施莱尔马赫时强调了他的浪漫主义。施莱尔马赫拒绝"分析"——一种更科学但也经常是更机械的解释事物的方式。人们可以把机器拆成碎片，然后再组装起来；但

---

ers, trans. John Oman (reprint, New York: Harper and Row, 1959), p. 119.

[4] Schleiermacher, *On Religion,* pp. 119-20.

[5] Friedrich D. E. Schleiermacher, *The Christian Faith,* trans. H. R. Mackintosh and J. S. Stewart (Edinburgh: T. & T. Clark, 1931; reprint, 1989), pp. 355-475.

[6] Schleiermacher, *The Christian Faith,* p. 12.

[7] Friedrich D. E. Schleiermacher, *Hermeneutics: The Handwritten Manuscripts,* ed. Heinz Kimmerle, trans. James Duke and Jack Forstman (Missoula: Scholars Press, 1977), pp. 35-79 and 113.

[8] Martin Redeker, *Schleiermacher's Life and Thoughts* (Philadelphia: Fortress, 1973), p. 61.

是你不能把一只活着的蝴蝶撕成碎片，然后再把它组合成一个活着的有机体。

在这方面，施莱尔马赫接近英国诗人威廉·华兹华斯（William Wordsworth）。在 1798 年，华兹华斯写道："我们谋杀是为了解剖。"他还写道："我们多管闲事的智慧扭曲了事物的美丽形式。"自然神论的**机械**模式和 18 世纪的理性主义正在让位于 19 世纪的**有机**模式。华兹华斯声称分析只会让人看到差异，而我们需要一个整体的视野。然而，我们也需要科学知识，这似乎是启蒙运动的承诺。在这方面，施莱尔马赫并没有走浪漫主义的道路。

2. 离开神学院和哈雷大学，施莱尔马赫觉得呼吸都变得轻松，自己可以不受限制地得出自己的结论。摩拉维亚式的敬虔承自亲岑多夫伯爵，对新的圣经鉴别学持敌对态度。德国的传统通常被称为**敬虔主义**（Pietism）；而在英国，它更容易与卫斯理兄弟联系在一起，或者有时与贵格会联系在一起；后者不太在意教义。它充其量代表一种心灵的宗教，而不是一种头脑的宗教。尽管施莱尔马赫更关注理智的完整性（intellectual integrity）、康德和圣经鉴别学，但是他也乐于接受敬虔主义对通过基督与神建立个人关系的关切。

施莱尔马赫以理智为乐，但未全然放弃敬虔主义。因此，费希尔（G. P. Fisher）和格里什（B. A. Gerrish）用现代术语称他为"自由福音派"。[9] 他是否对人类的罪恶和《旧约》给予了足够的重视以配受"福音派"这个称谓，这个问题仍值得商榷。但是施莱尔马赫是"自由派"，且肯定不是天主教徒。"与神保持关系"对他而言一直是极其重要的。[10] 启蒙运动和康德捍卫了人类的独立，"自主"是人类成年的标志，而施莱尔马赫认为完全依靠神是所有真宗教的标志。

3. 对施莱尔马赫的第三个重要影响是康德（1724-1804 年）的哲学。康德的批判哲学在哲学史上形成了一个分水岭。他超越了理性主义和经验主义，取而代之的是他阐述的**超验的批判哲学**，即解决

---

[9] B. A. Gerrish, *A Prince of the Church: Schleiermacher and the Beginning of Modern Theology* (London: SCM, 1984), pp. 18-20.
[10] Schleiermacher, *The Christian Faith*, p. 12.

哲学之基础和可能性的思想。康德理解莱布尼茨所面临的困境，尊重休谟的论点，即便拒绝了后者的怀疑论。他们对人类理性的期望过高吗？理性的基础和限度是什么？康德在 1781 年出版了《纯粹理性批判》，在 1788 年出版了《实践理性批判》，在 1790 年出版了《判断力批判》。[11] 这些著作都谈到了这个问题的不同方面。

施莱尔马赫不仅研究神学，也研究神学的可能性；不仅研究诠释学，也研究完全理解的可能性。康德的哲学要求在神学上要有新思维。康德试图定义理性的局限；施莱尔马赫把"直接性"（immediacy）放在了理性的位置上，或者更确切地说，直接性构成了理解的创造性作用，而理性对直接经验（immediate experience）已理解或发现的事物进行检验。康德认为，头脑所带来的内容在很大程度上定义了我们所谓的"经验"。施莱尔马赫同意这一点，但也加入了我们所感觉事物的直接性的缺失因素。从心理的意义上而不是从更本体论的意义上将此简化为纯粹的"感觉"，对他来说并不公允。[12]

4. 1799 年，施莱尔马赫在其早期作品《宗教演讲》中写道："真正的宗教是对无限的感知和品味。"[13] 他宣称："敬虔无法本能地渴望一堆形而上的和伦理的碎屑。"[14] 在一个极端，施莱尔马赫几乎将基督教等同于文化；在另一个极端，他痛斥宗教的"文化鄙视者"，因为他们没有咨询宗教的"专家"（牧师、神父和神学家）就做出了判断。"然而宗教不是知识和科学。"[15] 实际上，他为调和启蒙运动和基督新教打下了基础。

5. 1800 年，施莱尔马赫写了他的《独白》[Monologues（The Soliloquies）]；1805 年开始写诠释学**笔记**，这成为他在 1809 至 1810

---

[11] See Anthony C. Thiselton, *A Concise Encyclopaedia of the Philosophy of Religion* (Oxford: Oneworld, 2002; Grand Rapids: Baker Academic, 2003), pp. 155-59.

[12] John Macquarrie, *Studies in Christian Existentialism* (London: SCM, 1965), pp. 31-44.

[13] Schleiermacher, *On Religion*, p. 39.

[14] Schleiermacher, *On Religion*, p. 31.

[15] Schleiermacher, *On Religion*, p. 36.

年间创作的《诠释学》，后来再由海因茨·基姆勒（Heinz Kimmerle）编辑。[16] 这些成为他在柏林大学的课堂讲稿。此后不久，他在1812年发表了令人欣愉的长篇论文《平安夜：关于道成肉身的对话》（*Christmas Eve: A Dialogue on the Incarnation*）。这对他的诠释学也有贡献，解释了他笔下"（阳性的）对比"和"（阴性的）直观"的真意。[17] 施莱尔马赫主授了一系列令人印象深刻的科目：除了《旧约圣经》几乎所有的科目。他本来并不是圣经学者，但他全心全意地相信"新约导论"这门新学科的重要性，他教授这门学科，并相信这门学科能把学生引向宣讲《新约圣经》的新实践高度。他创作了一本名为《哲学伦理学》的书，并于1811年创作了他的《神学研究纲要》（于1830年出版），作为学生的新教学大纲。然后在1821年，他出版了他最伟大的作品《基督教信仰》（第二版，1830-1831年）。这是基督教神学的经典之一，在思想史上的重要性甚至可以与加尔文的《基督教要义》相媲美。

施莱尔马赫在柏林大学的最大对手是黑格尔。他们对神学的目的持相反意见。黑格尔视神学为阐释知识的好奇心，施莱尔马赫则认为神学为了培训专业的神职人员，或是培训人去讲道。

施莱尔马赫受到了至少五个因素的影响：在虔诚的摩拉维亚弟兄会中的成长经历，他的浪漫主义，对启蒙运动学术的开放态度，康德哲学和诠释学。但在每个领域，他都不是不加修饰或不予改变地继承。他强烈批判了前人在这五个领域的著作。但他的天赋不是拒绝它们，而是在思考上超越他们，并以创造性的方式将他们结合起来。

二．施莱尔马赫之诠释学的新概念

迄今为止，施莱尔马赫声称诠释学由解释《圣经》的**"规则"**组成。

---

[16] Schleiermacher, *Hermeneutics*.
[17] Schleiermacher, *Hermeneutics*, pp. 150-51; also Friedrich D. E. Schleiermacher, "Die Weihnachtsfeier: Ein Gespräch," in *Werke*, vol. 4 (Aalen: Scientia Verlag, 1967; from the 2nd ed., Leipzig, 1928), also *Christmas Eve: A Dialogue on the Incarnation,* trans. T. N. Tice (Richmond, Va.: John Knox, 1967) 通篇。

援引这些规则主要是为了**支持**人们**已经**达到的理解。它们不是为了创作和引发理解。施莱尔马赫写道:"诠释学是思维艺术的一部分。"[18] 这比大多数现代大学的诠释学观点还要更新,也成为了这门学科的一个转折点。

这直接结合了哲学和圣经诠释学。一方面,施莱尔马赫坚持认为在所有的文本中,包括圣经文本,"理解的艺术"需要包含"第一批读者如何理解 [这些文本]"(第 107 页)。他坚称"只有历史解释才能公正地对待新约作者们所扎根的时间和地点"(第 104 页)。但另一方面,"以前诠释学的处理预设了一个普通水平的理解:一个在遇到难懂之处后才需要艺术的理解"(第 49 页)。诠释学因此变成了哲学性的,而不仅仅是语文学的(philological)。解释者"不应只从难懂的段落开始,而应先处理简单的段落"(第 142 页;另见第 97 页)。

在 1829 年的两次**学术演讲**中,施莱尔马赫考量了沃尔夫的诠释学和阿斯特的诠释学教科书。他尊重他们的语文学工作,并认识到阿斯特甚至第一个呈现了对诠释学循环的部分阐述,我们在第一章第四节中对此进行了解释。但是沃尔夫和阿斯特仍然是"科学性的"(第 179 页)。他们还必须探究"作者整合思想的方式"(第 188 页)。他们必须"直观"(divine)整体。这包括研究观念(ideas)。"在艺术创作领域,"施莱尔马赫坚称,"我一般认为这包括诗人……甚至哲学家和艺术家。"(第 205 页)我们必须考察作者的"思维方式"(第 207 页)。我们必须"能够走出自己的视野框架"(第 42 页)。

我们不只是在寻找"意义"。尽管这一点还没有被广泛注意,施莱尔马赫坚持认为解释者还必须密切注意文本的**效果**(effects),他们着眼于何物,以及"一种说话方式是如何产生的"(第 47 页)。我们必须考量"文本的内容及其影响范围"(第 151 页)。这有时被称为"著作的目的"(第 151 页)。施莱尔马赫区分了一个著作的意义和它的"主旨";换言之,它做了什么(第 117 页)。这种差

---

[18] Schleiermacher, *Hermeneutics*, p. 97. 下文括号内的页码皆指此书。

别与赫希（E. Hirsch）在意义和重要性之间所作的区分不同。

因此，帕尔默（Palmer）视施莱尔马赫重建历史的目标为"成书的逆向"；这个说法在一定程度上是有帮助的，但并不完整。[19] 帕尔默实际上是在引用施莱尔马赫的话——"它[诠释]是成书的逆向。"[20] 但是，这是否包括作者的目的，即它不仅仅是历史重建，而是强调效果？施莱尔马赫的诠释学概念也包括作者和读者之间的共同点。所理解的是作者和读者之间的共同所持的内容。理解意味着"把自己置身于作者的位置上"。[21]

我们可能很难意识到施莱尔马赫之前的诠释学在很大程度上或甚至完全是语文学的。诚然，这在一定程度上是启蒙运动的结果。教父和宗教改革的解释也许更宽泛，但无人以与施莱尔马赫完全一样的方式处理这个问题。卡尔·巴特反对施莱尔马赫对主观经验的自由主义式的强调，但他承认："施莱尔马赫并不是创建了一个学派，而是一个时代。"这句话最初是被用来指称腓特烈大帝（Frederick the Great）。[22] 巴特进而论道："事实上，他将活于每个时代中。"[23]

三．心理和语法解释：对比和直观；诠释学循环

施莱尔马赫希望新约导论这门相对较新的学科能使圣经文本**活现**在学生面前。他在 1805 年的早期《笔记》中写道："解释者必须试图成为文本的直接读者，才能理解其典故、氛围和特殊领域的意象（image）。"[24] 人们必须考虑多重含义、同义词和象征（第 51 页）。

---

[19] Richard E. Palmer, *Hermeneutics: Interpretation Theory in Schleiermacher, Dilthey, Heidegger, and Gadamer,* Studies in Phenomenology and Existential Philosophy (Evanston, Ill.: Northwestern University Press, 1969), p. 86.
[20] Schleiermacher, *Hermeneutics,* p. 69.
[21] Schleiermacher, *Hermeneutics,* p. 113.
[22] Karl Barth, *Protestant Theology in the Nineteenth Century* (London: SCM, 1972; Grand Rapids: Eerdmans, 2002), p. 425.
[23] Barth, *Protestant Theology,* p. 428; cf. pp. 425-73.
[24] Schleiermacher, *Hermeneutics,* pp. 43 and 53. 下文中括号内的页码为该书的页码。

即便如此，诠释也需要关注生活："每个孩子都只能通过诠释学来理解单词的含义。"（第52页）他说："一个人必须已经了解一个人，才能理解他所说的话，然而一个人首先是通过他所说的话来了解他。"（第56页）我们如何解释这个悖论？"诠释学循环"给出了部分解释。"对某一陈述的理解总是基于两种先验的东西——对人类的初步了解和对主题的初步了解。"（第59页）这些构成了"技术性的……语法解释。因此它是一个循环"（第61页）。

诠释学循环有两种理解方式（第99、100、110和112-27页）。第一种强调文本或作品的部分与整体之间的关系。要理解一个文本的语法部分，我们需要理解整体；但是为了理解整体，我们需要理解部分。注释家们都是这样工作的。每一个短语或从句都需要考查；但是对它的理解必须根据整个句子、段落或整本书的意思来修正。然而，我们对这本书的理解又取决于我们对单词、短语或部分的理解。其次，每一个理解都是基于对文本内容的临时和初步理解。正如布尔特曼所表达的那样，"要理解"音乐或数学的文本，我们首先需要一些音乐或数学的概念。这是一个初步的理解，或者德国人所说的预先理解（Vorverständnis）。施莱尔马赫、狄尔泰（Dilthey）、海德格尔（Heidegger）、布尔特曼和伽达默尔在两种意义上都使用了这个术语。[25] 施莱尔马赫写道："完整的知识总是包含一个明显的循环，即每个部分只能从它所属的整体中理解，反之亦然。"[26] 正如格兰特·奥斯邦（Grant Osborne）所言，因此解释学循环可能被更好地理解为一个渐进的解释学螺旋。[27]

这同时需要"对比"和"直观"的方法。施莱尔马赫在他92页的论文《庆祝圣诞》，或称《平安夜：关于道成肉身的对话》中对

---

[25] See Anthony C. Thiselton, "Hermeneutical Circle," in *Dictionary for Theological Interpretation of the Bible,* ed. Kevin J. Vanhoozer (London: SPCK; Grand Rapids: Baker Academic, 2005), pp. 281-82.
[26] Schleiermacher, *Hermeneutics*, p. 113.
[27] Grant R. Osborne, *The Hermeneutical Spiral: A Comprehensive Introduction to Biblical Interpretation* (Downers Grove, Ill.: InterVarsity, 1991), pp. 1-16 and 366-96.

这些做了最好的解释。在结束圣诞弥撒或圣诞圣餐后，家庭中的男女会交谈，实际上每个群体都以各自的方式庆祝基督的诞生。男人们讨论道成肉身在概念上的困难。他们的"阳性"原则主要是对比和分析。女人们向耶稣唱圣歌，她们凭直觉（intuitively）、超理性的方式（suprarationally）或更直接的关系认识耶稣。施莱尔马赫评论说女性是对的，尽管事实上"阴性"的直观的原则和"阳性"的分析与对比的原则是互补的；两者都是需要的，但是"阴性"原则在教会中过于被忽视了。

"直观的方法寻求获得作者作为一个个体的直接领悟（immediate comprehension）。对比的方法是把作者归入一个一般的类型……直观的知识是女性认识人的优势；对比的知识则是男性认识人的优势。两种方法互为参照。"[28]"诠释学必须始于整体。"[29] 如果我们只注意其中一种方法会发生什么呢？施莱尔马赫在一份重要的声明中写道，如果只遵循直观的方法，我们就会成为"**占星家**"（nebulists）；如果只遵循对比的方法，我们就有"**迂腐**"（pedantry）的危险。[30]

我们很可能再次会低估施莱尔马赫方法的新颖性。但是"直观"的方法被用于大多数圣经研究中吗？施莱尔马赫写道，理解《新约圣经》就像理解朋友一样。但即使是我知道的保守大学也用"圣经分析"这个术语来理解经文，就好像在这种很大程度上是智力的活动中，即使增加了"应用"，个人理解、超理性或直觉的聆听也无一席之地。

一个学生曾经问我，施莱尔马赫所说的"语法的和心理的"是否和"对比的和直观的"的意思一样。我不得不承认自己不完全确定。施莱尔马赫似乎避免了这种直截了当的等同，我在《诠释学新视域》中有一个复杂的图表，旨在说明这种差异。[31] 然而，"语法的"

---

[28] Schleiermacher, *Hermeneutics*, p. 150.
[29] Schleiermacher, *Hermeneutics*, p. 166.
[30] Schleiermacher, *Hermeneutics*, p. 205. 这两个黑体字的术语由我自创。
[31] Anthony C. Thiselton, *New Horizons in Hermeneutics: The Theory and Practice of Transforming Biblical Reading* (London: HarperCollins; Grand Rapids: Zondervan, 1992), p. 225.

解释主要是语言学的，它涉及对比的方法。"心理的"解释包括理解作者，也包括直观。然而，施莱尔马赫写道："说话的每一个动作都与语言的整体性和说话者思想的整体性相关。"[32] 伽达默尔将理解融入到应用里面（第九章），后来的维特根斯坦（Wittgenstein）亦然。

在海因兹·基姆勒（Heinz Kimmerle）编辑的施莱尔马赫的《诠释学》问世之前，吕克（Lücke）和狄尔泰（Dilthey）给人的印象是，施莱尔马赫的诠释学偏重于心理层面。但是基姆勒认为语言和心理学同等重要。施莱尔马赫对作者的特性感兴趣，但也对语言的一般或"普遍"的特征感兴趣。我在《诠释学新视域》中认为，他对"语言作为一个整体"的强调几乎预见了弗迪南·德·索绪尔（Ferdinand de Saussure）对**语言** [la langue（或潜在的语言为一系统的储存库）] 和**演说** [la parole（用词或行动语言）] 的区分。[33] 语法和心理的解释是描述诠释任务不同方面的便捷标签，两者都是必要的。但是每一个都是相互影响的，因为"诠释学是思维艺术的一部分，因此是哲学的……一个人通过说话来思考。"[34] 对两者的决定仅仅是一个实践的策略。施莱尔马赫写道："当一个人把语言仅仅看作是交流思想的一种手段时，心理的解释就更高了。语法的解释只是用来消除最初的困难。语法的解释和语言……会更高，这在一个人将这个人和他的讲话完全视为语言自我展现的时机时才会如此。"[35] 这句话概括了这个主题。

四．更多的主题和对施莱尔马赫的评估

1. 施莱尔马赫毫不怀疑诠释的过程是无穷无尽的。解释者可以继续研究语言和作者，直到解释者的"语言能力"提高，并致力于

---

[32] Schleiermacher, *Hermeneutics*, pp. 97-98.
[33] Thiselton, *New Horizons in Hermeneutics*, pp. 217-18.
[34] Schleiermacher, *Hermeneutics*, p. 97.
[35] Schleiermacher, *Hermeneutics*, p. 99.

"对人的全面了解";这样,解释者就会理解得"比作者更好。"[36] 但是有人能比作者理解地"更好"吗?每年在我的课上,大家对此问题都会产生分歧。

当我读论文时,我经常对作者说:"你真的想说……吗?"评论家经常会承认我似乎不仅对该主题,且对他们的意图也有"更好的理解"。但是我们该怎么评价圣保罗呢?三一神学是保罗从未想到的新教理吗?像盖德·泰森(Gerd Theissen)的《保罗神学的心理方面》一类的书又如何呢?[37] 弗洛伊德发现了无意识或潜意识对现代世界的影响,然而保罗是不是会否认他所发现的"内心的秘密",或否认泰森令人信服的解释,即认为语意不清(glossolalia)或"说方言"是对潜意识抑制的解除和无意识的涌动(参 林前十二 10 和十四 1-25)呢?对于潜意识或三一神学,他是否会说"是的,这就是我想说的"呢?在我的诠释学课上,许多人最后说"这取决于你所说的比作者'更好的理解'是什么意思";答案可是可否。

2. 施莱尔马赫声称诠释学与知识论或认识论重叠,这是非常正确的。这不能不涉及理解的问题。圣经诠释学和古典诠释学是哲学的和语文学的。诠释学包括直观、直觉、超理性或"阴性"以及对比和批判。理解一篇文章就像理解一个朋友。这种先验的洞见既借鉴了敬虔主义和康德,又比启蒙运动和圣经鉴别学的兴起领我们走得更远。此外,托马斯·托伦斯(T. F. Torrance)等作者谈到了信心的必要性,詹斯·齐默曼(Jens Zimmermann)则谈到了与神相交的需要。[38]

3. 施莱尔马赫也正确地论道,以这种方式"理解"一个文本需要"思想的集体性……每一个说话行为都与语言的整体和说话者思

---

[36] Schleiermacher, *Hermeneutics,* pp. 100-101 and 112.
[37] Gerd Theissen, *Psychological Aspects of Pauline Theology,* trans. J. P. Galwin (Philadelphia: Fortress; Edinburgh: T. & T. Clark, 1987), especially pp. 85-116 and 202-393.
[38] Thomas F. Torrance, *Divine Meaning: Studies in Patristic Hermeneutics* (Edinburgh: T. & T. Clark, 1995), and Jens Zimmermann, *Recovering Theological Hermeneutics: An Incarnational-Trinitarian Theory of Interpretation* (Grand Rapids: Baker Academic, 2004).

想的整体相关。"[39] 因为理解与"生活"和群体中的生活相关。他看到了询问理解本质的"一般"诠释学，与旨在支持或主张一些本应已理解之事物的诠释学之间的关键区别。[40] 正如我们所见，施莱尔马赫坚持认为"诠释学是思维艺术的一部分。"[41] 这包括"走出自己的思维框架"去理解"另一个人"（第 42 和 109 页）。

4. 像他之后的狄尔泰、海德格尔和伽达默尔一样，施莱尔马赫接受了在诠释学循环中的局限和发展与扩张的机会。在这一点上，我们再次提到格兰特·奥斯邦：诠释学循环可被称为"诠释学螺旋"。当然，理解从跳到"初步"理解开始，这就像掷出六点，使我们可以开始绕着棋盘走。但是根据定义，理解从来都不是确定的或完美的；理解是可更正的、暂时的和不完美的。正如晚年的维特根斯坦所言，理解没有清晰的边界。施莱尔马赫评论道，完全理解是不可能的，因为"有必要对语言有全面的了解"以及"对写文本之人有全面的了解……在这两种情况下，完全的知识都是不可能的"（第 100 页）。因此，再次说明，理解经常是，但不总是一个需要时间的缓慢过程（就像得到信心经常是如此）。

5. 这些都不否认圣灵的活动。上述观点符合并强调了宗教改革的教义——教会的易错性（fallibility）；甚至连第二次梵蒂冈大公会议在正式颁布的官方教会教义之外，也承认这一点。施莱尔马赫写道："作者的个体性本身就是他们与基督关系的产物……情绪和观点的改变 [是] 圣灵的 [产物]。"（第 139 页）施莱尔马赫承认在圣经著作中能发现体裁的变化，并强调它们对诠释学的积极意义。它们包括"作为辩证的（dialectic）作家保罗和作为历史作家的约翰"（第 134 页）。有时候，人们并没有充分强调施莱尔马赫的这一点。

6. 施莱尔马赫预料到索绪尔（Saussure）对语言（la langue）和演说（la parole）的区分；前者是潜在的语言系统或语言库，后者是被激活的字或行动中的言说（第 12 页）。此外，他区分了文本的起

---

[39] Schleiermacher, *Hermeneutics*, pp. 97-98.
[40] Cf. Palmer, *Hermeneutics,* pp. 85-86.
[41] Schleiermacher, *Hermeneutics,* p. 97. 下文中括号内的页号为该书的页码。

源（到达文本的"后面"）、内容（文本的"内部"）及其效果（文本的"前面"）。解释者必须询问每一方面的问题来重获文本的"创造性"（第108、127、151、197和204页）。

7. 伽达默尔和其他人批评施莱尔马赫没有强调文本和解释者的"历史性"（或受历史制约的情形）。关于前者，这种批评可能有些言过其实。施莱尔马赫确实有强调我们必须理解何为"外来"的"他者"（第180页）。关于后者，他在几个地方谈到解释者需要"走出自己的思维框架"（第42页，格言8）。此外，虽然黑格尔是他在柏林大学的同辈，但他未能受益于伽达默尔和海德格尔的著作。今天，人们只能猜测他对历史性的假设性想法。

8. 与此同时，施莱尔马赫在其他方面领先于他的时代。他写道，《圣经》的无限重要与诠释学的局限并不矛盾。他的目标是重获他们的**创造力**。我们不得不等待多年，直到有人强调文本的背景、内容和效果这三个维度。尽管如此，另一个有关背景的批评经常被用来针对施莱尔马赫。[42] 他对**意图**的强调是由于他的浪漫主义及其对**起源**的关注吗？他犯了"起源的"（genetic）谬误吗？

我反对这种批评，理由是"意图"可以理解为是在揭示**作者的目的**。说保罗"故意"在《哥林多前书》中阐述了十字架和复活的神学，并不是要断言不可获知的保罗的"内在心理过程"，而是要指出何为保罗的有意目的。施莱尔马赫并没有犯所谓的"起源的谬误"。保罗·利科（Paul Ricoeur）在《作为他者的自己》（*Oneself as Another*）中用极佳的三章内容论述这个问题，尼古拉斯·沃尔特斯托夫（Nicholas Wolterstorff）甚至比利科更进一步，展示了这个概念对于诠释学和神圣话语的概念是如此不可或缺。[43]

9. 然而，施莱尔马赫的神学确实关注个人的主观体验。这并没

---

[42] See Randolph W. Tate, *Biblical Interpretation: An Integrated Approach* (Peabody, Mass.: Hendrickson, 1991), throughout.

[43] Paul Ricoeur, *Oneself as Another,* trans. Kathleen Blamey (Chicago and London: University of Chicago Press, 1992), pp. 88-168, and Nicholas Wolterstorff, *Divine Discourse: Philosophical Reflections on the Claim That God Speaks* (Cambridge: Cambridge University Press, 1995), pp. 130-71.

有使他的诠释学失效，而是提醒我们他的神学可能存在的弱点。也许在这方面，伽达默尔和利科予以纠正。但我们可能怀疑，如果没有施莱尔马赫对诠释学的许多见解，他们是否能够达到他们的地步。

五. 威廉·狄尔泰的诠释学

威廉·狄尔泰（Wilhelm Dilthey，1833-1911年）被广泛认为是施莱尔马赫诠释学的继承者，也是他的传记作者，写下了《施莱尔马赫生平》。狄尔泰出生在威斯巴登（Wiesbaden），其父亲是加尔文主义传统的一个神学家。他在海德堡大学和柏林大学受教育，博览神学、哲学和历史。又经过一段时间的语文学学习，他开始准备他的特许任教资格（Habilitation 指的是德国的大学教学资格，通常在博士毕业后取得）。他先后于 1866 年、1882 年成为巴塞尔大学和柏林大学的教授。他最著名的是试图将诠释学作为 Geisteswissenschaften（即人文科学、文学和社会科学）的基础。他是最早将诠释学应用于社会科学的人之一，也是施莱尔马赫的狂热崇拜者；施莱尔马赫启发了他的研究。他的"全部著作"多达 26 部德文作品。不过在写作期间，他的著作很少被翻译成英文。[44]

---

[44] Wilhelm Dilthey, *Gesammelte Schriften,* 26 vols. (Göttingen: Vandenhoeck & Ruprecht, 1914-2005), especially vol. 5, *Die geistige Welt: Einleitung in das Philosophie des Lebens,* 1924; vol. 7, *Der Aufbau der geschichtlichen Welt in den Geisteswissenschaften,* 1927; vol. 12, *Zur Preussischen Geschichte. Schleiermachers politische Gesinnung und Wirksamkeit,* 1936; and vols. 13 and 14, *Leben Schleiermachers,* 1966 and 1970. Some selections are in English, including *Wilhelm Dilthey: Selected Works,* ed. Rudolf A. Makreel and Frithjof Rodi, 6 vols.: vol. 1, *Introduction to the Human Sciences* (Princeton: Princeton University Press, 1989), unedited; vol. 3, *The Formation of the Historical World in the Human Sciences;* vol. 4, *Hermeneutics and the Study of History* (projected); and vol. 6, *Philosophy and Life* (unpublished but projected); Wilhelm Dilthey, *Introduction to the Human Sciences,* trans. R. J. Betanzos (Detroit: Wayne State University Press, 1988); and the best known are Wilhelm Dilthey, *Selected Writings,* ed. H. P. Rickman (Cambridge: Cambridge University Press, 1976), and H. A. Hodges, "Selected Passages from Dilthey," in *Wilhelm Dilthey: An Introduction* (London: Oxford University Press, 1944), pp. 109-56; Wilhelm Dilthey, "The

狄尔泰在诠释学中看到了**人文科学**的基础。他追溯了寻求先前理论基础的哲学中的传统。但是狄尔泰认为无人充分注意到主题和解释者都深受**历史的制约**。他认为奥古斯特·孔德（Auguste Comte）的实证主义是幼稚的，而赫伯特·斯潘塞（Herbert Spencer）的进化伦理学则被夸大了。他将一个根本上是历史的进路与对系统的追寻结合起来。他与赫尔德，尤其是施莱尔马赫一起，以生活（Leben）取代了黑格尔对精神或思想（Geist）的强调。

狄尔泰志向宏大。他认识到培根为创立自然科学做了很多工作，但希望自己也能为"人文科学"作出如同培根为物理学、康德和黑格尔为哲学所作的贡献。"科学"只是一个连贯的命题复合体，其命题是有充分根据的。但是他坚持认为，关于人类生活的命题相较于关于自然世界的命题是独特的。必须承认：人类的自我意识包括道德、历史和精神层面。在人类社会背后是众多**生活体验**（Lived experiences）。我们必须认真对待思维过程（mental process）和内在生活。因此，分析自然的因果关系对于人文科学而言是不充分的。人类只在**历史**中才能了解自身。

狄尔泰认为，"在'认知主体'（例如笛卡尔、洛克、休谟，甚至康德）的血管中，**没有真正的血液流动**。"[45] 不同于这些人和黑格尔，狄尔泰确立了"生活"（Leben）或"生活体验"（Erlebnis）为人类的核心范畴。"生活"是人类活动和体验的共享流动，既包括社会多样性，也包括个人经历。然而，有一种"联系"（nexus）或交织将不同的个体**结合在一起**。这种"联系性"（Zusammenhang）在符号、象征、语言和文字的共同语言中，以及在人类实践和制度（如法律）中得到表达。这种"表达"（Lebensäusserungen）将人类生活的主观体验客观化了，因此它们所涵盖的"比任何反省所能发现的更多……"[46]

Rise of Hermeneutics," trans. Frederick Jameson, *New Literary History 3* (1972): 229-441, and *Gesammelte Schriften*, 5:317-31.

[45] Wilhelm Dilthey, *Gesammelte Schriften*, vol. 5, *Die geistliche Welt. Einleitung in das Philosophie des Lebens* (Leipzig and Berlin: Teubner, 1927), p. 4.

[46] Wilhelm Dilthey, *Gesammelte Schriften*, vol. 7, *Der Aufbau der geschichtlichen*

因此，狄尔泰为诠释学作出了三个贡献。首先，他将诠释学**扩展**到包括法律、社会科学和语言以外的所有人类制度中。如果诠释学适用于语言，那么它适用于所有人类社会及其具体的制度。第二，狄尔泰坚持认为解释和解释的对象都受到它们在**历史中的位置或历史性**的根本制约。在这里，他介于黑格尔和海德格尔之间，并得到了伽达默尔的赞誉。第三，他把"**生活**"作为解释对象和解释者之间的共同媒介。解释者是通过跳出他或她的立场，以"同情"（Hineinversetzen）或"换位"来"**重活**"（nacherleben）另一个人的经历。[47]

奇怪的是，大约在同一时间，绍斯韦尔（Southwell）和诺丁汉（Nottingham）的第一任主教乔治·里丁（George Ridding）主教在为他的神职人员准备纪念祷文时，也像狄尔泰一样，提出了要敏感地站在另一个人立场的概念，为了能像另一个人那样去感受和思考。但是，两位作家都强调去感受自我与他人的**差异**，以及"用我们自己的感受来衡量他们的感受"[48]恩斯特·富克斯（Ernst Fuchs）和曼弗雷德·梅茨格（Manfred Metzger）坚持认为，我们永远无法"重活"他人的经历，因为每个人都是独一无二的。尽管如此，正如狄尔泰所强调，这仍然是一个有价值的目标。正如我们已经说过的，狄尔泰意识到历史的距离和差异，正如他对路德的解释所显示的那样。他写道，"理解（Verstehen）是在'你'中重新发现'我'……我们可能会询问这在多大程度上有助于解决认识论的普遍问题。"[49]

伽达默尔称赞狄尔泰所作的贡献，即从自省和自我意识转向将人看作处于历史上人类生活的洪流之中。狄尔泰也采用了诠释学循环，它先后在当时的施莱尔马赫，以及最近的海德格尔、布尔特曼、富克斯和伽达默尔的著作中可以发现。他说："整体必须从它的各

Welt in den Geisteswissenschaften (Leipzig and Berlin, 1927), p. 206; Dilthey, *Selected Writings*, p. 219.

[47] Dilthey, *Gesammelte Schriften*, 7:213-17; *Selected Writings*, pp. 226-27.

[48] Bishop George Ridding, *A Litany of Remembrance: Compiled for Retreats and Quiet Days for His Clergy* (reprint, London: Allen and Unwin, 1959), p. 7.

[49] Dilthey, *Gesammelte Schriften*, 7:191; or *Selected Writings*, p. 208.

个部分来理解，各个部分又必须从整体来理解。"[50] 但是伽达默尔强烈反对狄尔泰采取下一步行动。与伽达默尔相比，狄尔泰对"科学"或连贯普遍的思想有更积极的看法。他追溯了人类生活中的一种"联系性"（Zusammenhang）模型，亦相应性或一般性的模型，以及特殊且独特的模型。因此，狄尔泰试图研究人类**语言和制度**的"科学"，伽达默尔认为这违反了人类的特殊性。实际上，生命表达是个人"生命"留下的一般"储存之物"，正如赫尔德领导的浪漫主义者倾向认为的那样。但是伽达默尔拒绝了这一点。这种批评可能有些言过其实，甚至在诠释学中也并非没有争议；但是伽达默尔也有一定的道理。

毫不奇怪，**社会科学**把狄尔泰的著作作为它的选项之一。我们已经看到，狄尔泰把诠释学扩展到包含所有人类制度，把诠释学变成了一种特殊的"科学"。海德格尔和伽达默尔反对这一点，但这导致了对尤尔根·哈贝马斯（Jürgen Habermas）的"生活世界"和系统的讨论；埃米利奥·贝蒂（Emilio Betti）也尝试了这种比伽达默尔更"客观"的方法。今天要摆脱狄尔泰的影子是不可能的。"生活体验"也包括艺术作品。狄尔泰正确地扩大了诠释学的范围，也确实对时间和历史给予了应有的关注。作为一种理解的方式，"设身处地"可能无法完全做到，但它是一个深刻的基督徒的目的：关心他人。正如狄尔泰所认为的，"人必须等到历史的终结"才能完全理解。[51] 我们只有在生命的尽头才能达到更全面的理解。耶稣对彼得说："我所做的，你如今不知道，后来必明白。"（约十三 7）

六. 建议初学阅读书籍

Bauman, Zygmunt, *Hermeneutics and Social Science: Approaches to Under-*

---

[50] Dilthey, *Gesammelte Schriften*, 5:336; *Selected Writings*, p. 262.
[51] Cf. Zygmunt Bauman, *Hermeneutics and Social Science: Approaches to Understanding* (London: Hutchinson, 1978), p. 41.

standing (London: Hutchinson, 1978), pp. 27-41.

Mueller-Vollmer, Kurt, ed., *The Hermeneutics Reader* (Oxford: Blackwell, 1985), pp. 148-64.

Palmer, Richard E., *Hermeneutics: Interpretation Theory in Schleiermacher, Dilthey, Heidegger, and Gadamer,* Studies in Phenomenology and Existential Philosophy (Evanston, Ill.: Northwestern University Press, 1969), pp. 75-123.

Schleiermacher, Friedrich, *Hermeneutics: The Handwritten Manuscripts,* edited by Heinz Kimmerle, translated by James Duke and Jack Forstman (Missoula: Scholars Press, 1977), pp. 95-151.

Thiselton, Anthony C., *New Horizons in Hermeneutics: The Theory and Practice of Transforming Biblical Reading* (London: HarperCollins; Grand Rapids: Zondervan, 1992), pp. 204-53.

09

鲁道夫·布尔特曼与
新约的去神话化

鲁道夫·布尔特曼（Rudolf Bultmann，1884-1976）是 20 世纪新约学术界中最负盛名的名字之一。他出生在德国的威费尔斯特德（Wiefelstede），父亲是路德宗牧师。在结束优秀的中学生涯后，他先后进入了杜宾根大学和柏林大学。在他的老师中，朱利希（Jülicher）和克鲁格（Krüger）对他有重大影响。他提交了关于使徒保罗的**特许任教资格**论文（博士后的著作），并成为新约研究的讲师。1910年，他发表了一部论保罗哲辩（diatribe）风格的著作，并于 1921年出版了《对观福音传统的历史》（The History of the Synoptic Tradition）。同年（1921 年），他成为马尔堡大学（Marburg University）的新约教授。在 1923-1928 年间，他向马丁·海德格尔（Martin Heidegger）请教哲学，向汉斯·乔纳斯（Hans Jonas）请教诺斯底主义，并与他们同领学术研讨会。他大半辈子都在马尔堡。

一．影响和早期关注

布尔特曼对诠释学具有重大意义。他和海德格尔一致认为，使文本**去客观化**（de-objectifying）是理解宗教文本并揭示其对今日重要性的主要方式。他还坚定地以狄尔泰为基础，并以施莱尔马赫、狄尔泰和海德格尔已经阐明的初步理解或前设理解的诠释学传统为基础。1950 年，他阐述了一切诠释学的此项原则，并特别提到了狄尔泰。他写道，根据狄尔泰的说法，这是"理解生活之书面表达的技巧。"[1] 这使个人成为真正的历史实体（historical entity）。但是我们有办法获得这种历史知识吗？这是"诠释学的问题"。

布尔特曼承认要理解一个文本就必须研究语言学的用法，但他也认为新约作者是"受历史制约的"。[2] 他认同启蒙运动对哲学和语言的强调，也认同施莱尔马赫的坚决主张——诠释学涉及理解的艺

---

[1] 1. Rudolf Bultmann, "The Problem of Hermeneutics," *Zeitschrift für Theologie und Kirche* 47 (1950): 47-69; reprinted in Bultmann, *Essays Philosophical and Theological* (London: SCM, 1955), p. 234; cf. pp. 234-61.

[2] Bultmann, *Essays Philosophical and Theological*, p. 236.

术，而不仅仅是一些诠释学"规则"。他认为狄尔泰采用了这些观点，但声称施莱尔马赫和狄尔泰也是片面的。

布尔特曼坚持认为，如果解释者要对文本提出富有成效的问题，他或她需要"一种植根于探究者生活中的兴趣"。理解的前设"**是解释者的生活与……文本中所表达的主题有关联。**"³ 他对这一原则最著名的阐述收录在《存在与信仰》的一篇文章中。⁴ 他宣称："只有当我和音乐有关系时，我才能理解音乐文本……只有当我和数学有关系时，我才能理解数学。"⁵ 对文本"客观的"、价值中立的观察要予以拒绝。这种观察是毫无用处的，但是布尔特曼曾经的许多老师都鼓励此种观察。

我们所考察的主题和文本包括诗歌、艺术和新约。这种见解在一定程度上归功于文克尔曼（J. J. Winckelmann），但是，起到决定性影响的是马丁·海德格尔。我们不能再以作出"客观性的"解释为目的。布尔特曼写道："故此，要求解释者必须压制他的主观性、消磨他的个性……是人所能想象到的最荒谬的要求。"⁶ 这适用于圣经著作，那里要求神的存在性的（existentiell）知识要有某种形式，关乎救恩抑或幸福的问题皆然。但是，布尔特曼并不是指任何巴特主义意义上的前设理解。

我们看到布尔特曼的诠释学自然是建立在施莱尔马赫、狄尔泰和海德格尔的影响之上。然而，同样重要的影响也蛰伏于他对新约去神话化的具体研究方案；我已在《两个视域》中追溯了这一点。⁷ 布尔特曼受到了他那个时代新康德主义的影响。赫尔曼·科

---

³ Bultmann, *Essays Philosophical and Theological*, p. 241, 黑体字为原文。
⁴ Rudolf Bultmann, "Is Exegesis without Presuppositions Possible?" in *Existence and Faith: Shorter Writings of Rudolf Bultmann*, ed. S. M. Ogden (London: Collins, 1964), pp. 342-52.
⁵ Bultmann, *Essays Philosophical and Theological*, pp. 242-43.
⁶ Bultmann, *Essays Philosophical and Theological*, p. 255.
⁷ Anthony C. Thiselton, *The Two Horizons: New Testament Hermeneutics and Philosophical Description with Special Reference to Heidegger, Bultmann, Gadamer, and Wittgenstein* (Grand Rapids: Eerdmans; Exeter: Paternoster, 1980), pp. 205-92.

恩（Hermann Cohen，1842-1918）和保罗·纳托普（Paul Natorp，1854-1924）是新康德主义的领军人物。他们像康德一样认为，我们不能思考或谈论一个物体，就好像它先于思想一样。只有当一个对象（Gegenstand）已经是我们思想的对象时，我们才能知道这个对象。科恩质疑康德的假设，即这些物体在某种程度上是"给定的"。对康德的这一延伸很重要。当时的主要科学家赫尔曼·冯·亥姆霍兹（Hermann von Helmholtz）、海因里希·赫兹（Heinrich Hertz）和路德维希·玻尔兹曼（Ludwig Boltzmann）主张感观特质（sensory qualities）的主观性。空间本身取决于人类的构造（constitution）。赫兹的进路的中心思想是我们只能产生现实的"模型"（Bilder）或"表征"（Darstellungen）。（今天 DNA 经常按照"模型"来解释。）

对布尔特曼而言，这意味着彻底贬低"描述对象"作为与现实相遇的方式。他宣称，新约作者的意图事实上并不在于**描述现实**，而在于**承认他们的信仰**。然后，布尔特曼把他的新康德主义认识论（或知识论）与他独特的 19 世纪路德神学联系起来。根据**律法**的原则（principle of law），思维使数据"客观化"（objektiviere）。用约翰逊的话来说，"知道就是按照律法的原则进行客观化。"[8] 律法与"作品"、"描述"和"报告"相关联，而"恩典"与演说和见证相关联（在布尔特曼看来）。几乎不用说，这不是路德，而是 19 世纪的路德主义。

这里结合了两种影响。一种是布尔特曼在 1923-1928 年与海德格尔和汉斯·乔纳斯的密切接触的影响。乔纳斯坚持认为，诺斯底派根本不认为行星和行星守护者是"客观"的实体，它们乃是表达心灵提升（spiritual ascent）之经验的方式。布尔特曼总结道，对新约作者而言，所谓的"客观的"语言仅仅是它的神话表达形式。神话背后的"真正的"新约思想是"**福音宣告**"（kerygma）、传道或见证。

第二，进一步的影响是来自布尔特曼自己的形式鉴别学（form criticism）；他在 1921 年的《对观福音传统的历史》中阐述了此点。

---

[8] Roger A. Johnson, *The Origins of Demythologizing: Philosophy and Historiography in the Theology of Rudolf Bultmann* (Leiden: Brill, 1974), pp. 49-50.

在这里，对观福音的语言的真正目的是见证或演说，而非描述或报告。最好的方式是说它总是**实用的**，并且是**来自**神的演说，而不是**关于**神的"客观的"或价值中立的真理。正如我们会在下文看到，最坏的方式就是认为语言**要么**是描述性的，**要么**是非描述性的，而不是两者的混合或重叠。

与此同时，布尔特曼写道："我们使新约去神话化的激进尝试实际上与圣保罗和路德之唯靠信心、不靠行为而称义的教义是完全平行的。或者更确切地说，在认识论（知识论）领域，它将这一教义带到了其逻辑结论。就像称义的教义一样，它摧毁了所有虚假的安全……只有放弃所有的安全，才能找到安全。"[9] 当保守的同事们"捍卫"新约的可靠性时，布尔特曼认为他的呼召是"让怀疑之火燃烧"（就像他的老师克鲁格一样），这样人们就不会相信错误之事。因此，他的历史怀疑论（historical skepticism）与他的去神话化的研究方案是**一致**的。他对"历史事实"不太感兴趣；任何耶稣生平的神学都是错误的。它指向"肉身之后的基督"。[10]

因此，对布尔特曼而言，神不在认知知识（cognitive knowledge）的范围之内。"神不会被客观地给予"（Da ware Gott eine Gegebenheit），而且神在"认知系统"（Erkenntnissen）之外。[11] 他写道，甚至相信基督的十字架"也并不意味着我们关注一个客观事件（ein objektiv anschaubares Ereignis）……而是指我们和祂一起经历被钉十字架。"[12] 他进一步写道："如果我们遵循《新约圣经》

---

[9] Rudolf Bultmann, "Bultmann Replies to His Critics," in *Kerygma and Myth,* ed. Hans-Werner Bartsch, trans. R. H. Fuller, 2 vols. (London: SPCK, 1962, 1964), 1:210-11.

[10] Rudolf Bultmann, *Faith and Understanding,* vol. 1 (London: SCM, 1969), p. 132. 中注：布尔特曼，《信仰与理解（卷一）》，卢冠霖译（香港：道风书社，2010）。

[11] Rudolf Bultmann, "What Does It Mean to Speak of God?" in Bultmann, *Faith and Understanding,* 1:60 (German ed., p. 32).

[12] Rudolf Bultmann, "New Testament and Mythology," in *Kerygma and Myth: A Theological Debate,* ed. Hans-Werner Bartsch, 2 vols. (London: SCM, 1953), 1:86 (German, vol. 1, p. 46); retranslated in Bultmann, *New Testament Mythology and Other Basic Writings,* selected, edited, and translated by Schubert M. Ogden

的客观化表述，确实可以将十字架理解为一个神话事件……但即使在《新约圣经》中，它也没有完全说出它应说的内容。"[13]

我们发现，在这背后不仅有阿尔布雷赫特·立敕尔（Albrecht Ritschl, 1822-1889 年）和威廉·赫尔曼（Wilhelm Herrmann, 1846-1922 年）的影响，也有索伦·祁克果和马丁·海德格尔的影响。信仰所指向的不是关乎基督或神的伪客观的（pseudo-objective）陈述，而是神自己最简单的话语。信仰的对象不是过去的**客观历史**（Historie），而是对活生生的**真实历史**（Geschichte）的参与。布尔特曼进而从祁克果那里汲取了"主观性就是真理"的思想。祁克果写道："**客观强调的是说了*什么*，主观强调的是怎么说**……客观上，兴趣聚焦于思想内容，主观上则聚焦于内在……无限的激情，无限的激情即真理……这种主观性就成了真理。"[14]

因此，鲁道夫·布尔特曼受到哲学、圣经研究和神学的影响。在哲学上，他深受新康德主义知识论和赫兹、亥姆霍兹和玻尔兹曼的"新"科学的影响，也受到祁克果和海德格尔的影响。在圣经研究中，他深受"宗教历史学派"的影响，尤其是形式鉴别学的影响，后者最初由赫尔曼·冈克尔（Hermann Gunkel）在《诗篇》[研究]中开创。在神学方面，他在信仰上深受立敕尔和赫尔曼的影响，尤其是受到19世纪路德主义的影响，路德主义与路德自己的神学有很大的差异，亦有相似之处。

因此，布尔特曼使新约客观化或去神话化，为要以最佳的意图来忠于新约的见证。但是，他的研究方案是否证明了这些积极意图呢？

(Philadelphia: Fortress, 1984), pp. 35-36.
[13] Bultmann, "New Testament and Mythology," in *New Testament Mythology*, pp. 33-34; cf. Bartsch, ed., *Kerygma and Myth*, 1:35-36.
[14] Søren Kierkegaard, *Concluding Unscientific Postscript to the Philosophical Fragments* (Princeton: Princeton University Press, 1941), p. 181。

二. 布尔特曼的"神话"概念

我们已经看到布尔特曼所关注的是将关乎神的语言，或更确切地说，是将从神而来的演说去客观化（de-objectifying）。但不幸的是，这只是他给出的三个极不相容的"神话"定义之一。

诚然，布尔特曼将神话定义为其功能是传达人类的态度，但从表面来看就好像它描述了客观事件。因此，在《福音宣告与神话》（*Kerygma and Myth*）中，布尔特曼在其 1941 年的著名文章的开头写道："神话的真正目的不是客观地呈现世界的实际样貌，而是表达出人类在所居住世界中的自我理解。神话不应该按照宇宙论的方式被**解释**，而应该按照人类学的方式被解释，或者更好的说法是按照存在论的方式来解释。"[15] 布尔特曼认为，神话是用这个世界的话语来表达"另一世界的"（otherworldly）内容，神"差遣"祂的儿子就是一例。超越性（transcendence）通过空间距离来表达。汉斯·乔纳斯在其 1928 年的马尔堡大学博士论文中表达了对神话的此种理解。[16]

问题在于：布尔特曼在其他地方几乎将"神话"等同于**类比**（analogy）。它看似是神人同形的（anthropomorphic），但它试图避免神人同形主义（anthropomorphism）。布尔特曼写道："在这方面，人们按照'宗教历史'学派中的普遍意义来使用神话。神话使用意象（die Vorstellungsweise），以现世的术语来表达彼世之物，以人类生活的术语来表达神。"[17] 赫尔穆特·蒂利克（Helmut Thielicke）等人问道，如果神话就像类比，去神话化如何可能。蒂利克写道，所有宗教语言都不可避免地使用现世语言，因为没有其他语言可以使

---

[15] Bultmann, "New Testament and Mythology," in *Kerygma and Myth*, 1:10; cf. Bultmann, *New Testament Mythology*, p. 9.

[16] Hans Jonas, *Gnosis und spätantiker Geist II, 1: Von der Mythologie zur mystischen Philosophie* (Göttingen: Vandenhoeck & Ruprecht, 1954), pp. 3-4. James Robinson takes this up in *Interpretation* 20:70-71.

[17] Bultmann, "New Testament and Mythology," in *Kerygma and Myth*, 1:10 n. 2; cf. Bultmann, *New Testament Mythology*, p. 42 n. 5.

用。"这影响到教会的根基。"[18] 他批评道,"一个源自当代世俗思想的非圣经原则被应用于圣经的解释中。"[19]

布尔特曼预料到了这一批评。他并非试图给神话一个正式的定义,而是试图用一种过时的世界观来定义它。他认为神话用超自然力量的介入来解释不寻常或令人惊讶的现象。在这里,我们遇到了他支持"三层"宇宙观的著名的神话定义。"世界被视为一个三层结构,地球在中心,天堂在上面,地狱在下面。天堂是神和天使的住所。地狱就是地狱……这些超自然力量介入了自然的进程,并人类的思想、意志和行为……神迹绝非罕见……人不能掌控自己的生活。"[20] 这有助于解释为何神话需要被解释和去神话化,但它与神话的正式定义有根本的差异。

时任英国诺丁汉大学哲学教授的赫伯恩(R.W. Hepburn)指出,就定义而言,布尔特曼不可能两者兼得。神话的其中一个定义(若它是正确的话)暗示着要去神话化,另一个定义则暗示了去神话化的不可能性。[21] 一个是关于神话模式的形式,另一个是关于它的内容。现在,将近70年过去了,我们可能想知道人类不能"掌控"自身命运这一说法是否是"神话的"。后现代作家经常提出这个问题。此外,约翰·麦奎利(John Macquarrie)也批评布尔特曼过时的神迹观。布尔特曼写道:"人不可能在使用电灯和无线技术以及使我们得益于现代医学内外科发现的同时,又相信《新约》中的灵异和神迹事件。"[22] 然而,麦奎利写道:"对于当今受过教育的基督徒而言,神迹不是一个构成自然进程中断裂的事件,而是一个神为了信仰而启示自我

---

[18] Helmut Thielicke, "The Restatement of the New Testament Mythology," in *Kerygma and Myth*, 1:138; cf. pp. 138-74.
[19] Thielicke, "The Restatement," 1:149.
[20] Bultmann, "New Testament and Mythology," in *Kerygma and Myth*, 1:1; cf. Bultmann, *New Testament Mythology*, p. 1.
[21] R. W. Hepburn, "Demythologizing and the Problem of Validity," in *New Essays in Philosophical Theology*, ed. A. Flew and A. MacIntyre (London: SCM, 1955), pp. 227-42.
[22] Bultmann, "New Testament and Mythology," in *Kerygma and Myth*, 1:5; cf. Bultmann, *New Testament Mythology*, p. 4.

的事件。'神迹'是一个宗教概念。"[23] 在《存在主义神学》一书中，麦奎利进一步写道，布尔特曼所传播的是"流行于半个世纪前的一种封闭性宇宙的伪科学观点。"[24]

沃尔特·施密特尔斯（Walter Schmithals）、弗里德里希·戈加特恩（Friedrich Gogarten）和舒伯特·奥格登（Schubert Ogden）试图在这一点上为布尔特曼辩护。他们认为布尔特曼对"科学"和"现代人"的关注并不是要停留在对我们可忽略的这个世界的解释上，而是要考虑到当下的现实。[25] 奥格登认为，无论科学探究的结果可能发生多大变化，方法和世界观都会保持不变。

即便如此，例如在使用现代医学和相信神迹之间只能二选一吗？布尔特曼所冒的风险是将去客观化和他关于称义的主张与"现代人所能接受之物"相混淆了。其根本原因是"神话"在形式和内容上不相容的三重定义。博伊斯·吉布森（A. Boyce Gibson）代表了一种更为复杂精细的神迹观。他评论道："如果像休谟假设的那样，自然规律是建立在经验基础上，那么就不存在违反的问题，因为规律只是进步发展的报告。以后可能会发生任何事情……[根据休谟和布尔特曼的观点]，任何第一次发生的事情都是不可信的。"[26] 这种观点存在已有近千年。托马斯·阿奎那很久以前就将"神迹"定义为"超越自然"（praeter naturam）而非"违背自然"（contra naturam）。在 20 世纪，哲学家沃诺克（G. J. Warnock）和神学家大卫·凯恩斯（David Cairns）写道，我们所"经验"到的因果关系只是事件的不断结合。[27] 因此，我们至少可以根据这些理由来质疑布尔特

---

[23] John Macquarrie, *The Scope of Demythologizing: Bultmann and His Critics* (London: SCM, 1962), p. 237.

[24] John Macquarrie, *An Existentialist Theology: A Comparison of Heidegger and Bultmann* (London: SCM, 1955), p. 168.

[25] Walter Schmithals, *An Introduction to the Theology of Rudolf Bultmann,* trans. John Bowden (London: SCM, 1968), pp. 27-95 and especially pp. 232-72, and Schubert Ogden, *Christ without Myth: A Study Based on the Theology of Rudolf Bultmann* (New York: Harper and Row, 1961), pp. 38-39.

[26] A. Boyce Gibson, *Theism and Empiricism* (London: SCM, 1970), p. 268.

[27] J. G. Warnock, "Every Event Has a Cause," in *Logic and Language,* ed. A. G. W. Flew, 2nd ser. (Oxford: Blackwell, 1966), 1:95-111, and David Cairns, *A Gospel*

曼的假设,即神迹的观念对今天的人而言是"不可能的"。

三. 存在主义的解释和去神话化:具体例子

布尔特曼坚持认为去神话化是《新约圣经》本身的要求。他认为新约语言的**描述性外观**(descriptive appearance)阻碍并模糊了新约的真实意图和内容。"神话"给现代人提供了一个额外的和不必要的绊脚石,这不是新约信息的一部分。这应该解释为**福音宣告**,或宣讲,而非神话。布尔特曼写道:"在现今坚持保留对原始神话的信仰需要牺牲智力,而在新约时代人们并不需要这样做。这是一个额外的绊脚石。"[28] 拒绝圣经和"拒绝圣经的世界观"是有区别的,后者主要来自天启(apocalyptic)。[29]

布尔特曼的目标是消除信仰的错误绊脚石,以突出十字架令人厌恶的地方,这是很有价值的。基督徒的亚文化包袱常常让人们远离福音。布尔特曼强烈反对老式的自由主义,这种自由主义试图从福音中去除令人不快的真理,使之更易被人相信。他的福音与福音宣告或宣讲有关,而不仅仅是教导。然而,当我们看去神话化的具体例子时,原始材料的数量明显仍然不够。

1. 关于他非常重视的**十字架**上,布尔特曼在它的"神话人物"中包含了以下概念,即"受害者的血为我们的罪代赎,他替代了整个世界的罪。"[30] 当我们思考十字架的时候,对"一个在我们与我们的世界之外形成的过程,一个客观的事件"的关注是神话的,这种说法真假参半。[31] 十字架包括参与到基督里,而非一个完全"在

---

without Myth? Bultmann's Challenge to the Preacher (London: SCM, 1960), pp. 123-25.

[28] Rudolf Bultmann, *Jesus Christ and Mythology* (London: SCM, 1960), p. 36; cf. Ogden, *Christ without Myth*, p. 63, and Schmithals, *Introduction*, pp. 255-57.

[29] Bultmann, *Jesus Christ and Mythology*, pp. 35-36.

[30] Bultmann, "New Testament and Mythology," in *Kerygma and Myth*, 1:35; cf. Bultmann, *New Testament Mythology*, p. 36.

[31] Bultmann, in *Kerygma and Myth*, 1:36; cf. Bultmann, *New Testament Mytholo-*

我们之外"的事件，一个我们完全不参与的事件。但是布尔特曼写道："基督是'为我们'被钉在十字架上，这并不是从任何牺牲或满足理论的意义上而言。"[32] 有人会说，布尔特曼之所以能这样说只是因为他用存在主义哲学取代了《旧约圣经》，作为对《新约圣经》的前设理解。他想说我们必须"让十字架成为我们自己的"，这并没错。但是这些是相互排斥的选择吗？

2. **复活**的例子也并不容易；事实上，情况完全一样。布尔特曼写道："**相信复活和相信十字架拯救的功效诚然是同样的事。**"[33] 布尔特曼明确宣称："被钉在十字架上且复活了的基督并不在其他地方与我们相遇，而是在宣讲的话语中与我们相遇。"[34] 虽然这种说法可能令人厌恶，但对于布尔特曼和他的追随者来说，复活只发生在周日早上11点，就是神的话被传讲的时候。布尔特曼说理解和相信复活意味着"与基督一同复活"，这是正确的。但约翰·麦奎利的提问也是恰当的，即除非基督真的死了并复活了，否则谈论与基督一同复活并无意义。[35]

3. 布尔特曼的第三个具体例子，即他的**基督论**进路，很有启发性。一方面，关于新约的基督论具有现实意义这一点他是正确的。正如约翰内斯·韦斯（Johannes Weiss）所观察到的，"基督是主"（基督教最早的认信）之流行和意义最清晰地体现在，对作为基督的仆人的我有何意义。当灵恩派的会众唱"我们为祂建造了一个宝座"时，所指的正是这个。但这就是称基督为"主"的全部含义吗？基督"被称为神之子，拥有力量......从死里复活......[被称为]耶稣我们的主"

---

gy, p. 35.
[32] Bultmann, "New Testament and Mythology," in *Kerygma and Myth*, 1:37.
[33] Bultmann, "New Testament and Mythology," in *Kerygma and Myth*, 1:41; cf. pp. 38-43; cf. Bultmann, *New Testament and Mythology*, p. 39; cf. pp. 36-41.
[34] Bultmann, "New Testament and Mythology," in *New Testament Mythology*, p. 39; cf. Bultmann, in *Kerygma and Myth*, 1:41.
[35] John Macquarrie, "Philosophy and Theology in Bultmann's Thought," in *The Theology of Rudolf Bultmann*, ed. Charles W. Kegley (London: SCM, 1966), p. 141.

（罗一4）。祂的王权不依赖教会或个人，而是依赖神。这是卡尔·巴特批评布尔特曼的地方。布尔特曼既禁止新约释经和系统神学之间的任何整合，又清空了**福音宣告**在神行动中的基础。[36]

1951年，世界基督教协进会（World Council of Churches）邀请布尔特曼就是否仅允许那些承认"耶稣基督是神和救主"的教会入会的议题发表看法。众所周知，他的答案被收录在其《哲学和神学论文》（*Glauben und Verstehen*；卷2，1955年）中。首先，布尔特曼指出，耶稣基督明确地被称为"神"唯独出现于《约翰福音》二十28的多马的认信中。但是，他继续说道："现在决定性的问题可能是，头衔是否，以及在多大程度上，能在任何时候都可以告诉我们耶稣的本质——一个关乎祂的基督论的声明在多大程度上也是一个关乎我的声明？祂因是神之子而帮助我，还是祂因帮助我而是神之子？"[37]

然而，传统的命题对布尔特曼确实有些意义。布尔特曼写道，它肯定了"有且仅有在祂（基督）身上才能遇见神"。[38] 然而他继续说道，这迥异于背诵《尼西亚信经》之"真神的真神"。希腊人对客观的"本性"（nature）感兴趣，但希伯来人采用了存在主义的进路。布尔特曼总结道："当神被理解为一个被客观化的实体时，'基督就是神'这一句式在任何意义上都是错的……如果'神'被理解为神行动的事件（the event of God's acting），那么这个句式则是正确的。"[39] 再一次，布尔特曼想要断言的自我参与是正确的，而他所否认的却是不正确的。事实上，正如奥斯汀（J. L. Austin）所指出的，自我参与通常是在事情之现状的基础上有效。[40] 我在《提瑟顿

---

[36] Karl Barth, "Rudolf Bultmann-an Attempt to Understand Him," in *Kerygma and Myth,* 2:83-132, especially pp. 84-85 and 91-102.

[37] Bultmann, "The Christological Confession," in *Essays Philosophical and Theological,* p. 280.

[38] Bultmann, "The Christological Confession," p. 284.

[39] Bultmann, "The Christological Confession," p. 287.

[40] As in Anthony C. Thiselton, "More on Christology: Christology in Luke; Speech-Acts-Theory and the Problem of Dualism in Christology," in *Thiselton on Hermeneutics: Collective Works with New Essays* (Grand Rapids: Eerdmans;

论诠释学》中反复辩论了这一点。[41]

4. 显然，布尔特曼关于基督论、十字架和复活的论述都适用于神自己。"若无存在性的相遇，就无法在一个能被感知的世界中去理解作为一个现象的神的行动……谈论神的行动意味着同时谈论我自己的存在。"[42] 神的行动甚至似乎也仅限于祂说话的对象。因为布尔特曼坚持强调路德的观点，即神在信心之外是隐藏的。但是，在埃伯哈德·云格尔（Eberhard Jüngel）对这个问题的阐述中，我们没有发现任何谨慎和微妙之处。对布尔特曼而言，一切都是非此即彼，几乎没有"既有……又有……"。

5. 我们最初可能会认同布尔特曼关于**末世论**的声明。天堂主要不是一个空间实体。传道人有时会说，我们不是在天堂找到神，而是在神那里找到天堂。如果他在这里强调的是其意象的类比或象征性，那么我们可能会认同这一点。但是，他的"神话"范畴会带我们走得太远。布尔特曼坚称，"我们不能再期盼人子在天上驾云而临，也勿期盼信徒们在空中与祂相遇"（帖前四15）。更严重的是，他在《耶稣基督和神话》中认为整个末世戏剧（eschatological drama）都取材于天启文学。"基督的再临从不会像新约所预期的那样发生；历史不会有终结。"[43] 在这里，他所依托的《新约》解释是当时所流行的，且是由阿尔伯特·史怀哲（Albert Schweitzer）等学者所引领的。今天，像凯尔德（G. B. Caird）和赖特（N. T. Wright）这样的学者，会基于对隐喻更好的理解来质疑这种解释的论证。

布尔特曼坚持认为，早期资料中出现的"神的国"这一概念是天启文学中"末世戏剧"的一部分。他认为，这与"三层宇宙"的原始神话相混淆；在这个神话中，世界被恶魔的力量所奴役。圣灵是一个真正的实体或位格。然而，在布尔特曼看来，圣灵只是"让新生命成为可能……圣灵不像超自然力量那样工作"。[44]

Aldershot: Ashgate, 2006), pp. 99–116.
[41] *Thiselton on Hermeneutics*, pp. 51–150.
[42] Bultmann, "Bultmann Replies," 1:196.
[43] Bultmann, *Jesus Christ and Mythology*, p. 14; cf. pp. 11–17.
[44] Bultmann, "New Testament and Mythology," in *Kerygma and Myth*, 1:22; cf.

然而，去神话化的具体例子不应让我们忽视布尔特曼想要谈及和解决的问题。他不希望消除"基督的出现"。他进一步解释道："批判者有时反对的是我用海德格尔的存在主义哲学的范畴来解释《新约圣经》。我担心他们忽略了真正的问题。应该让他们警惕的是，哲学本身看到了《新约圣经》所说的内容。"[45] 在布尔特曼看来，"真正的问题"是《新约圣经》并没有提到抽象的实体。它不是在"描述"，而是更像海德格尔将人类视为**此在**（Dasein），即参与者而非旁观者。这样的人不是因历史性的信仰"行为"而称义，而是被恩典和对基督事件的参与而称义。

因此，对约翰·麦奎利而言，尽管他在其他地方提出了批评，但是认为布尔特曼的优点是提出了（正确的）问题（Fragestellung），并使用了正确的概念方案或概念性（Begrifflichkeit）。[46] 布尔特曼向新约文本提出了我们应该问的问题。此外，他避免将实质的范畴（category of substance）强加于他所发现的一切。例如，他没有寻找关于"灵魂"作为一个实体的语言，而是首先寻找"存有的模式"（modes of being）。布尔特曼写道："海德格尔对存有的本体论结构的分析似乎只不过是《新约圣经》的人类生命观的世俗化哲学版本。"[47]

布尔特曼和麦奎利所说的"哲学"在这里主要指海德格尔的哲学；该哲学在两次世界大战之间对德国产生了巨大的影响。我们会把对海德格尔的大部分讨论留到伽达默尔一章中，不过有些读者可能希望预窥这一讨论。在英国，像吉尔伯特·赖尔（Gilbert Ryle）这样的作家反对海德格尔哲学中的根本弱点，正如我们会在下文提到。海德格尔拒绝他所说的"对存有的希腊式的解释"，代之以更"历史的"和"主观的"（或与主体相关的）理解。海德格尔写道，"存有"是近在咫尺的实在，而不是抽象的"概念"。人类在**此在**中与之相遇，即在那里、或在此时此地历史的、具体的存在中与之相遇。"引领

Bultmann, *New Testament Mythology,* p. 20.

[45] Bultmann, *New Testament Mythology,* p. 23; cf. Bultmann, "New Testament and Mythology," in *Kerygma and Myth,* 1:25.

[46] Macquarrie, *An Existentialist Theology,* pp. 13-14; cf. pp. 3-26.

[47] Bultmann, in *Kerygma and Myth,* 1:25.

此进程的对自我的理解,我们将之称为'存在性的'(existential)。"⁴⁸ 此外,海德格尔宣称:"每当**此在**心照不宣地理解和解释存有之类的事物时,它就以**时间**为其立场。"⁴⁹ 因此,探究"存有"的哲学史必须被摧毁。现象学和解释必须取代更传统的范畴。我们以**此在**出现的方式开始,这可能是真实的,也可能是不真实的。

四. 对布尔特曼整体研究方案的批判

正如乔瓦尼·米格(Giovanni Miegge)所指出的,布尔特曼的研究方案依托于**福音宣告**和神话之间的尖锐对立。米格认为**福音宣告**是内容,而"神话"则提供了"框架"。⁵⁰ 此外,根据布尔特曼的形式鉴别学,甚至**福音宣告**也只是起源于原始社会的信仰。米格继续说道:"对复活耶稣的信仰,其本身向后投射到历史的耶稣身上……最重要的是,源自希腊社会的是对基督作为 Kyrios、主和神之子的新理解……诺斯底主义的神话为基督教信仰所提供的(是)……一个合适的概念和图画形式的框架。"⁵¹

大卫·凯恩斯同样指出,"信仰和历史之间有着根本性的分离"。⁵² 他认为我们必须将布尔特曼的历史怀疑论和他对历史的逃避区分开来。然而,正是前者使后者成为可能。其 19 世纪版本的路德主义也让这一点成为合理,将对《新约圣经》可靠性的辩护变成了历史上和认识论上的"著作"。他的新康德主义把"描述"和"报告"放置在二元论的一侧,把"恩典"、"演说"和"聆听"放置在另一侧。但是,格雷厄姆·斯坦顿(Graham Stanton)和杨以德(N. J.

---

⁴⁸ Martin Heidegger, *Being and Time,* trans. John Macquarrie and Edward Robinson (Oxford: Blackwell, 1962), pp. 32-33.
⁴⁹ Heidegger, *Being and Time,* p. 39.
⁵⁰ Giovanni Miegge, *Gospel and Myth in the Thought of Rudolf Bultmann,* trans. Stephen Neill (London: Lutterworth, 1960), p. 20.
⁵¹ Miegge, *Gospel and Myth,* pp. 26, 29, and 31.
⁵² David Cairns, *A Gospel without Myth? Bultmann's Challenge to the Preacher* (London: SCM, 1960), p. 141.

Young）问道，新约作者是否对拿撒勒人耶稣的"事实"漠不关心。[53]我们不否认对观福音对当下的影响与其所呈现的历史报道相当，但两者并不是相互排斥的选择。

在《耶稣基督与神话》中，布尔特曼认为保罗开始用与基督联合的存在主义语言来重新替代天启盼望中的"神话"；约翰将末世论或宇宙冲突去神话化，变为"假教师"的概念。布尔特曼写道，"去神话化的道路已经铺好了"（林后五 17；约五 26；约壹四 16）。[54]但是，如果保罗和约翰希望用后者的方式来表达真理，那为何他们不一贯如此行呢？这里有一种"我皆正确"的意味。此外，实际上在保罗笔下，不存在从未来至"实现的"（现在的）末世论的线性时间顺序——纵然多德（C. H. Dodd）声称有这样的顺序——即便布尔特曼试图在他的《历史和末世论》(*History and Eschatology*)中找到一个难以令人信服的答案。[55]

我们已讨论过布尔特曼的历史观。他对神迹的看法与此有关，但又截然不同。沃尔夫哈特·潘能伯格（Wolfhart Pannenberg）称这是将对神迹的信仰降至神话范畴。"接受神在事件过程中的干预……是每一种宗教理解世界的基础，包括一种非神话的理解。"[56] "末世论没有表现出神话的特征。"[57] 我们认为布尔特曼不愿与早期的自由主义者，如哈纳克（Harnack）和朱利希（Jülicher），有所联系。他不提倡那些易被"现代人"接受的"宗教和伦理的基本原则"。因为那时，**福音宣告**不再是**福音宣告**。但是，难道这个世上存在没

---

[53] Graham N. Stanton, *Jesus of Nazareth in New Testament Preaching,* Society for New Testament Studies Monograph Series, no. 27 (Cambridge: Cambridge University Press, 1974), throughout; cf. Norman J. Young, *History and Existential Theology: The Role of History in the Thought of Rudolf Bultmann* (Philadelphia: Westminster, 1969).

[54] Bultmann, in *Kerygma and Myth,* 1:208.

[55] Rudolf Bultmann, *History and Eschatology* (Edinburgh: Edinburgh University Press, 1957), chapters 3 and 4.

[56] Wolfhart Pannenberg, "Myth in Biblical and Christian Tradition," in Pannenberg, *Basic Questions in Theology,* trans. R. A. Wilson (London: SCM, 1970-73), 3:14.

[57] Pannenberg, *Basic Questions in Theology,* 3:68; cf. pp. 71-74.

有历史、没有神行动的**福音宣告**吗？布尔特曼的语言观已经过时，其中的语言**要么**是描述性的，**要么**是演说性的。但对于这种观点，他依赖于卡尔·布勒（Karl Bühler）和一个既定但错误的语言传统。我们现在从维特根斯坦、奥斯汀、塞尔（Searle）、雷卡纳蒂（Recanati）等人，更不用说从布朗（Brown）的"礼貌理论"得知：语言在功能上的重叠，以及言语行为（speech-acts）可能取决于事态。[58] 除此之外，布尔特曼的神话概念其本身就非常自相矛盾，而且适得其反。

布尔特曼的研究方案证明了它本身是非常过时的，正如我们会认为 1941 年首次提出的观点是过时的那样。许多明显的批判仍未得到回应。然而，布尔特曼在许多方面都试图揭露"十字架的真正的绊脚石"。他所说的有关最后审判用语的真正意图是呼吁人们现在就承担责任，是正确的；但他错在否认了与最后审判有关的所有未来或指示性的意义。否则，**福音宣告**只会变成虚张声势。这种例子清楚说明了为何所谓的布尔特曼学派在很大程度上分裂为左翼和右翼批判者。他的右翼批判者声称基督论已经被融入救赎论，这清晰地可见于他对约翰的讨论以及他在《约翰福音》六章中的主张。从天主教的角度来看，约瑟夫·布兰克（Josef Blank）观察到，"甚少对布尔特曼进行讨论的是，[《约翰福音》第六章中] 粮的论述基本上是**基督论的**。"[59] 我们可以补充道，他对约翰所持概念的"希腊化"和"诺斯底式"的观点是严重过时的，尤其透过库姆兰群体我们得知，二元论在第 1 世纪的犹太著作中并不少见。勒内·马雷（René Marlé）也遗憾地说道，尽管布尔特曼不算是"马吉安派"，但他应该更加关注《旧约圣经》的内容。[60]

---

[58] *Thiselton on Hermeneutics,* pp. 51-150.
[59] Josef Blank, in *Rudolf Bultmann in Catholic Thought,* ed. Thomas F. O'Meara and Donald M. Weisser (New York: Herder and Herder, 1968), p. 105; cf. pp. 78-109.
[60] René Marlé, "Bultmann and the Old Testament," in *Rudolf Bultmann in Catholic Thought,* pp. 110-24.

五．争论的后续进程：左翼和右翼批判者

有些批判布尔特曼的研究方案的人认为，布尔特曼做得还不够。如果《新约圣经》的大部分语言要么是神话的，要么是象征性的，那么为何十字架却有独特性呢？赫伯特·布劳恩（Herbert Braun）、卡尔·贾斯珀斯（Karl Jaspers）、弗里茨·布利（Fritz Buri），以及舒伯特·奥格登（Schubert Ogden）在某种程度上也都为这一观点辩护，并被称为布尔特曼的"左翼"批判者。

赫伯特·布劳恩出生于1903年，在柯尼希斯堡（Königsburg）大学和杜宾根大学接受教育。他因在《新约圣经》和库姆兰群体领域中的著作而闻名于德国。不过在德国之外，他也以激进的存在主义解释而闻名；他认为"神"也是自我理解的神话或象征。[61] 耶稣和神是象征，旨在为理解人类而服务。布劳恩与布尔特曼争论道，客观地干预世界的神不再可信。为什么要把耶稣或神看作实体呢？布劳恩认为，自施莱尔马赫以来，新教神学一直倾向于认为我们只处理表达我们经验的方式，我们给这些经验命名为"基督"和"神"，但是我们甚至可以不用这些名字。它们也可归属到去神话化和去客观化的伟大的研究方案中。布劳恩在＜论对新约圣经的理解＞（Vom Verstehen der Neuen Testamentes）一文中有更受欢迎的论述。[62]

许多人对布劳恩做出了积极的回应，但没有人比赫尔穆特·戈尔威茨（Helmut Gollwitzer）更强而有力。[63] 他认为，布劳恩纯粹就是拒绝"有神论"。有神论在定义上需要某种形而上学或本体论。此外，布劳恩过于怀疑第1世纪的世界观。潘能伯格、麦奎利、赫本等人批判了布尔特曼对"神话"的用法（由布尔特曼和布劳恩提出）中

---

[61] Herbert Braun, "Der Sinn der neotestamentlichen Christologie," *Zeitschrift für Theologie und Kirche* 54 (1957): 341-77; cf. Braun, *Qumran und das Neue Testament* (Tübingen: Mohr, 1966).

[62] Herbert Braun, "Vom Verstehen der Neuen Testamentes," *Neue deutsche Hefte*, November 1957, pp. 697-709; reprinted in Braun, *Gesammelte Studien zum Neuen Testament und Umwelt* (Tübingen, 1962), pp. 243-309.

[63] Helmut Gollwitzer, *The Existence of God as Confessed by Faith*, trans. James W. Leitch (London: SCM, 1965), pp. 35-45.

所表现的混乱。戈尔威茨认为"神"是一个有位格的神（a personal God），祂的名字是"不可替代和不可弃绝的"。[64] 他总结道："以有神论作为表达基督教信仰的一种方式，不会被其他方式所超越。"[65]

卡尔·贾斯珀斯（1883-1969 年）主要以精神病学家和哲学家的身份，而非神学家的身份写作。他首先学习了法律和医学，而后成为海德堡大学的心理学讲师。四十岁时，他转向存在主义哲学，并成为瑞士巴塞尔大学的哲学教授。在心理学方面，他特别关注妄想症和幻觉的问题。在哲学方面，他深受祁克果和尼采的影响，强调存在主义哲学和个人的自由。

对贾斯珀斯而言，宗教对发现真理具有积极的作用，但它决不能是一种排他主义的宗教；**对探究者而言**，它必须是真实的。不同的探究者以不同的方式和形式发现"**超越性**"。存在主义的分析可以发现"宗教"，而非基督教。贾斯珀斯的方法显然是多元的。他在＜福音宣告与神话＞（Kerygma and Myth）一文中承认自己感觉就像一个在国外的旅行者。但是他形容布尔特曼的方法是"实际上完全正统和非自由的，尽管他作为一个人和一个历史学家具有自由性。"[66] 他在《哲学》中认为，当一个人达到科学或经验主义的极限时，他或她要么重新陷入绝望，要么通过信仰的飞跃来选择相信某种超越性或自我超越性。但是**超越**并不一定意味着一个有位格的神。"世界之外"仍有事物，但不会是一个有位格的神。

布尔特曼回应贾斯珀斯道，他并未放弃存在主义哲学。他追随海德格尔，跨出传统的主客体模式或概念模式。贾斯珀斯无法理解解释者所面临的困境。对布尔特曼而言，真正的问题不在于贾斯珀斯的哲学，而在于如何解读《圣经》。布尔特曼坚持《新约圣经》的独特性。他写道，答案最终是"主啊，祢有永生之道，我们还归从谁呢？"（约六 68）。[67]

---

[64] Gollwitzer, *Existence of God,* p. 42.
[65] Gollwitzer, *Existence of God,* p. 44.
[66] Karl Jaspers, "Myth and Religion," in *Kerygma and Myth,* 2:174.
[67] Rudolf Bultmann, "A Case for Demythologizing," in *Kerygma and Myth,* 2:194.

关乎布尔特曼的观点，很少有学者介乎左右两派中间，但最著名的可能是弗里德里希·戈加特恩（Friedrich Gogarten，1887-1967年）、汉斯-沃纳·巴奇（Hans-Werner Bartsch，生于1915年）和沃尔特·施密特尔斯（Walter Schmithals，生于1923年）。戈加特恩自1927年起任耶拿大学（University of Jena）的神学教授，自1933年起任哥廷根大学的神学教授。他扩展了布尔特曼在其《去神话化和历史》中的研究方案。[68] 沃尔特·施密特尔斯在马尔堡和明斯特学习。他在马尔堡授课，并成为柏林大学的新约教授。他写了《鲁道夫·布尔特曼的神学导论》，还写了有关诺斯底主义和哥林多的著作等。他还主张一种非独具基督教特色的政治观。

然而，大多数学者属于"右翼"批判者的范畴。蒂利克（Helmut Thielicke，1908-1986年）、卡尔·巴特（1886-1968年）和朱利叶斯·施内温德（Julius Schniewind，1883-1948年）是最早批判布尔特曼研究方案的人。蒂利克抨击了他对世界观的论述，但也指出，如果我们遵循他的神话定义，我们就否定了**从无创造万有**的真理。[69] 他写道："问题不在于《新约圣经》，而在于人类的思想能否从神话中解放出来……空间、时间和因果关系不是客观的范畴。"[70] 蒂利克对布尔特曼提议的许多方面都提出了质疑。

巴特和布尔特曼在早期的进路有某些相似。在他们共有的辩证神学中，两人都拒绝了《新约圣经》中假定的价值中立，正如布尔特曼早期支持巴特的《罗马书注释》所表现的那样。但是，巴特对布尔特曼的历史观、本体论和许多其他观点越来越感到不安。他同意我们不是从《新约圣经》中提取理论命题，他认为布尔特曼在这一点上是正确的。他承认我们不能称布尔特曼是与阿道夫·哈纳克（Adolf Harnack）、威廉·布塞特（Wilhelm Bousset）或阿道夫·朱利希（Adolf Jülicher）同样的"自由派"。**福音宣告**关注的是神的行动，

---

[68] Gogarten's best-known works include *Christ the Crisis* (London: SCM, 1978) and *Demythologizing and History* (London: SCM, 1955).
[69] Thielicke, "The Restatement," 1:144-45; cf. pp. 138-74.
[70] Thielicke, "The Restatement," 1:158.

而非人类的主观经验。此外，神的拯救行动建立在基督论的基础上。我们在布尔特曼那里发现了一个源于基督论的救赎论。他没有足够关注"第三天"所发生的事情。布尔特曼过多地依赖所谓的路德主义。[71]

施内温德在抨击布尔特曼方面毫不逊色于巴特。"我们不能因为客观历史（Historie）主要不是为了我们而出现就拒绝它。我们亦不能因为真实历史（Geschichte）主要是为了我们而出现就接受它。"[72] 他认为末世论是未来的历史，而基督论是至关重要的。"要么在诸般荣耀中的凯撒是主和救主……要么拿撒勒的耶稣是主和救主。"[73] 这里还可提及许多人，可以从恩斯特·金德（Ernst Kinder）到肯内思（W. Künneth）。在英国，这可能包括伊恩·赫德逊（Ian Henderson）、约翰·麦奎利和大卫·凯恩斯等其他人。与此同时，布尔特曼坚持认为，他从海德格尔那里学到的不是《新约圣经》说了什么，而是如何说；并非每个人都相信这一点。伊恩·赫德逊认为，解读《新约圣经》更像是解读一部名著，而非解释一套密码（code）。[74] 无人会愚蠢到扔掉原著。尽管布尔特曼的提议严重过时，但其包含的一些积极见解值得批判性地听取。

六 . 建议初学阅读书籍

Bultmann, Rudolf, "New Testament and Mythology," in *Kerygma and Myth: A Theological Debate*, edited by Hans-Werner Bartsch, 2 vols. (London: SCM, 1953), 1:1-44; retranslated in Bultmann, *New Testament Mythology and Other Basic Writings*, selected, edited, and translated by Schubert M. Ogden (Philadelphia: Fortress, 1984), pp. 1-44.

Jensen, Alexander, *Theological Hermeneutics*, SCM Core Text (London:

---

[71] Barth, "Bultmann," 2:121-23.
[72] Julius Schniewind, "A Reply to Bultmann," in *Kerygma and Myth,* 1:83; cf. pp. 45-101.
[73] Schniewind, "A Reply to Bultmann," 1:91.
[74] Ian Henderson, *Myth in the New Testament* (London: SCM, 1952), p. 31.

SCM, 2007), pp. 115-34.

Thiselton, Anthony C., *The Two Horizons: New Testament Hermeneutics and Philosophical Description with Special Reference to Heidegger, Bultmann, Gadamer, and Wittgenstein* (Grand Rapids: Eerdmans; Exeter: Paternoster, 1980), pp. 227-92.

10

20世纪中叶的一些进路：巴特、新诠释学、结构主义、后结构主义和巴尔的语义学

一．卡尔·巴特的早期和后期诠释学

1. 巴特的背景和生涯。卡尔·巴特（Karl Barth，1886-1968 年）出生于瑞士巴塞尔一个加尔文主义的家庭。他先后在瑞士的伯尔尼、德国的柏林、杜宾根和马尔堡深造。他的老师有威廉·赫尔曼（Wilhelm Hermann）、阿道夫·朱利希（Adolf Jülicher）和阿道夫·冯·哈纳克（Adolf von Harnack）等。他们的自由主义后来遭到巴特的反对。从 1911 年开始，巴特在瑞士的萨芬维尔（Safenwil）担任牧师。

自 1915 年至 1918 年，巴特撰写了《死人复活》（*The Resurrection of the Dead*），与《哥林多前书》相关的著作，以及《神的话语与人类的话语》（*The Word of God and the Word of Man*）中的大部分文章；最后这本书包括了他的纲领性文章〈圣经中的奇异新世界〉（The Strange New World within the Bible）。[1] 这些作品强调了"自然宗教"和基督教福音之间的非连续性。巴特强调"不要让任何人因人而骄傲"（林前三 21）。他认为哥林多的主要缺点是"大胆、信誓旦旦地热衷于相信他们自己对神、尤其是对领袖和英雄的信心，而不是相信神自己。"[2] 巴特在〈圣经中的奇异新世界〉中写道："一个新世界投射到我们的普通世界中……构成《圣经》内容的不是人类对神的正确想法，而是神对人的正确想法。"[3]

这种观点的动机是，他此前从他老师们学习的自由主义神学，在他早期牧会时无法在萨芬维尔打破僵局。他在很大程度上无视他老师们的圣经鉴别学，就在 1918 年写了《罗马书注释》（*Commentary on the Epistle to the Romans*），并于 1922 年创作了第二版；他在这本书中抨击了他老师们的方法。[4] 1925 年，他被任命为哥廷根大学

---

[1] Karl Barth, *The Resurrection of the Dead,* trans. H. J. Stenning (London: Hodder and Stoughton, 1933; German, 1915-16); and Barth, *The Word of God and the Word of Man,* trans. D. Horton (London: Hodder and Stoughton, 1928).

[2] Barth, *Resurrection,* p. 17.

[3] Barth, *The Word of God,* pp. 37 and 43.

[4] Karl Barth, *The Epistle to the Romans,* trans. E. C. Hoskyns (Oxford and London: Oxford University Press, 1933). 中注：卡尔·巴特，《罗马书释义》，魏育青译（上海：华东师范大学出版社，2005）。

教授，并于 1930 年成为波恩大学的教授。1934 年，他是认信教会反对纳粹的《巴门宣言》（Barmen Declaration）的主要作者，宣告基督是唯一的主。不出所料，他于 1935 年被罢职。他后来又担任巴塞尔大学的教授，直到 1962 年正式退休。自 1932 年始，他着手撰写其权威之作《教会教义学》（Church Dogmatics），直到 1968 年去世时这本巨著仍未完成。光是《罗马书注释》就足以令他举世闻名，但他的《教会教义学》成为有史以来最具影响力的基督教著作之一，英译本长达 14 大卷。[5]

2. 巴特早期的诠释学进路。 直到《罗马书注释》第二版（1915-1922 年）面世前的巴特神学早期阶段，都可被称为辩证神学（dialectical theology）或危机神学（theology of crisis）时期。他在这段时期强调神的超越性或神圣的他者性，以及无限、圣洁的神与有限、谬误的人之间的差异。因为我们不能直接或明确地谈论这样一位神，所以神圣的启示以辩证的形式对我们说话：以恩典表示赞同，以审判、危机或他者性表示反对。

巴特在《罗马书注释》（1922 年第二版）中写道，如果他有一个"系统"的话，这个系统是源自于祁克果所言的"人类时间和神永恒"之间的"无限本质的差异"（infinite qualitative distinction）："神在天上，你在地上"。[6] 巴特继续写道，"这样一位神和这样一个人之间的关系……对我来说是圣经的主题和哲学的本质。哲学家们将人类感知的这种**危机**命名为——原推动者（Prime Mover）；《圣经》也看到了同样的关键——耶稣基督的影像（figure）。"[7] 因此，对早期的巴特而言，圣经诠释学的双重意义是：第一，我们必须使用"信心的类比"（the analogy of faith）来间接或辩证地与神交谈或倾听神；第二，这种语言必须是基督论的，因为"危机"神学指向基督。

巴特的注释书基本没有涉及人文科学（Geisteswissenschaften），

---

[5] Karl Barth, *Church Dogmatics,* ed. G. W. Bromiley, T. F. Torrance, and others, 14 vols. (Edinburgh: T. & T. Clark, 1957-75).

[6] Barth, *Romans,* p. 10 (2nd ed., German, 1922).

[7] Barth, *Romans,* p. 10.

也未涉及可能是其基础的一般诠释学（或狄尔泰）。他写道："对心理学和历史的幻想破灭后，我们转向于《圣经》。"[8] 但是这也带来了危险：使《圣经》成为了"偶像"，用其替代了永活的神（罗十二3）。《罗马书》八5-9表明，"肉体的心灵"可以是圣灵的敌人，可以寻求虚假的"平安"。然而，巴特在序言中也写道："我唯一的目的是解释圣经……当然，无人能在毫不增加（einlegen）内容的情况下揭示（auslegen）文本的意义。"[9] 因此，巴特旨在为他所身处的那个时代进行神学性的释经。读者必须在信心和顺服中重新聆听神的话。神学的内容至关重要。在哥林多，有人不相信《哥林多前书》十五章所说的复活，因为"有人不认识神"（林前十五34）。[10] 圣经是"他者"，是一个"新的、更伟大的世界。"[11]

巴特与他的自由主义老师们都对彼此的立场感到震惊。令赫尔曼、朱利希和哈纳克感到震惊的是，巴特抛弃了价值中立的进路，而且似乎规避了圣经鉴别学，或者他至少仅将其视为释经的预备阶段（preliminary stage）。就巴特而言，他认为他老师的进路对当代读者是无用的。他坚称自由主义根本不是"现代的"；相反，它将耶稣和保罗的"福音宣告"变成了一种平淡的"教导"，根本不是"福音宣告"（宣讲）。令许多人惊讶的是，鲁道夫·布尔特曼起初支持早期巴特，认同《新约》提出了"福音宣告"而非平庸的"教导"。[12] 他是后来才认为巴特的神学过于神话化，且与他早期神学分道扬镳。然而，二者都强调神的超越性（或"他者性"），也都强调尝试表达神圣启示的基督教语言的间接或类比的性质。

3. 巴特的后期诠释学。 随着第二次世界大战和纳粹主义的威胁

---

[8] Barth, *Romans*, p. 431.
[9] Barth, *Romans*, p. ix.
[10] Barth, *Resurrection,* p. 190.
[11] Barth, *The Word of God*, p. 42.
[12] Cf. James M. Robinson, "Hermeneutics since Barth," in *New Frontiers in Theology*, vol. 2, *The New Hermeneutic,* ed. James M. Robinson and John B. Cobb, Jr. (New York and London: Harper and Row, 1964), pp. 1-77, and Francis Watson, *Text, Church, and World: Biblical Interpretation in Theological Perspective* (Edinburgh: T. & T. Clark, 1994), pp. 1-14, 226- 40, and 243-45.

第十章 20世纪中叶的一些进路：
巴特、新诠释学、结构主义、后结构主义和巴尔的语义学

与日俱增，巴特深刻思考了类比的性质，以基督为中心的视角也变得更具三一性。在前一个问题上，他与亲密的同事埃米尔·卜仁纳（Emil Brunner）决裂。后者强调婚姻和国家的谕令，以及人悔改的可能性，指向了托马斯·阿奎那所阐述的存有的类比（analogia entis）。对巴特来说，只有信心的类比（analogia fidei）才能充分捍卫神的超越性或他者性。这个话题既复杂又微妙，双方都可长篇论述。[13]

巴特关于这个主题的中期或后期思想，大都记载在《教会教义学》第一卷第二部分（英译版 1956 年）19-20 章的近 400 页的篇幅中。[14] 他前面的章节谈到了人类是神的话语、神的爱与颂赞神的实践者。现在他继续说道，人类认识到圣经的独特性，因为圣灵通过它使人能顺服作为教会之主的基督，并能回应摩西和先知所说的话，以及福音书作者和使徒们所说的话。[15] 然而，启示在圣经中的表达是，它是神启示的**见证**；它见证了"三一神的主权"。[16] 在《圣经》中，我们遇到"用人类语言（human speech）写的人类话语（human words）"，它见证了启示。[17]

巴特进一步强调，神的话语是"为了教会"。因此，他在 [《教会教义学》第一卷第二部的] 20 和 21 章谈到了教会的本质是作为神话语的接受者，以及三一教义的重要性。因此，"圣经诠释学不能让自己被一般诠释学支配"。[18] 但是向我们说话的仍是人的话语，带着历史的特殊性。这也是"神圣的启示"；正是这样，"信心的类比 …… 被吸引至启示奥秘的黑暗和光明中"。[19] 为了被我们理解（即在解释的过程中），启示抓住了我们；不是我们掌握了它。就《圣

---

[13] Cf. Alan J. Torrance, *Persons in Communion: An Essay on Trinitarian Description and Human Participation with Special Reference to Volume One of Karl Barth's "Church Dogmatics"* (Edinburgh: T. & T. Clark, 1996).

[14] Barth, *Church Dogmatics* I/2 (Edinburgh: T. & T. Clark, 1956), pp. 457-740 (German, pp. 505-990).

[15] Barth, *Church Dogmatics* I/2, section 19.1, p. 457.

[16] Barth, *Church Dogmatics* I/2, section 19.1, p. 458 (cf. German, p. 512).

[17] Barth, *Church Dogmatics* I/2, section 19.1, p. 463.

[18] Otto Weber, *Karl Barth's "Church Dogmatics": An Introductory Report,* trans. A. C. Cochrane (London: Lutterworth, 1953), p. 58.

[19] Barth, *Church Dogmatics* I/2, section 19.1, p. 472.

经》而言，教会证实或确立了这个见证。"圣经是神对教会和为了教会所说的话语。"[20] 然而，它也只不过是启示的"**见证**"，而圣经正典是教会**认可**的（而非创造的）。《旧约圣经》和《新约圣经》属于正典。圣经不仅见证了启示，也通过先知和使徒见证了教会。

在第 20 章中，巴特认为教会并不主张"其自身具有直接、绝对和实质的权威"，而是传达"《圣经》的权威"。[21] 教会并非绝对毫无人为的错误。在启示的问题上，决定性的事件是基督的复活。巴特还引用了论《圣经》权威的标准经文——《提摩太后书》三 14-17（"你是从小明白圣经……圣经都是神所默示的……都是有益的"）和《彼得后书》一 19-21（"男人和女人被圣灵感动，说出神的话"）。教会或视自身为自给自足的，或成为一个"顺服的"教会。在后一种情况下，它或许会"宣告"自己的信仰，就像认信教会在反对希特勒和纳粹主义的《巴门宣言》中所宣告的那样。教会在神的话语"之下"。

巴特表明这里有一个三一教义的维度。在圣经"之下"，教会的顺服是对圣灵的回应（圣灵使这顺服成为可能），也是承认神、圣父和圣子的主权。论《圣经》的章节（《教会教义学》的 19-21 章）首先通过"话语的自由"（第 21 章）引向其宣教教义中的"教会的宣讲"（The Proclamation of the Church）和伦理（第 22 章），以及"教理学乃聆听之教会的功能"（第 23 章；Dogmatics as a Function of the Hearing Church）。第一卷第二部关于神的话语的后半部分以此章完结。[22] 诠释学乃为此服务。三位一体起着重要的作用；类比和教会亦然。

4. 评估。巴特和布尔特曼的道路截然不同，这是可以理解的。他们一致认为关于超越的神的语言是类比的；但是相较于其他大多

---

[20] Barth, *Church Dogmatics* I/2, section 19.2, p. 475.

[21] Barth, *Church Dogmatics* I/2, section 20, p. 538.

[22] 中注：提瑟顿在此处笔误，将第二部写作了第一部。另外，《教会教义学》第一卷第二部的结束章节并非"教理学乃聆听之教会的功能"，而是"教理学乃教导之教会的功能"（第 24 章；Dogmatics as a Function of the Teaching Church）。

数人而言，巴特看到了神和人类之间存在着根本的非连续性。他的诠释学是其神学的一部分，神是"自上而来"（from above）的父、子和圣灵。他强调《圣经》是由人类作者所写，而且它只是以基督为中心之启示的"见证"而已。他强调诠释性的理解需要顺服。他赋予教会和正典一个地位，就像其后继者汉斯·弗雷（Hans Frei）和布里瓦德·查尔兹（Brevard Childs）所做的那样。我们不能脱离巴特的见解，但它们是他神学思想的一部分。巴特对诠释学常见问题的讨论相对较少，但是记住他的神学观点是有益的。最近，马可·鲍尔德（Mark A. Bowald）呼吁在诠释学中描述神圣的中介（divine agency），而巴特正强调了这一点。[23]

人们有时会说巴特的视角从基督论转向了三一论，但是他并未摒弃前者。他的家庭背景使他热爱《圣经》，他对历史鉴别学方法的强烈反感确保了不盲目追随《圣经》鉴别学，也不应吹嘘它是价值中立的。[24] 他正确地敦促道，拿撒勒的耶稣不只是"教导"道德真理或一般的格言。在早期著作中，他很好地使用了祁克果的思想。

巴特把他的《安瑟伦：信仰寻求理解》（Anselm: Fides Quaerens Intellectum；1930 年）描述为《教会教义学》的"关键钥匙"。他认为"信"是神发起的一个进程（process）。许多人会认为他在 1934 年对埃米尔·卜仁纳写〈不！〉一文过于偏激，但这是他在罗马的一个特殊情况之下所写的。他强烈认为基督教神学需要自我批评。他相信"神可能会通过俄罗斯的共产主义，长笛协奏曲，或者一只死狗对我们说话"。[25] 但是，"神随时随地……应验圣经的话语"时，祂就说话，"使之成为现实"。[26] 神的话总归是应许的话语，它作为一个转化性的事件在当下实现。无论诠释学的实用性如何，这个更广的视角仍然是正确的。在巴特看来，"只有通过神才能认

---

[23] Mark Alan Bowald, *Rendering the Word in Theological Hermeneutics* (Aldershot and Burlington, Vt.: Ashgate, 2007).

[24] 参Telford Work, *Living and Active: Scripture in the Economy of Salvation* (Grand Rapids: Eerdmans, 2002), pp. 67-100.

[25] Barth, *Church Dogmatics* I/1, section 3, p. 55.

[26] Barth, *Church Dogmatics* I/1, section 4, p. 120.

识神"。"理解"来自神。

二. 富克斯和艾伯林所谓的新诠释学

正如我们在"耶稣的比喻"一章中所观察到的，我们故意使这个讨论较某些章节更短，因为我们在别处已经就这个主题写了几篇长文。自从我写这个主题以来，它并未有太多的发展。它在20世纪60年代早期是非常重要的一个主题，但是它已丧失了其大部分的关注点和吸引力，特别是因为它的海德格尔式的语言概念被认为是片面的，而且其过于一般化的"话语事件"（speech-event）概念未能完全与奥斯汀、约翰·塞尔、雷卡纳蒂（F. Recanati）等人更复杂的理论契合。

恩斯特·富克斯（Ernst Fuchs, 1903-1983）和格哈德·艾伯林（Gerhard Ebeling, 1912-2001年）被普遍认为是所谓的"新"诠释学的创始人和主要倡导者。富克斯曾是布尔特曼的学生，和他一样是路德宗信徒。他在波恩大学、柏林大学、杜宾根大学和马尔堡大学接受教育。与艾伯林一样，他与博格勒姆（G. Bornkamm）和恩斯特·凯瑟曼（Ernst Käsemann）一起批判布尔特曼在他简化的历史观上走得太远，并创立了对历史耶稣的"新探索"。他写了《保罗笔下的基督和圣灵》（*Christ und der Geist bei Paulus*；1932年）、《诠释学》（*Hermeneutik*；1954年）和《马尔堡诠释学》（*Marburger Hermeneutik*；1968年）。[27] 他试图将存在主义诠释学与他对文本的特殊观点融合起来，尤其是他论耶稣比喻的那些观点。迄今为止，可能只有《历史耶稣的研究》（*Studies in Historical Jesus*）以英文出版。

格哈德·艾伯林先后在杜宾根和瑞士苏黎世任教。1960年，他出版了《话语与信仰》（*Word and Faith*），这是一本关于各种主题

---

[27] Ernst Fuchs, *Hermeneutik,* 4th ed. (Tübingen: Mohr, 1970) and *Marburger Hermeneutik* (Tübingen: Mohr, 1968).

第十章 20世纪中叶的一些进路： 巴特、新诠释学、结构主义、后结构主义和巴尔的语义学

的论文集，但主要研究教会历史。[28] 他还写了《神的话与传统》（*The Word of God and Tradition*）、《神学的语言理论导论》（*An Introduction to a Theological Theory of Language*）[29]、《信仰的本质》（*The Nature of Faith*）、《神学与宣讲》（*Theology and Proclamation*）、《路德》（*Luther*）和《神学研究》（*The Study of Theology*）。富克斯和艾伯林都写过几篇已译成英文的有关新诠释学的文章。每人各有一篇收录在詹姆斯·罗宾逊（James Robinson）和科布（J. L. Cobb, Jr.）编辑的《神学新前沿》（*New Frontiers in Theology*）的第二卷——《新诠释学》（*The New Hermeneutic*；1964年）中。[30]

富克斯认为《新约》的**福音宣告**（宣讲）创造而非假设了信心。像巴特一样，富克斯和艾伯林认为圣灵和神的话语有能力创造此信心（来四 12-13）。他们都坚持认为文本本身就是为了**活着**（to live）。但他们也认为，在一个已变化的情况下，"**同一个**词下一次只能用不同的方式来表达"。[31] 富克斯和艾伯林也追随狄尔泰、海德格尔和布尔特曼，坚持初步理解或预先理解的重要作用。

这个永活的话语（living Word）作为"语言事件"与听者或读者相遇。富克斯使用 Sprachereignis（语言事件：language event）一词，艾伯林则更喜欢 Wortgeschehen（字面意思是字词事件：word event；或者更广泛地说是言说事件：speech event）一词。[32] 富克斯认为，语言事件不仅来自认知思维的进程。文本本身就会引导和塑

---

[28] E.g., Gerhard Ebeling, *Word and Faith,* trans. J. W. Leitch (Philadelphia: Fortress; London: SCM, 1963).
[29] Gerhard Ebeling, *The Word of God and Tradition,* trans. S. H. Hooke (London: Collins, 1968), and Ebeling, *An Introduction to a Theological Theory of Language* (London: Collins, 1973).
[30] Ernst Fuchs, "The New Testament and the Hermeneutical Problem," in *New Frontiers in Theology,* vol. 2, *The New Hermeneutic;* cf. G. Ebeling, "Word of God and Hermeneutic," in *New Frontiers in Theology,* 2:78-110.
[31] Gerhard Ebeling, "Time and Word," in *The Future of Our Religious Past: Essays in Honour of Rudolf Bultmann,* ed. James M. Robinson (London: SCM, 1971), p. 265; translated from *Zeit und Geschichte* (1964).
[32] Fuchs, *Marburger Hermeneutik,* pp. 243-45, and *Studies of the Historical Jesus* (London: SCM, 1964), pp. 196-212; cf. Ebeling, *Word and Faith,* pp. 325-32.

造读者。语言事件因而产生了新的理解。它在神自己看待事物的方式和读者的视角或视野之间产生了"共鸣"、"共识"或"相互理解"（Einverständnis）。因此，文本不只是一个对象或工具。语言事件和共鸣，或共同理解，都是新诠释学的核心。艾伯林宣称："因此，字词的基本结构并不是陈述。"[33]

富克斯和艾伯林都认同布尔特曼，视《新约圣经》的著作不是描述、报告或认知陈述，而是演说和"间接"的论述。像布尔特曼一样，他们将这两种话语模式分开，甚至不允许重叠。在这点上，布尔特曼和新诠释学都深受海德格尔的影响，过于强调诉诸个人"经验"的存在主义。富克斯写道："我们应该只接受那些我们认为对我们个人有效的东西。"[34] 艾伯林坚持认为诠释学不是对语言**的**理解，"而是**通过**语言来理解"。[35]

然而，富克斯和艾伯林都强调对**神的话语**的应用和转化的行动，这相对于探究或描述它的内容而言。这不是理论和空谈的问题；神的话语通过圣经的间接语言**掌握**并**塑造**了读者。在他的许多著作中，富克斯认为这反映了耶稣的爱和恩典的主权。耶稣的比喻引向永生，八福给予并实现祝福，而不只是谈论。将老鼠放在猫面前，就像看到文本的语言事件正在发生。尤其是在比喻故事中的耶稣，祂就站在听者旁边。正如我们在第三章对比喻的讨论中所看到的，爱不仅仅是"脱口而出"，而是预先提供了一个会遇之处。这通常采取提供文本"世界"的形式，在其中达成"共同理解"。比喻提供了耶稣的**凭证**和应许，这相当于"神的仁慈"。[36]

1. 富克斯和艾伯林确实为他们处理的文本段落带来了些**创造性**。如果他们不是被海德格尔和布尔特曼所迷惑的话，那么他们的大部分研究方案可与英裔美国哲学家中唐纳德·伊万斯（D. D. Evans）的《自我参与的逻辑》（*The Logic of Self-Involvement*）相媲美，尽管

---

[33] Ebeling, "Word of God," p. 103.
[34] Fuchs, "The New Testament," p. 117.
[35] Ebeling, "Word of God," p. 93.
[36] Fuchs, *Historical Jesus,* pp. 33-37.

第十章 20世纪中叶的一些进路：
巴特、新诠释学、结构主义、后结构主义和巴尔的语义学

他们的言语行为并不是奥斯汀和伊万斯所说的真正的"言外"行为。不可否认，富克斯说道："我们不能过于重视经验性的事物。"[37] 他说只要想一想工程建设就能证明这一点。但是，他随后提到了布尔特曼的将《新约圣经》去神话化的研究方案。在这个方案中，存在主义给予我们的"不只"是"事实"，而且描述或报告消失不见了；只有自我参与的东西才具有真理的性质。斯蒂芬·尼尔（Stephen Neill）在评论我于1973-1974撰写、但于1977年出版的新诠释学作品时抱怨道，我的文章先给出一种对新诠释学的极好印象，但随后"将之全部摧毁了"。[38] 但是，这忠实地反映了新诠释学的本质：有很多引人注目之处，但很多又是错误的。这引起了相当大的争议。然而，我们为何必须全盘接收或者一概拒之门外呢？它创造性地使用了语言事件、"世界"和"共同理解"的概念。然而，富克斯坚持认为耶稣基督的复活是一个"语言事件"，而非一个"客观"历史。难道这不能**既是**自我参与**又是**"事实的"吗？

2. 富克斯和艾伯林还倾向于选择性地使用圣经文本。富克斯暗示道，批判性研究可能"首先扼杀文本"。然而，他们试图"让文本深达预期效果"（treffen）却没有利科"后批判式的天真"（post-critical naïveté）的微妙之处（见下文）。[39] 他们倾向专注于诗歌、诗词、隐喻和比喻等体裁，而忽略更加推论性的论述（discursive discourse）。在《诠释学》（*Hermeneutik*）和其他地方讨论过的《哥林多前书》十三章和《腓立比书》二 5-11，所受的关注远胜于保罗书信的某些经文。他们的长处在于他们所说的"间接性的"（indirect）语言，但是《哥林多前书》十五 3-6 或 3-8 同样需要解释者的注意。

3. 富克斯和艾伯林的语言观仍然源于海德格尔，但他们忽略了更广泛的语言传统。虽然富克斯明确否认后期海德格尔的影响，但艾伯林在《神学语言的本质》中关于"语言毒害"（language poi-

---

[37] Fuchs, "The New Testament," p. 115.
[38] Anthony C. Thiselton, "The New Hermeneutic," in *New Testament Interpretation,* ed. I. H. Marshall (Exeter: Paternoster, 1972), pp. 308-33; cf. Neill's review in *Church of England Newspaper,* 18 November 1977, p. 20.
[39] Fuchs, *Historical Jesus,* pp. 196-98 and 202

soning）和"分裂"（fragmentation）的言论似乎在很大程度上源于后期海德格尔关于人类已经"脱离存有"的主张。事实上，正如我之前所言，他们的话语力量的概念几乎暗示了话语的魔力。

然而，这些关于语言的声明还有可能用一种更大度和更积极的方式去理解。富克斯和艾伯林都把创造性的、真实的语言称为"聚集"（gathering），他们也认为家庭的语言可以把我们的共同理解联系在一起；这适用于教会。从这个意义上来说，分享正确的语言和解释可以将分散的教会合而为一。

4. 最重要的是，新诠释学试图引起人们对"文本权利"的关注，视文本为解释者、会众或读者群体的**主人**，而非仆人。当我们试图解释新约时，我们并不纯粹是在掌控概念。艾伯林写道："神的话语......只有在不断更新对《圣经》的解释时才会赐下。"[40] 富克斯评论道，"**真理以我们自己为其对象**"，以及"文本必须先翻译我们，然后我们才能翻译它们"。[41]

然而，富克斯和艾伯林属于布尔特曼解释学派，他们尽可能地强调圣经鉴别学。他们主张基于"经验"的神话和存在主义的解释。一方面，他们敦促倾听和服从，并认为教会服务于神的话语。另一方面，这一运动今天趋于逐渐消失，部分是因为存在主义的解释和海德格尔不再流行，部分是因为它们的内部矛盾。他们影响了罗伯特·芬克（Robert Funk）和美国的几位作家。但阿摩斯·怀尔德（Amos Wilder）断言，最终，在很大程度上是因为他们对语言和历史的看法，"富克斯拒绝定义信仰的内容。他害怕失去即刻性（immediacy）......可以说，启示什么都未揭示！"[42] 保罗·阿克泰梅尔（Paul Achtemeier）用类似的结论总结了对新诠释学的研究。早期基督徒宣讲的成功取决于其内容**在历史上的真实性**。[43] 但是相对于斯蒂芬·尼尔的评

---

[40] Ebeling, *The Word of God,* p. 26.
[41] Fuchs, "The New Testament," p. 143, and in *Zeit und Geschichte,* p. 277.
[42] Amos Wilder, "The Word as Address and the Word as Meaning," in *New Frontiers in Theology,* 2:213; cf. pp. 198-216.
[43] Paul J. Achtemeier, *An Introduction to the New Hermeneutic* (Philadelphia: Westminster, 1969), pp. 156-57; cf. pp. 149-65.

论，这并不妨碍我们受益于新诠释学。若它曾是"新的"，现在却不再是了。它在其鼎盛时期可能被高估了。

三. 结构主义及其在圣经研究中的应用

结构主义可以指许多事，这取决于我们是在语言学、社会人类学还是心理学中思考它。在语言学中，它最终源于语言学学者弗迪南·德·索绪尔（Ferdinand de Saussure, 1857-1913）。他认为语言（la langue）是一个通用的系统或结构，从中选出特定的字词或言语行为（la speal）。[44] 在系统或结构中，词与词之间的内部关系，尤其是对比关系，至关重要。它们是范式的（paradigmatic），比如当我们选择一"品脱"而不是一"夸脱"牛奶时；或者是组合的（syntagmatic），比如当我们在与"牛奶"相关的情况下选择使用"品脱"或"夸脱"。"王国"与"神"是"组合的"（线性）关系；神的"隐藏"与神的"显现"是"范式的"关系。

在圣经研究中，这后来带来两个影响。首先，它用来暗示语言是自主的，且它是**在内部**而非通过与历史或生活的关系而产生意义。其次，它最初被认为是一门"客观的"语言科学。许多人反对存在主义和存在主义解释的主观性。这似乎是说，语言为一个系统或结构运行，与人类的态度或经验无关。

结构主义在**社会人类学**中也有一席之地。克洛德·列维-斯特劳斯（Claude Lévi-Strauss）特别就此方面指出，如亲属称谓的含义，它取决于隐含的结构或系统中的对比或**差异**。因此，因着它在整个关系系统中的位置，"兄弟"不同于"姐妹"或"妻子"。同样，雅克·拉康（Jacques Lacan）后来也在**心理学上**建立了一个结构主义体系。

---

[44] Ferdinand de Saussure, *Course in General Linguistics,* ed. C. Bally and A. Sechehaye, trans. R. Harris (London: Duckworth, 1983).

在这三种进路中，第一种在圣经结构主义中影响最大。与存在主义的解释相反，弗朗索瓦·博翁（François Bovon）于 1978 年（自那以后，他可能改变了他的观点）写道："今天有些人恰当地建议，除了提到作者、历史或读者，应该首先阅读文本本身、理解文本本身……文本并非只有一扇门或一把钥匙。"[45] 索绪尔的语言学带来了约斯特·特雷尔（Jost Trier）对语义场（semantic field）的阐述。特雷尔写道："一个文本只在作为整体的一部分中……产生意义，并且只在一个场内产生意义（nur im Feld gibt es Bedeutung）。"[46] 在意义的"场"中，例如，**红色**和**黄色**的语义范围取决于**橙色**是否在场中起作用：

红色	黄色

红色	橙色	黄色

特雷尔与列维-斯特劳斯在社会人类学中所说的"场域"相差不远，因为他在语义分析中涵盖了食物和亲属关系术语。

语言学和语义学的许多作家都赞同并发展了索绪尔和特雷尔的进路。斯蒂芬·厄尔曼（Stephen Ullmann）、约翰·莱昂斯（John Lyons）和尤金·奈达（Eugene A. Nida）发展了这一观点；约翰·索亚（John Sawyer）、埃哈特·古特曼斯（Erhardt Guttgemanns）、肯尼斯·伯尔纳（Kenneth L. Burner）和奈达本人将之应用于圣经词典编纂（biblical lexicography）。[47] 由于每个单词都要在一个场或领域内发挥作用，奈达和詹姆斯·巴尔（James Barr）总结道："词语并不包含它们可能在其他搭配中具有的所有意义。"[48]

---

[45] François Bovon, introduction to *Exegesis: Problems of Method and Exegesis in Reading (Genesis 22 and Luke 15),* ed. François Bovon and Grégoire Rauiller, trans. D. G. Miller (Pittsburgh: Pickwick, 1978), p. 1; cf. pp. 1-9.

[46] J. Trier, *Der deutsche Wortschatz im Sinnbezirk des Verstandes: Die Geschichte eines sprachlichen Feldes* (Heidelberg: Winter, 1931).

[47] John Lyons, *Introduction to Theoretical Linguistics* (Cambridge: Cambridge University Press, 1968), and Lyons, *Semantics,* 2 vols. (Cambridge: Cambridge University Press, 1977); and John F. A. Sawyer, *Semantics in Biblical Research* (London: SCM, 1972).

[48] Cf. E. A. Nida and Johannes P. Louw, *Greek-English Lexicon of the New Tes-*

第十章　20世纪中叶的一些进路：　　　233
巴特、新诠释学、结构主义、后结构主义和巴尔的语义学

在文学作品中，弗拉基米尔·普罗普（Vladimir Propp，1895-1970年）在俄国形式主义中采用了这一原则，后来由格雷马斯（A. J. Greimas）在法国予以发展。他们独创了"叙事语法"（narrative grammar）。英雄和反派的二元体系对大多数故事或民间故事来说是必不可少的。除此之外，通常还会有一个帮助英雄的人、一项设定给英雄的任务、一些反对英雄的敌人，有时还会有一些如娶国王女儿这样的胜利奖励。于1928年撰写《民间故事的形态学》（*The Morphology of the Folktale*）的普罗普出生在圣彼得堡，并在此接受教育，对列维-斯特劳斯和罗兰·巴特斯（Roland Barthes）产生了重大影响。他认为叙事生成了一个包含31个叙事要素的系统，这个系统与故事中的人物和行为相联，成为了一个标准的"语法"。例如，英雄离家出走；禁令向他颁布；反派进入故事；英雄被欺骗；英雄与反派战斗；反派被打败；反派被揭露；英雄娶了公主，也许会登上王位。他假设了31件此类事件。

阿尔加达斯·格雷马斯（Algárdas J. Greimas，1917-1992年）出生于立陶宛，并在此接受教育。在法国呆了三年后，他于1944年回国。他在那里与列维-斯特劳斯，尤其是与罗兰·巴特斯一起工作。他追随普罗普去寻找"深层结构"，认为这是所有叙事的基础。意义是由语言系统中符号（**符号学**）之间的关系产生的。像索绪尔一样，他认为语言和世界之间的关系是任意的，是约定俗成的产物。在叙事中，一个角色可以充当主动主语或被动宾语，即"发送者"或"接收者"。在主语和宾语，发送者和接收者之外，他添加了"帮助者"和"反对者"。在民间故事中，这可能是龙或女巫。1966年，他提议称这些为"行动元模式"（actantial models）。[49] 这些轴心主要是心理上的：欲望、能力和知识在故事中扮演着它们的角色。发送者发起行动，反对者和帮助者介入，故事以英雄的胜利和对他的奖励

---

tament Based on Semantic Domains, 2 vols. (New York: United Bible Societies, 1988, 1989), and Erhardt Guttgemanns, *Forum Theologie Linguisticae* (Philadelphia: Pickwick, 1973).

[49] A. J. Greimas, *Sémantique Structurale: recherche de méthode* (Paris: Larousse, 1966; reprint, Paris: Presses Universitaires, 1986).

为结束；可能还有行动元的子类别。格雷马斯将普罗普的 31 个叙事元素减少至 20 个或更少。

罗兰·巴特斯（Roland Barthes，1915-1980 年）是结构主义领域公认的领军人物。巴特斯成长于巴黎，1939 年毕业于索邦大学。在卧病一段时间后，他获得了教授语法和哲学的资格证。他在 1953 年写了《写作的零度》（*Writing Degree Zero*），1957 年写了《神话》（*Mythologies*）。随后，他转向结构主义和符号学，于 1967 年写了《作者之死》（*The Death of the Author*）；1970 年写了一本关于巴尔扎克（Balzac）的书，书名为《*S/Z*》。在 20 世纪 60 年代末和 70 年代期间，他与雅克·德里达（Jacques Derrida）合作研究后结构主义和马克思主义。

巴特斯最易读懂的作品是他的《神话》。这是一部散文集，旨在展示现代神话背后的"深层"结构。众所周知的一则神话是，一场作为舞台表演的摔跤比赛。[50] 它表演出社会的善恶、苦难、失败和正义的观念；它利用了夸张的刻板印象。另一则神话是身着军装的年轻黑人画像。这看起来像是一个天真的描述，但实际上传达了法兰西帝国荣耀的概念，黑人士兵在它的旗帜下服役。[51]

在其后期著作《符号学要素》（*Elements of Semiology*；法文于 1964 年出版）中，巴特斯阐述了弗迪南·德·索绪尔的**体系**，特别提到了服装体系、食品体系，甚至家具体系。短裙、长裙或长裤的选择取决于天气或它们各自的适用性，这可能显得很天真。但是，往往这种选择投射出一种"更深层"的含义，即我们希望人们如何看待我们。家具的选择亦然。我们为了纯粹舒适而选择的事物的表面含义隐藏了我们社会愿望的更深层次含义。[52] 我在《诠释学新视域》中使用了巴特斯的例子。

甚至早期的《写作的零度》（1953 年）也预示了结构主义的一

---

[50] Roland Barthes, *Mythologies* (London: Jonathan Cape, 1972), pp. 15-19.
[51] Barthes, *Mythologies,* p. 116.
[52] Roland Barthes, *Elements of Semiology* (London: Jonathan Cape, 1967), pp. 25-30 and 58-66.

第十章 20世纪中叶的一些进路：
巴特、新诠释学、结构主义、后结构主义和巴尔的语义学

些方面。因为"零度"代表无风格的写作，但是"自然的"或完全"无风格的"写作是不可能的。一切都显示出潜在被隐藏的社会阶级或权力议程。但从1967年前后开始，巴特斯发现即使是语言系统中的"差异"也是人为的，而非"自然的"，而且他的关注点已经从结构主义转向了后结构主义和后现代主义；这特别体现在他与雅克·德里达的合作中（见第十六章）。

如果一个语言符号只能通过源自语言系统的差异间隙（differential gap）来指称某物的话，那么许多人试图将结构主义分析应用于圣经，尤其是圣经叙事，也就不足为奇了。索绪尔关于**差异**或缺失的系统关系的概念，似乎预示着用一种新的方法来处理圣经文本。[53] 丹尼尔·帕蒂（Daniel Patte）对《加拉太书》一1-10作了结构主义的解读；他在经文中看到了神和人类的二元对立。神是"发送者"，他通过中保基督与接受者达成和解。[54] 丹·奥托·维亚（Dan Otto Via）对不义法官的比喻进行了结构主义的分析。故事从一种缺乏的状态（缺乏公正）开始，经过拒绝（法官拒绝听取寡妇的意见），走向幸福和奖励（法官为她辩护）。神给法官一个命令（作为发送者）；法官将作为主体传达正义，尽管最初当寡妇成为主体时，该原则是被拒绝或破坏的。维亚发展了普罗普和格雷马斯的**行动元**。[55]

在20世纪70年代后期，这种对圣经文本的结构主义分析在 *Semeia* 期刊上风靡一时，该杂志的副标题是《圣经鉴别学实验杂志》（*An Experimental Journal for Biblical Criticism*）。相较于其他卷杂志，这适用于第9卷（1977年）。玛丽·安·托伯特（Mary Ann Tolbert）、丹·奥托·维亚（Dan Otto Via）、伯纳德·斯科特（Bernard

---

[53] Cf. Jean-Marie Benoist, *The Structural Revolution* (London: Wiedenfeld and Nicholson, 1978), pp. 3-4.

[54] Daniel Patte, *What Is Structural Exegesis?* (Philadelphia: Fortress, 1976), pp. 59-76.

[55] Dan Otto Via, "The Parable of the Unjust Judge: A Metaphor of the Unrealised Self," in *Semiology and the Parables: An Exploration of the Possibilities Offered in Structuralism for Exegesis,* ed. Daniel Patte (Pittsburgh: Pickwick, 1976), pp. 1-32.

Scott)、苏珊·维蒂格(Susan Wittig)与约翰·多米尼克·克罗桑(John Dominic Crossan)在该卷中写了有关耶稣比喻的文章。托伯特参照精神分析学探讨了浪子的比喻(路十五 11-32)。她认为这个比喻"代表了一个愿望满足的梦想",并且两个儿子是"一复杂统一体的要素"。[56] 像巴特斯一样,她相信多重解释的有效性。大儿子反映了僵化的道德观,与弗洛伊德的超我类似;父亲代表一个统一的中心;小儿子渴望团结和完整。维亚从荣格的(Jungian)角度考量了此比喻。同样,他看到了反对、缺乏、谴责和欢迎。斯科特为《路加福音》十五 11-32 提供了一个完全结构主义的视角。他拒绝接受任何不将大儿子视为法利赛人代表的寓意理解。他认为父亲是主体,两个儿子是客体,但是有冲突的两个儿子成了父亲计划的反对者。他总结道,这个比喻不是神话;与此相反,它乃是对价值观的颠覆。

维蒂格也为多重含义的概念辩护。与多德和约阿希姆·耶利米亚(Joachim Jeremias)相反,一个比喻是多形式或多价的(polyvalent)。[57] 她暗指了查尔斯·莫里斯(Charles Morris)的符号理论,或其符号学。她认为一个比喻或一个文本有多个能产生意义的"代码",这些可能是地理的、宇宙学的、亲属关系或经济的词汇。但是,同时可以有多个系统一同运行。因此,一个可交换的(commutative)系统也许暗示着某些未陈述的真理或价值。符号的接收者可能不知道计划中的解释"代码",并以不同于原计划的方式破译符号。[58] 我们在读者回应理论一章(第十五章)中会更详细地探讨她的进路。

巴特斯对《使徒行传》十至十一章进行了结构主义的分析。在这两章中,外邦百夫长、哥尼流和使徒所接受到的异象都指向了教会要接纳外邦人。虽然巴特斯是一个无神论者,但是他把此前被排除在新教之外的人包括进来,这与他的政治观点相一致。他在经文

---

[56] Mary Ann Tolbert, "The Prodigal Son: An Essay in Literary Criticism from a Psycho-Analytic Perspective," *Semeia* 9 (1977): 7; cf. pp. 1-20; cf. also Mary Ann Tolbert, *Perspectives on the Parables* (Philadelphia: Fortress, 1979).
[57] Susan Wittig, "A Theory of Multiple Meaning," *Semeia* 7 (1977): 75-103.
[58] Wittig, "Theory of Multiple Meaning," p. 91.

中寻找"代码"。⁵⁹"代码"使人有可能发现那些潜在的,有时是隐藏的意义。例如,他在其他地方认为巴尔扎克投射了一个法国中产阶级知识分子的精英形象。在《使徒行传》十章中,他探讨了叙事代码:"在凯撒利亚有一个人,名叫哥尼流,是意大利军中的百夫长。"在这里,一个历史代码与"语义"代码("一个虔诚的人")重叠,并进一步与年代代码重叠。他参照普罗普和格雷马斯而确定了一个行动代码。彼得的问题和答案之后还有后续事件。这些景象在这段相对较短的经文中被概括和重复。他总结道,文本的主要动机是交流,而非探索。

还可以举出其他类似的例子。让·卡洛德(Jean Calloud)分析了耶稣受试探的叙事。⁶⁰ 圣灵授权耶稣作为接受者,魔鬼作为发送者向他发送文本,神的话语是帮助者。在这里,卡洛德事实上复制了普罗普或格雷马斯。埃德蒙·利奇(Edmund Leach)在分析耶稣诞生的叙事时,与克劳德·列维-斯特劳斯更为相似,他在其中注意到伊利莎白和马利亚之间,以及施洗约翰和耶稣之间的对比。⁶¹ 巴特斯也考量了雅各与天使的摔跤(创二十八10-17)。但是,我们不愿在此重复已在别处写过的内容。⁶²

当进一步思考三个因素时,结构主义就开始瓦解。(1)从巴特斯后期的作品,以及福柯、德里达等人的著作中可以清楚看到,所谓的结构其实与语言的其他方面一样都是任意的。这种相对性的认识导致了**后结构主义**;在后结构主义中,意义的极端多元性被进一步强调。(2)许多人质疑结构主义是否对"意义"有所阐明。克伦

---

⁵⁹ Roland Barthes, "A Structural Analysis of a Narrative from Acts X–XI," in *Structuralism and Biblical Hermeneutics: A Collection of Essays,* ed. and trans. Alfred M. Johnson (Pittsburgh: Pickwick, 1979), p. 117; cf. pp. 109-39. 中注:语义性代码(connotative or semic code)是创造含义的能指的单元(the unit of signifier)。

⁶⁰ Jean Calloud, *Structural Analysis of Narrative* (Philadelphia and Missoula: Scholars Press, 1976), pp. 47-108.

⁶¹ Edmund Leach, "Structuralism and Anthropology," in *Structuralism: An Introduction,* ed. David Robey (Oxford: Oxford University Press, 1973), pp. 37-56.

⁶² Anthony C. Thiselton, "Structuralism and Biblical Studies: Method or Ideology?" *Expository Times* 89 (1978): pp. 329-35.

肖（J. L. Crenshaw）受邀回应维亚对不公正法官的结构主义的分析。他回应道，他质疑维亚的结构主义解读是否"对我们理解这个故事有实质性的贡献。我承认进而对分配行动元角色时缺乏客观标准而不安"。[63] 这个回应无疑是正确的。（3）整个运动使文本脱离了**历史或人类生活**。在圣经研究中，传统的做法是考察生活情境（Sitz im Leben），或历史背景和处境，以及文本的文学体裁。

尽管如此，巴特斯的早期方法与其他方法一样，都是为了寻找伪装背后的"深层"结构。我们将在保罗·利科（Paul Ricoeur）的怀疑诠释学中进一步考量这点。我们也可提到哈贝马斯（Habermas）对"兴趣"的强调，以及他对伽达默尔的批判，这两者仍是相关的。正如索绪尔和特雷尔所强调的，意义产生于更大整体中的"差异"，这同样正确。然而，诠释学要求我们学习历史和语言，在适当的时候，还要学习神学。

四. 应用于圣经的后结构主义和语义学

后结构主义在一定程度上被结构主义所涵盖。但是正如斯特罗克所观察到的，相较于列维-斯特劳斯和雅克·拉康都是"普世主义者"（universalists），即他们相信结构是天生的或"客观的"，"德里达……像巴特斯和福柯一样，是超验思想体系的强烈反对者；超验思想体系旨在为他们的追随者提供支配的体系。"[64] 如果列维-斯特劳斯和拉康是"普世主义者"，那么后来的巴特斯、福柯和德里达就是相对主义者，他们提倡后结构主义。"代码"或文本内容交流的渠道是"任意的"，就像索绪尔声称语言是"能指"（signifier）一样。它完全反映了种族、阶级或其他利益的主观态度。

自20世纪60年代中期以来，巴特斯越发强调这种进路。因为

---

[63] J. L. Crenshaw, "Response to Dan O. Via," in *Semiology and the Parables,* p. 54.
[64] John Sturrock, ed., *Structuralism and Since: From Lévi-Strauss to Derrida* (Oxford: Oxford University Press, 1979), p. 4.

第十章 20世纪中叶的一些进路：
巴特、新诠释学、结构主义、后结构主义和巴尔的语义学

文本是相对于人们的兴趣而言，即它并非客观的，而且它是"延期的"（postponed）。在《文本的乐趣》(*The Pleasure of the Text*; 1973 年) 中，他把文本说成是撤销"提名"（或是用语言命名）。多重代码的使用似乎允许多重视角并产生多重含义。但是，笼统地指称所有事物可能意味着并未特指任何事物，并会造成文本的**分解**（dissolution）。主题和内容都会变得不完整。

分解是凯文·范浩沙（Kevin J. Vanhoozer）《本文有意义吗？》（*Is There a Meaning in This Text*?）的重大主题。[65] 他第一部分的三个主要章节分别是"撤销作者"、"撤销书本"和"撤销读者"。[66] 他宣称巴特斯拒绝给任何文本赋予固定的含义。范浩沙认为这"解放了一种我们称之为反神学的活动……对那些拒绝中止意义的人来说，最终就是拒绝神。"[67] 在同一页上，范浩沙引用了德里达的评论："解构是把神之死写进作品中。"然而，范浩沙展示了解构主义几乎是后结构主义的同义词。尽管有时有人声称解构主义是一种积极而严肃的哲学，但这场运动离后现代主义仅一步之遥。德里达的后现代主义，也许还有理查德·罗蒂（Richard Rorty）和斯坦利·费什（Stanley Fish）的后现代主义，几乎不是"20 世纪中叶"的，因此我们要延迟到第 16 章讨论后现代主义时再来进一步考量。紧接着，我们要考量福柯和弗朗克欧伊斯·利奥塔（François Lyotard）。

然而，我们可以通过考量先后在爱丁堡、曼彻斯特和牛津任教的詹姆斯·巴尔（James Barr，1924-2006 年）对语义学的一项重量级研究来结束这一章。1961 年，他出版了《圣经语言语义学》（*The Semantics of Biblical Language*）。[68] 他也借鉴了索绪尔的普通语言学，

---

[65] Kevin J. Vanhoozer, *Is There a Meaning in This Text? The Bible, the Reader, and the Morality of Literary Knowledge* (Grand Rapids: Zondervan, 1998). 中注：本书中译本见，范浩沙，《神学诠释学》，左心泰译（台湾：校园书房出版社，2007）。

[66] Vanhoozer, *Is There a Meaning?* pp. 37-196.

[67] Vanhoozer, *Is There a Meaning?* p. 30; cf. Roland Barthes, "Death of Author," in *The Rustle of Language,* trans. R. Howard (New York: Hill and Wang, 1986), p. 54.

[68] James Barr, *The Semantics of Biblical Language* (Oxford: Oxford University

但方向是语言学而不是结构主义。他强调了索绪尔对语言的共时（当下）和历时（历史）研究的区分。后者通常不是研究词义，而是研究词的历史。作为一名旧约学者，巴尔无情地抨击了这二者之间的任何混淆，并倾向于用这个错误来捍卫"希伯来文"和"希腊文"思维方式彼此反差的概念。他认为，基特尔（G. Kittel）编辑的《新约神学词典》（*Theological Dictionary of the New Testament*）、索列夫·博曼（Thorlief Boman）的《希伯来思想与希腊思想的比较》（*Hebrew Thought Compared with Greek*）和彼得森（J. Pedersen）的《以色列：它的生活和文化》（*Israel: Its Life and Culture*）是造成这一错误的主要原因。[69]

巴尔还认为，对《圣经》的语言学研究通常依赖过度选择性的例子，而忽略了普通语言学中公认的方法。例如，认为希伯来文比希腊文"更具体"的观点依赖于诸如"有力量的人"或"真理的话语"此类精选的例子。[70] 彼得森在这方面是错误的，尤其是把希伯来文视为"原始的"。当索绪尔表明语言结构和思想结构的关系是任意的，并且只建立在约定俗成的基础上时，许多人却认为二者是相互反映的。彼得森和博曼等许多人的词汇研究显示出了对语言学的无知或忽视。巴尔写道："语法中的性（gender）是语言结构的主要例子，而语言结构不能用来反映思想结构。"[71] 认为希伯来文比希腊文更"动态"的观点也是基于同样的错误。

巴尔还攻击在语言学基础上"进行语辞探源"的可疑做法。词源学似乎提供了一个意思的"精髓"，但这是"一个可疑的训诫把戏"，

Press, 1961).

[69] Barr, *Semantics,* p. 40. Gerhard Kittel and Gerhard Friedrich, eds., *Theological Dictionary of the New Testament,* trans. G. W. Bromiley, 10 vols. (Grand Rapids: Eerdmans, 1964-76; German from 1933); T. Boman, *Hebrew Thought Compared with Greek* (London: SCM, 1960); and Johannes Pedersen, *Israel: Its Life and Culture,* 2 vols. (Oxford: Oxford University Press, 1926, 1940; 2nd ed., vol. 2, 1963).

[70] Barr, *Semantics,* pp. 29-30.

[71] Barr, *Semantics,* p. 40.

因为历时的分析表明,单词的历史并不是它的意思。[72] 基特尔早期《神学词典》背后的原则遭到了特别的抨击。巴尔批评了他所谓的"不合理的总体转移"（illegitimate totality transfer）；通过这种转移,从各种段落中衍生出来词意有助于理解改词在其他句子中的意思。他最后为"圣经神学"提出了更合理的方法。[73]

巴尔的《圣经语言语义学》极大地启发了语言学在圣经解释中的应用。这是对诠释学的宝贵贡献。即便他后来的一些作品更为负面,但这并未减损他的语义学,即使有人声称他在某些地方有些言过其实。

五．建议初学阅读书籍

1. 论巴特的诠释学

Barth, Karl, "Holy Scripture," in *Church Dogmatics* I/2, edited by G. W. Bromiley and T. F. Torrance (Edinburgh: T. & T. Clark, 1956), sect. 19, pp. 457-83.

——. "The Strange New World within the Bible," in Barth, *The Word of God and the Word of Man,* translated by D. Horton (London: Hodder and Stoughton, 1928), pp. 28-50.

Torrance, T. F., *Karl Barth: An Introduction to His Early Theology, 1910-1931* (London: SCM, 1962), pp. 63-95 and especially pp. 95-105 and 118-132.

Weber, Otto, *Karl Barth's "Church Dogmatics": An Introductory Report,* translated by A. C. Cochrane (London: Lutterworth, 1953), pp. 57-72.

2. 论新诠释学

Work, Telford, *Living and Active: Scripture in the Economy of Salvation* (Grand Rapids: Eerdmans, 2002), pp. 67-100.

---

[72] Barr, *Semantics,* pp. 114-60.
[73] Barr, *Semantics*, pp. 218 and 222; cf. pp. 206-62 on Kittel.

Achtemeier, Paul J., *An Introduction to the New Hermeneutic* (Philadelphia: Westminster, 1969), pp. 116-32 and 149-65.

Ebeling, Gerhard, "Word of God and Hermeneutic," in *New Frontiers in Theology,* vol. 2, *The New Hermeneutic,* edited by James M. Robinson and J. B. Cobb, Jr. (New York: Harper and Row, 1964), pp. 78-110.

Fuchs, Ernst, "The New Testament and the Hermeneutical Problem," in *New Frontiers in Theology,* vol. 2, *The New Hermeneutic,* edited by James M. Robinson and John B. Cobb, Jr. (New York and London: Harper and Row, 1964), pp. 111-163. 3/43/43/4, *Studies of the Historical Jesus,* translated by A. Scobie (London: SCM, 1964), pp. 194-206.

Thiselton, Anthony C., "The New Hermeneutic," in *New Testament Interpretation,* edited by I. H. Marshall (Exeter: Paternoster, 1972), pp. 308-33.

3. 结构主义与后结构主义

Barthes, Roland, François Bovon, and others, *Structural Analysis and Biblical Exegesis,* translated by A. M. Johnson (Pittsburgh: Pickwick, 1974), pp.1- 33.

Johnson, Alfred M., ed., *Structuralism and Biblical Hermeneutics: A Collection of Essays* (Pittsburgh: Pickwick, 1979), pp. 1-28 and 109-44.

Sturrock, John, ed., *Structuralism and Since: From Lévi-Strauss to Derrida* (Ox- ford: Oxford University Press, 1979), pp. 1-15 and 52-79.

Vanhoozer, Kevin J., *Is There a Meaning in This Text? The Bible, the Reader, and the Morality of Literary Knowledge* (Grand Rapids: Zondervan, 1998), pp. 15-32.

4. 詹姆斯·巴尔的语义学

Barr, James, *The Semantics of Biblical Language* (Oxford: Oxford University Press, 1961), pp. 21-45 and 206-46.

Thiselton, Anthony C., "Semantics and New Testament Interpretation," in *New Testament Interpretation,* edited by I. Howard Marshall (Exeter: Paternoster, 1977), pp. 75-88 (part of the essay).

11

汉斯-格奥尔格·伽达默尔的诠释学：第二转折点

我们已经看到诠释学在施莱尔马赫这第一个伟大的转折点之后就不再一样了。伽达默尔为 20 世纪提供了第二个转折点。他提出了一种与启蒙理性主义相分离的诠释学，但在新的意义上却是"历史性的"，甚至超出了黑格尔和狄尔泰，并受到海德格尔的影响。伽达默尔否定了价值中立的"科学"，至少在诠释学上如此。

一. 背景，影响及早期生活

汉斯-格奥尔格·伽达默尔（Hans-Georg Gadamer, 1900-2002 年）出生于马尔堡。他母亲去世时，他还只有四岁，但伽达默尔认为自己仍然从她那里继承了一种朦胧的"宗教气质"。[1] 伽达默尔的父亲约翰内斯（Johannes）一生致力于科学，他希望汉斯-格奥尔格能在科学上紧跟其后，并严厉批评人文和文学上"喋喋不休的教授"（Schwätz-professoren）。[2] 然而，当汉斯-格奥尔格进入大学时，他的父亲让他在这件事上自由选择。

伽达默尔进入了一所好学校，并撰写了有关文学和柏拉图哲学的论文，这是他一生的兴趣。他进入布雷斯劳大学（University of Breslau），在那里广泛学习了文学和语言哲学。他尤其喜欢阅读莱辛、康德和祁克果的著作。后来，他转到马尔堡大学（University of Marburg），在那里阅读了新康德主义的保罗·纳托普（Paul Natorp）和尼古拉·哈特曼（Nicholai Hartmann）的哲学。他对理性的本质与局限以及它与科学之关系的争论十分了解。1919 年夏天，他参加了理查德·何尼格斯瓦尔德（Richard Hönigswald）关于科学哲学的讲座，这标志着他进一步了解了新康德主义及其对理性的局限性并科学的重要性含糊不清。同年晚些时候，他进入马尔堡大学，与纳托普和

---

[1] Jean Grondin, *Hans-Georg Gadamer: A Biography*, trans. Joel C. Weinsheimer (New Haven and London: Yale University Press, 2003), p. 21.
[2] Hans-Georg Gadamer, "Reflections on My Philosophical Journey," in *The Philosophy of Hans-Georg Gadamer*, ed. Lewis Edwin Hahn (Chicago and La Salle, Ill.: Open Court, 1997), p. 3; cf. pp. 3-63.

哈特曼一起学习，这进一步加强了他对新康德主义的理解。

与此同时，伽达默尔继续他的艺术史研究，直到1922年发表了一篇题为＜柏拉图对话录所言的快乐本质＞(The Nature of Pleasure according to Plato's Dialogues)的论文。同年，他患上了小儿麻痹症。1922年也见证了伽达默尔对"问题"（即"固定"抽象的）与具体、令人动容的问题（因特定情况而产生的）采取关键区分的开始。这成为他诠释学伟大著作《真理与方法》(Truth and Method)的关键。[3] 伽达默尔在《真理与方法》中声称："问题不是由其自身产生的真实问题而从其意义的起源中获得答案的模式，而是只能在其自身中被接受的选择。"[4] 康德的"问题"仅作为固定点存在，就像"天空中的星星"一样。[5]

第二年（1923年4月至7月），伽达默尔来到弗莱堡，遇到了马丁·海德格尔（1889-1976）。后者的徒弟称他为"哲学的秘密国王"和"伟大的海德格尔"。起初，伽达默尔是挺失望的。但是海德格尔不久就被召到马尔堡，他开始研究一种"历史的"知识理论，这与罗马天主教会和托马斯主义的更抽象"系统"形成了鲜明对比。海德格尔意识到他的思想受到了哲学之外的影响。一方面，他探索了"历史性"和历史理性；另一方面，他写道："在我寻找的过程中，伴随我的是年轻的路德和亚里士多德的榜样……祁克果给了我动力，胡塞尔给了我一双眼睛。"[6] 伽达默尔赞同海德格尔强调历史性（即任何事物都受其在历史中特定地位的制约），而非个人意识的主体性，作为进入现象学之门路。

---

[3] Hans-Georg Gadamer, *Truth and Method*, 2nd English ed. (London: Sheed and Ward, 1989), p. 376; German, *Wahrheit und Methode: Grundzüge einer philosophischen Hermeneutik* (1960; 2nd German ed. 1965, 5th German ed. 1986). 中注：伽达默尔，《真理与方法》，洪汉鼎译，修订版（北京：商务印书馆，2007）。

[4] Grondin, *Hans-Georg Gadamer*, p. 84.

[5] Gadamer, *Truth and Method*, p. 377.

[6] Martin Heidegger, *Phänomenologische Interpretationen ausgewählter Abhandlungen des Aristoteles zur Ontologie und Logik* (reprint, Frankfurt: Klostermann, 2005), 63:5, cited by Grondin.

从 1923 年到 1927 年（也就是《存有和时间》出版的那一年），海德格尔在马尔堡大学与布尔特曼、哈特曼和纳托普作为哲学同事一起共事，也与伽达默尔、汉娜·阿伦特和汉斯·乔纳斯一起工作。1928 年，海德格尔回到弗莱堡，接替了伟大的埃德蒙德·胡塞尔（Edmund Husserl）担任教授。那是德国毁灭性的通货膨胀的年代，伽达默尔记录了他如何从海德格尔那里得到实际的帮助。（1923 年 11 月 15 日，德国马克上涨了 4 万亿美元，人们几乎买不起任何东西。）在这些年间，海德格尔与伽达默尔一起研究了威廉·狄尔泰和施莱尔马赫关于"理解的艺术"。狄尔泰建议，诠释学为人文科学（Geisteswissenschaften）建立了独特的方法论。

海德格尔还举办了有关亚里士多德伦理学的研讨会。在撰写《存有与时间》（*Being and Time*）的那些年，海德格尔放弃了更多抽象的概念，探索了希腊人经验"存有"的原始方式和时间性措辞，这与中世纪经院主义的"拉丁化"形成了鲜明的对比。同时，海德格尔强调诗意的力量。伽达默尔很欣赏其著作的这些方面，尤其是他在艺术方面的作品。1928 年，伽达默尔完成了关于柏拉图辩证伦理学，特别是柏拉图的《斐利伯斯篇》（*Philebus*）的特许任教资格论文（Habilitation）。海德格尔一直是他的导师，也是他的主考人之一。伽达默尔成为编外讲师（Privatdozent），后来成为卡尔·洛维特（Karl Löwith）在马尔堡大学的助手。

这一切都为伽达默尔之后的论述做了准备。即对他而言，实践智慧（Phronēsis）和柏拉图比《真理与方法》和诠释学更为重要。[7] 但与海德格尔的早期相遇为伽达默尔的诠释学带来了深远影响。首先，海德格尔的"此在"（Dasein）[一种具体的此有（being-there）]影响了他对抽象问题和被具体历史条件制约的人类生活所产生的问题的对比。第二，两人都拒绝了胡塞尔以个人意识为出发点的观点。第三，他们都认为智慧不同于康德或亚里士多德的工具理性。实际上，"智慧"带来了一位新亚里士多德的重生。第四，海德格尔相信解

---

[7] Gadamer, "My Philosophical Journey," pp. 9–10.

释的核心性。他在《存有与时间》中写道："在解释中……我们把它[手边所有的]'看'作是桌子、门、马车……"[8] 理解中的"循环"属于意义的结构。"如果我们认为这一循环是一个恶性循环，并寻找避免它的方法……那么理解的行为就被彻底误解了。"[9] 换而言之，对于海德格尔和伽达默尔，**理解和解释是暂时性的、历史性的和时间性的，不可避免地要依赖预先的理解**。这是《真理与方法》的核心。此书的"方法"轻描淡写地回顾了笛卡尔和启蒙运动的理性主义，和提供中立起点的人类意识（human consciousness）。

伽达默尔和海德格尔认为这种进路相对有利于科技的进步，但对生活却无益。生活不是价值中立的。海德格尔和布尔特曼的出发点更具存在性。海德格尔用"朝向何方"（towards which）来定义事物。"现成的东西"在理论上是抓不住的；因此，如果锤子是应手的（zuhandenheit），那么它是用来击打东西的，而不是用来（在这个意义上）击打木头和金属的。[10] 实践的关系将其视为某种东西的设备或工具。吉尔伯特·赖尔（Gilbert Ryle）认为抽象的能力是高级文化的标志，并以此为基础批判海德格尔。但是海德格尔和后期的路德维希·维特根斯坦（Ludwig Wittgenstein）以及伽达默尔一样，并不认为人**不能**抽象，而是认为这不是达到意义和真理核心的方式。[11]

伽达默尔深受海德格尔和祁克果关于存有和真理不能从对象化和概括化的角度来探讨之观点的影响。伽达默尔拒绝了后期维特根斯坦所称的"对普遍性的渴望"，即"科学的方法"。[12] 在"去客观化"

---

[8] Martin Heidegger, *Being and Time*, trans. John Macquarrie and Edward Robinson (Oxford: Blackwell, 1962), p. 188 (German, p. 148; cf. pp. 188-95).
[9] Heidegger, *Being and Time*, p. 194 (German, p. 153).
[10] Heidegger, *Being and Time*, p. 98 (German, p. 69).
[11] Gilbert Ryle, *Collected Papers*, 2 vols. (London: Hutchinson, 1971), 1:268 (from his review of Being and Time). Cf. Anthony C. Thiselton, *The Two Horizons: New Testament Hermeneutics and Philosophical Description with Special Reference to Heidegger, Bultmann, Gadamer, and Wittgenstein* (Grand Rapids: Eerdmans; Exeter: Paternoster, 1980), p. 198 n. 139.
[12] Ludwig Wittgenstein, *The Blue and Brown Books: Preliminary Studies for the "Philosophical Investigations"* (Oxford: Blackwell, 1969), p. 18.

的必要性方面，他们认同布尔特曼。汉斯·乔纳斯（Hans Jonas）在诺斯底主义者中发现了这一点，他们的宇宙论主要是存在主义的。海德格尔写道："这种标志性的关系实在，我们称之为'意义'。这就组成了世界的结构。"[13] 与此相反，笛卡尔认为这种**延伸**对世界来说在本体论上基本是决定性的。在笛卡尔看来，世界是一个时空实在"在那儿"（out there）。对于海德格尔和伽达默尔来说，"世界"并非存于空间，而是由历史上的人类在时间内建构的。当伽达默尔把"真理"和"方法"置于反讽的对立面时，他指的是笛卡尔关于"方法"的理性主义概念。海德格尔也选择了笛卡尔作为批判的对象，他以"此有"或"在那儿"开始。与"两英里"或"一百码远"的距离相比，"扔石头"或"抽烟斗所需要的时间"更能真实地表达度量的意义。[14]

海德格尔和伽达默尔都认为，理解先于陈述（statement）。对于海德格尔而言，一个判断的声明是一种"衍生的"解释模式。[15] 之于伽达默尔，"陈述"可以用于各种目的，尤其是用于宣传。目的通常比声明重要，声明本身并不能保证客观性。沃尔夫哈特·潘能伯格（Wolfhart Pannenberg）等人将这种对认知命题的低估视为海德格尔和伽达默尔思想的致命弱点。海德格尔声称："沟通从来都不是经验的传达，例如意见或愿望。"[16] 但是，情况总是如此吗？后期的维特根斯坦更谨慎地表达了这一观点："我们所说的'描述'是针对特定用途的工具。"[17] 我们必须"彻底打破这样的观念，即语言始终以一种方式发挥作用，始终具有相同的目的——传达思想——这可能与房屋、痛苦、善与恶或你喜欢的其他事物有关。"[18] 这是维特根斯坦始终区分意义和应用的原因。

在20世纪30年代，伽达默尔阅读了更多的诗人、祁克果及柏

---

[13] Heidegger, *Being and Time*, p. 120 (German, p. 88).
[14] Heidegger, *Being and Time*, p. 140 (German, p. 105).
[15] Heidegger, *Being and Time*, p. 195 (German, p. 154).
[16] Heidegger, *Being and Time*, p. 205 (German, p. 162).
[17] Ludwig Wittgenstein, *Philosophical Investigations*, German and English, English text trans. G. E. M. Anscombe (Oxford: Blackwell, 1967), section 291.
[18] Wittgenstein, *Philosophical Investigations*, section 304.

拉图的著作。1934年，海德格尔加入了纳粹，成为弗莱堡大学（Freiburg University）的校长。同年晚些时候，他对纳粹的反犹主义感到失望。那一年，伽达默尔成为基尔大学的教授。1935年，他申请成为马尔堡大学的教授，但遭到了州政府的拒绝，原因可能是他帮助过犹太人。1936年，伽达默尔主讲了《艺术与历史》，后来这成为《真理与方法》一书的关键主题。他参加了海德格尔题为"艺术作品的起源"的讲座。最后，在1937年，伽达默尔成为马尔堡的杰出教授。在搬到莱比锡（Leipzig）之前，他成为那里官方认可的正教授。

在莱比锡大学，伽达默尔所追求的兴趣爱好将在《真理和方法》中体现出来。他讲授了艺术和历史、黑格尔和柏拉图。同样，他还教授了康德、浪漫主义、亚里士多德、里尔克的诗歌和前苏格拉底哲学家。同时，海德格尔的哲学也在发生变化，在思想的"转折"（Kehre）之后，他从较早的存在主义转向后期思想中的诗歌和语言。后期的海德格尔开始相信人类"摆脱了存有"。[19] 除了他们对艺术的重要性并启示性的力量、诗歌的创造力、对拒绝二元论的尝试以及诠释循环这些共同信念之外，海德格尔的进路越来越偏离伽达默尔的进路。伽达默尔评论道："我的使命不同于海德格尔的使命……他在寻找比天主教更合适的语言。"[20] 1976年，伽达默尔在海德格尔的葬礼上，将海德格尔的"存有"称为类似"神"的某种东西，尽管许多人不同意这一等同。

将伽达默尔置于所处背景之中是非常必要的。然而，正如潘能伯格所言，遗憾的是，只有一人，即海德格尔，对这么多人产生了如此大的影响。海德格尔认识到了思想的变化，但称其为"转折"（Kehre），而不是逆转。在《在通往语言的道路上》（On the Way to Language）中，海德格尔写道："我放弃了先前的立场，并不是为了换得另一个立场，而是因为即使是先前的立场，也只是沿途的

---

[19] Martin Heidegger, *Introduction to Metaphysics* (New Haven: Yale University Press, 1959), p. 37. On the later Heidegger, cf. Thiselton, *The Two Horizons*, pp. 327-42.
[20] Grondin, *Hans-Georg Gadamer*, p. 24.

一个驿站。持久不变的元素……乃是路途。"[21]

二.《真理与方法》第一部分:
"方法"批判和艺术与游戏的"世界"

我们已经看到伽达默尔如何区分笛卡尔（1596-1650）和理性主义者的"技术理性"，以及生活和诠释学所需的智慧（Phronēsis）。伽达默尔在《真理与方法》中首先区分了"方法"或笛卡尔的理性主义，贾姆巴蒂斯塔·维科（Giambattista Vico，1668-1744 年）的"历史"传统，以及罗马人的普遍共识（Sensus Communis）。这实际上颠覆了西方哲学，因为维科的传统实际上是埋葬在世俗启蒙运动与随后直到黑格尔与狄尔泰的理性主义和经验主义之间。伽达默尔在早期思想中就从柏拉图那里学到了提出富有成效的问题的重要性。

正如笛卡尔所理解的那样，有何可代替理性？伽达默尔指出，诠释学的研究始于"艺术经验和历史传统"。[22] 第一部分被称为"艺术经验中真理问题的展现"。伽达默尔问道，对于人文科学（Geisteswissenschaften）、文学和社会科学来说，"方法"有何作用？也许，对于科学来说，这一切都是很好的，就像德罗森、密尔，甚至狄尔泰所构想的科学一样。然而，人文科学建立在教化（Bildung）或形成文化的基础上。对于伽达默尔来说，教化不仅意味着文化，它涉及人的形成，且几乎都是伦理方面的。它当然解决了教育问题，最重要的是保持"自身（oneself）向其他事物开放。"[23]

与诡辩学派不同，维科保留了古人的智慧或 prudentia。他发展了"这种"对实际生活有决定性意义的群体意识。这与托马斯·里德（Thomas Reid）和苏格兰哲学中的"常识"（common sense）、沙夫茨伯里（Shaftesbury）的幽默与机智无关。最终，它以敬虔主义

---

[21] Martin Heidegger, *On the Way to Language* (New York: Harper and Row, 1972), p. 7.
[22] Gadamer, *Truth and Method*, p. xxiii.
[23] Gadamer, *Truth and Method*, p. 17.

为代表，强调内心，其中欧廷格（Oetinger）是欧洲大陆的代表。欧廷格批评沃尔夫（Wolff）的诠释学太过理性，他更喜欢圣经的"更全面感"（fuller sense）。但是，德国启蒙运动和康德使人远离了这一传统。

伽达默尔用很长篇幅讨论康德对人类判断力的论述。与笛卡尔一样，康德是位个人主义者，他实际上忽视了社会、传统和历史。他把集体事物贬低为品味问题。但是品味不是知识和真理："我们将不得不处理**美学**的问题。"[24] 康德的遗产是美学的主观化，"视之为美即为美"。[25] 但是，美学不是艺术；它是艺术的概念化。黑格尔更直接地将两者与"历史"经验（Erlebnis）联系起来。"体验（Erleben）意味着当某事发生时仍然活着。"[26] 1905 年，狄尔泰优先考虑生活经验和诗歌。施莱尔马赫、黑格尔、狄尔泰和斯蒂芬·乔治（Stefan George）秉持相同的哲学，即拒绝"当代大众社会中的生活机械化"（第 63 页）。历史经验（Erlebnis）成为认识论的。人们认为符号具有形而上学的背景，并且寓言又有了新的用法。

尽管如此，**抽象**仍然是审美意识的一部分。"在我看来，祁克果似乎是第一个指出这一立场站不住脚的人。在许多作家的著作中，美学成为一部世界观的历史。"但是，伽达默尔写道："**一切与艺术语言的相遇都是与未完成之事的相遇，而它本身就是这个事件的一部分。**"（第 99 页）这让人想起了后期的海德格尔。

伽达默尔在第一部分的第二单元转向艺术作品的本体论及其对诠释学的意义。他引入了"游戏"的概念；在游戏中"只有当玩家在游戏中失去自我时，游戏才能实现其目的"（第 102 页）。"玩的是游戏——是否有玩这个游戏的主体无关紧要"（第 103 页）。游戏的"规则"已经存在，与谁玩无关。"从根本上认可了**游戏的首要地位高于玩家意识**"（第 104 页）。玩家在游戏中失去自我；

---

[24] Gadamer, *Truth and Method*, p. 41; cf. pp. 30-42.
[25] Gadamer, *Truth and Method*, pp. 42-55. Cf. I. Kant, *Critique of Judgement*, trans. Werner Pluhar (Indianapolis: Hackett, 1987).
[26] Gadamer, *Truth and Method*, p. 61. 下文插入的页码引自这本书。

游戏的"规则"决定了他们如何行动,以及他们生活的"世界"。这与观众的态度大相径庭。"每个游戏都给玩游戏的人一个任务"(第107页)。一个孩子会全身心地投入到游戏之中;成年人更是如此;每个人都被迷住。"游戏把他吸引到游戏的领域中"(第109页)。

伽达默尔现在将此应用于艺术。"因此,我的论点是,艺术的存在不能被定义为审美意识的对象……**它是在呈现中发生的存在事件的一部分,本质上属于作为游戏的游戏。**"(第116页)本体论的结果是,在游戏或艺术中发现了新的客观性,而不是像笛卡尔那样在人的意识中发现了新的客观性。每个"呈现"(或表演)都可能与前一个不同,但是这些呈现是根据游戏或艺术品的本质而统一的。游戏或艺术品的真实存在不能脱离其表现形式。存在于庆祝活动之中的节日亦然。现实或本体论着眼于历史和时间事件。节日只有在庆祝时才存在。伽达默尔写道,在路德神学中,讲道作为活泼的道发挥了这一功能。伽达默尔的注释者乔尔·温斯海默(Joel Weinsheimer)在他的书中对此有一特别有益的章节,并列举了许多实例。[27]

这是第一部分的核心。我们不会像笛卡尔那样通过个人意识来进入实在,而是通过成为实在的参与者并体验其形成的呈现。像游戏、节日和音乐会一样,它可能不会以完全相同的形式复制,但可能反映出维特根斯坦所说的"家庭相似性"。

在音乐的例子中,它们可能被比作"乐谱"。伽达默尔在第一部分的结尾讨论了图片(Bild)、原始图片(Ur-bild)、游戏(Spiel)、表现形式、标志和时间。最后,他比较了施莱尔马赫的重构诠释学(伽达默尔认为是不充分的和部分错误的)与黑格尔的整合诠释学(伽达默尔对此表示赞同)。

---

[27] Joel C. Weinsheimer, *Gadamer's Hermeneutics: A Reading of "Truth and Method"* (New Haven: Yale University Press, 1985), p. 111; cf. also Georgia Warnke, *Gadamer: Hermeneutics, Tradition, and Reason* (Cambridge: Polity Press, 1987), and Anthony C. Thiselton, *New Horizons in Hermeneutics: The Theory and Practice of Transforming Biblical Reading* (London: HarperCollins; Grand Rapids: Zondervan, 1992), pp. 313-30.

伽达默尔质疑施莱尔马赫是否提供了足够的证据，他更愿意追随黑格尔。他认为，施莱尔马赫被文本的**原始**意义困住了。伽达默尔接受了施莱尔马赫的整体与部分之间的循环关系，尽管他坚称这不是什么新鲜事。施莱尔马赫和塞姆勒（Semler）不同，他有自己的神学议程。狄尔泰后来放弃了一切教理的目的。但是沃尔夫（F. A. Wolf），阿斯特（F. Ast）和施莱尔马赫（甚至是狄尔泰）都试图将诠释学与"技术"理性或技术过于紧密地等同起来。他们尝试服务理解的艺术，但"施莱尔马赫确实把他的诠释学称为一种技术"。[28] 伽达默尔声称，施莱尔马赫仍然受浪漫主义支配，对启蒙运动的文化还不够开放。他赞扬施莱尔马赫对**群体**的贡献，以及认为理解（Verstandnis）与共同理解或共识（Einverstandnis）相近的观点。但是，施莱尔马赫忽略了关于理解或共识的内容，而只关注人类意识。共同的主题又如何呢？

伽达默尔总结道："施莱尔马赫的历史性解释太过主观主义了，甚少关注问题和答案。最终，他屈服于18世纪。"[29] 狄尔泰从另一个角度看待这个问题。伽达默尔赞赏施莱尔马赫在文法解释上的"出色评论"，但也批评他转向内容时对教理学的依赖。[30] 伽达默尔主张，这构成了理解上的孤立。

伽达默尔是否夸大了这些批判？我们可以认为伽达默尔确实夸大了，因为他主要思考的是艺术思想和艺术作品。在这个问题上，他认为施莱尔马赫过于受到康德的影响。正如我们所见，施莱尔马赫确实探究了文本的设定。此外，在具体情况下圣经文本的"根植性"（rootedness）仍然很重要。他还谈到，"将自己转化为他人"似乎过于"心理化"或"主观主义"。诚然，佐治亚·沃恩克（Georgia Warnke）认为施莱尔马赫在伽达默尔眼中仍与"笛卡尔式确定性"、方法和人类意识联系在一起。[31]

---

[28] Gadamer, *Truth and Method*, p. 178.
[29] Gadamer, *Truth and Method*, p. 185.
[30] Gadamer, *Truth and Method*, p. 186–87.
[31] Warnke, *Gadamer*, p. 6.

伽达默尔称施莱尔马赫是历史浪漫主义的领军人物。虽然施莱尔马赫把诠释学定义为"避免误解的艺术"，但他更接近于"科学"。他关于"他者"的论述仅仅建立在主体间性（intersubjectivity）和基督教教理之上。施莱尔马赫无意中"瓦解了解释者和作者之间的区别"。[32] 他只稍微超越了语言学。对于施莱尔马赫而言，这些更强而有力的陈述是完全公平的吗？事实上，伽达默尔缺乏施莱尔马赫对标准的重视。我们将在下一章看到，利科弥补了这一点。伽达默尔批判施莱尔马赫的主体性及其对人类意识的强调，这是可以理解的。伽达默尔还认为施莱尔马赫误导了朗克（Ranke）、德罗伊森（Droysen）和狄尔泰。然而，"历史解释作为方法论术语在朗克和……德罗伊森那里都没有"出现，"反而在狄尔泰那里第一次被发现，他有意采用浪漫主义诠释学，并将其扩展为一种历史方法。"[33]

三．《真理与方法》第二部分：
　　在人文科学中的真理与理解

　　在批判施莱尔马赫的时候，我们已经说过伽达默尔更倾向于部分地追随他同时代的对手黑格尔的方法。黑格尔承认"历史"理性的重要性，即解释者和主要内容都受历史的制约。他也关注解释者的历史处境，这可能与作者的处境有很大的不同。此外，他相信世界通史。同时，狄尔泰将历史理性视为"纯粹理性"。他仍然关心历史上的"实验知识"（experimental knowledge）和"可证实的发现。"[34] 这是狄尔泰对"生命"（Leben）关注的一部分。狄尔泰持续关注"意识"，正如他对胡塞尔的崇拜所显明的。狄尔泰试图运用黑格尔的历史理性，但他的其他关注点意味着他对此运用相对较少。"历史意识占有了那些似乎特别保留给艺术、宗教和哲学的事物。"[35] 但

---

[32] Gadamer, *Truth and Method*, p. 193.
[33] Gadamer, *Truth and Method*, p. 198.
[34] Gadamer, *Truth and Method*, p. 221.
[35] Gadamer, *Truth and Method*, p. 229.

黑格尔认为历史意识是不断变化的，且屈服于无穷无尽的"存有"。

狄尔泰不断思考黑格尔留下的问题，特别是历史如何改变人的问题。但他是世俗启蒙运动的产儿，在历史理性中以独特的方式为人文科学寻找一种**方法**。但正如黑格尔所见，诠释学的目的是转化，而不是复制。艺术永远"不只是"生活的表达、历史制度或文本。狄尔泰认为他在认识论上促使着"人文科学"合法化，但他无意中背叛了它们最深刻的方面。狄尔泰对"黑格尔的哲学褒贬参半"。[36] 他的诠释学与其说是一种历史经验（Erfahrung），不如说是一种"破译"。

伽达默尔接下来转向胡塞尔和（格拉夫）约克伯爵。伽达默尔认为他们没有解决诠释学的问题。与海德格尔一样，伽达默尔对胡塞尔的《逻辑研究》（*Logical Investigation*）大失所望。胡塞尔试图主观地从本体论的研究中寻找借鉴，但失败了。他对意识的描述不够"历史性"，而且过于抽象。他的主要贡献是引入了对诠释学至关重要的**视域**（horizon）概念。这也为人类观点的历史性和有限性铺平了道路。而且，视域不是固定不变的，而是随着我们的前进而移动。胡塞尔并没有充分认识到"视域"作为一个概念的重要性，但他也探索了"生活世界"（life-world）的概念。在此，他到达了历史经验的边缘。生活世界是人的"世界"。但伽达默尔认为，胡塞尔在先验唯心主义方面是错误的。"生活"最终变成主观性的。"生活"和狄尔泰的生活没有什么不同。同样的原则也适用于约克。"诠释现象学"的研究只有在海德格尔那里才获得了相对的成功。

海德格尔提供了前进的基础。一切事物都只能在时间和历史的范围内理解。海德格尔至少从起点就放弃了基本的本体论，而是从具体的人类"此在"（Dasein/being-there）开始。海德格尔认为"存有"是一个事件，而不是一个"事物"，因而他超越了先前的哲学。海德格尔正确地把目光投向了古希腊人。这个"转向"并不是对《存有和时间》的新背离，而是实现了海德格尔的早期目标。然而，海

---

[36] Gadamer, *Truth and Method*, p. 241.

德格尔恰当地看到，他在与一个迄今都未解决的问题作斗争。伽达默尔认为，海德格尔首先从"此有"的历史性出发，然后试图转向本体论，这是正确的。这超越了先前的形而上学，当然也超越了笛卡尔的哲学。理解不再是一种方法论概念。"一个'理解'文本的人……不仅使自己在理解上朝着某种意义发展……同样所完成的理解也构成了智性自由的新状态。"[37] 这就是海德格尔超越狄尔泰的重要原因。实际上，理解是在时间流逝中的累积和沉淀，不像永恒的快照那样适合个体的主观性。

伽达默尔对《存有与时间》中的"关怀"，以及"转折"之后的海德格尔留有疑问。强调关怀并没有错，但并不能实现海德格尔所期望的一切。尽管如此，伽达默尔还是广泛地认可了《存有与时间》第二部分中对"时间性"（Zeitlichkeit）的分析。这不是"时间"，而是时间可能性的先验基础。伽达默尔和海德格尔在"传统"方面也有分歧：海德格尔更加悲观，伽达默尔却更乐观。但是，两者都以不同的方式强调"呈现"（presence），并且都指出了艺术作为"呈现"的关键例子的重要性。

既然伽达默尔已经追溯了从施莱尔马赫到海德格尔的诠释学传统，那么我们就来探讨他重要的"诠释经验理论"。伽达默尔首先谈到了预设、"偏见"或"预判"（Vorurteile）的问题。"启蒙运动的根本偏见（或预判）是对偏见本身的偏见；它否定了传统'自身的力量'"。[38] 这种概念有着消极的力量，生活中太多的东西被认为是不受主观价值影响的。

伽达默尔在他的《短文集》（*Kleine Schriften*）中提到了极佳的统计学例子。统计数据似乎是客观中立的，但实际上却很少如此。一切都取决于他们的目的和呈现方式。但这又把我们带回了"偏见"的角色。伽达默尔写道："**与其说是我们的判断力，不如说是我们的偏见（或预判，Vorurteile）构成了我们的存有。**"[39] 他宣称："统

---

[37] Gadamer, *Truth and Method*, p. 260.
[38] Gadamer, *Truth and Method*, p. 270.
[39] Hans-Georg Gadamer, *Philosophical Hermeneutics*, trans. David Linge (Berke-

计所确定之事似乎是事实的语言；但如果问的是诠释学问题，那么这些事实回答了哪些问题，哪些事实又开始会发声，并不明确。"[40] 一切事物都是诠释性的。"任何断言都不可能被理解为问题的答案。"[41] 对于启蒙运动而言，一切事物都必须没有迷信。但是它的思想家们没有认识到一切都是由传统、历史和解释所驱动的，他们培育了纯粹、中立"意识"的"荒谬传统"。[42] 伽达默尔指出："自我反省和传记——这是狄尔泰的出发点——并不是首要的。"它们并不是诠释问题的充分依据。事实上，他继续说道："历史不属于我们，而我们属于它。"[43] 伽达默尔得出了以下极为重大的结论：**"远超判断力的个人偏见（预判，Vorurteile）构成了他存有的历史实在。"**[44]

格罗丹认为，当伽达默尔说"历史不属于我们，而我们属于它"时，我们应该回想起"给定性"（givenness）的一部分，即历史的有限性，或者海德格尔所说的我们的"被抛性"（thrownness, Geworfenheit）是如何产生的。[45] 1918年至1919年，伽达默尔经历了德国的战败和盟国的胜利。1919年发生俄国革命。1922年，小儿麻痹症的毁灭性攻击。1923年他与海德格尔的决定性会面。1923年至1924年，德国通货膨胀的严重影响。最重要的是，1933年，纳粹主义、希特勒及第三德意志帝国的兴起。对海德格尔而言，历史的有限性或"被抛性"意指此在（Dasein）、存有于世、存有至死、堕落。伽达默尔和海德格尔经历了几乎同样动乱且不可控的事件。然而，1914年至1933年间，大多数德国教授都有一种共同的信念，即所有问题的解决都将依靠科学或技术进步；这是启蒙运动的态度。早在1912年，

---

ley: University of California Press, 1976), p. 9; cf. pp. 3-17. 中注：汉斯 - 格奥尔格·加达默尔《哲学解释学》，夏镇平、宋建平译，（上海：上海译文出版社，2017）。

[40] Gadamer, *Philosophical Hermeneutics*, p. 11.
[41] Gadamer, *Philosophical Hermeneutics*, p. 11.
[42] Gadamer, *Truth and Method*, p. 275.
[43] Gadamer, *Truth and Method*, p. 276.
[44] Gadamer, *Truth and Method*, pp. 276-77.
[45] Grondin, *Hans-Georg Gadamer*, p. 57; Heidegger, *Being and Time*, pp. 172-79 (German, pp. 134-40), section 29.

随着泰坦尼克号的沉没，伽达默尔就开始对这一方法怀有强烈的异议。

因此伽达默尔探讨了"权威和传统的恢复"。[46] 他写道，权威并不意味着**盲目**服从，而是"建立在承认的基础上，由此建立在理性行为本身的基础上，而理性行为意识到自身的局限性，相信他人的洞察力"。[47] 启蒙运动从来没有意识到这一点，浪漫主义亦然。传统与历史研究相"对立"。伽达默尔以罗马天主教神学家大卫·特雷西（David Tracy）在美国采用的古典主义为例。[48] 对传统的洞察成果不应仅仅被当作过去一个历史时代的思想而置之不理，也不应被视为"超历史性"的真理。

这促使伽达默尔考虑了时间距离和有效历史（effective history）或发挥效用的历史（the history of effects, Wirkungsgeschichte）。尽管谈论"视域融合"，但过去和现在的视域从未完全融合在一起，我们必须尊重历史和时间上的距离。我们必须找到历史文本或处境的"**正确问题来提问**"。伽达默尔吸收了胡塞尔和海德格尔的"视域"概念，其"包括了从特定角度可以看到的一切"。[49] 它是"我们所进入的事物，并随着我们移动。对于移动的人而言，视域会改变。因此过去的视域……一直在移动。"[50] 以这种方式阅读文本会引发历史意识。"例如，如果我们自己穿上别人的鞋子，那么我们将会理解他——即让**我们自己**处于他的位置来察觉差异。"[51]

第二部分的最后一个单元题为"诠释学问题的重新发现"。伽

---

[46] Gadamer, *Truth and Method*, pp. 277-85.
[47] Gadamer, *Truth and Method*, p. 279.
[48] 被称为芝加哥学派的大卫·特雷西写了 *Blessed Rage for Order: The New Pluralism in Theology* (New York: Seabury Press, 1971)，他在书中主要讨论了神学的本质和它赋予理解（Verstehen）的地位；另参 David Tracy, *The Analogical Imagination: Christian Theology and the Culture of Pluralism* (London: SCM, 1981), and Tracy, *Plurality and Ambiguity: Hermeneutics, Religion, and Hope* (London: SCM, 1987). 第二部作品采用了"经典"这一概念。另外请参阅我在 Anthony C. Thiselton, *The Hermeneutics of Doctrine* (Grand Rapids: Eerdmans, 2007), pp. 104-15 对这三部主要著作的讨论。
[49] Gadamer, *Truth and Method*, p. 302.
[50] Gadamer, *Truth and Method*, p. 304.
[51] Gadamer, *Truth and Method*, p. 305.

达默尔写道:"理解总是涉及把要理解的文本应用于诠释者的现状。"[52] 这超越了浪漫主义的诠释学,但并没有回到敬虔主义。因为"应用"并不是单独的"第三件事",而是理解所不可或缺的部分。伽达默尔认为贝蒂(Betti)在这方面并未成功。

伽达默尔从音乐、戏剧和法律诠释学角度阐述了自己的主张,尽管遗憾的是他没有详细讨论后期的维特根斯坦。维特根斯坦认为,理解有赖于接受训练。寻找"独立于经验的"含义是毫无意义的,或者好像"引擎在空转"一样。[53] 后期的维特根斯坦写道:"他们所要被应用的语言游戏缺失了。"[54] "我们谈论它就像谈论国际象棋中的棋子一样,是在陈述游戏规则,而不是在描述它们的物理属性。"[55] 当我们听到话语时同样的事情会出现在我们脑海中,而应用(seine Anwendung)却不同。"[56] "应用(Anwendung)仍是理解的一个标准。"[57] 在法律诠释学中,当我们看到法律是如何应用的时候,我们就"理解"了。伽达默尔坚称应用是"诠释学的核心问题"。[58]

伽达默尔写道,甚至亚里士多德也区分了道德智慧与技术理性;理解与前者有关。同样,法律历史学家可能会求助于技术(techne),但"法学家从当前的案例中了解法律的意义"。[59] 理解文本不能只是对其意义的科学性或学术性的探索。伽达默尔声称,布尔特曼认为在神学或圣经解释中,我们需要解释者与文本之间"活的关系"。单单科学是不够的。

伽达默尔此时研究受历史影响的(许多人译作"历史上发挥效用的")意识。黑格尔关于历史与真理之联系的看法是正确的。历史表明,在寻求理解的过程中,"某人已经在偏爱某事了"。[60] 因此,我们建立了期望,或者挫败了期望,可能是我们从苦难中学到

---

[52] Gadamer, *Truth and Method*, p. 308.
[53] Wittgenstein, *Philosophical Investigations*, sections 88 and 92.
[54] Wittgenstein, *Philosophical Investigations*, section 96.
[55] Wittgenstein, *Philosophical Investigations*, section 10.
[56] Wittgenstein, *Philosophical Investigations*, section 140.
[57] Wittgenstein, *Philosophical Investigations*, section 146; cf. sections 151-78.
[58] Gadamer, *Truth and Method*, p. 315.
[59] Gadamer, *Truth and Method*, p. 325.
[60] Gadamer, *Truth and Method*, p. 355.

的，这是为了体验自己的历史性。汉斯·罗伯特·贾斯（Hans Robert Jauss）对此有所思考。在这种情况或经历中，当我们与"他人"接触时，无论是传统还是个人，都会产生一些创造性的东西。如果我们真诚地向他人"敞开"，"他人"就有话对我们说。"对他人的开放意味着我必须接受一些对我不利的事情，即使没有人强迫我这样做。"[61]

正如苏格拉底和柏拉图所坚持的那样，这使我们意识到辩证法。它也使我们意识到"在所有知识和论述中**问题的优先性**"。[62] 这就引出了伽达默尔的"问答逻辑"，特别带出了科林伍德（H. G. Collingwood）。在伽达默尔看来，科林伍德仍然是唯一发展出这种问答逻辑的人。他似乎没有考虑米哈伊尔·巴赫金（Mikhail Bakhtin）。[63] 科林伍德坚持认为，只有在我们理解了文本所回答的问题之后，我们才能理解文本。提问开启了意义的可能性。伽达默尔评论说："科林伍德阐述的问答逻辑使人们不再谈论永久性的**问题**。"[64] "问题"属于修辞学而非哲学。问题好比是固定且独立的。这个概念源于康德。相反，诠释学关注的是历史上或偶然"出现的问题"。因此，伽达默尔写道："对诠释学经验的反思将问题转化回所产生的问题，并从其动机获得它们意义的问题。"[65]《真理与方法》的第二部分在此就结束了。

四.《真理与方法》第三部分：
本体论诠释学和语言，及对此的评估

1. 可以预见，在《真理与方法》的第三部分，伽达默尔将转向语言的主题。第一部分和第二部分也许最具特色，至少在德国之外

---

[61] Gadamer, *Truth and Method*, p. 361.
[62] Gadamer, *Truth and Method*, p. 363.
[63] Mikhail Bakhtin, *Problems of Dostoevsky's Poetics*, trans. Caryl Emerson (Minneapolis: University of Minnesota Press, 1984).
[64] Gadamer, *Truth and Method*, p. 375.
[65] Gadamer, *Truth and Method*, p. 377; cf. Thiselton, *The Hermeneutics of Doctrine*, pp. 3-8, and Brook W. R. Pearson, *Corresponding Sense: Paul, Dialectic, and Gadamer* (Leiden, Boston, and Cologne: Brill, 2001), pp. 93-97.

影响最大。伽达默尔写道,语言是诠释经验的媒介。他正确地从**对话**的现象开始,指出在语言的"理解媒介"中"可能会出现"新的见解,而这是无法预测的。[66] 没有人事先知道对话会"产生"什么结果。对话对象越是"他人",出现的观点就越有创意。对话,包括文本和解释者之间的对话,弥合了鸿沟,并允许新观点的出现。

2. 伽达默尔还考量了翻译。他写道,翻译就像所有的解释一样。译者痛苦地意识到自己不符合原著的地方,但将材料放入他或她自己的"世界"却是至关重要的。他或她要把这两种视域融合在一起。在这里,我们看到了一种解释模型,其中"解释的历史性是**对受历史影响的意识的凝结**"。[67] 到目前为止,伽达默尔并未引起很大的争议;它是有用的,并得到了充分论证。但我们接下来要讨论的极易引起争议。

3. 在我看来,伽达默尔太急于把语言从生活中剥离出来,即使他声称语言仍然受到历史性制约。他声称传统在本质上是言语性的,尤其是当它被写下来之后。语言本身就是理解的中介,它呈现并保证了问题的优先性。事实上,历史成了一种语言的预设。伽达默尔谈到了"语言学所教导"的内容,以及"现代语言学和语言哲学以之为出发点的语言的概念"。[68] 但是在这里,他谈到了恩斯特·卡西尔(Ernst Cassirer),而忽略了费迪南·德·索绪尔(Ferdinand de Saussure)以及那些语言学或语言哲学最伟大的倡导者。伽达默尔在其他地方谈到了"我的游戏概念与后期维特根斯坦的语言游戏概念的融合"。[69] 但是维特根斯坦明确地写道:"我还称由语言和语言编织成的动作组成的整体为'语言游戏'。"[70] 维特根斯坦也恰当地指出:"这里的'语言游戏'一词是为了突出语言是一个活动或一个生活形式的一部分这一事实。"[71] 伽达默尔在很大程度上将自

---

[66] Gadamer, *Truth and Method*, pp. 384-85.
[67] Gadamer, *Truth and Method*, p. 389.
[68] Gadamer, *Truth and Method*, pp. 402-3.
[69] Gadamer, "My Philosophical Journey," p. 42.
[70] Wittgenstein, *Philosophical Investigations*, section 7.
[71] Wittgenstein, *Philosophical Investigations*, section 23.

己局限于德国传统的语言作家。

此外，在伽达默尔的著作中有太多关于语言作为"名字"（names）的讨论；坦率地说，是对语言的老式讨论。有人可能会争辩道，在1960年或更早的时候，伽达默尔没有机会接触像约翰·塞尔（John Searle）这样的作家。但是维特根斯坦在1950年代初已经拒绝了语言作为命名（naming）的概念，并拒绝了诸如"什么是语言"之类的"超级问题"。[72] 语言作为一种脱离生活的现象，在后期海德格尔思想、1950年代的文学理论以及恩斯特·富克斯与格哈德·艾伯林的思想中都占据了重要的主导地位。而且，这与伽达默尔对道成肉身的正当强调相矛盾。或许我们应该说，伽达默尔至少在这个问题上是模棱两可的。

4. 后来，在伽达默尔关于语言的第三部分中，他似乎承认希腊人和柏拉图是错的，或者至少传统上对他们的理解是错的，而基督教神学关于道取了肉身是正确的："道成了肉身"（约一 14）。[73] 对柏拉图《克拉底鲁篇》（*Cratylus*）的冗长讨论，以拒绝将语言概念视为对实在的二级模仿，接受传统而非自然作为语言的基础而结尾。奥古斯丁和基督教经院哲学家间接提到了"内心的话"，从而避免了柏拉图的问题。[74] 对伽达默尔来说，世界上的话 [索绪尔的"演说"（la parole）] 是一个**实现**潜在性（语言）的问题，这与索绪尔是一致的。

5. 进一步的观点并不矛盾，也无争议。伽达默尔和后期的维特根斯坦一样，认为概念的形成主要是语言的问题，语言本身并不是主要的工具，而是可以揭示新的真理。语言能使我们以一种新的方式看世界。"概念的形成……在语言中发生。"[75] 维特根斯坦对此说得很清楚。例如，他写道："当语言游戏改变时，概念也随之改变，

---

[72] Wittgenstein, *Philosophical Investigations*, sections 38, 40-43, 47-49, 50, 66, 81, 88-92.

[73] Gadamer, *Truth and Method*, pp. 418-28, especially pp. 419 and 429.

[74] Gadamer, *Truth and Method*, p. 420.

[75] Gadamer, *Truth and Method*, p. 428; cf. pp. 428-38.

词语的意义也随概念而改变。"[76]

6. 下一点更具争议性，但以伽达默尔的观点来说，并不像第三点那样具有争议性。这关于语言的非工具性、创造性的使用。伽达默尔拒绝语言的"符号"理论。他坚称，我们参与到语言之中，语言和文字具有原始的力量。他认为语言的功能要区别于单纯的语言形式，这是完全正确的。他从使徒约翰和基督教神学中汲取语言具有拯救力量的神学。从这个意义上说，语言是一种包容性的媒介，而不仅是一种工具。然而，在另一个意义上，语言和文字也是工具。伽达默尔陷入了典型的日耳曼陷阱，认为事物是非此即彼，而非兼而有之。在维特根斯坦和保罗·利科的著作中，语言可以打开一个"世界"。正如我们已经从他那里引述的那样，维特根斯坦劝告人们"想一想工具箱里的工具……文字的功能和这些物件的功能一样是多种多样的。"[77]

然而，伽达默尔认为语言更像是一个诗人，而不是语言学的倡导者或英美哲学家。他选择与威廉·冯·洪堡（Wilhelm von Humboldt）、亚里士多德、黑格尔和柏拉图对话，而不是与索绪尔及其后继之人对话。伽达默尔仍然受到海德格尔的影响，在他后期的著作中，世界的"呈现"更多地与建筑和诗歌有关，而不是与日常生活有关。然而，伽达默尔是对的，某些圈子重视语言的创造力。伽达默尔和海德格尔对"论述"的强调是正确的。帕尔默写道："伽达默尔选择揭示的概念……语言揭示了我们的世界——不是我们周遭环境的科学世界或宇宙，而是我们的生活世界。"[78] 伽达默尔像海德格尔一样，谈到了霍德林（Hölderlin）和诗歌。在这方面，我们受制于语言本身。因为就此而言，诠释学是普遍的，即一切都是诠释性的，并且"没有任何理解可以摆脱所有偏见……我们遇到

---

[76] Ludwig Wittgenstein, *On Certainty*, German and English (Oxford: Blackwell, 1969), section 65.
[77] Wittgenstein, *Philosophical Investigations*, section 11; cf. section 23.
[78] Richard E. Palmer, *Hermeneutics: Interpretation Theory in Schleiermacher, Dilthey, Heidegger, and Gadamer*, Studies in Phenomenology and Existential Philosophy (Evanston, Ill.: Northwestern University Press, 1969), p. 205.

了提问和询问的学科，这是保证真理的学科"。[79]

五.《真理与方法》三部分的进一步评估

1. 从伽达默尔的生平背景来看，早期希腊人、康德、黑格尔、祁克果、狄尔泰，尤其是海德格尔对他都有影响。在柏拉图和康德看来，实在被分为两部分：现象性和本体性或理想性。对祁克果而言，在需要分享和参与的层面上，真理是主观的。罗伯特·沙利文（Robert Sullivan）认为，除了贬低断言或提议，参与使诠释学变得更加丰富。伽达默尔则认为，断言或提议的贬值可以用于宣传，也可以结束问题。[80] 黑格尔、狄尔泰和海德格尔攻击启蒙运动的方式，即认为理性是所有探究的关键，而不管历史和探究者的历史条件如何。实际上，所有的实在都是诠释性的。这对诠释学是积极性的，并就从黑格尔到海德格尔期间对"历史性"的重视尤然。虽然康德的二元论是不幸的，伽达默尔坚定地把"技术理性"（technical reason）置于该二元位置。没有任何知识是价值中立的，科学只会带我们走一段路。

2. 其次，正如布鲁克·皮尔森（Brook Pearson）和其他人所强调的，伽达默尔坚定地优先考虑**问题是如何产生的**，而不是将"问题"作为固定独立的实体。胡塞尔的**视域**或视角的概念是随着我们的移动而发展的。当我们前进的时候，我们会有不同的看法，这可公开地适用于传统。伽达默尔拒绝了笛卡尔和经验主义者的个人主义，也拒绝了"个体意识"的出发点。

3. 第三，伽达默尔关于**游戏**、节日或艺术体验的范式对诠释学来说不仅是提示性的。它提供了一种理解，是对更传统的哲学观点的必要修正。吉尔伯特·赖尔对海德格尔关于抽象部分的批判只是部分正确。有些时刻和问题，抽象不是一个答案，但参与是必要的。

---

[79] Gadamer, *Truth and Method*, pp. 490-91.
[80] Robert R. Sullivan, *Political Hermeneutics: The Early Thinking of Hans-Georg Gadamer* (University Park and London: Pennsylvania State University Press, 1980), pp. 26-27.

正如我在著作中所指出的，伽达默尔写道："诠释学首先是一种实践……其中，我们首先要练习的是耳朵，用于感知先决、预期及概念中印记的敏感性。"[81] 这是一个关键点，它完全影响了我们聆听圣经的方法。

4. 第四，伽达默尔"**发挥效用的历史**"（Wirkungsgeschichte）的概念既有效又富有成果。历史的有限性意味着**自我意识的局限性**，但解释者会倾听自己和他们社会的偏见或预判。伽达默尔又让我们更仔细地审视了黑格尔的"历史理性"。

5. 当然，我们可能会质疑某些有争议的结论。首先，许多人指出，伽达默尔允许任何问题没有"最终答案"。就像一件艺术品，问题是无穷无尽的。伽达默尔似乎并不认为我们除了"应用"之外最终能产生意义的"**标准**"。这也不会与原作者一致。生活在继续，对伽达默尔而言，诠释学永远不会重复。正如乔尔·温斯海默（Joel Weinsheimer）所明确指出的，"答案"和不同的表演一样多变。在伽达默尔的诠释学中，有一个缺失的成分，保罗·利科试图加以纠正。伽达默尔拒绝了施莱尔马赫、阿佩尔（Apel）和利科保留的"解释性"轴心。

第二，一个人可能一开始就接受伽达默尔的理解和**应用**的融合。但如果没有任何区别，我们是否不可避免地回到我们先前的问题？标准的作用在哪里？

第三，伽达默尔自己对**语言**的描述是否可能发生了变化？《真理与方法》第三部分似乎把伽达默尔定位定得离海德格尔太近了。[82] 伽达默尔对施密特的回答是，语言的伦理在他最近与海德格尔的书信中显得很重要。但这是以某些人的能动性为前提，并因此指出语言和生活之间的关系不仅是一种"预设"。我们已经看到维特根斯坦在此与伽达默尔的不同，更不用说约翰·塞尔和"礼貌理论"的

---

[81] Gadamer, "My Philosophical Journey," p. 17.
[82] Dennis J. Schmidt, "Putting Oneself in Words . . . ," in *The Philosophy of Hans-Georg Gadamer*, p. 484; cf. pp. 483-95.

倡导者。保罗·利科更突出人的能动性。[83] 此外，利科的前学生汉斯·罗伯特·贾斯谈到了历史性地连续阅读属于接受历史的文本。贾斯抱怨他的古典主义概念也有局限性。

6. 然而，伽达默尔比任何人都做了更多的工作来推翻笛卡尔和启蒙运动作为意义和真理之仲裁者地位。我们永远不能把时间倒退到《真理与方法》之前。一切事物都是诠释性的，一切都需要解释。

六. 建议初学阅读书籍

Gadamer, Hans-Georg, "Reflections on My Philosophical Journey," in *The Philosophy of Hans-Georg Gadamer*, edited by Lewis Edwin Hahn (Chicago and La Salle, Ill.: Open Court, 1997), pp. 3-63.

———, *Truth and Method*, 2nd English ed. (London: Sheed and Ward, 1989), pp. 3-30 and 277-379.

Jensen, Alexander, *Theological Hermeneutics*, SCM Core Text (London: SCM, 2007), pp. 135-44.

Palmer, Richard E., *Hermeneutics: Interpretation Theory in Schleiermacher, Dilthey, Heidegger, and Gadamer, Studies in Phenomenology and Existential Philosophy* (Evanston, Ill.: Northwestern University Press, 1969), pp. 162-217.

Thiselton, Anthony C., *New Horizons in Hermeneutics: The Theory and Practice of Transforming Biblical Reading* (London: HarperCollins; Grand Rapids: Zondervan, 1992), pp. 313-31.

Weinsheimer, Joel C., *Gadamer's Hermeneutics: A Reading of "Truth and Method"* (New Haven: Yale University Press, 1985), pp. 63-213.

---

[83] Paul Ricoeur, *Oneself as Another*, trans. Kathleen Blamey (Chicago and London: University of Chicago Press, 1992), pp. 40-168.

保罗·利科的诠释学

12

一．背景，早期生活，影响及重要性

保罗·利科（Paul Ricoeur）和汉斯·乔治·伽达默尔是 20 世纪最重要的诠释学理论家。尽管利科的许多神学著作含蓄而非明示，但他对基督教神学的未来将带来持久的影响，甚至可能比伽达默尔的影响更深远。

1. 保罗·利科（1913-2005 年）出生于法国瓦伦斯一个虔诚的新教家庭。[1] 他的父亲在第一次世界大战中去世，当时保罗只有两岁。后来，他的母亲也去世了。保罗由他的祖父母和在雷恩的姑妈抚养长大。利科 1932 年毕业于雷恩大学（University of Rennes），1934 年在巴黎索邦（Sorbonne）大学学习哲学。他在那里受到天主教存在主义哲学家加布里埃尔·马塞尔（Gabrel Marcel，1889-1973 年）的影响。马塞尔教导人类是独一无二的个体，不能仅仅被归类为数字或个案。他对利科的影响显而易见。利科于 1935 年获得硕士学位。1939 年的第二次世界大战中断了利科的深造，他加入了军队，而他的部队于 1940 年被俘。

2. 在作为战俘的期间，利科研究了德国的哲学家，尤其是精神病理学哲学家和存在主义思想家卡尔·贾斯珀斯（Karl Jaspers）；埃德蒙德·胡塞尔的现象学；马丁·海德格尔的哲学思想，包括他的**存在**、**历史性**、**可能性**和人类作为**此在**（Dasein）的概念；最后一个概念对利科而言至关重要。战后，利科在斯特拉斯堡大学（University of Strasbourg）（1948-1954 年）任教；这是法国唯一一所拥有新教神学学院的大学。利科于 1950 年获得博士学位。1949 年，他出版了《自愿与非自愿》（*Le Voluntaire et l'Involuntaire*）。[2]

1956 年，利科成为索邦大学的哲学教授，撰写了《易错之人》（*Fallible Man*）和《邪恶的象征主义》（*The Symbolism of Evil*），

---

[1] Paul Ricoeur, "Intellectual Biography," in *The Philosophy of Paul Ricoeur,* ed. Lewis E. Hahn (Chicago: Open Court, 1995), p. 5.
[2] Paul Ricoeur, *Freedom and Nature: The Voluntary and Involuntary* (Evanston, Ill.: Northwestern University Press, 1966), from French *Le Voluntaire et L'Involuntaire* (Paris: Aubier, 1949).

这两本书均于1960年以法文出版(英文版于1965年和1967年出版)。[3]《易错之人》最初计划属于关于人类意志和有限性之三部曲中的第二卷。此书不仅显出了马塞尔的影响，也呈现了犹太存在主义哲学家马丁·布伯（Martin Buber）的影响。人的主观性是重要的。正如我们在许多"科学"中所发现的那样，人类生活远不止经验的因果关系、观察或现实。

3. 1965年，利科出版了《弗洛伊德与哲学》（Freud and Philosophy）。他在此书拒绝了弗洛伊德实证主义的世界观，但接受了其对**解释**或诠释学的强调。[4] 然而，与伽达默尔不同的是，利科认为"解释"（Erklärung）和理解（Verstehen）都对解释至关重要。解释本身是可以简化的，但它也提供了使理解成为可能的关键维度。只有通过"解释"，我们才能达到理解的"后批判式的天真"（post-critical naïvete）。利科写道："在我看来，诠释学似乎被这种双重动机所激发：怀疑的意愿，倾听的意愿；严格的誓言，顺服的誓言。在我们这个时代，我们还未彻底抛弃**偶像**（idols），我们几乎未开始聆听**象征**（symbols）。"[5]

4. 在这几年里，雅克·德里达（Jacques Derrida）成了利科的助手。1965年，利科离开了更传统的索邦大学，去到南伯尔大学（Nanberre University）进行"进步"（progressive）教育的实验。然后在1968年，利科搬到了比利时鲁汶天主教大学（Catholic university of Louvain）。在那里，他出版了一本论文集《解释的冲突》（The Conflict of Interpretations，1969年），这显露出他在诠释学上的多元主义。最后，利科于1970年搬到芝加哥大学，并在那里担任哲学教授直到1985年。他于1975年出版了《隐喻的规则》（The Rule of Metaphor），并于

---

[3] Paul Ricoeur, *Fallible Man,* rev. and trans. Charles A. Kelbley (New York: Fordham University Press, 1985, 1st Eng. ed. 1965); Ricoeur, *The Symbolism of Evil* (Boston: Beacon Press, 1969; 1st Eng. ed. 1967).

[4] Paul Ricoeur, *Freud and Philosophy: An Essay on Interpretation,* trans. Denis Savage (New Haven and London: Yale University Press, 1970), from the French, *De l'interprétation: Essai sur Freud* (1965).

[5] Ricoeur, *Freud and Philosophy,* p. 27.

1976年出版了《解释理论》(Interpretation Theory)。[6]

5. 至此，他已为之后两部最伟大的著作奠定了舞台。这两部著作之前，他还出版了论文集作品，《圣经解释论文集》(*Essays on Biblical Interpretation*；1969年至1980年的论文集)和《诠释学与人文科学》(*Hermeneutics and the Human Sciences*；1971年至1980年的论文集)。[7] 利科的第一部最伟大的作品是《时间与叙事》(*Time and Narrative*)，于1983年至1985年出版，共三卷(英文译本1984–1988)。根据凯文·范浩沙(Kevin Vanhoozer)的说法，法文标题 *Temps et Récit* 的意思可以作为"时间和讲述"。[8] 利科在此书探讨了情节或情节化(emplotment)的时间逻辑。他既借鉴了奥古斯丁的延长时间的概念，也借鉴了亚里士多德的时间情节化的统一概念。情节的"讲述"取决于叙事情节和叙事时间的组织原则。利科的第二部伟大著作是《作为他者的自己》(*Oneself as Another*)。[9] 如《易错之人》一样，他在此书回到了人类自身的问题上，谈到了人的能动性、行动、与他人的关系和道德责任的重要性。自我并不是笛卡尔式的单独的个人自我，甚至也不是斯特劳森(P. F. Strawson)的身体自我，而是一个道德不能被忽视的存有。

---

[6] Paul Ricoeur, *The Rule of Metaphor: Multi-Disciplinary Studies of the Creation of Meaning in Language,* trans. Robert Czerny with Kathleen McLaughlin (London: Routledge and Kegan Paul, 1977), and Ricoeur, *Interpretation Theory: Discourse and the Surplus of Meaning* (Fort Worth: Texas Christian University Press, 1976).

[7] Paul Ricoeur, *Essays on Biblical Interpretation,* ed. Lewis S. Mudge (Philadelphia: Fortress, 1980; London: SPCK, 1981), and Ricoeur, *Hermeneutics and the Human Sciences: Essays on Language Action and Interpretation,* ed. and trans. John B. Thompson (Cambridge: Cambridge University Press, 1981; French 1981).

[8] Paul Ricoeur, *Time and Narrative,* trans. Kathleen Blamey and David Pellauer, 3 vols. (Chicago and London: University of Chicago Press, 1984, 1985, 1988); French, *Temps et Récit* (Paris: Editions du Seuil, 1983, 1984, 1985); 参 Kevin J. Vanhoozer, *Biblical Narrative in the Philosophy of Paul Ricoeur: A Study in Hermeneutics* (Cambridge: Cambridge University Press, 1990), p. x.

[9] Paul Ricoeur, *Oneself as Another,* trans. Kathleen Blamey (Chicago and London: University of Chicago Press, 1992); French, *Soi-même comme un autre* (Paris: Editions de Seuil, 1990).

6. 继他的巨著《作为他者的自己》之后，利科在《描绘神圣》（*Figuring the Sacred*；英文版于 1995 年出版）中论述了宗教、圣经和叙事，并就某些具体的圣经章节撰写了《基于圣经的思考：注释学和诠释学》（*Thinking Biblically: Exegetical and Hermeneutical Studies*；1998 年）。[10] 随后，他撰写了《正义》（*The Just*；2000 年）和《反思正义》（*Reflection on the Just*；法文版于 2001 年出版，英文版于 2007 年出版，即他去世两年后）[11]。他在这两本书中逐渐转向伦理问题。在最后这几卷著作中，他试图将亚里士多德和其他人提倡的伦理美德，与康德的更为绝对和普遍的道德结合起来。

在《隐喻的规则》的附录中，利科简要介绍了他早期思想的发展。首先，他在《易错之人》和《邪恶的象征主义》中讨论了人类的有限性和罪恶感问题。20 世纪 40 年代、50 年代及 60 年代早期的存在主义哲学家们已经论述了意志的哲学，强调人类的罪恶感、束缚、异化（alienation）或宗教语言中的罪。对海德格尔和布尔特曼而言，这种情况被称为**不真实的**存在。对贾斯珀斯而言，它与边界情况有关；对马塞尔而言，它与绝望有关。马塞尔早在 1932-1933 年就发表了一篇关于贾斯珀斯及其极限情况（limit-situations）理论的文章，这对利科产生了影响。1947 年，利科对马塞尔和贾斯珀斯做了比较研究。

利科彼时对存在主义现象学的运用有赖于他对埃德蒙德·胡塞尔的阅读，以及对毛里斯·梅洛-庞蒂（Maurice Merleau-Ponty）的探究。梅洛-庞蒂在《感知现象学》（*Phenomenology of Perception*）一书中抵制了现象学的通常解释。利科对照了让-保罗·萨特（Jean-Paul Sartre）《存有与虚无》（*Being and Nothingness*；1943 年）。他说道，萨特的《存有与虚无》在他心中只产生了遥远的敬仰，却未使他信服。

---

[10] Paul Ricoeur, *Figuring the Sacred: Religion, Narrative, and Imagination,* trans. David Pellauer and Mark I. Wallace (Philadelphia: Augsburg Fortress, 1995); Paul Ricoeur and André LaCocque, *Thinking Biblically: Exegetical and Hermeneutical Studies,* trans. David Pellauer (Chicago and London: University of Chicago Press, 1998).

[11] Paul Ricoeur, *The Just,* trans. David Pellauer (Chicago and London: University of Chicago Press, 2000); Ricoeur, *Reflections on the Just,* trans. David Pellauer (Chicago and London: University of Chicago Press, 2007).

他还进一步研究了贾斯珀斯的超越观念。然而，当贾斯珀斯谈到"超越的密码"（ciphers of transcendence）时，利科发现"破译"可以成为**诠释学**的一种模式。事实上，他对鲁道夫·布尔特曼的批评是，语言的运作方式比布尔特曼所允许的要多得多。[12] 他逐渐意识到，发现语言中各种各样的意义甚至比现象学更为重要。根据时代精神，利科逐渐对现象学的某些形式失去兴趣而转向语言学和行动哲学。他认为语言问题与邪恶问题有关。在邪恶问题中，象征性语言使用诸如隔阂、负担和束缚等隐喻作为主要符号，即使嵌入叙事之中。

在《邪恶的象征主义》中，利科遵循现象学和狄尔泰对人类"生活经验"的思考，但发现他必须在反思思维中引入诠释学维度。因为象征包含"双重意义的表达"，像"束缚"或"重担"这类词来自日常生活，但即使在紧张的情况下，经验上的日常意义也与道德或精神的领域相互联系，正如马克斯·布莱克（Max Black）对隐喻的讨论所说的那样。布莱克承认，有些隐喻仅仅是说教性的、说明性的或装饰性的。但真正有创意的隐喻是两个意义领域之间的**互动**。利科在这里谈到意义的"层次"，或多重意义，或"分解指涉"（Split Reference）。[13] 利科借鉴了马克斯·布莱克和罗曼·雅各布森（Roman Jakobson）的著作。

然而，象征也常常被"埋葬"在叙述中。这些通常是神话的叙述，或是查尔兹（Childs）和凯尔德（Caird）所说的"破碎的神话"。因此，利科借鉴了罪的希伯来和希腊背景，同时使用了圣经中亚当的故事和俄耳甫斯（Orphic）的悲剧神话。他还借鉴了米尔恰·埃利亚德（Mircea Eliade）在宗教研究方面的著名著作。他试图解释圣经的叙述，但认为它在技术或教义意义上是对堕落不恰当的叙述，这实乃**智慧**的叙述。利科的自传评论表明，1965-1970年标志着他和法国哲学范式的时代的结束。这为他诠释学的核心著作和他从语言回到行动哲学和意志奠定了基础。

---

[12] Paul Ricoeur, "Preface to Bultmann," in *Essays on Biblical Interpretation,* pp. 52-53; cf. pp. 49-72.

[13] Ricoeur, *The Rule of Metaphor,* p. 6.

二．中期：弗洛伊德的阐释、阐释的冲突与隐喻

1. 利科回忆说，大约在这个时候，随着海德格尔早期的"转向"，人们的兴趣转向了语言的动力和创造性的创作（poiēsis.）。这种新的兴趣强烈反对人文主义、现象学和诠释学。克洛德·列维-斯特劳斯（Claude Lévi-Strauss）在 1955 年至 1964 年间以结构主义引领方向，其理论基础是费迪南·德·索绪尔（Ferdinand de Sausure）的《通用语言学》（*General Linguistics*；1913 年）和勒施-特劳斯对文化人类学的研究成果《神话：第一部》（*Mythologies: I*；1964 年）。伴随着这一新的结构主义运动的还有路易斯·阿尔都塞（Louis Althusser）的马克思主义解释和心理学家雅克·拉康（Jacques Lacan）对佛洛伊德的马克思主义解读。利科对此的谨慎回应是，"分离普遍模式的结构主义"，但只有在可以将其适当地应用于特定案例的情况下才使用此方法。[14]

利科关于精神分析的伟大著作《弗洛伊德和哲学》（*Freud and Philosophy*；法文版 1965 年出版；英文版 1970 年出版）是一本关于"解释"维度与"理解"维度之需求的经典著作，尽管两者都全面涉及诠释学。他承认，精神分析在解释因果性自欺的心理机制上是有效的，且未屈服于弗洛伊德的机械主义和唯物主义世界观。利科认为弗洛伊德的著作是解释学的经典之作，因为他没有从表面上接受自我叙述的"文本"，而是探究了那个肤浅而具欺骗性的文本，从而看到埋藏在其下的真实"文本"。利科认为这是一个真正的诠释学模式，因为它探讨了所谓的"文本"背后的真实,真正的生命文本。

这种"在古典文本和预期文本之下的探究"促使了利科的"怀疑诠释学"的形成；后者仍然帮助解释者有力驳斥了哈贝马斯（Habermas）所说的"利益"，或者是可能扭曲我们对文本之理解的自身的欲望、关切和既得利益。利科写道："弗洛伊德邀请我们去寻找梦本身，寻找欲望和语言之间的各种关系。首先，可以被解

---

[14] Ricoeur, "Intellectual Biography," p. 19.

释的并不是梦境，而是梦境叙述的文本。"[15] 弗洛伊德的分析试图在所说的话之下恢复真正的潜在"文本"。这打开了欲望和双重意义。

弗洛伊德错在把一切都简化为"力量"，而这些"力量"最终仅是有形的或物质的。他忽略了其患者语言中丰富的或"多元决定"的意义。亚里士多德认为，解释一个句子所产生的结果要多于其中单个字词的总和。例如，在他看来，一个名词本身与时间无关。甚至尼采也认为，解释涉及整个哲学。因此，我们重复之前已提到的利科关于他怀疑诠释学的名言："在我看来，诠释学似乎被这种双重动机所激励：怀疑的意愿，倾听的意愿；严守的誓言，服从的誓言。"（第27页）正如我们所看到的，他寻求破坏我们在自己形像中所创造的东西，以及倾听转化性或创造性语言的能力。

利科随后同样谈到了"后批判信仰"或"第二种天真"（第28-29页）。这是一种理性的信仰，因为它经过了批判性的探究和解释。利科接受考古学对解释的需求，但这并非全部的故事；没有"理解"，它仍然是空洞的。

在他题为"解释为怀疑的运用"的章节中，利科称"三大毁灭者"马克思、尼采和弗洛伊德为"怀疑的大师"。利科评论说，这三人都为追寻一个更真实的词扫清了障碍。他在弗洛伊德的分析中发现，象征是重要的，但又是模棱两可的。象征性逻辑贯穿诠释学，它只关注意义的精确性和单一性。在逻辑学家看来，诠释学似乎满足于矛盾的意义。然而，这并非定义的弱替换，而是更广泛反思的结果。我们必须摧毁偶像，聆听象征。

利科更详细地阅读了弗洛伊德的作品。首先，他表明，没有诠释学，1895的研究项目完全是"科学的"，并试图用机械"力"来解释一切（第69-86页）。[16] 但是弗洛伊德的《梦的解析》（*The Interpretation of Dreams*）表现了一些进步，包括一个情感和"心理"的位置。观念（ideas）、思想（thoughts）和理性（reason）找到了

---

[15] Ricoeur, *Freud and Philosophy*, p. 5. 本章下文括号里的页码均指本书。
[16] 中注：作者这里指弗洛伊德于1895年出版的《歇斯底里研究》（*Studies on Hysteria*）。

位置，而利科引入了"比喻性"（figurative）的解释。梦是有意义的（Sinn）。**所梦之梦**（"梦的**思想**"）不是记忆和**叙述**的梦。它被"冷凝"和置换所改变，或换言之，被缩写和扰乱而导致多元决定（overdetermination）（第93页）。**多元决定**意味着有了不止一个层次的意义，梦可以从多方面解释。弗洛伊德认为婴儿时期的场景通常是最近的经历，它们可能是幻觉。我们解释是为了定位在叙述后面或下面的梦的思想。这通常以愿望实现的形式出现在睡眠中，但被意识所抑止。

关于本我（id），弗洛伊德是现实主义的。利科谈到了人的普遍自恋和人的自爱。但他告诉我们，这部关于弗洛伊德的著作在法国并不受欢迎，因为当时许多法国知识分子都对拉康着迷。尽管拉康谈到了语言学的问题，但利科在弗洛伊德有关可理解性、伪装、以及解释或意义的著作中发现了与人文学科更直接的关联。

2.《解释的冲突》（*The Conflict of Interpretations*）是一本关于不同主题的论文集。[17] 利科考量了笛卡尔和意识（consciousness），结构主义和双重意义，精神分析和弗洛伊德，以及象征、宗教和信仰。许多论文详细阐述了《邪恶的象征主义》和《弗洛伊德和哲学》，但诠释学仍是主要主题，并与语言哲学以及人文或社会科学的基础更加紧密相联。

虽然结构主义可追溯至索绪尔，但利科正确地思考了言语行为（speech-act）和对路德维希·维特根斯坦、约翰·奥斯汀（J. L. Austin）和彼得·斯特劳森（P. F. Strawson）的新近研究。意义的单位不是单词，而是句子或论述。他写作主要是为了"阐明关于结构主义及其价值的争论"。[18] 他承认，这给**语言**（la langue）和语言作为在**演说**（la parole）中实现的可能性的宝库（storehouse of possibilities）提供了解释之光。这不包括人类主体及其历史。因此，它是纯

---

[17] Paul Ricoeur, *The Conflict of Interpretations: Essays in Hermeneutics,* trans. D. Ihde (Evanston, Ill.: Northwestern University Press, 1974); French (Paris: Editions du Seuil, 1969).
[18] Ricoeur, "Structure, Word, Event," in *The Conflict of Interpretations,* p. 79.

语义的,而非诠释性的。这一层面的分析完全是经验性的。它涉及共时(synchronic)而非历时(diachronic)(历史)语言学。正如特里尔(Tirer)和在他之前的索绪尔所认为的,这以一个封闭系统为前提;这个系统是一个**内部**关系的**自治**实体。

这标志着所谓的科学事业的胜利。但它不包括说话的行为。正如洪堡(Humboldt),特别是法国语言学学者埃米利奥·本韦尼斯特(Émilio Benveniste,1902-76)所强调的,沟通不能完全用行为主义或刺激反应的术语来解释,因为语言基于生活。罗兰·巴特斯(Roland Barthes)、阿尔加达斯·格雷马斯(A. J. Greimas)和杰拉德·吉内特(Gérard Genette)的研究在某种程度上仍然有用,但并不全面。我们必须看到系统与人类行为之间的关系,或结构与事件之间的关系。在之前的《解释的冲突》中,利科将"双重意义"作为一个诠释学问题来讨论。格雷马斯等结构主义者所扮演的角色与弗洛伊德在随后的精神分析论文中所扮演的角色不相上下。它们解释了语言和论述的一些特征,但并非全部特征。利科收录了关于现象学和象征主义的论文,以及一篇关于海德格尔的论文。

3.《隐喻的规则》(1975)再次提醒人们注意语言多层次的丰富性。它试图进一步发展《解释的冲突》中的一些主题。**隐喻之于句子,犹如象征之于字词**。本维尼斯特(Benveniste)仍然很有影响力,对马克斯·布莱克(Max Black)的交互域(interactive domains)的概念尤然。正如玛丽·黑森(Mary Hesse)和珍妮特·马丁·索尔基斯(Janet Martin Sorkice)所敦促的那样,创造性的隐喻不仅构成插图或点缀,也不能替代其他类比,而且它们可能传达认知性的真理。它们还增加了启发性的力量,或者说是发现的力量,正如利科在《隐喻和指涉》中所说的,他接受了亚里士多德对隐喻的定义。"隐喻"是指基于类比,给事物起一个属于其他事物的名字。"[19] 因此,它涉及变化、运动和换位。隐喻允许两个语义域创造性地相互作用。

这本书实际上是亚里士多德之后的一本隐喻百科全书。隐喻独

---

[19] Ricoeur, *The Rule of Metaphor*, p. 13.

立于明喻。创造性的隐喻提供了新的见解，就像科学中的"模型"一样。它可以在句子的层面上表现出**主题**（mythos，英语或许对应"情节"）对一首诗所达到的效果。在隐喻中，我们可以找到"隐喻家族"，即比喻、形象和寓言。利科参照斯特劳森的**个体**、隐喻的语义学和修辞学讨论了谓词和身份。

利科将他的论文《隐喻与新修辞》献给了格雷马斯。本文首先讨论了约瑟夫·特里尔（Josef Trier）和他的"语义场"（semantic fields）概念，这是任何结构主义语言解释的基础。利科再次提到杰拉德·吉内特（Gérard Genette）和马克斯·布莱克（Max Black）是重要的对话伙伴。格雷马斯的符号学"语法"遗漏了许多内容。例如，提喻（synecdoche）和隐喻可能具有特定性，他称之为"语义的不恰当"（semantic impertinence）。一般规则不允许或预测它们的创造力。剩下的文章讨论了隐喻史上的主要人物，包括罗曼·雅各布森（Roman Jakobson）。有趣的是，"隐喻和哲学论述"被题写为"致让·拉德里埃"，拉德里埃（Jean Ladrière）在阐明礼仪中的语用学或语言事件做了大量工作。[20] 利科正确地将整本书的副标题命名为《语言中意义创造的多学科研究》（*Multi-Disciplinary Studies of the Creation of Meaning in Language*）。他观察了语言的语言之外的特征，并通过创造性地阅读文本开始了他对"再塑性"（Refiguration）的解释。

三．晚期：《时间与叙事》

利科的两部睿智经典著作是《时间与叙事》（*Time and Narrative*; 三卷，1983-85年首次以法文出版）和《作为他者的自己》（1990年；英文版于1992年出版）。利科告诉我们，他对狄尔泰的解读以及他坚持探索解释和理解的态度都为这两部著作提供了基础。他还告诉我们他先前搬到美国的事。这些都是诠释学的"主要"来源。

利科也告诉我们，他的文章＜什么是文本？解释与理解＞（What

---

[20] Ricoeur, *The Rule of Metaphor*, pp. 257-313.

Is a Text? Explanation and Understanding；1970 年）最初是为纪念汉斯·乔治·伽达默尔的一卷书而写，这也为他铺平了道路。[21] 利科在这篇文章中承认，文本从口头语言中解放出来引起了一场巨大的变革。利科注意到狄尔泰是如何看待外部符号所表达的内在生命的，外部符号是另一种精神生命的符号。狄尔泰也看到了在诠释学中既需解释又需理解。利科在文章的结尾提出了一个新的解释概念，即在当前的专有解释。

时间在《时间与叙事》中是最具主导性的哲学主题。其部分原因是基于四个不同的因素。（1）它是与海德格尔和格雷马斯对话的结果；（2）它是为了发展和纠正早期关于时间的讲座；（3）利科看到了历史的重要性；（4）利科对旧约学者格哈德·冯·拉德（Gerhard von Rad）的著作印象深刻。利科非常熟悉海德格尔的历史性和时间性（Zeitlichkeit，时间可能性的先验基础）。

1. 在《时间与叙事》的第一卷里，利科以奥古斯丁开始，尤其是奥古斯丁的《忏悔录》的第十一卷，是关于时间作为过去、现在和未来的"不一致"或"扩展"。他谈到了奥古斯丁所指出和描述的时间经验的困难。奥古斯丁将未来的经验视为**期望**；将当前的经验作为**关注**的问题；过去的经验作为**记忆**的问题。利科评论说："通过人类时间（记忆、关注和期望）的体验，我们开始了解这个世界、它的对象和我们自己的现在。"[22] 奥古斯丁认为这是一系列不同的"时刻"，从整体上说，它们是创造的一部分，是人类整个历史的真实写照。这些经历本身就传达了一种"不和谐"，但神（或历史）将它们"向着永恒的方向"凝聚在一起。奥古斯丁相信时间是**与世界一起被创造的**。时间与永恒的辩证产生了时间化的层次体系。这是由一个给定的经验接近或远离这个永恒之极的程度所决定的。一种**收拢**（intentio）与**扩展**（distentio）的辩证在永恒与时间中扎根，在希望中展望未来。我们常常错误地把叙述当作一种简单的逻辑和报告。

---

[21] Ricoeur, *Hermeneutics*, pp. 145-64
[22] Ricoeur, *Time and Narrative*, 1:16.

2. 亚里士多德的《诗学》（*Poetics*）被认为补充了奥古斯丁对时间的论述。利科告诉我们，在他的"情节化"[主题（mythos）]的概念中，我们找到了与奥古斯丁相反的观点。诗歌行为在**情节化**的时间逻辑中产生"**一致**"或连贯。**主题**，或情节化，成为"事件的组织"。[23] 在这个"组织"中，参与者的行动特征在他们的行为中变得为人所知。从这个意义上说，整体使理解（Verstehen）成为可能。

3. 在第一卷第一部分的第三章中，利科讨论了随之而来的情节化的动态。他认为"再塑性"来自对著作的接受。整体是基于对行动世界的预先理解。但它仍然以"时间性"（Zeitlichkeit）为特征，赋予了性格和人物的统一性。因此，该情节是诠释学中的"当下"。我们已经到了"叙事理解"的阶段，利科将在第二卷中更多谈及这种统一性。异类总是有一个连贯的综合，可以采取**戏剧化**（dramatization）的形式。其他作家也追溯了基督教教义和叙事的戏剧性。[24]

4. 利科在第一卷的后半部分将注意力转向了**叙述与历史**的关系。令人惊讶的是，他似乎没有提到汉斯·弗雷（Hans Frei）。弗雷的作品在英美世界备受关注。利科可能不会满足于弗雷的"历史式"（history-like）叙述。他允许"历史意向性"，并主张叙事和历史之间的"间接"关系，这将解决弗雷或许没有完全回答的认识论问题。

历史研究者不会发现"原始"的历史事件必然总是出现在叙事呈现的情节中。例如，在叙述时间上，《马可福音》加速了耶稣早期的生活事件，在彼得承认信仰后放缓至中等的速度，但在受难叙事上却大大减慢，以表明早期事件正是朝此而来。利科解释说，历史事件并没有在各个方面都被消除，但作为"事件启示（revelation-as-event）之事物是完全可以被解释的"。[25] 之于读者，当下也

---

[23] Ricoeur, *Time and Narrative,* 1:33; Aristotle, *Poetics* 50a.15.
[24] Cf. Hans Urs von Balthasar, *Theo-Drama: Theological Dramatic Theory,* trans. G. Harrison, 5 vols. (San Francisco: Ignatius, 1988-98); Kevin J. Vanhoozer, *The Drama of Doctrine: A Canonical Linguistic Approach to Christian Theology* (Louisville: Westminster John Knox, 2005); and Anthony C. Thiselton, *The Hermeneutics of Doctrine* (Grand Rapids: Eerdmans, 2007), pp. 62-80.
[25] Ricoeur, *Time and Narrative,* 1:222-23.

有一个"事件"。这一事件是有神和叙事情节共同产生的；之后他谈及"准事件"（quasi event）。

5. 第二卷为我们提供了《时间和叙事》的第三部分。这个部分特别处理了微虚构叙述中时间的布局（或变化）。柏拉图、亚里士多德和奥尔巴赫所使用的"**模仿**"（mimēsis）一词区分了这种叙事形式与纯粹的历史叙述；这个词可能包括民间故事、史诗、悲剧、喜剧和虚构小说。在这里，利科试图拓宽和深化情节的惯常运作方式。例如，他因此讨论了杰拉德·吉内特（Gérard Genette）对叙事时间的顺序、持续时间和频率的分析，包括**预叙**（prolepses），或是快进至结尾；这些偶然地揭示了四卷福音书的叙述，以及标准的侦探小说的形式。[26] 文学理论被作家广泛使用，并被应用于如弗吉尼亚·伍尔夫（Virginia Woolf）的《达洛维夫人》（*Mrs. Dalloway*）、托马斯·曼（Thomas Mann）的《魔法山》（*Magic Mountain*）和马塞尔·普鲁斯特（Marcel Proust）的《往事的记忆》（*Remembrance of Things Past*）等作品中。

6. 第三卷和第一卷一样，由两个主要部分组成。在第一节里，利科论述了人类时间经验（可能包括叙述时间）与钟表或太阳系测量的宇宙学时间、天文学时间或顺序时间之间的关系。我在《诠释学的承诺》（*The Promise of Hermeneutics*）中讨论过这个问题。[27] 利科通过重新审视胡塞尔的现象学来介绍这一点。对胡塞尔而言，当下的"现在"并不仅仅局限于一个点，而是与意向性有关。康德把所有的时间，连同空间和因果关系，都归因于心灵所强加的"内在"范畴，而利科则把自己的任务设定为发现康德为何、以及如何得出这一结论。利科总结道，康德的超验美学必须"隐藏"现象学。有些例子是正确的，正如我们所说的"时间到了"，但是康德忽略了时间作为人类时间和时钟时间的**双重**体验。

利科在第三卷第一部分的第三章里转向了时间与海德格尔"历

---

[26] Ricoeur, *Time and Narrative*, 2:83-88.
[27] Anthony C. Thiselton (with R. Lundin and C. Walhout), *The Promise of Hermeneutics* (Grand Rapids: Eerdmans; Carlisle: Paternoster, 1999), pp. 183-209.

史性"的关系。海德格尔主要是以一种主观的方式来看待**此在**（Dasein）如何经历时间，但承认时间或宇宙时间的有效性。谨慎让人捕捉到时间的"真实"结构，但这不是观察时间的唯一方法。正如**此在**所感知的，时间是"叙述的时间"。闪回、快进和感知速度变化对时钟时间来说并非特例，但触及人类经验的核心。对人们来说，期望或期待比对单纯的未来更"真实"。然而，时间性不仅限于此。狄尔泰看到了生命的这种"联系"（Zusammenheit），它给历史性赋予了意义。正如叙事和解释所证实的那样，人类处于时间"之内"。

7.《时间与叙事》的最后一部分由构成第三卷第二节的七章组成。利科又从"生活时间"与历史时间的关系入手。历史通常可以通过日历这样的工具创造性地重现自然时间。我们谈论的是同辈、前辈和后辈。因此，正如狄尔泰所说，我们把历史的网络连接在一起。因此，有第三种时间形式，利科有时称之为"神话时间"，大概是从事件原始连续性的情节化来看。

我们发现，这通常包含"创始事件"（a founding event），如耶稣基督或五旬节的诞生，每隔一定时间就会发生。因此，日历时间从物理时间借用了事件的连续体。本维尼斯特（Benveniste）恰当地使人注意到这一点。我们也可以看到格哈德·冯·拉德在利科的进路背后的影响。利科指出，历史学家遵循他们自己的主题和议程。因此，联系来自历史学家的实践。历史学家借用了埃曼纽尔·莱维纳斯（Emmanuel Lévinas）的"痕迹的意义"（the significance of the trace）一词。存在主义和宗教主义又一次重叠。

因此，利科回到了过去的事件在叙述中的真实性这一"令人烦劳"的问题上。[28] 他似乎比汉斯·弗雷更"困扰"于"当说某些事情'真正地'或确实地发生了这意味着什么"。有时，利科似乎接近浪漫主义的概念，即过去的事件具有"痕迹"，这也许是文本可以复原的最好的事物。20世纪60年代，剑桥的一些神学家谈到历史事件与神学意义之间的"松散契合"。利科讨论了我们是否可以谈

---

[28] Ricoeur, *Time and Narrative*, 3:142; cf. pp. 142-56.

论历史和当下的"同一"事件。他认为，在当下，"重演"就是"相同"的一个标志。因为如果过去在当下不是"相同"的话，它会遇到我们如同"他者"吗？历史似乎是对他者性（otherness）的肯定，因为过去和现在不同。

8. 这种关系最好用文本的"世界"和读者的"世界"来描述，而不是用指涉词汇。这个"世界"的概念显然与伽达默尔的很接近。利科写道："应用不是附加在理解和解释上的附加条件，而是每一个诠释学项目的有机组成部分。"[29] 在其他著作中，利科把这个概念称为"应用"，但他认为这不是一个简单的概念。正如在《隐喻的规则》中，他坚持认为我们不能绕过"视为"（seeing as）的经验。在阅读中，文本产生了读者的世界。[30]

9. 下一章将转回讨论一个相关的主题：**历史与小说**的交织。现象学给出了这种可通约性（commensurability）。小说通常是"准历史的"。[31] 但在第三卷第九章里，利科问道，黑格尔是否把历史学家的历史变成哲学家的历史。普世历史变成了"世界历史"，因此我们必须抛弃黑格尔，尽管他有历史理性的概念。我们必须避免将未来和过去抽象化。利科认为，"期望的视域"（the horizon of expectation）这个词是最佳选择；伽达默尔的前学生汉斯·罗伯特·贾斯使用该词。它说明了我们如何体验未来是真实的：它是**未来变为现在**，而不是像黑格尔所说的**抽象**。Geschichte（真实历史）比Historie（客观历史）更接近我们的经验，因为过去必须活在当下。

10. 利科以对传统的审视作为结束。他对传统的权威性和合法性比伽达默尔更为谨慎。对意识形态的批判在此有所论述。每一个判断、预先判断或偏见仍然是错误的。然而，不可否认的是，一系列的阅读都提到了"生活时间"，这值得倾听。我们自己也是传统的一部分。但现在也必须受到同样的挑战。一方面，利科拒绝"客观性的冰冷恶魔"；另一方面，他坚持认为我们必须关注经验和主体间生活的

---

[29] Ricoeur, *Time and Narrative*, 3:159-60; cf. pp. 166-79.
[30] Ricoeur, *Time and Narrative*, 3:191.
[31] Ricoeur, *Time and Narrative*, 3:191.

实在。利科总结如下：他对**时间**的论证与对**叙述**的间接论述的介导（mediation）协调一致。他希望通过叙述来重新确定时间。我们还必须考虑宇宙学和现象学观点之间的差异，以及时间的不确定性（多层模糊性）。这就引出了叙事身份的问题；利科将在《作为他者的自己》中讨论此点。反过来，这会导致对**人物**的回应，意味着取得一种**伦理气质**，或探索**责任**。这也构成了《作为他者的自己》主要议程的一部分。我们被给予了"一个从来没有道德中立的世界"。[32] 正如狄尔泰所看到的，叙述显示了事物之间的联系。然而，利科却意识到叙事的局限性。例如，我们不能超越现象学和宇宙学之间的二元性，而且总是有一种试探，即给所有世代的叙述赋予单一的固定意义。这并没有消除叙事的必要性，以及它的伦理和政治含义。

四.《作为他者的自己》：自我的身份，"他者性"与叙事

1990 年，利科出版了《作为他者的自己》（*Soi-même comme un autre*；英文版 *Oneself as Another*，芝加哥大学出版社，1992 年）。这本书主要是关于自我和自我身份，以及它对叙事和伦理的影响。稳定的自我身份意味着他者性。

1. 笛卡尔所说的自我（self）给予了有关我"**是什么**"的知识，但笛卡尔的自我稳定性取决于神。这遭到尼采的抨击。尼采极力主张所有语言具有欺骗性。此外，所谓的自我的自治与对邻舍的关怀息息相关。《作为他者的自己》首先研究了身份参照（identity reference），特别考虑了斯特劳森所说的**个体**。利科揭示了这种立场的局限性，包括它规避了"我-你"的关系。

2. 在第二项研究中，利科将"我"视为一个**说话的主体**。雷卡纳蒂（F. Recanati），奥斯汀（J. L. Austin）和约翰·塞尔（John Searle）推动了讨论的发展，但未能充分说明主体对谁说话。行动从

---

[32] Ricoeur, *Time and Narrative*, 3:249.

何而来？利科还斟酌了指示词，即像"这里"或"那里"、"我"或"你"这类词，它们结合了位置和说话人的视角。

3. 第三项研究着眼于无施动者（agent）的行为哲学，部分参考了安斯科姆（G. E. M. Anscombe）的思想。"想要"（wanting）的语法使我们更进一步，但是"**谁？**"（who）这个问题仍然没有适当的答案。安斯科姆跟随潮流，拯救了"意图"一词，但"有意地"（仅作为副词）做某事仍然留下未解的问题。关于行动，唐纳德·戴维森（Donald Davidson）提供了有用的材料，但即使是他也没有完全回答利科的问题。

4. 我们在第四项研究的施动者方面取得了进展。笛卡尔、康德和黑格尔把自我称为施动者，但仍有很多问题。哈特（H. L. A. Hart）展示了归属的复杂性；"归属"仍然只是自我问题的部分解决方案。

5. 利科论证的转折点出现在第五和第六个研究中，即关于个人身份和叙事身份的研究。[33] 先前考虑的最大差距是时间性。自我的问题是由人内部的变化引起的，所以我们必须解决时间维度。因此，我们必须审视人类的时间和叙事，以理解同一性和自我性之间的辩证关系。在这里小说可能会激发人们的想象力。叙述告诉我们人类生命的连接性（connectedness），但自我的连续性（continuity）是最基本的。**信守诺言是这种连续性和稳定性的基本标志**。利科写道："忠心地信守所赐的道。"[34] 但**承诺**是**道德性的**；如果是忠于神的道，它也是**宗教性的**，即使它揭示了自我的恒常和稳定。

6. 不出所料，利科转向约翰·洛克（John Locke）以求更多的细节、类比和自我认同的比喻。洛克考虑了记忆的作用。但正如大卫·休谟（David Hume）所指出的，这还不够。我们不能把同一性叠加在连续的感知上。利科对德里克·帕菲特（Derek Parfit）有关休谟在《理性和人》中的身份标准的抨击感到欣慰。但归根结底，利科只认同具有信仰和与他人有关系的"道德主体"（moral subject）。我

---

[33] Ricoeur, *Oneself as Another*, pp. 113-39 and 140-48.

[34] Ricoeur, *Oneself as Another*, p. 123.

们必须通过提出道德问题来理解我们生活的统一。

这就要求我们通过叙述和情节来考虑事件之间的相互联系。狄尔泰再次看到了这一点。正如康德所发现的，这使我们脱离了纯粹偶然的范畴。利科写道："因此，人物的分类也是一个叙事的分类。"[35] 即使对于普罗普（Propp）和格雷马斯（Greimas）（两位都是经典的叙事结构主义者）而言，人物、角色和动作也是必不可少的。情节需要这些，需要一个对自己的行为负责的人。它给予了他们伦理身份。这对于"我是谁？"这个问题是必要的。

五.《作为他者的自己》对伦理学的意蕴，以及其他后期作品

1. 利科的其余研究——第七、八和九项——都是关于伦理的意蕴（ethical implications）。第七和第八项研究是互补的。在第七项研究中，利科思考了自我的"伦理目标"，并特别提到亚里士多德和美德。亚里士多德的观点是：自我是有目的的。"善"具有目的性：自我的美好生活以积极的美德为目标。这确实允许有理性的深思熟虑。利科在这一背景下思考了阿拉斯代尔·麦金太尔（Alasdair MacIntyre）后期的思想。他认为，美好的生活是"**在公正的制度中与他人相处并为他人服务**"。[36] 它不能是孤独的。梅洛-庞蒂（Merleau-Ponty）的"我能"表示对他人采取道德行动的能力。亚里士多德坚称，友谊是其中的一部分。友谊有助于建立美好的关系。

基督徒会用爱（agape）来解释这种美德。犹太哲学家埃曼纽尔·莱维纳斯（1906-195）会认同，若没有"他者"（another）召唤自我承担责任，就没有稳定的自我。对亚里士多德而言，这仍然是互惠伦理。它涉及给予和接受。莱维纳斯在这里谈到另一个人的"面孔"。不能自我付出就构成对自己完整性的破坏。自我必须能够给予对方

---

[35] Ricoeur, *Oneself as Another*, p. 143.
[36] Ricoeur, *Oneself as Another*, p. 180,

同情或同理，这是对**关怀**的最高考验。这种自我也可以从朋友的软弱中"接受"。这是不可替代地作"我自己"，反过来又产生了司法制度的约束，以及政治讨论和行动。

2. 在补充的第八项研究中，利科同意麦金太尔的观点，即问题仍然是"谁的公义？"。因此他转向康德所阐述的道德。麦金太尔认为，我们基本上"失去了对道德的理解"，也就是说"操纵性与非操纵性的社会关系之间的对比"基本上已经消失了。[37] 麦金太尔还认为，除非我们问"我发现自己属于哪个或哪些故事的一部分"，否则我们永远无法恢复这一点。[38] 利科实际上同意这一点。但是，如果我们想无条件地说"善"，我们还必须说**道德义务**。正如康德所宣称的，"道德上的善"是指无条件的"善"；这就引出了康德的普遍性问题。他的回答取决于人类意志的绝对或定然律令（categorical imperative）和人的"自治"。康德宣称："只根据那个借此你能行并同时决定去行的格准（maxims），此律令才成为一个普遍法则。"[39]

对康德的回应确实是众所周知的。对于弗里德里希·席勒（Friedrich Schiller）而言，这是对康德强调义务即斗争的讽刺性的回应："我的朋友，我愿意服务，但我做到了，唉！我很高兴，因此我被诅咒，怀疑我没有得到美德！"然而，康德的"定然律令"确实把道德义务作为一种绝对义务普遍化了。义务进一步提供**动力**。在康德看来，这需要自由和自主，但利科注意到这些与他律性（heteronomy）的关系。单独的自主将反对仲裁者的他律。即使邪恶是激进的，对他人的尊重和自尊也会牵涉其中。

起初，利科似乎结合了亚里士多德对美德的呼吁和康德对道德义务之回应的呼吁，并特别是在关怀和爱中发现此点。他写道："我们在《利未记》十九 18 中所读到的诫命……在《马太福音》二十二

---

[37] Alasdair MacIntyre, *After Virtue: A Study in Moral Theory,* 2nd ed. (London: Duckworth, 1985), pp. 2 and 26.
[38] Immanuel Kant, *Groundwork for the Metaphysics of Morals,* trans. A. W. Wood (New Haven and London: Yale University Press, 2002; German 1805).
[39] Ricoeur, *Oneself as Another,* p. 219.

39 的'爱人如己'中重现"。⁴⁰ 然而利科也写道，爱与恨是主观的原则，并不完全符合客观的普遍性。所以康德的意图仍然存疑。**自主**的原则似乎消除了所有的"他者性"。因此康德存在一种内在张力。他说得对，唯一的无条件的"善"就是善的意志。功利主义不是完全的道德，道义的美德要保留。在社会上，我们需要正义的理论。

对此，利科首先考虑的是约翰·罗尔斯（John Rawls）。但罗尔斯的理论建立在对何为不公正和公正的预先理解之上。它有循环的危险。利科的正义理论建立在**实践智慧**的基础上，然后他比较了悲剧的道德性。例如，我们要如何理解安提戈涅（Antigone）的正义观？安提戈涅所认为的她的职责与克伦（Creon）所认为**他的**职责**相冲突**。因此，利科并不完全满足于悲剧的智慧。我们必须在普遍主义（universalism）和语境主义（contextualism）之间寻找美好生活中的关键概念，例如那些涉及"他者"(the other)的概念，即"安全"、"繁荣"、"自由"、"平等"和"团结"。这些概念对社会和政治讨论都很重要。每一个概念都需要理性的深思熟虑。此外，每一个概念都有超越单一意义的象征性的共鸣，每个人都带着对他人的**关怀**（solicitude）。它们甚至可以反映海德格尔的**关怀**。与黑格尔一样，我们观察历史情境及其语境和道德，但在亚里士多德那里，我们求助于一种不充分的"实践智慧"（phronēsis）。

3. 那么，格准（maxims）不能通过构成**普遍性**的检验吗？实践智慧将帮助我们**根据情境确定**这些相同的格准。我们被命令**永远要尊重人类同胞**。可能有不同程度的责任和"最小程度"的自治。但**关怀**总是包括对**他人**"**他者性**"的尊重，即使是在新奇的情况下。道德即使不涉及斗争，也会涉及冲突，但这并不会使普遍需要的实践智慧失效。

康德对"自主"的要求在历史上受启蒙运动背景所决定，他认为人类摆脱了无批判传统的束缚。但这仍然是一个"对话的"概念，而不是绝对的。因此，我们需要重新解释康德，即一方面要着眼于

---

⁴⁰ Ricoeur, *Oneself as Another*, p. 219.

普遍性，另一方面要考虑到哈贝马斯和"利益"。尤尔根·哈贝马斯（Jürgen Habermas，生于1929年）在他的两卷本《沟通行为理论》（*The Theory of Communicative Action*）中，考量了"兴趣"和"生活世界"，以及语言和沟通对道德的影响程度。[41] 亚里士多德的实践智慧结合了康德的道德观和黑格尔的道德秩序（Sittlichkeit）为一种道德，借此**历史性**和**普遍性**得以承认）。

4. 第十项研究涉及**本体论**。利科对行为和自我的强调是对以物质为中心的本体论的质疑，而不是对自我在与他者互动中的实质稳定性的质疑。在存在模式中，他斟酌了海德格尔的此在（Dasein）。利科写道："对我来说，比任何其他思想更重要的是前文关于亚里士多德的**能力**（energeia）的讨论所指向的思想……他者性并没有加入到自我中……而是属于自我的本体论结构。"[42] 它设计了"我自己"（ipse）的自我恒常性，并包含主体间性。

圣经的"自我恒常性"和"发展的连续性"是一切事物的核心。甚至苦难也成为本体论的一部分，而本体论在其他方面被忽视，叙事也占据了它应有的位置。利科写道："说'我是'就是说'我要，我动，我做'。"[43] **存在也是反抗**。正如我们所看到的，"我可以"仍然是这个问题的核心。我们需要他人的时间性和"他者性"。

事实上，《作为他者的自己》在此就结束了，但利科并没有结束他的写作。二十一篇论文被收录在利科的《描绘神圣》（英文版于1995出版）中，[44] 这些论文涉及不同的主题，宗教语言、康德、罗森茨威格、莱维纳斯、圣经主题和想象都包含其中。后来利科与安德烈·拉科克（André LaCocque）出版了《基于圣经的思考》（*Thinking Biblically*）。[45] 他们仔细思考了《创世记》一至二章，并特别参考了格哈德·冯·拉德、克劳斯·韦斯特曼（Claus Wester-

---

[41] Jürgen Habermas, *The Theory of Communicative Action,* trans. Thomas McCarthy, 2 vols. (Cambridge: Polity Press, 1984-87); and Ricoeur, *Oneself as Another,* pp. 280-83.
[42] Ricoeur, *Oneself as Another*, pp. 316-17.
[43] Ricoeur, *Oneself as Another*, p. 321.
[44] 见注释 10。
[45] 见注释 10。

mann）、埃德蒙·雅各布（Edmond Jacob）、卡尔·巴特和其他人对创造教义、十诫的部分内容（出二十13）、复活或获得生命（以三十七1-14）、十字架上的苦杯（诗二十二），以及其他主要旧约章节的论述。拉科克的解经之后是利科的诠释学的反思。

在新千年的前后几年里，利科将他的注意力转向了伦理学，出版了《正义》（*The Just*；2000年；法文版于1995年出版）和《反思正义》（*Reflections on the Just*；法文版2001年出版；英文版2007年出版）。[46]《反思正义》包括了研究、阅读和练习。《正义》反映了在各个地方讲学的内容。利科回顾了《作为他者的自己》的第七和第八项研究，他在其中研究了亚里士多德的美德和康德的道德义务，提供了所需的目的论和必要的道义论，但关键的研究也许是关于实践的智慧。[47]利科还思考了"权利"（第一讲）和"责任"（第二讲）。权利问题引发了所有关于自我的老问题（"谁？""什么？""我可以吗？"）以及关于权利的制度结构的问题。第二部分是对责任的概念分析。一方宣称"另一方"负有责任，但始终存在"人际间的关系"。责任的概念必须加以扩展。

在其他讲座中，利科考量了约翰·罗尔斯的正义理论，认为罗尔斯给我们留下了模棱两可的印象，除非我们愿意接受哈贝马斯和阿佩尔（K. O. Apel）所做的纠正。利科在＜罗尔斯正义理论之后＞（After Rawls' Theory of Justice）一文中指出，无论是"公平"还是"共识"都是不够的。剩下的文章涉及多元性、论证和判断。《反思正义》继续探讨同样的主题，同样强调美德，但也许更多的是"对他人尊严的尊重，等同于对自己的尊重"。[48]

六．五项评估：文本、作者意图和创造力

因为利科涵盖了如此广泛的话题，他在许多领域都留下了各种判断的余地。我们已经研究了利科的象征与隐喻理论；他对弗洛伊

---

[46] 见注释11。
[47] Ricoeur, *The Just*, pp. xxi-xxii.
[48] Ricoeur, *Reflections on the Just*, p. 3.

德的运用；解释与理解；理解与援用（appropriation）；文本与作者；叙述中的情节化；他的小说概念及其与历史的关系；想象力的运用；不同的圣经体裁；智慧文学的特殊重要性；他的模仿（mimesis）概念；真理与历史的关系；黑格尔与狄尔泰的历史理性；海德格尔的历史性；规定性的法律、爱与正义；自我的身份与他者性；以及他对宗教与伦理学的更广泛贡献。任何简单的评估怎么能处理所有的这些主题？我们的注意力主要局限于利科的诠释学，即使这间接涉及所有这些话题。

1. 到 1990 年为止，对利科的最好的研究之一是凯文·范浩沙的《保罗·利科哲学中的圣经叙事》（*Biblical Narrative in the Philosophy of Paul Ricoeur*）。[49] 他正确地说道："利科拒绝追随历史批判家，将文本还原为其构成传统，或者把它的意义局限于最初的情况和它所指涉的'**实际发生的事情**'。[50] 同时，利科也不会支持一种纯粹的结构主义进路，这种进路将文本的意义降低到其临近的关系（imminent relations），并将其与任何极端的语言指涉切断联系。这大体上是正确的，尽管有些人会反对这种简化主义的历史观。有人则把他和弗雷相提并论。

利科非常重视"可能性"，以至于他倾向于把所有的历史报告都看作是为了当前的实现而重新塑造的。范浩沙谈到了历史和小说之间有一条"丑陋的沟渠"。在亚里士多德看来，历史学家只描述了情况，而诗人描述了可能的情况。利科将此应用到《圣经》中，它使《圣经》能创造性地塑造生命。

然而，真理、叙述和历史之间的关系在利科看来更为复杂。模仿（mimēsis）运行在不同的程度上。利科承认，叙事和历史之间的这种关系是"令人烦恼的"。[51] 小说当然会激发想象力，但利科也相信"历史的意向性"，以及耶稣基督诞生等"创始事件"的真实性。他不希望事件在各方面都被消除。他承认过去的真实性，但他

---

[49] Vanhoozer, *Biblical Narrative*, p. 12.
[50] Vanhoozer, *Biblical Narrative*, p. 12.
[51] Ricoeur, *Time and Narrative*, 3:142; cf. pp. 142-47.

追随格哈德·冯·拉德和鲁道夫·布尔特曼的观点,认为过去只具有当下的意义[真实历史(Geschichte),而非客观历史(Historie)],似乎我们必须在"已死"的过去和一种至今仍存并有影响的传统之间做出选择。因此,尽管范浩沙的结论有些言过其实,或许过于简化,但它指向了一个正确的方向。利科不能鱼和熊掌兼得,但他常常试图对两方面都说"是"。利科强调当下的"重演"或实现是正确的,但他错误地把历史报道的例子简化为其他事物。他恰当地提出,历史报道并不总是正确的焦点。然而,例如路加清楚表明,他寻求历史上的准确并注意到当下。[52] 范浩沙明确表示,他不反对利科的主要观点,但拒绝他在这里的一般化倾向。

2. 利科与伽达默尔的差异以及与哈贝马斯批判的相似之间的一个显著特征源自他的坚定信念:**解释和理解对诠释学都**至关重要。丹·施蒂弗(Dan R. Stiver)清楚表明,这与他早期著作《易错之人》《自由与本性:自愿与非自愿》有关。[53] 既然人类对解释的所有判断都是易错的,我们在我们的解释学中必须要有一个检查工具。无论焦点是在对人类大脑的心理分析、语言中的符号学或结构主义,还是在隐喻的指涉或字面层面,这一点不容忽视。

利科从一开始就认真对待诠释学中所有那些"扭曲"了我们利益的"非自愿"特征,包括渴望的却无意识的"利益"。施蒂弗正确地写道,利科发现平淡无奇的现象学描述不足以表达人类生活的所有方面。这在符号和隐喻的多种形式解释中变得更加关键。《邪

---

[52] Anthony C. Thiselton, "'Reading Luke' as Interpretation, Reflection, and Formation," in *Reading Luke: Interpretation, Reflection, Formation,* ed. Craig G. Bartholomew, Joel B. Green, and Anthony C. Thiselton (Grand Rapids: Zondervan; Carlisle: Paternoster, 2005), pp. 3-63; and the essays by David Wenham and Joel Green, pp. 55-78 and 79-103.

[53] Dan R. Stiver, *Theology after Ricoeur: New Directions in Hermeneutical Theology* (Louisville and London: Westminster John Knox, 2001), pp. 100-160, esp. 100-104; Ricoeur, "Hermeneutics and the Critique of Ideology" and "Metaphor and the Central Problem of Hermeneutics," in *Hermeneutics and the Human Sciences*, pp. 63-100 and 165-81; Ricoeur, *Freud and Philosophy*, throughout; Ricoeur, *The Rule of Metaphor*, pp. 66-333; Ricoeur, *Interpretation Theory*, pp. 71-88; and Ricoeur, *Time and Narrative*, 1:111-28 and 155-74.

恶的象征主义》处理了人类的"过失",包括污点、污秽、罪恶和愧疚的象征。如果含义是"多样的",则它们可以称为"符号"。符号也像《圣经》本身一样是**无穷无尽的**。利科发展了康德的思想,即"符号引发思想"。[54]

《弗洛伊德和哲学》中出现了一个关于易错性的更激进的表述。在《弗洛伊德和哲学》中,欲望被压抑,以致在无意识中以伪装的利益表达出现。这种强调符合圣经对心灵欺骗、甚至良心的不可靠性作为良好行为指南的依据的强调(耶十七 9;林前四 1-5)。至于解释者,他或她必须首先在"批判的沙漠"中失去自我,然后在"后批判式的天真"中再次找到自我。[55] 沃纳·詹朗(Werner Jeanrond)也强调"怀疑和取回",并写道:"利科强调需要一种解释理论,该理论能让翻译者批判性地处理所有语言事件的模糊性。"[56]

启蒙运动、实证主义和一些圣经鉴别主义诚然错误地认为,文本完全是作为一个价值中立的对象来处理的,而没有受到解释者的利益和欲望的影响。利科认为**解释**可以防止理解中的扭曲或错觉,甚至符号学和结构主义有时也有助于发挥这一作用。此外,我们不能断言利科在这方面没有理解伽达默尔。他特别关注哈贝马斯和阿佩尔对沟通的论述。他还主张将目光投向怀疑主义的三位大师:尼采、马克思和弗洛伊德。利科的结论是,伽达默尔对诠释学的态度太缺乏批判性,来自不同传统的"不同观点"根本不足以完成批判的任务。伽达默尔没有充分地解决道德、权力和统治的问题。在一个天主教为主的国家中,这一主题与利科的新教教义一致,尽管他对如此多文本的模糊性的强调可能会被许多人拒绝。路德和加尔文认为,圣经经文是明确、单意的;但他们甚至会认同教会的欺骗、自利和谬误。

3. 当我们转向利科的**文本性**观点时,会发现约翰·汤普森(John

---

[54] Ricoeur, *The Symbolism of Evil*, pp. 347-57.
[55] Stiver, *Theology after Ricoeur*, p. 147; Mark Wallace, *The Second Naïveté: Barth, Ricoeur, and the New Yale Theology* (Macon, Ga.: Mercer University Press, 1990).
[56] Werner G. Jeanrond, *Theological Hermeneutics: Development and Significance* (London: Macmillan, 1991), p. 71.

B. Thompson）。他是利科的早期评论者和批判家之一，认为利科"没有为自己区别不同的论述模式提供一个令人信服的理由，也没有为行动为文本这一概念提供一个令人满意的辩护……利科的著作并没有连贯描述行为和结构之间的关系。"[57] 奥斯汀（J. L. Austin）、吉尔伯特·赖尔（Gilbert Ryle）和后期的维特根斯坦专注于语言的周围环境。第一人称的话语通常是**表述行为**或言外行为的。维特根斯坦还考虑到话语的时间性。紧随其后的是彼得·温奇（Peter Winch），他关注的是历史和社会变革。现象学研究人的行为，利科遵循这种方法。文本和行为被视为客观化的意识。因此，描述性的论述充满了人类价值观。对人类文本和行为的解释不能是"科学的"，即使它们涉及经济或政治领域。对利科而言，文本是人类行为的一个模型，也是一个需要被理解的对象。汤普森认为这并不令人满意。

汤普森认为，哈贝马斯在各个层面上都对这一主题做出了更为重要的贡献。劳动受文字语言表述的技术规则的支配，意识形态可能系统性地扭曲沟通交流。利科可能忽略了**处境**（context）的地位，和社会变迁在处境中的地位。符号学和结构主义对此并不是真正的替代品。利科和哈贝马斯都承认权力、意识形态或利益的地位，但利科受惠于海德格尔，这导致他拒绝对此进行科学分析。利科的行为概念确实有局限性。汤普森试图把行为置于更广泛的社会背景中是对的。奥斯汀、赖尔和后期的维特根斯坦的普通语言哲学证明了关注"环境"对语言的重要性。

然而，利科《关于圣经解释的论文集》表明他以汤普森所忽略的方式仔细区分了不同的论述模式。因为这些论文直到1981年才出现，至少在英文版是这样，汤普森无法考量它们。事实上，只有在他的早期著作中，利科才易受汤普森的所有批判；汤普森的写作主要是出于对哈贝马斯的赞同。利科仔细区分了至少六种圣经论述模式：规定性的或律法的；诗篇的或圣诗的（它们是向神述说）；说

---

[57] John B. Thompson, *Critical Hermeneutics: A Study in the Thought of Paul Ricoeur and Jürgen Habermas* (Cambridge: Cambridge University Press, 1981, 1983), p. 115.

教的（如书信）；先知的；智慧文学的（上文说过，其重点为探究，或间接地在读者**身后**阐明其重点）；叙述的（这是最重要的，也可能是圣经的主要题材）。利科正确地指出，教会及其传讲者倾向于吸收不同的题材作为先知论述（如 耶二 1），在先知论述中先知以神的名义说话，而启示在很大程度上变成了"主如此说"。然而，叙事作为**信经**（Credo）传递了传统："我的祖先原是一个流亡的亚兰人……我们哀求耶和华我们列祖的神……"（申二十六 5-10）。利科断言："在叙事论述中，最重要的是强调创始事件作为神行为的印记、标记或痕迹。认信是通过叙述发生的。"[58]

还有与"神的意志"和现实生活相对应的"规定性论述"。律法是这其中的一个方面，也是人类对盟约回应的一部分。耶稣强调"律法和先知"（太七 12）。智慧论述又是不同的，它的主题包括卡尔·贾斯珀斯（Karl Jaspers）所说的"极限情境"，即人类的毁灭和神的不可知性。它也提到痛苦，特别是在《约伯记》四十二 1-6 中，并起到间接启示的作用。有时《约伯记》和《传道书》会"纠正"《申命记》所选内容的过度强调。最后，圣诗论述（hymnic discourse），尤其以诗篇为例，以第一人称的方式提及神。这也是启示的一部分，但也可能是最少"传讲"的一部分，常常是从一种第一人称到另一种第一人称。

4. 尼古拉斯·沃尔特斯托夫（Nicholas Wolterstorff）同意利科对语言的关注，但过于屈服神启示中的"多元、多义和最多类比"。[59] 利科的神学朝着巴特主义的方向发展，在这种情况下，启示总是介导的（mediated），并且致使沃尔特斯托夫的进路几乎没有余地。然而，沃尔特斯托夫更详细的批判或许是，利科实际上拒绝了"作者论述"、作者的解释和意图。当然，利科似乎给读者一个比文本更积极的角色。沃尔特斯托夫引用利科的话："文本是无声的……文本就像乐谱，

---

[58] Ricoeur, *Essays on Biblical Interpretation*, p. 79.
[59] Nicholas Wolterstorff, *Divine Discourse: Philosophical Reflections on the Claim That God Speaks* (Cambridge: Cambridge University Press, 1995), p. 59; cf. pp. 58-63 and 130-52; and Ricoeur, *Essays on Biblical Hermeneutics,* pp. 74-75.

读者就像管弦乐队的指挥。"[60] **语言**（la langue）是代码，**演说**（la parole）是论述。演讲总被实现，但沃尔特斯托夫关注的是文本的"思想"或广义认知的真理内容。

有时文本会报道，甚至预设一个事态。此处，作者的意图是决定性的。有人可能认为《路加福音》《哥林多前书》和《加拉太书》的大部分章节如此。有时这可能不那么重要，如《约拿书》或许多诗篇那样。不过，这个问题在确定"负责任"的解释的过程中仍有一定作用。否则，不管读者如何解释，文本都是"正确的"。[61]

沃尔特斯托夫似乎是说，利科在这里并不完全一致。因为他诉诸利科所承认的对话文本。作者的地位是文本时间性的一部分，它的"我的"和"你的"是重要的。沃尔特斯托夫问道："利科在他的语言哲学中把作者话语放在中心位置，他怎能在之后他的文本解释理论中只承认文本意义的解释呢？"[62] 他希望避免浪漫主义，但令人惊讶的是，他罕见地避免了惯常的包容性的进路。我们需要更多考虑给定文本的特殊性。

5. 然而话虽如此，利科的确专注于语言的创造力，文本的发展趋势，以及文本和读者的历史性。詹森在简短的论述中似乎暗示了这一点，指出了利科观点中文本的转化性的力量。[63] 当大卫·克莱姆（David Klemm）说，利科在"隐含于字面意义之中的意义展现层次中"辨认出"隐藏意义"时，[64] 他是试图跟随利科和一些批判学者。除此之外，利科还强调时间性和叙述性。在他的隐喻的著作中，利科试图展示语言是如何经历创造性的变异和转变的。他最关心的问题之一是把"时钟时间"变成"人类时间"。

这种创造力体现在利科转向了伦理学；伦理学的基础是人的自由，以及"我可以"的信念。尽管有《邪恶的象征主义》和《弗洛

---

[60] Wolterstorff, *Divine Discourse*, p. 133; Ricoeur, *Interpretation Theory*, p. 75.
[61] Anthony C. Thiselton, *Can the Bible Mean Whatever We Want It to Mean?* (Chester, U.K.: Chester Academic Press, 2005).
[62] Wolterstorff, *Divine Discourse*, p. 149.
[63] Alexander Jensen, *Theological Hermeneutics*, SCM Core Text (London: SCM, 2007), pp. 144-50.
[64] David E. Klemm, *Hermeneutical Inquiry*, 2 vols. (Atlanta: Scholars Press, 1986), p. 192.

伊德和哲学》的书中论述，但利科在这方面是矛盾的。他认识到邪恶、无意识、非自愿和欺骗性的地位，但他对康德有关**自主性**的论述或许过于不加批判。如果说自主是恰当的话，基督徒只有衍生的自主。即使他们是被救赎的，他们也"在罪之下"。[65] 通过将诠释学、对自我的理解、对叙事的理解，与关于自我和世界的伦理问题结合起来，利科打开了约翰·沃尔（John Wall）所说的"道德创造力"的主题。[66] 沃尔将这种"可能性诗学"或"意志诗学"视为信仰在更大范围的恩典运动中所需的经典概念的一部分。因为源自超越的"我可以"创造了一个充满可能性的世界；这世界会谈及爱和社会变革。然而，利科不愿让自己的神学太直白。

七．建议初学阅读书籍

Jenson, Alexander, *Theological Hermeneutics,* SCM Core Text (London: SCM, 2007), pp. 144-51.

Ricoeur, Paul, *Essays on Biblical Interpretation,* edited by Lewis S. Mudge (Phil- adelphia: Fortress, 1980; London: SPCK, 1981), pp. 23-95.

―――, *Freud and Philosophy: An Essay on Interpretation,* translated by Denis Savage (New Haven: Yale University Press, 1970), pp. 3-36.

―――, *Time and Narrative,* translated by Kathleen Blamey and David Pellauer, 3 vols. (Chicago and London: University of Chicago Press, 1984, 1985, 1988), 1:3-51, 3:80-96.

Thiselton, Anthony C., *New Horizons in Hermeneutics: The Theory and Prac- tice of Transforming Biblical Reading* (London: HarperCollins; Grand Rapids: Zondervan, 1992), pp. 344-78.

---

[65] [Wolfhart Pannenberg], *Systematic Theology,* trans. G. W. Bromiley, 3 vols. (Edinburgh: T. & T. Clark; Grand Rapids: Eerdmans, 1991, 1994, 1998), 2:1, 179, 224, 265; 见 pp. 231- 76. 中注：提瑟顿这里笔误地将作者写作 Anthony Thiselton。

[66] John Wall, *Moral Creativity: Paul Ricoeur and the Poetics of Possibility* (Oxford: Oxford University Press, 2005), pp. 9, 31 及随后内容。

13

解放神学的诠释学及后殖民诠释学

一. 定义，起源，发展及圣经主题

"解放诠释学"（liberation hermeneutics）一词一般是指圣经在解放神学中的使用，特别是在 20 世纪 60 年代末和 70 年代的拉丁美洲所发展的诠释学。但是，解放诠释学在拉丁美洲，甚至也许在非洲和印度的部分地区仍然存在，纵然它常以不同的后殖民诠释学（postcolonial hermeneutics）的形式出现。解放诠释学也影响了女权主义诠释学（feminist hermeneutics）的一些版本。这可以追溯到 1968 年，当时道明会神父古斯塔沃·古蒂雷斯（Gustavo Gutiérrez，生于 1928 年）为在哥伦比亚麦德林举行的第二届拉丁美洲主教会议制定了一份议程。这位秘鲁神学家后来在他的著作《解放神学》（*The Theology of Liberation*）中发展了他的思想。[1]

然而，解放神学运动的历史更悠久。尤其是恩里克·杜塞尔（Enrique Dussel）和菲利普·贝里曼（Phillip Berryman），他们对此运动进行了编年史记录。杜塞尔将最初的动力追溯至巴尔托洛梅·德·拉斯·卡萨斯（Bartolomé de Las Casas，1474-1566 年），杜塞尔以可疑且有争议的方式称拉斯·卡萨斯为 16 世纪最伟大的神学家。[2] 拉斯·卡萨斯谴责了他所说的对印第安人的奴役和强迫性的基督教化，他认为神只将律法交给了以色列，甚至也没有给作为个体的亚伯拉罕。他认为，西班牙人以基督之名消灭印第安人，这让基督重钉十字架。墨西哥米却肯州（Michoacán）的主教瓦斯科·德·基罗加（Vasco de Quiroga，1470-1565 年）对此表示支持。

贝里曼专注于这项运动在中美洲而不是南美洲的起源。他考察了危地马拉、萨尔瓦多、洪都拉斯、尼加拉瓜和哥斯达黎加，并从 1542 年西班牙王室颁布的法律开始。[3] 贝里曼坚称中美洲是"基于

---

[1] Gustavo Gutiérrez, O.P., *A Theology of Liberation: History, Politics, and Salvation,* trans. Sister Caridad Inda and John Eagleson (London: SCM, 1974; Maryknoll, N.Y.: Orbis, 1973; Lima, Peru, 1971).

[2] Enrique Dussel, ed., *The Church in Latin America, 1492-1992* (London: Burns and Oates; New York: Orbis, 1992), especially pp. 43-48; cf. pp. 1-184.

[3] Phillip Berryman, *The Religious Roots of Rebellion: Christians in the Central*

侵略和统治的行为，成千上万的印第安人被杀……在这一侵略中，教会是关键因素。宣教士是谴责残酷行为并试图缓和侵略后果的唯一力量。然而，尽管有英雄般的例外，教会通常还是成为整个侵略和统治活动的一个组成部分。"[4] 贝里曼认为，这一侵略时代、随后的殖民时期和20世纪60年代末与70年代初的"发展"，促成了今天的革命危机。

1821年，中美洲的正式独立始于墨西哥，但却被保守主义和自由主义政治割裂开来。1838年，中美洲分裂为五个共和国。自由主义者对咖啡和其他商品的生产及其经济"发展"充满信心，但土地和生产原料却被受过教育的精英阶层攫取。至19世纪末，农民起义是失败的。军队升级了，特别是在危地马拉和萨尔瓦多。中美洲五个国家开始没收教会财产，并对天主教及其垄断者发动战争。教会失去了早期的权威，被普遍认为是欧洲统治的代理人。新教传教士受鼓励进入拉丁美洲。

1932年大萧条时期，咖啡价格大幅下跌。到了20世纪50年代，就最贫穷之人看来，"发展"政策已成废墟。到了20世纪70年代，农民和失地者遭受了进一步的经济衰退，而土地被专家团体使用。

圣经主题成为解放神学的惯用方法，这很早就开始出现。在16世纪，佩德罗·德·科多博（Pedro de Córdobo）将对印第安人的压迫与以色列人在埃及所受的压迫相提并论。最初来自智利的耶稣会教士曼努埃尔·拉昆扎（Jesuit Manuel Lacunza, 1731-1801年）辩称，《但以理书》和《启示录》中的压迫以及以色列从埃及或巴比伦的解放能激发墨西哥争取自由的斗争。然而，他被驱逐出天主教。尼加拉瓜的司祭和诗人阿扎里亚斯·帕莱（Azarias H. Pallais, 1884-1956年）认为《出埃及记》的主题是解放神学的中心。然而，并非所有人都依赖圣经的主题和经文。在1817年和1824年，受到法国启蒙运动

American Revolutions (London: SCM, 1984), especially pp. 13-38; cf. Ralph Woodward, *Central America: A Nation Divided* (New York: Oxford University Press, 1976), pp. 23-47.

[4] Berryman, *Religious Roots of Rebellion*, pp. 35-36.

的影响，巴西的司祭们进行了一场革命。他们攻击一切权威，提倡使用个人理性。

若16世纪和17世纪是殖民主义的时代，那么1807年是某些国家从西班牙和葡萄牙统治势力解放出来的日子，尽管欧洲的统治势力仍颇具影响。巴西最终于1889年成为共和国，阿根廷于1853年成为共和国。波多黎各在1898年以前一直隶属于西班牙，但有效的统治权随后转移到了美国。在这一时期，"发展"成了消除欧洲富裕国家和拉丁美洲前殖民地贫穷国家之间经济差距的流行语，但是许多拉丁美洲人通过比较古巴的相对繁荣，认为"革命"是一个更好的选择。

多年以来，教会的主要回应是强化传统价值。新教在17世纪加入了天主教的宣教事工，英格兰从1625年起就开始大举涉足加勒比海地区。但在天主教内部，被称为"天主教行动"（Catholic Action）的运动从上世纪30年代开始，到20世纪50年代和60年代在支持本土拉丁美洲的运动中产生了影响。1955年举行了第一次天主教的主教会议，新的天主教左派大约在那时出现，甚至更早。在那些寻求西方列强经济援助的人和那些寄希望于革命的人之间出现了两极分化。他们比较了古巴人民的相对繁荣和自由与镇压性的军事政权。1492年克里斯托弗·哥伦布到达古巴。它现在的人口大约有1100万，最初是由西班牙人和非洲奴隶混居（最初的泰诺人大部分都消失了）一处。

19世纪发生了奴隶起义（1812）。古巴于1898年独立，但西班牙的庇护确保了教会的关键职位仍属西班牙人。与此同时，一种民族认同感变得越发强烈，特别是当美国对西班牙发动战争并在关塔那摩（1934年）建立海军基地时。在很大程度上由于天主教行动，西班牙的庇护结束了。到1990年，最大的新教教会是伊格莱西娅·埃文奇（Iglesia Evange）的古巴五旬节利卡教会（lica Pentecostal de Cuba），有五万六千名会友。百分之四十一的古巴人是天主教徒。1959年1月1日，菲德尔·卡斯特罗（Fidel Castro）领导革命，他建立了一个共产主义或马克思主义一党专政的国家。1961年，古巴政府关闭了天主教大学，国有化了天主教学校，并驱除了136名神父。新教教堂的数量减少，尽管之后在1994-1995年间激增。随着卡斯特罗在2008年从总统职位上卸任，人们希望该政权变得更加宽容。

革命的大部分灵感来自卡尔·马克思（1818-83）的"巴黎手稿"或其早期著作，而不是马克思后来的无神论著作，亦非列宁主义式或斯大林主义式的马克思主义。在1838年至1843年间，马克思专注于法国大革命，其理论思想是自由、平等和兄弟情谊。[5] 他认为，生产的经济力量是人们之间不平等和分裂的根本原因，资本主义包含着其自身毁灭的种子。对其他拉丁美洲人而言，古巴日益繁荣的经济、独立以及对权力和资源的国有化，似乎是贫富分化社会的答案。然而，马克思在其后期著作中发展了一种半决定论和唯物主义的历史理论，这未给基督教信仰留下了任何空间。1844年，他出版了《德意志共和国报》（*Die Deutsch Franzoschichen Jahrbucher*），并结识了弗里德里希·恩格斯（Friedrich Engels）。1845至1846年，他们撰写了《德国意识形态》（*The German Ideology*），吸收了费尔巴哈对宗教的无神论批判。1848年他们撰写了《共产党宣言》。马克思在伦敦写了三卷本《资本论》。在这些后期著作中，马克思的"左翼黑格尔主义"和反有神论的唯物主义作为一种历史理论占据了主导地位，其剥削劳动的主题亦然。这些后期著作启发了在俄罗斯的弗拉基米尔·列宁（Vladimir I. Lenin，1870-1924年）和约瑟夫·斯大林（Joseph Stalin）（1879-1953年），并诞生了马列主义。它也被称为"辩证唯物主义"，正如资本主义阶段克服了封建主义阶段，国家社会主义也会驱逐资本主义。之后是共产主义时代，每个人都各取所需，依能力工作。

不公平的土地所有权给南美洲许多国家造成了问题。在巴西，大型集团占有43%的土地所有权，但只有3%的农业劳动者持有土地。拥有不到25英亩的土地的人在拥有土地的人中占了52%。除此之外，还有数以百万计的失地者。巴西的土地面积略小于美国。阿根廷于

---

[5] J. Andrew Kirk, *Theology Encounters Revolution* (Leicester: Inter-Varsity, 1980), pp. 27-30.

1853 年颁布了宪法，但随后几年经历了混乱和时有动荡的局面。在经历了一段时期的增长之后，阿根廷在经济上遭受了大萧条的打击，直到胡安·佩隆（Juan Perón，1946-1955 年）担任第一任总统为止。军事政变发生在 1955 年、1962 年、1966 年和 1976 年。1983 年恢复了民主，但贫富差距再次出现。智利在很大程度上要归功于英国的硝酸盐生产，并拥有强大的中产阶级。然而，1973 年在美国的帮助下，一场军事政变推翻了萨尔瓦多·阿连德（Salvador Allende），奥古斯托·皮诺切特（Augusto Pinochet）将军控制了这个国家，并一直领导国家直到 1990 年。玻利维亚于 1906 年宣布信仰自由。然而，它受到可卡因贸易的影响；它供应的可卡因量达到世界的一半。哥伦比亚是南美第四大国（仅次于巴西、阿根廷和秘鲁）。一个多世纪以来，其政府一直不稳定。它从 1948 年到 1958 年经历了内战。大地主与军队合作以维持经济现状，杀害工人、学生、知识分子和反对统治政权的事件分别发生于 1986 年至 1988 年。最后，南美第二大国秘鲁见证了一个由军事政权和独裁者专制的政府以及游击战。2003 年，据说 54% 的人生活在贫困线以下。1985 年至 1990 年间，秘鲁的外债增加到 2000 万美元，遭受了恶性通货膨胀。

伴随着古斯塔沃·古蒂雷斯的作品，解放神学最初正式诞生于 1968 年的秘鲁，这毫不令人惊讶。但是在此之前，我们必须注意第二次梵蒂冈会议（1962-1965 年）为此铺平道路。1960 年代初，一小批罗马天主教和新教神学家见面，讨论了拉丁美洲穷人的困境。他们于 1964 年在巴西彼得罗波利斯提出了他们的调查结果作为"对实践的批判性反思"。第二次梵蒂冈会议支持了他们的关切。《信徒法令》（*Apostolicam actuositatem*）提倡正义作为神学的来源，鼓励天主教行动和教会"基层"社区，强调对穷人的爱和正义。穷人去工作劳动主要是为了**改变社会结构**。会议颁布法令："所有人都有理性的灵魂，都是按照神的形像被造……所有人之间都有基本的平等，必须对此有更多的认可。"[6]

---

[6] Austin P. Flannery, O.P., ed., *Documents of Vatican II* (Grand Rapids: Eerdmans, 1975), p. 929.

1964年,唐·海尔德·卡马拉(Dom Helder Camara)成为巴西东北部累西腓的大主教。卡马拉称对穷人的压迫是"第二次暴力",是对"无数遭受限制、羞辱、不公正、没有前途、没有希望、处境如奴隶般之人施加痛苦"。[7]他后来接受第二次梵蒂冈会议的"论人民的发展"(Populorum Progressio)中关于为被压迫者正义之战的部分。巴西东北部可能是该国最贫困的地区。

在此之前,保罗·弗莱雷(Paulo Freire)从巴西东北部开始了他的"唤醒意识"或"提高意识"(concientización)的宣教。他认为,穷人需要了解他们的状况,就像摩西受命为埃及的奴隶做事一样(出四31)。弗莱雷鼓励文化阶层来做此事,并教人们如何从压迫性组织的统治下解放自己。但是在1964年4月,巴西发生了军事政变,这打击了弗莱雷所鼓舞的期望。同时,他先后在巴西和阿根廷继续这项工作。

许多天主教宗教思想家开始转向早期的马克思主义,以实现结构性的变革。他们此时还发现了于尔根·莫尔特曼(Jürgen Moltmann)的早期著作;后者的着眼点在于盼望、应许、转化和末世,与德国的梅茨(J. I. Metz)相似。面对巴西、阿根廷、巴拉圭和玻利维亚的军事政变,卡米洛·托雷斯(Camilo Torres)是众多明确呼吁天主教徒参加革命的人之一。

二.古斯塔沃·古蒂雷斯与解放神学的诞生

1968年,古斯塔沃·古蒂雷斯引入了"解放神学"一词来描述在哥伦比亚麦德林举行的天主教主教会议中的争论,几个月后并为其提供了议程。考虑到第二次梵蒂冈会议的新重点,在准备社会改革计划时,主教们向古蒂雷斯和他的秘鲁同事寻求帮助。古蒂雷斯特别提到并敦促**团结穷人**为他的关键主题。后来,他在《解放神学》

---

[7] 参 J. Andrew Kirk, *Liberation Theology: An Evangelical View from the Third World* (London: Marshall, Morgan and Scott, 1979), p. 31.

中阐述并发表了他的贡献。⁸

1. 古蒂雷斯认为神学是**对实践的批判性反思**。⁹ 这在很大程度上受到早期马克思主义思想和圣经末世论的影响。他说，莫尔特曼承诺有一种新的方法来表述神学。莫尔特曼还借鉴了格哈德·冯·拉德的应许神学和恩斯特·布洛赫（Ernst Bloch）的希望哲学。

贝里曼认为"实践"（praxis）不仅是与理论相对的"实际行动"（practice），而且是基于理论的理论和实践行为。¹⁰ 该术语在基督教界经常被误认为仅是"实际行动"；该词在哲学和术语上起源于亚里士多德、黑格尔、费尔巴哈、马克思和萨特，这经常被人遗忘。理查德·伯恩斯坦（Richard Bernstein）帮助我们予以澄清。¹¹ 马克思在其第十一篇关于费尔巴哈的文章中使用了这个术语："哲学家只是以各种方式**解释**了世界；关键是要**更改**它。"实际上，这涉及到走出自我，并委身神和我们的邻舍。

2. 第二，古蒂雷斯回顾了1955年的万隆会议，当时非洲和亚洲国家与拉丁美洲联合为"第三世界"。虽然他乐见这些国家能意识到不发达，但他质疑"发展"能否扭转"整个社会进程"。¹² "发展"一词标志着穷人"在过去几十年里"的渴望，但其议程和优势总是与"富国"分享（第25-26页）。较贫穷的国家必须在自由中掌握自己的命运。他写道："马克思以他独特的方式深化和更新了这一思想路线。"（第29页）他寻求改变世界。古蒂雷斯也看到弗洛伊德和马尔库塞把这一点向前推进。"目标不仅是改善生活条件，[而是]彻底改变结构，进行社会革命。"（第32页）这符合圣经的信息："基督已经释放我们，为使我们得自由。"（加五1）这就是**解放**的意义。

3. 下一类是**神学性的**。古蒂雷斯不满于"基督教世界"（Chris-

---

⁸ Gustavo Gutiérrez, O.P., *A Theology of Liberation: History, Politics, and Salvation,* trans. Sister Caridad Inda and John Eagleson (London: SCM, 1974; Maryknoll, N.Y.: Orbis, 1973; Lima, Peru, 1971).

⁹ Gutiérrez, *A Theology of Liberation,* pp. 6-15, especially pp. 6 and 13.

¹⁰ Phillip Berryman, *Liberation Theology* (London: Tauris, 1987), p. 85.

¹¹ Richard J. Bernstein, *Praxis and Action* (Philadelphia: University of Pennsylvania Press, 1971; London: Duckworth, 1972), p. xi and throughout.

¹² Gutiérrez, *A Theology of Liberation,* pp. 23-24. 下文插入的页码皆指向此书。

tendom）的概念或基督教世界已经到达之地，并寻求"**一个新的基督教世界**"来标志教会生活的新阶段。这承认了"世界的自主性"，并尊重"一个成年平信徒的成长和发展"（第 54-57 和 63-67 页）。与启蒙运动一样，它寻求从宗教的束缚中将世俗解放出来，并拒绝教会与世界之间的任何对立。它坚持了保罗的主题，即基督的**普世主权**。拯救和创造是一个单一进程。

人们决不能满足于对贫富差距的经济学的诊断。人们还必须考虑到海尔德·卡马拉（Helder Camara）的"暴力螺旋"和保罗·弗莱雷（Paulo Freire）的"被压迫者的教育法"（第 89 和 91 页）。[13] 在"新基督教世界"中，教会必须不再支持经济上有实力的团体，而应致力于"革命政党"（第 103 页）。这涉及被压迫者的"积极参与"和对"专制"的拒绝（第 113 页）。革命使"发展"黯然失色，这就是信仰的含义。神为世界所设计的中心是基督，基督通过祂的死和复活改变了我们。

4. 另一个主题有**诠释学的和末世论的性质**。圣经在创造和救赎之间建立了联系，《出埃及记》尤然。"第二以赛亚"强调了这一点（赛五十一 9-10）。打碎拉哈伯和从埃及得拯救的象征意义适用于我们和拉丁美洲（诗七十四 13-14；八十九 10；赛五十一 9；申四 20，二十六 8）。"埃及"是压迫和奴役之地（出十三 3；二十 2；申五 6；参 出三 7-10；十四 11-12；十九 4-6）。古蒂雷斯写道："《出埃及记》的神是历史和政治的神……以色列的救赎主。"（第 157 页）祂带来了新的创造。

因此，神是末世应许的神，这是凭信心领受的恩赐。亚伯拉罕的旅程证明了这一点（创十二 1；十五 1-16；罗四 12；加三 16-29）。正如利科可能会说的，这一应许变得更加充分和明确。在此，古蒂雷斯关于救赎历史参考了格哈德·冯·拉德。神在现世中带领祂的子民。这种时间的进程在基督里得到成全。盟约成了相遇的一个重要地方和方法。

---

[13] 参 Paulo Friere, *Pedagogy of the Oppressed* (New York: Herder and Herder, 1970).

5. 古蒂雷斯从这个前提推断出荣耀神就是向邻舍行公义（箴十四20；申二十四14-15；耶三十一34）。这里他引用了《约翰一书》（四7-8），最终的审判（太二十五45），尊主颂（路一47-49）。因此，历史给受压迫者带来了希望，并且我们在希望中"被拯救"（罗八24）。他再次援引了保罗·弗莱雷的著作，以及恩斯特·布洛赫和莫尔特曼关于希望的著作。这就是末世论是政治神学的原因。像利科一样，古蒂雷斯一直"通过"批判而在后批判层面出现。甚至耶稣的一生都有政治共鸣。经验主义层面是道成肉身神学的一部分。"去传福音……是要在时间中使福音具体化。"（第271页）因此，我们寻找一个新的基督教群体和一个新的社会。"阶级斗争是我们经济的一部分……以及宗教现实。"（第273页；参第273-279页）我们寻找基督教的兄弟友谊，寻求免于压迫和奴役的自由，声援穷人。

若认为这一批判性纵览仅仅重述了《诠释学的新视域》所涵盖的要点基础，那是不正确的。尽管碰巧我也从古蒂雷斯的著作中提取主题，但它们并不一定一致，而且我重新阅读了古蒂雷斯的全部作品，与我在《新视域》中所写的无关。我将保留对本书的评价，直到以后再说，除非指出与施莱尔马赫及其传统一样，"自由主义者"通常以人类经验开始，而保守主义者寻求以启示开始。古蒂雷斯认为基督徒的信仰是"前进的"，而非"一劳永逸的"，但他试图在圣经和人类经验之间建立起相互辩证关系。读者可以判断这是否完全成功，但是必须根据时代背景来评估他的著作，而社会层面曾是（或仍是）迫切的。

三．第二阶段："基层群体"与20世纪70年代的何塞·波菲里奥·米兰达

解放神学的倡导者，尤其是卡洛斯·梅斯托斯（Carlos Mestos）和鲁本·阿尔维斯（Rubem Alves），坚持认为"基层群体"（base communities）主要代表了一个由平信徒所带领的运动或网络，而非

由学术神学家所促成的。平信徒带领的群体也揭示了解放诠释学的大部分内容。

基层群体是底层群众，主要是平信徒，数量从十几到三十左右不等。他们对圣经使用的录音带已经可以找到。最有名的是《索伦蒂纳福音》。[14] 相关群体生活在尼加拉瓜湖的南部边缘，靠近哥斯达黎加边境。它与许多基层群体不同，因为其领导人是埃内斯托·卡德纳尔（Ernesto Cardenal，生于1919年）。他于1966年1月与一群朋友成立了该群体，并在1971年至1976年之间抄录了他们沉思默想圣经的记录。埃内斯托·卡德纳尔是一位天主教神父，1952年由教皇皮乌斯十二世任命为主教，1957年由教皇保罗六世任命为大主教。他如今是墨西哥的名誉大主教。

因此，该群体认为"共产主义者"意味着群体内部的平等，而"马克思主义"反映了早期马克思的人文主义。埃内斯托·卡德纳尔将该群体对尊主颂（路一68-79）的反思转录为："希律王就马利亚说过什么？""罗西塔回答说：'她是共产主义者。'另一个回答道：'重点是……她是共产党员……那[尊主颂]是革命。有钱人或有能力的人被打倒，而穷人（倒下的人）站起来了。'"其中一位年轻人说："在我看来，她是在为未来说话，因为我们才刚刚开始看到她所宣告的释放。"[15] 马利亚最终被形容为"马克思主义者"，毫无时代倒置之感。纳塔利娅说，门徒们也被认为是穷人，就像那些"放弃财产"的人。埃尔维斯评论说："基督真理的重要性在于它是革命的诞生，对吗？"一位该群体的人士说："神在我们所有彼此相爱的人当中。"[16]

何塞·波菲里奥·米兰达（José Porfirio Miranda，1924-2001年）写了十一本书，其中第二本是《马克思与圣经》（*Marx and the Bible*；1971年；英文版1974年出版），第五本是《存有与弥赛亚》（*Being and the Messiah*；1973年；英文版1977年出版）。这两本

---

[14] Ernesto Cardenal, *The Gospel in Solentiname* (Maryknoll, N.Y.: Orbis, 1982); cf. also the extraction in Berryman, *Religious Roots of Rebellion,* pp. 9-21.

[15] Cardenal, *The Gospel in Solentiname* (Study on the Magnificat, 1).

[16] Cardenal, *The Gospel in Solentiname,* vol. 3; p. 103; reprinted in Berryman, *Religious Roots of Rebellion,* pp. 14-17.

书都是解放神学与解放诠释学的经典著作。[17] 他作为哲学家和圣经学者，在所处的墨西哥处境中写作。他在 1995 年也写了关于科学研究的必要性的著作。他在《马克思和圣经》中的目标是"建设无阶级社会的必要性……一个没有阶级的社会。"[18]

米兰达对马克思和圣经之间所猜想的相似之处的兴趣，不如对圣经的新理解的兴趣。他相信，这种新理解在马克思身上非常吻合。他特别借鉴了权力哲学，包括埃曼纽尔·列维纳斯（Emmanuel Levinas）的作品。他从墨西哥和拉丁美洲其他地方当时的经济状况开始。在这些地方工人们生产产品，但是"暴力阻止了他们使用 [权力]；暴力是制度性的、合法的、司法性的。"（第 11 页）然而，圣经书卷要求公义。他诉诸《箴言书》十 2,《但以理书》四 27,《约伯记》四十二 10, 和《马太福音》六 12。公义包括施舍（诗一百一十二 3, 9）。事实上，他质疑梵蒂冈所支持的工资制度的合法性。

米兰达在书的第二章中更详细地谈到了圣经。他就诠释和解经写道："一旦我们确立了不同'意义'的可能性，每一种意义都可以接受，那么经文就不能挑战西方世界了。"（第 36 页）学术圈太容易允许选择任何我们所喜欢的文本"意义"。他认为，过去之事常常给我们带来不真实或不相关的"解释"负担。首先，对肖像的禁止（出二十 4-6；申五 8-10）废除了"精神"和物质世界的二元论。《罗马书》一 18 亦然，并伴随着对不公义的强调（罗一 18-25）。认识神与尊重公义有关（耶二十二 13-16; 何四 1-2; 六 4-6; 赛十一 9）。阿摩司谈到公义优先于文化（摩五 21-25；参 赛一 11-17）。《约翰一书》谈到认识神并表现出爱（约壹三 17-18；四 7；太二十二 39-40）（第 61-63 页）。这与**实践**有关（申十 12- 十一 17）。

我们不必从《马克思和圣经》的每一个细节找到米兰达的一致意见。在第三章中，他谈到神在历史中的干预，特别是作为《出埃

---

[17] José Porfirio Miranda, *Marx and the Bible: A Critique of the Philosophy of Oppression* (Maryknoll, N.Y.: Orbis, 1974; London: SCM, 1977), and *Being and the Messiah: The Message of St. John,* trans. John Eagleson (Maryknoll, N.Y.: Orbis; London: SCM, 1977).

[18] Miranda, *Marx and the Bible,* p. xiii. 下文插入页码皆指向此书。

及记》的神,他强调《出埃及记》六 2-8 与先知书产生共鸣(何十三 4;赛四十 27;四十一 17;四十五 15, 21;六十一 3;结三十四 27)。神的计划是要将公义和解放带给世界(诗八十二 3-4)。从士师到保罗和耶稣都是如此。他认为律法和路德一样,都是为弱者辩护(第 137-160 页)。关于旧约和先知,他特别参考了格哈德·冯·拉德。

这本书最有创意和最独特的部分是米兰达所说的"《罗马书》的真正含义";据此,称义不是被视为**个人主义**的"矫正",而是被视为为被压迫者伸张公义中**全体的和群体的**"矫正"(第 169-199 页)。保罗在《罗马书》中抨击不公义(adikia,罗一 15- 三 20)。他在不同的基础上论述了与神建立新关系的"结构性的"重要性。米兰达引用了奥托·米歇尔(Otto Michel)的话评论道:"神的公义同时既是司法判决,又是末世救赎。"(第 173 页)埃伯哈德·云格尔(Eberhard Jüngel)和鲁道夫·布尔特曼也以 dikaiosunē ek Theou(从神而来的义或神的义)为中心议题。所谓保罗"新观"("new look" on Paul)并未作废这一点。在英国,保守福音派作家汤姆·霍兰德(Tom Holland)肯定了保罗的"全体的"(corporate)理解。[19] 米兰达和霍兰德都以保罗与旧约的密切关系为他们对保罗的"全体"理解辩护。《罗马书》九至十一章证实了这一解读。卡塞曼(Käsemann)、穆勒(Müller)、斯图尔马赫(Stuhlmacher)和科特尔奇(Kertelge)实际上也支持这种解读。正如布尔特曼和库梅尔正当坚持的那样,《罗马书》第七章当然不应以个人主义自传体的方式来理解。《罗马书》九至十一章代表了相同的主题,而不是一个神秘的主题变化。对"将事情矫正"的关注绝不与保罗认为律法失效了的信念相抵触(罗五 20)。[20]

米兰达现在将此观点与马尔库塞、萨特和布洛赫的世界观联系起来。保罗将"世界的智慧"置于审判之下;信心服从于神的审判,

---

[19] Tom Holland, *Contours of Pauline Theology: A Radical New Survey of the Influences on Paul's Biblical Writings* (Fearn, Scotland: Christian Focus, 2004), throughout, especially pp. 141-56 and 287-92.

[20] Miranda, *Marx and the Bible,* pp. 187-92.

不是一种特殊的"工作"。[21] 信心是指向基督和祂的复活；穿戴基督是进入一种新的存在秩序（罗四 17）。保罗对此"不以为耻"，盼望也不欺哄人。米兰达称之为"信仰的辩证"。[22] 新的群体在新约之下，我们可以在爱和正义中称之为"认识耶和华"。

米兰达另一本影响最大的解放诠释学著作是《存有与弥赛亚》。这本书主要关于《约翰福音》。然而，米兰达以对压迫和价值交换为"生存方式"的批判开始。他认为穷人的困境并不是通过对权力的革命和攻击而解决的，价值交换的任意性是导致不公义分裂的根本原因。我们必须像祁克果、海德格尔和萨特那样，从人类的关切点开始。[23] 马克思认为，价值交换不符合物质实在，而是人为操纵的结果。无产阶级的劳动是通过这种精神构建（mental construct）而被廉价购买，但这仅仅是基于对个人利益的渴望。[24] 这方面被压制了，但它极大地抵触了新约（罗五 19，21；一 18-32）。这就是为什么"改革派的缓和剂"并没有解决问题，而只是隐藏了问题。[25]

米兰达认为，我们不能用论及"一位有道德的神"来捍卫"基督教"在这方面所纵容的方式，我们必须回到圣经的神那里，那位称自己是"我将是"而不是"我是"的神（出三 12-14；希伯来文未完成式具有将来的意义，而不是七十士译本或希腊文所具有的现在的意义）。人类对兄弟的蔑视（创四 1-11）给人类带来了诅咒。然而，神承诺要把人类从奴役中解放出来（出六 6，12；十四 11-12；十五 25-26），而不是仅仅通过一些"内在"或"精神"上的救赎。历史的前进没有神话中的"回归"；耶和华拒绝文化而支持道德公义（摩五 21-25）。因为神是未来的神，"认识"祂就是为自己的同胞而爱公义。

只能在与时间的关系中理解存有，这是海德格尔的贡献。因此，圣经追寻末世。《马太福音》五 1-10 中的论福提到了**将**给予那些领

---

[21] Miranda, *Marx and the Bible,* pp. 201-10.
[22] Miranda, *Marx and the Bible,* pp. 229-92.
[23] Miranda, *Being and the Messiah,* pp. 2-7 and 15-17.
[24] Miranda, *Being and the Messiah,* pp. 7-14.
[25] Miranda, *Being and the Messiah,* p. 21.

受祝福的人事物（正如诗三十七 2-20）。亚伯拉罕在信靠中仰望未来（罗四 13；来八 11），**保罗**讲述了"乐园"（林后十二 4），**马太**谈到了最后的审判（太二十五 31-46）。历史正在走向它的终结，这具有伦理的意义。**约翰**没有叙述"永恒"的存有，或已实现的末世论。他确实提到了那些已经从死里复活的人（约五 24；约壹三 14），但这是基督论的内容。约翰的眼光既有偶然性又有未来导向性。《约翰福音》有两个重点：一是当下"这个世界"，二是耶稣死而复活的"时刻"。

在约翰著作中，"道"尤为重要。在《约翰福音》中，这道赐予生命，本质上也是爱的道（约一 4；十四 23-24）。在《约翰一书》（约壹一 1；二 5）中，生命之道也是以爱的道为特征。《约翰一书》不仅关注幻影说，而且关注把基督视为要求爱的基督。布尔特曼在此处论述不够充分。正如祁克果所见，此处所需的是自我转变。西方太容易否定历史上的耶稣，不理解祂。藉着保惠师圣灵，转变成为可能，基督徒可以"遵行我的道"（约十四 15）。[26]

四．第二阶段的延续：胡安·路易斯·塞贡多，塞韦里诺·克罗托，莱昂纳多·波夫及其他人

米兰达可能是 20 世纪 70 年代最早出版此类书籍的人之一。我们注意到古蒂雷斯出生于 1928 年。也许紧随其后有影响力的就是胡安·路易斯·塞贡多（Juan Luis Segundo，1925 年生于乌拉圭），然后是塞韦里诺·克罗托（Severino Croatto，1930 年生于阿根廷）。雨果·阿斯曼（Hugo Assmann，1933 年生于巴西）的写作更多关于系统神学而非圣经。莱昂纳多·波夫（Leonardo Boff，1938 年出生）是巴西的一个方济各会司祭，在 20 世纪 70 年代末开始出版书籍，并继续写作，他的兄弟克罗多维斯·波夫（Clodovis Boff）亦然。所有人都是天主教信徒，除了鲁贝姆·阿尔维斯（Rubem A. Alves，生于

---

[26] Miranda, *Being and the Messiah,* p. 213; cf. pp. 203-22.

1933年），他在纽约联合大学和普林斯顿神学院完成博士课程，还有阿伦丁卫理公会的何塞·米盖兹·博尼诺（José Míguez Bonino）。还应该提到乔恩·索布里诺（Jon Sobrino，生于1938年），最初是在西班牙的巴塞罗那，后来去了萨尔瓦多。

1. **乌拉圭的胡安·路易斯·塞贡多**将**诠释循环**和诠释学置于他有影响力的著作《神学的解放》（*The Liberation of Theology*）的中心。[27] 他坚持认为"基督教是一种**圣经宗教**"，但教会必须根据当今社会的性质来聆听圣经（第7页）。他坚持认为解放神学家必须允许社会学和积极的社会参与性来塑造预设理解。他抨击学术神学经常忽略这个层面；抽象神学永远不能解放。然而，马克斯·韦伯（Max Weber）也受到了同样的批评。韦伯解释了阶级划分的原因，但他仍然停留在"科学"或描述性分析的层面，因此他未能改变世界。塞贡多的部分灵感来自雨果·阿斯曼。正如马克思所见，邪恶和不公正是结构性的，但即便是马克思似乎也关心促进幸福而不是公义。诠释循环"证明神学是活的"（第23页）。许多人会补充，黑人神学和詹姆斯·科恩（James Cone）的著作在这方面提供了一个正面的例子，正如一些女权主义诠释学所做的。

塞贡多进一步说明，如果教会提出一个"不变"的神学，这仅仅提供了一个不信甚至偶像崇拜的理由。第二次梵蒂冈会议暗示了这种趋势。社会学应该有所帮助，但它受到抽象和对"日常"问题的"科学"描述碎片化的阻碍。它不再提供改变世界的结构性的解决方案。社会学甚至没有完全公正对待马克思的辩证唯物主义，而是过分地简化了它。即使是马克斯·韦伯的作品也没有足够完整详细的叙述。

最严重的是，社会学和政治之间出现了分歧。似乎第1世纪的"施舍"是一个很好的政治解决方案，可以解决当今贫富分化的问题。这等同于法利赛人的方法（可三1-3）。他们不知道如何解读时代的记号（太十六2-3），但在变化的情况下依赖按字面重复古代文本的要求。

---

[27] Juan Luis Segundo, *The Liberation of Theology,* trans. John Drury (Dublin: Gill and MacMillan, 1977), pp. 7-38 and throughout. 下文插入页码皆指向此书。

总之，"委身"是第一步。我们必须"**从委身解放自内向外地**"宣扬福音（第83页）。耶稣在政治斗争的背景下行动，但塞贡多坚持认为欧洲学者普遍忽略了历史上的耶稣。今天，我们必须遵循阿斯曼关于意识形态的观点，以及布尔特曼关于诠释循环的观点。教会有多大能力实践所需的辩证法？在这里，塞贡多阐述了一些有关天主教和新教教会的牧养问题，尤其是从末世论的角度。耶稣并没有详细说明跟随者必须表现出的某种特定的彼此相爱。基督徒要运用他们能负责的想象力，并创造性地如此行。正是在此基础上，这是为了呼吁"人民"进行革命。塞贡多的去意识形态与布尔特曼的去神话化有一些相似之处。最后，塞贡多力劝一种怀疑的诠释学也必须指导教会。这是诠释循环的重要组成部分（第231页；参 第228-40页）。

2. 与塞贡多一样，**阿根廷的塞韦里诺·克罗托**对**诠释学**表现出极大的关注。1978年，他出版了西班牙文《**出埃及记：自由的诠释学**》（*Exodus: A Hermeneutics of Freedom*）。[28] 克罗托以保罗·利科的诠释学为开端，并迅速着手研究汉斯·乔治·伽达默尔。与塞贡多一样，他诉诸诠释循环。他写道："社会实践总是象征着……意义的援用。"（第3页；参 第1-3页）他从伽达默尔的有效历史、利科的意义过剩和诠释循环的"时代的记号"等角度来思考《出埃及记》的叙事。"我的诠释时刻不同于任何其他读者……我不会先解经……然后把它和我们这个世界的事实联系起来……事实必须优先于我对圣经话语的解释"（第11页）。

《出埃及记》是一个意义的宝库，对当今而言是意义的"核心"。它不仅是公元前13世纪的单调事件，还投射出信仰所反映的内容，并且比历史报告所说"更多"。伽达默尔和利科都在此观点背后发挥作用。摩西首先要用类似于保罗·弗莱雷（Paul Freire）的"意识提升"（concientización）的方式让以色列人**意识到**他们被压迫（出六9），**然后**才是解放的话语。摩西需要他们对抗这些力量。诠释

---

[28] J. Severino Croatto, *Exodus: A Hermeneutics of Freedom*, trans. Salvator Atta-

循环既要往后追溯原型事件，也要向前触及存在的当下。

人类是为自由而被造。《创世记》中的章节清楚说明了这一点（创一 26-28；四 17-22；五 3）。神的形像在人类身上已被扭曲，世俗化意味着"异教化"（第 36-38 页）。因此，世界需要先知作为异化人类的"良知提升者"（耶五 26；七 5）。基督先以受苦的仆人说话（赛四十一至五十三；可八 29-30），后作为解放者。祂就这样对抗法利赛人。克罗托写道："耶稣向所有被边缘化的人说话……就是向被利己主义压迫……以及受'宗教'结构压迫的人说话。"（第 51 页；参 第 55-66 页）最后，保罗是"激进的人类解放者"，将人类从罪恶、死亡和律法中拯救出来。这与《出埃及记》中的解放相似（出十九 4；参 罗七 12-16）。克罗托在《圣经诠释学：走向阅读作为意义产生的理论》（*Biblical Hermeneutics: Toward a Theory of Reading as the Production of Meaning*）延续了他对诠释学的关注。[29]

3. 与此同时，巴西的**莱昂纳多·波夫**（1938 年）于 1972 年以葡萄牙语出版了《解放者耶稣基督》（*Jesus Christ Liberator*），1978 年出版了英文版。[30] 主要在萨尔瓦多服事的乔恩·索布里诺（Jon Sobrino，生于 1938 年）出版了《十字路口的基督论》（英文版 1978 年出版）。[31] 波夫首先从圣经鉴别学和基督的身份开始。他写道："每一代人必须在自己对世界、对这个人、对神的理解的背景下予以回应"（第 1 页）。基督论"不是教义……而是一个声明，一个信心的呼唤"（第 9 页）。它超越了历史上的耶稣，是一个新实在的出现。耶稣的根本呼召是爱。

---

nasio (Maryknoll, N.Y.: Orbis, 1981). Cf. Hugo Assmann, *A Practical Theology of Liberation,* trans. Paul Burns, introduction by Gustavo Gutiérrez (London: Search Press, 1975); and also Kirk, *Liberation Theology,* pp. 46-48. Parenthetical page references in the following text are to Croatto's *Exodus.*

[29] Severino Croatto, *Biblical Hermeneutics: Toward a Theory of Reading as the Production of Meaning* (Maryknoll, N.Y.: Orbis, 1987)

[30] Leonardo Boff, *Jesus Christ Liberator: A Critical Christology of Our Time,* trans. Patrick Hughes (Maryknoll, N.Y: Orbis, 1978; London: SPCK, 1980). 下文插入页码皆指向此书。

[31] Jon Sobrino, *Christology at the Crossroads: A Latin American Approach,* trans. John Drury (Maryknoll, N.Y.: Orbis; London: SCM, 1978).

在波夫看来，这使我们进入了诠释学的核心。他研究了历史批判的诠释学，包括形式批判法和还原批判法。然后，他阐述了**存在主义诠释学**，**诠释循环**和**救赎历史诠释学**（第38-43页）。最重要的是，我们必须重视批判的重要性胜过教条主义。从教会的认信之后，我们可以转向耶稣对世界的绝对意义的要求。这是神的国度或统治。**耶稣是人类境况的解放者**，这就要求"我们的思维和行为发生革命"（第64页；参 第64-79页）。祂带来了创造性的想像力和独创性，尽管祂也是"一个令人不安并被谴责的人。祂爱人到底。"

我们已经看到，这些作家大多都极度致力于正义、团结穷人、诠释学或诠释循环。从上世纪70、80年代到今日，这场运动是如何发展的呢？

五．第三阶段：20世纪80年代至今的后殖民诠释学

关于解放神学的书籍和论文似乎盛产于1980年代。诺曼·戈特瓦尔德（Norman K. Gottwald）于1983年编辑了《圣经与解放》（*The Bible and Liberation*）；他本人与盖尔·狄森（Gerd Theissen）、乔治·皮克斯利（George Pixley）、沃尔特·布鲁格曼（Walter Brueggemann）、伊丽莎白·舒斯勒·菲奥伦扎（Elisabeth Schüsler Fiorenza）等其他人都为此书撰文。[32] 莱昂纳多·波夫与他的兄弟克罗多维斯合作撰写了《解放神学导论》（*Introducing Liberation Theology*），该书于1986年在巴西出版。[33] 如我们所见，菲利普·贝里曼于1984年出版了《叛乱的宗教根源》（*The Religious Roots of Rebellion*）。杜塞尔于1985年写下了该运动的历史。克罗多维斯·波夫于1986年出版了《神学与实践》（*Theologie und Praxis*）。塞韦里诺·克罗托于1984年撰写了他的圣经诠释学著作。波菲里奥·米兰达于

---

[32] Norman K. Gottwald, ed., *The Bible and Liberation: Political and Social Hermeneutics* (Maryknoll, N.Y.: Orbis, 1983).
[33] Leonardo Boff and Clodovis Boff, eds., *Introducing Liberation Theology* (London: Burns and Oates, 1987).

1982 年发表了《圣经中的共产主义》（Communism in the Bible）。克里斯·罗兰（Chris Rowland）和马克·科内尔（Mark Corner）于 1989 年写了他们的书《解放释经》（Liberating Exegesis）。胡安·路易斯·塞贡多于 1985 年出版了《对观福音中历史的耶稣》（The Historical Jesus of the Synoptics）。许多人强调圣经是属于大家的而非学者的。

没有真正新的主导性的主题出现，对诠释循环的重视几乎保持不变。与包括南锥地区（Southern Cone）圣公会大主教格雷戈里·维纳布尔斯（Gregory Venables）在内的几个拉丁美洲主教在磋商后发现，这场运动目前充其量只是零散的，但它的灵感主要还是来自上世纪 70 年代的群体和著作，而不是来自经济和政治形势给它带来新动力的领域。托马斯·舒贝克（Thomas L. Schubeck）承认："神学家、牧养工作者和人民最初感到的欣喜情绪随着他们在教堂内遇到反对解放计划而开始减弱。"[34] 舒贝克继续说道，在拉丁美洲的许多地区，军事政府任意逮捕，从而唤醒了左翼政客。巴西、危地马拉、海地、尼加拉瓜和巴拉圭就是示例。

同时，第三次拉丁美洲主教会议于 1979 年在墨西哥的普埃布拉召开，其中包括了一些对解放神学的反对，至少是那些在多数人看来更为极端之人的反对。然而，他们明确赞成麦德林会议的一些建议，讲述了给穷人的"优惠选择"。解放神学开始扩大其关注范围，囊括了女权主义和拉丁美洲以外的教会，特别是印度和非洲的教会。在其他地方，女性神学家也挺身而出，包括哥斯达黎加的埃尔莎·塔玛兹（Elsa Tamaz）、巴西的伊娃·盖巴拉（Ivone Gebara）和墨西哥的玛丽亚·皮拉尔·阿基诺（Maria Pilar Aquino）。[35] 无独有偶，加纳的梅瑟·安巴·奥杜约耶(Mercy Amba Oduyoye)探索了同一领域，

---

[34] Thomas L. Schubeck, S.J., "Liberation Theology," in *The Encyclopedia of Christianity,* ed. Erwin Fahlbusch, Jan Mili/ Lochman, et al., trans. G. W. Bromiley, 5 vols. (Grand Rapids: Eerdmans, 1999-2008), 3:260; cf. pp. 258-65.

[35] Elsa Tamez, "Cultural Violence against Women in Latin America," in *Women Resisting Violence,* ed. Mary John Mananzan et al. (Maryknoll, N.Y.: Orbis, 1996), and Maria Pilar Aquino and D. Mieth, eds., *The Return of the Just War*

尤其是论述了单身母亲的困境。她们抵制针对妇女的暴力，特别是在战争时期。下一章将讨论这一运动，特别是在"女权主义诠释学"部分。但是，对任何形式的极端主义的批判者都包括现任教皇本笃十六世[36]；他更为人所知的是之前他名叫约瑟夫·卡迪纳尔·拉辛格（Joseph Cardinal Ratzinger）所提出的批判。美国的迈克尔·诺瓦克（Michael Novak）和詹姆士·古斯塔夫森（James Gustafson）也批判了解放神学，认为解放神学通常会使基督教信仰沦为世俗政治。

解放神学也表现出对环境的关切。事实上，有些人将解放神学第四阶段（1993年至2008年）描述为**生态和全球化**阶段。其他人则倾向于使用"**后殖民**"诠释学一词。他们强烈反对从欧洲和美国借用神学和圣经方法。他们要求加强对南半球国家的关注，敦促取消阿根廷、巴西和墨西哥以及非洲许多地区的债务。

后殖民诠释学的倡导者们强烈要求放弃前殖民列强所使用的解读方法。甚至"文学经典"的概念也常常被认为是以欧洲为中心的，以莎士比亚和狄更斯为核心。圣经被认为是欧洲的出口产品。甚至一些来自加拿大、美国、澳大利亚、新西兰和南非的"定居者殖民地"有时也会提出这些批评。相比之下，这些倡导者的灵感主要来自美洲土著、澳大利亚土著和新西兰的毛利人。也许有人认为，与此相关的是关于旷野流浪和征服圣地的反以色列"迦南人"的解读。

在加纳，梅瑟·安巴·奥杜约耶代表了后殖民方法。[37] 她强调教会并非起源于欧洲。1989年，她成立了关注非洲女性神学家协会（Circle of Concerned African Women Theologians），鼓励非洲妇女从自己的角度发表关于文化和宗教的文章。2005年，在约翰内斯堡举行的磋商中，该协会宣布有600名会员。2002年，她们开会探讨

(London: Search Press, 2001).
[36] 中注：本笃十六世现已是前任教皇，现任教皇为方济各（Pope Francis）。
[37] Mercy Amba Oduyoye, *Hearing and Knowing: Theological Reflections on Christianity in Africa* (1993; reprint, Eugene, Oreg.: Wipf and Stock, 2004), and Oduyoye, *Introducing African Women's Theology* (reprint, Sheffield and New York: Continuum, 2004).

了艾滋病毒和艾滋病问题。[38] 2006年，她们计划进行下一阶段的研究。

1969年，南非黑人神学开始在史蒂夫·比科（Steve Biko）的领导下寻找黑人学生的独特身份和黑人意识（black consciousness），后来戴斯蒙德·屠图（Desmond Tutu）极力主张，他的神学超越白人和黑人群体。博干伽罗·戈巴（Bonganjalo Goba），尤其是伊图米冷·莫萨拉（Itumeleng Mosala）将黑人神学与社会学和马克思主义结合起来。[39] 艾伦·博萨克（Allan Boesak）寻找该隐和亚伯（创四 1-16）的叙述和南非的无地居民之间的共鸣。[40] 他的诠释学与塞韦里诺·克罗托的诠释学相似，其出发点是被压迫人民的"呼求"（出三 7, 9）。几乎所有在1985年之后写作的作家都提到了当年的《时机文档》（*Kairos Document*），该文件挑战教会对穷人的新态度。

莫萨拉以唯物论和"后殖民"思想写作，诉诸于诺曼·戈特瓦尔德（Norman Gottwald）等人的马克思主义。他在旧约中找到了统治阶级的资料，他拒绝这些资料，这几乎颠覆了博萨克对《创世记》四 1-16 的解释。甚至连"弥赛亚"的概念对于构建以锡安为本之精英群体的莫萨拉而言也太"高贵"了。他认为包括何塞·波菲里奥·米兰达在内的拉丁美洲解放运动不够激进。他在旧约和新约的背后寻找意识形态，就像一些女权主义者试图将他们所认为的父权假设去意识形态化，而这些假设源自过时的文化而非神学。

在印度次大陆，与阿奇·李（Archie C. C. Lee）相关的激进的多元诠释学主张跨文化主义，但是更具特色的后殖民诠释学以更明确的怀疑诠释学进行，并强调被边缘化者在根据自己的情况正确解读文本中的角色。苏格塔拉贾（R. S. Sugirtharajah）是这种方法的带领

---

[38] Mercy Amba Oduyoye and Elizabeth Amoah, eds., *People of Faith and the Challenge of HIV/AIDS* (Ibadan: Sefer, 2005). Cf. John Parratt, *An Introduction to Third World Theologies* (Cambridge: Cambridge University Press, 2004).

[39] Bonganjalo Goba, *An Agenda for Black Theology: Hermeneutics for Social Change* (Johannesburg: Skotaville, 1988), and Itumeleng J. Mosala, *Biblical Hermeneutics and Black Theology in South Africa* (Grand Rapids: Eerdmans, 1989)

[40] Allan Boesak, *Black and Reformed: Apartheid, Liberation, and the Calvinist Tradition* (Maryknoll, N.Y.: Orbis, 1984).

者。⁴¹ 他至少写了五本书，编辑了九本书，目前是英国伯明翰大学的圣经诠释学教授，他继塞兰坡完成学业后从伯明翰大学获得了博士学位。苏格塔拉贾在《圣经和第三世界》中首先研究了印度、中国和非洲，然后研究了殖民主义的遗产，而在第三部分中，他研究了土著人民的"方言诠释学"（vernacular hermeneutics）。⁴² 他给出了一些特定身份的圣经解读，并斟酌了解放诠释学的结果。⁴³

苏格塔拉贾也是 Semeia 第 75 期（1996）的编委会编辑。这期期刊取题《后殖民主义和圣经阅读》（Post-colonialism and Scriptural Reading）。苏珊·范赞腾·加拉格（Susan VanZanten Gallagher）谈到基督教宣教事业与殖民压迫结构的共谋，于是苏格塔拉贾呼吁更多抗议的声音。⁴⁴ 劳拉·唐纳森（Laura Donaldson）写道，大使命（太二十八 19-20）把神的话语和欧洲的征服混淆了。乔恩·伯奎斯特（Jon Berquist）认为，解释的一个优势在于可以看到帝国力量如何使用文本来确证自身事业的有效性。⁴⁵ 穆萨·杜贝（Musa W. Dube）还参考《约翰福音》四 1-42 来阐述了帝国主义的思维方式。金伯利·雷·康纳（Kimberly Rae Connor）认为，这些宗教人士以呼吁正义和非裔美国人的敏感性预见后殖民诠释学。

在后殖民圣经解释中划清界线并非易事。苏格塔拉贾认为，许多概念都源于印度教、佛教和儒家的文化和社会。除了自己，他认为还有费尔南多·塞戈维亚（Fernando Segovia）和斯蒂芬·摩尔（Stephen Moore）。塞戈维亚是一位古巴裔美国人，现在在美国范

---

⁴¹ R. S. Sugirtharajah, ed., *Asian Faces of Jesus* (Maryknoll, N.Y.: Orbis; London: SCM, 1993); Sugirtharajah, ed., *Voices from the Margins: Interpreting the Bible in the Third World* (Maryknoll, N.Y.: Orbis; London: SPCK, 1989, 2006); Sugirtharajah, *The Bible and the Third World* (Cambridge: Cambridge University Press, 2001); Sugirtharajah, *The Bible and the Empire: Postcolonial Explorations* (Cambridge: Cambridge University Press, 2005).
⁴² Sugirtharajah, *Bible and the Third World*, pp. 175-202.
⁴³ Sugirtharajah, *Bible and the Third World*, pp. 259-65.
⁴⁴ Laura E. Donaldson, in *Semeia* 75 (1996): *Post-colonialism and Scriptural Reading*, pp. 3 and 5-6.
⁴⁵ Jon L. Berquist, "Post-colonialism and Imperial Motives for Colonization," *Semeia* 75 (1996): 15-35.

德比尔特大学（Vanderbilt University）任教。目前尚不清楚摩尔拒绝了多少天主教和基督教传统，但许多人推断，他的中心思想是后现代主义；不管怎样，摩尔是在英国教书。与解放神学相比，苏格塔拉贾认为后殖民诠释学不仅挑战了意识形态的解释（如解放诠释学所做的那样），而且也挑战了"圣经本身的地位和特权"。[46]

第一，解放诠释学的确尝试宽泛地**合乎圣经**，尽管许多人认为解放诠释学的诉诸"经验"阻止了它听到任何可能与它无关的内容。解放诠释学看到了嵌入圣经中的间隙和歧义。**第二**，解放诠释学**有选择地赋予圣经某些部分特权**，例如《出埃及记》的叙述和《罗马书》一 16。后殖民诠释学拒绝这样做。**第三**，解放诠释学对穷人**有一个限制性的观念**，而后殖民诠释学则有较广泛的关注点。**第四**，根据苏格塔拉贾的说法，解放神学比后殖民诠释学更是**以基督为中心的**，后者对可能具有共同元素的其他宗教采取了更友好的态度。

2004 年，《环球圣经注释书》（*Global Bible Commentary*）问世，约有 70 位撰稿人关注他们自己的不同背景。[47]他们关注自身的"生活情境"。[48]克里斯·罗兰（Chris Rowland）尽管是英格兰人，却从巴西和解放神学背景的角度极佳地撰写了《启示录》注释。杰拉尔德·韦斯特（Gerald West）是一位有才华的圣经学者。他在英格兰获得博士学位，后在南非任教。他写了《撒母耳记上下》的注释书，发现《撒母耳记上》和非洲之间有二十六个共鸣点。[49]塞韦里诺·克罗托注释了《以赛亚书》四十至五十五章，中国的杨克勤（Khiok-Khing Yeo）注释了《帖撒罗尼迦前书》。然而，也许有人会说，许多贡献并没有达到很高的学术水准，而只是更能促进其国家的"利益"。不同的贡献在质量和诠释责任上各不相同。

---

[46] R. S. Sugirtharajah, in David F. Ford (with Rachel Muers), *The Modern Theologians,* 3rd ed. (Oxford: Blackwell, 2005), p. 546.
[47] Daniel Patte, ed., *Global Bible Commentary* (Nashville: Abingdon, 2004).
[48] Patte, *Global Bible Commentary,* p. xxiv.
[49] Gerald West, "1 and 2 Samuel," in *Global Bible Commentary,* p. 94.

六．进一步的评估和评价

1. 毫无疑问，与一些后殖民的解释者相比，解放神学家意欲给**圣经**一个权威的地位。古斯塔沃·古蒂雷斯，胡安·路易斯·塞贡多和塞韦里诺·克罗托视基督教神学为圣经与拉丁美洲生活情境之间的辩证。即使这样，他们还是倾向**以人类处境呈现的问题**开始，这使他们与施莱尔马赫共同处于自由主义一面。与保罗·田立克（Paul Tillich）一样，我们仍在想，人类的问题实际在多大程度上决定和限制了我们从圣经中听到的启示。然而，"简化"圣经并不是他们的本意。甚至何塞·波菲里奥·米兰达都没有试图让基督教符合马克思主义，而是利用马克思主义来"觉察"圣经中的内容。我们可能会得出结论，这是一个重大危险，有时但并非总是会影响他们的诠释学。

2. 这些作者试图利用**诠释学的资源**。如果塞贡多宣称去意识形态化和布尔特曼去神话化之间有着密切的相似性是正确的，那么这些作者并没有选择最好的模式。他们自称使用伽达默尔和利科，但相当有选择性。**怀疑诠释学**在自身著作中是否和西方发达国家作者的观点等量使用？尽管伽达默尔的见解没有提供充分的意义标准（"应用"除外），当人们普遍承认他的见解时，伽达默尔的有效历史是否留下太多的空间？

3. 1968年和1970年代早期的解放运动为**体认支持被压迫者**树立了一个很好的榜样。但这种情况今日是否仍延续？在反对新自由主义的"发展"而支持革命的过程中，他们总是在为那些他们所代言之人寻求最佳选择吗？此外，这是否会成为一个完全的政治问题而非神学问题？如果答案必须包含政治，这有关系吗？从根本上来说，"左派"政治是基督教神学的必要组成部分吗？

4. **选择性**的指控经常被提出，既要选择给定类别，也要选择给定的圣经段落。可以说，《出埃及》《以赛亚书》四十八至五十五章、《阿摩司》《但以理》《马太福音》五至七章和《启示录》所受关注远超他们所应有的。但是，同样原理是否适用于某些女权主义诠释学吗？

5. 解放诠释学——包括第二次梵蒂冈会议的著作——最好被视为对时代的一种先知性的回应。它是对穷国贫困人口的不平衡和分化的一种先知性的纠正手段，人们普遍认为它已经满足了需要。但是现在它已经扩大为更广泛的社会议程，并且失去了其部分活力。有些人将其描述为耗散。

6. **基层群体**的早期角色就是一个例证。当天主教会正在了解自己的平信徒时，许多新教教会已经开始关注他们了。然而，在缺少**所有**恩赐的情况下，平信徒领导的群体并不总是具有专门知识可以对圣经进行充分有见识的和负责任的研究。这是一种新的选择性，难怪拉辛格枢机主教（就是教皇本笃十六世）对这场运动表示担忧。

7. 尽管圣经确实并非起源于欧洲或美洲，但进入后殖民诠释学可能会削弱圣经。西方发达国家可以从这场运动中吸取教训，但冠以"诠释学"的事物是否**一直**都是真正的或负责任的诠释学，而非昙花一现，这可能值得怀疑。我们会被激励重新思考诠释循环、圣经研究的角色、寓言化，以及怀疑和"利益"在解释中的地位。

七. 建议初学阅读书籍

Boff, Leonardo, and Clodovis Boff, eds., *Introducing Liberation Theology* (London: Burns and Oates, 1987), pp. 11-65.

Croatto, J. Severino, *Exodus: A Hermeneutics of Freedom,* translated by Salvator Attanasio (Maryknoll, N.Y.: Orbis, 1981), pp. 1-30.

Donaldson, Laura E., ed., *Semeia* 75 (1996): *Post-colonialism and Scriptural Reading,* "An Introduction," pp. 1-15.

Kirk, J. Andrew, *Liberation Theology: An Evangelical View from the Third World* (London: Marshall, Morgan and Scott, 1979), pp. 73-92.

Thiselton, Anthony C., *New Horizons in Hermeneutics: The Theory and Practice of Transforming Biblical Reading* (London: HarperCollins; Grand Rapids: Zondervan, 1992), pp. 411-26.

女权主义和妇女主义诠释学 14

女权主义（feminist）和妇女主义（womanist）诠释学以各种方式被定义。许多人强调妇女在公众中的知名度或领导能力，以及她们解释圣经的能力或权威。一群研究者视诠释学主要为女性对此经验的重新获得。另一些人则把圣经视为一系列由男性作家所写的书（可能有一个例外，即《希伯来书》），并且大部分（尽管不是完全）由男性阅读。然后，他们将女权主义诠释学定义为主要通过女性的视角来阅读圣经文本和书籍。"妇女主义"诠释学通常是为非洲或美国黑人妇女解释圣经的运动而保留的名称。这个网络倾向于将女权主义视为一个积极但主要是职业女性的中产阶级运动。她们认为女权主义者倾向于忽略诸如非洲或美国黑人精神或他们特有的问题和经验等资源，以及与众不同的非洲或美国黑人妇女的议程。

"女权主义"一词与 20 世纪 60 年代女权运动的兴起有着广泛联系。如今的"女权诠释学"代表了多种方法。在女权主义或女权主义神学中，许多人追求妇女的平等权利，目的是生育自决和经济公正。极端的女权主义者希望"完全拒绝男性世界"。[1] 也许一个共同的观点是，"男人"本身并不等同于整个人类。

一. 早期妇女的公众知名度和事工

如果不把男性等同于整个人类，就必须看到妇女在教会和犹太教历史上发挥的积极作用，有时甚至是独特的作用。罗斯玛丽·雷德福德·鲁瑟（Rosemary Radford Ruether）和埃莉诺·麦克劳克林（Eleanor McLaughlin）于 1979 年共同编辑的《圣灵的女人》（*Women of Spirit*）的目标就是强调这个作用。[2] 伊丽莎白·舒斯勒·菲奥伦扎（Elisabeth Schüssler Fiorenza）首先介绍了女性在《新约圣经》和早

---

[1] Ann Loades, ed., *Feminist Theology: A Reader* (London: SPCK; Louisville: Westminster John Knox, 1990), p. 1.
[2] Rosemary Radford Ruether and Eleanor McLaughlin, eds., *Women of Spirit: Female Leadership in the Jewish and Christian Traditions* (New York: Simon and Schuster, 1979).

期教会中的角色，尤其是十二门徒之后的时代。她从《加拉太书》三27中的前保罗（pre-Pauline）的"洗礼公式"开始："你们凡受洗归入基督都披戴了基督。"随后是三28："不再分犹太人或希腊人……为奴的自主的……男的女的，因为你们在基督耶稣里都成为一了。"她声称富有女性的归信会在不断增长的家庭教会中产生影响（徒十二12；十七12）。在《使徒行传》十六14-15中，这位女商人吕底亚被单独提到，她可能是一家之主，而宁法似乎拥有歌罗西教会聚会的房子（西四15）。保罗在《腓利门书》第2节中向亚腓亚问安。

百基拉在《哥林多前书》十六19和《罗马书》十三3-5中占有重要地位，而且马丁路德推测其有可能是《希伯来书》的作者，这很容易解释这卷的匿名性。保罗在《哥林多前书》一11中也谈到了革来氏的家庭成员或雇员。在《哥林多前书》十六16中，保罗敦促应尊重他的"同工"，其中有许多妇女。在《罗马书》十六6及12节中，他赞扬马利亚、土非拿和彼息"在主里"所做的工作。《帖撒罗尼迦前书》五12提到"劳苦"的人要受敬重。在《罗马书》十六1中，坚革哩的执事菲比是受人称赞的。

安多尼古和犹尼亚在《罗马书》十六7中被明确称为"使徒"。最好的手稿对她的称呼"Junia"是为人所熟知的女性名字；埃尔登·杰伊·艾普（Eldon Jay Epp）最近在《犹尼亚》（*Junia*；2005年）一书中重新思考了此说法。艾普是世界知名的文本批判专家。他对这节经文进行了文本批判法、释经和接受史研究，并写道，女性阅读（feminine reading）对他来说是"无可争议的"和"完美的自然阅读"。[3] 希腊文diakonon（菲比的称呼）是阳性的（即"执事"，而不是"女执事"），她也被称为prostatis（有名望的）和synergos（同工）。

舒斯勒·菲奥伦扎（Schüssler Fiorenza）接下来转向《哥林多前书》十四33下-36中妇女需保持沉默的禁令。当然，《哥林多前书》十一2-16假定妇女将在祈祷和说预言中起带领作用。但是，《哥

---

[3] Eldon Jay Epp, *Junia: the First Woman Apostle* (Minneapolis: Fortress, 2005), p. 80.

林多前书》十四 33 下 -36 似乎禁止她们讲话，而是寻求丈夫的宗教指引。她指出，在其他地方，妇女作为先知也被接受，但她似乎未对《哥林多前书》十四 33 下 -36 进一步注释。我对《哥林多前书》的注释书在考量后拒绝了以下观点，即认为这些经文是一种后期插入；尽管费伊（Gordon Fee）也主张此观点。我认为这些经文指的是对预言性言语的筛选、检验或评价，妻子们可能根据她们丈夫在家里的行为来评价他们所声称的先知身份，而那些可能是所缺乏的行为。保罗反对这种非同寻常的情况，即公开会导致妄为的家庭事件，把家庭纠纷排除在教会之外。[4] 在她后来《记念她》（*In Memory of Her*）一书中，舒斯勒·菲奥伦扎认为，保罗支持未婚女性或"圣洁"女性带领礼拜仪式，但他拒绝接受"普通"已婚妇女的地位。[5] 她正确地指出，保罗在这里主要关心的是保护基督教群体，而不是妇女的地位。

关于她所谓的"第二保罗"（deutero-Pauline）文学，舒斯勒·菲奥伦扎提到了《提摩太前书》二 9-15 中的沉默命令，因为妇女在创造的顺序中位居第二。她断言这仅反映了作者的**父权**神学。她看到了教会中反女权主义传统的开端，并着手研究第二世纪的次经，写了《保罗和德克拉行传》（*Acts of Paul and Thecla*），该著作主要讲述了这位女传教士的故事。德克拉因保罗而归信，并发誓要禁欲。她宣扬神的道，尤其是在以哥念。在她的章节中，舒斯勒·菲奥伦扎实际上假设了《保罗和德克拉行传》的可靠性，但在这本次经中，保罗对性禁欲的辩护与《哥林多前书》七章的主旨背道而驰。今天大多数学者都正确地认为，七 1 是引用了在哥林多的某些人的话，保罗在七 2-8 和书信的其他地方反驳了那些话。然而，舒

---

[4] Elisabeth Schüssler Fiorenza, "Word, Spirit and Power," in *Women of Spirit,* pp. 36-37; Anthony C. Thiselton, *The First Epistle to the Corinthians: A Commentary on the Greek Text,* New International Greek Testament Commentary (Grand Rapids: Eerdmans; Carlisle: Paternoster, 2000), pp. 1, 146-58.

[5] Elisabeth Schüssler Fiorenza, *In Memory of Her: A Feminist Theological Reconstruction of Christian Origins* (New York: Crossroad; London: SCM, 1983), pp. 230-342.

斯勒·菲奥伦扎恰当地主张妇女曾发表预言性言论；若大卫·希尔（David Hill）、乌尔里希·穆勒（Ulrich Müller）、托马斯·吉列斯皮（Thomas Gillespie）和我所认为的预言包括了以牧养式说教为主的形式是对的，那么妇女曾发表预言性言论这一点就更为重要了。[6] 路加还宣布，圣灵是赐给所有基督徒的（徒二17-18）。在婴儿期的叙述中，亚拿和马利亚扮演先知的角色。腓力有四个女儿，她们会说预言（徒二十一 9）。

舒斯勒·菲奥伦扎也诉诸孟他努主义。但后者的预言和异端行为如此之多，以致格瓦特金（Gwatkin）宣称它将讲道追溯到一千年前。当她评论说约翰并不反对"预言"，而是反对"预言"的地方性的形式时，她提供了更有帮助的观点。（启二十二 16；约二 4,13）。她可能说过与《提摩太前书》二 14 相同的话，但认为这与教会的主流背道而驰。我们可以抛开支持女权主义的诺斯底派和反女权主义的马吉安的评论。尽管它们很流行，但这两者都不是早期教会的代表。

当她在《圣灵的女人》一章中谈到福音书时，我们立于更安全的根基上。抹大拉的马利亚和撒罗米被赋予了重要的门徒角色。我们在这里发现了在舒斯勒·菲奥伦扎随后著作中所发展的雏形。抹大拉的马利亚在四部福音书中都有提及，她是第一个宣告基督复活的人。《多马福音》叙述了彼得和马利亚之间的对抗，但并不是所有人都会接受舒斯勒·菲奥伦扎对此的解释。她着重认为，至少有两本福音书中的父权偏见压制并减轻抹大拉的马利亚作为"使徒中的使徒"的角色，但我们将探讨她在之后著作中的论点。

罗斯玛丽·鲁瑟（Rosemary Ruether）在《圣灵的女人》的下一章中谈到了后来的教父时代。她写道，罗马贵族造就了两位禁欲主

---

[6] Thiselton, *First Epistle,* pp. 956-65 and 1082-94; cf. T. W. Gillespie, *The First Theologians: A Study of Early Christian Prophecy* (Grand Rapids: Eerdmans, 1994); U. B. Müller, *Prophetie und Predigt im Neuen Testament* (Gütersloh: Mohn, 1975); and more widely and controversially Antoinette C. Wire, *The Corinthian Women Prophets: A Reconstruction through Paul's Rhetoric* (Minneapolis: Fortress, 1990).

义的教会女性领袖，保拉（Paula）和梅拉尼娅（Melania）。然而，她也同意，她们生活的重建来自于她们崇拜者们的不确定的原始资料。[7] 耶柔米是主要的信息来源，包括对马西拉（Marcilla）的进一步评论。他和保拉一起去了圣地和伯利恒。与此同时，梅拉尼娅来到耶路撒冷，在那里她和鲁芬努斯（Rufinus）一起为男人和女人建造了一座合用的修道院；这一切都发生在第 4 世纪末。与此同时，她的孙女小梅拉尼娅也跟随她祖母的脚踪，先是在罗马，后是在非洲和东方。公元 419 年，耶柔米写信给奥古斯丁，提到他们共同的朋友梅拉尼娅和阿尔比娜（Albina）的问候。鲁瑟声称教会从未承认这些妇女的合法地位。

在有关中世纪基督教的一章中，埃莉诺·麦克劳克林（Eleanor McLaughlin）探讨了女修道院院长的领导作用。这行使了一种源于圣洁的能力。她提到圣博尼法斯（Boniface）的朋友圣利奥巴（Lioba, 公元 779 年），她用拉丁文写作，知道圣经和教父。她还提到了泰塔修女（Mother Tetta）。马基雅特的克里斯蒂娜（Christina of Markyate）是一位 12 世纪的"圣洁"女性，她领导并挑战教会。她以完全顺服基督而闻名，在教会中是一个非常有影响力的人物。麦克劳克林还提到锡耶纳的凯瑟琳（Catherine of Siena，1347-1380 年），她将默想和祈祷与行动结合在一起。她被门徒众星拱月般拥护，开始了外交、改革和写信的一生。令人惊讶的是，麦克劳克林似乎没有讨论惠特比女修道院院长希尔德（Hilda，公元 614-680 年），也未提及希尔德加德（Hildegard，1098-1179 年）。也许是因这些人已经太众所周知了。她谈到中世纪许多匿名的圣洁妇女。她似乎没有处理女性领导者的单身问题。其他人则撰写了一些有关主题的文章，包括犹太教妇女。这本书的目的是揭露妇女在领导和事工中的公众知名度。

---

[7] Rosemary Ruether, "Mother of the Church," in *Women of Spirit,* p. 76; cf. pp. 72-98.

二. 第一波和第二波女权主义与女权主义诠释学

许多作家区分了女权主义的三次"浪潮"。[8] 第一波浪潮始于 18 和 19 世纪，特别是在美国和英国，主要关注普选权和签订法律和经济合同的权利。第一部女权主义专著可能是由玛丽·沃尔斯通克拉夫特（Mary Wollstonecraft）撰写的《捍卫妇女权利》（*A Vindication of the Rights of Women*；1792 年）。她认为妇女有权接受与其社会地位相称的教育。因此，她们可以成为丈夫的"伴侣"，而不仅仅是社会上的"装饰品"。她写这篇文章的部分原因是为了回应卢梭关于人权的观点。她被认为对英国的女权运动产生了很大的影响。

在美国，与之相对应的可能是伊丽莎白·卡迪·斯坦顿（Elizabeth Cady Stanton，1815-1902 年），她与苏珊·安东尼（Susan B. Anthony）一起捍卫了妇女的投票权。[9] 她曾积极废除奴隶制，但在美国南北战争之后，她专注于妇女权利。1895 年，她出版了著名的《妇女圣经》（*Woman's Bible*）。多年来，更多人加入了她的事业，所谓的第一波女权主义思潮以 1920 年《美国宪法》第十九条修正案告终。这扩大了妇女的选举权。

第二次女权运动被广泛认为在 20 世纪 60 年代和 70 年代得到了蓬勃发展。二战期间，许多女性以一种新的方式体验了家庭之外的生活，有着重要的工作和新的独立性。许多美国女性也受到贝蒂·弗里丹（Betty Friedan）的《女性的神秘》（*The Feminine Mystique*；1963 年）的影响，该书反映了对 20 世纪 40 年代和 50 年代的研究。1949 年，西蒙娜·德·波伏娃（Simone de Beauvoir）撰写了《第二性》（*The Second Sex*；英文版 1953 年出版），她在书中写道："男

---

[8] Maggie Humm, ed., *The Dictionary of Feminist Theory* (New York: Harvester Wheatsheaf, 1989), p. 251, and Rachel Muers, "Feminism, Gender and Theology," in *The Modern Theologians,* ed. David F. Ford with Rachel Muers, 3rd ed. (Oxford: Blackwell, 2005), p. 431.

[9] 参 Elizabeth Griffith, *In Her Own Right: The Life of Elizabeth Cady Stanton* (Oxford: Oxford University Press, 1984), and Loades, *Feminist Theology,* pp. 13-23.

人定义女性不是在于她自己，而是因与他有关……他是主语……她是他者。"[10] 肯尼迪政府任命了一个关于妇女地位的委员会，该委员会于 1963 年提交报告。在美国，关于男女同校的大学也有很多争论，最终以 1965 年拉德克利夫学院（Radcliffe College）与哈佛大学合并而告终。

然而，从女权主义诠释学的观点来看，除了伊丽莎白·卡迪·斯坦顿的《妇女圣经》外，瓦莱丽·赛文（Valerie Saiving）在她的〈从女性视角看人类处境〉（The Human Situation: A Feminine View; 1960 年）一文中迈出了决定性的第一步。[11] 斯坦顿的《妇女圣经》声称在诅咒与祝福篇中（申二十八 56，64）女人受到的诅咒和责备比男人多，但得到的祝福却更少。妇女在法律、法官或陪审团中没有发言权。瓦实提成为以斯帖记中的女主角。赛文更大程度上地认为，"男人"不应与包括女性的"人类"混淆。她首先认为"骄傲"——特别被尼布尔（Niebuhr）认定为"罪"的本质——不是所有罪的特征，而是男性罪的特征。女性更容易分心，甚至把琐事当成自己的"罪"。

可能下一个对基督教女权主义带来主要影响的是菲利斯·特里布尔（Phyllis Trible）的《神与性修辞》（*God and the Rhetoric of Sexuality*; 1978 年；但借鉴了 1973 年、1976 年、1977 年的文章）。[12] 她从诠释学的观察开始，文学方法有助于弥合教会与世界之间的鸿沟。我们在《创世记》一 1-二 3 创造记载中可以看到一个对称的设计。最重要的是，"神的形像"（创一 26-28）同样适用于男人和女人。[13] 然后她讨论了那个因孩子的问题而向所罗门上诉的妇女（王上三 16-28）。我们发现"子宫"成为同情的隐喻（赛四十六 3，4）。

---

[10] Cited by Elaine Marks and Isabelle de Courtivron, eds., *New French Feminisms: An Anthology* (Hemel Hemstead: Harvester Press, 1981); also quoted in Anthony C. Thiselton, *New Horizons in Hermeneutics: The Theory and Practice of Transforming Biblical Reading* (London: HarperCollins; Grand Rapids: Zondervan, 1992), p. 435.

[11] Valerie Saiving, "The Human Situation: A Feminine View," *Journal of Religion* 40 (1960): 100-112.

[12] Phyllis Trible, *God and the Rhetoric of Sexuality* (Philadelphia: Fortress, 1978).

[13] Trible, *Rhetoric of Sexuality,* pp. 14-23.

神的爱既具有阴柔之气又具有阳刚之气（耶三十一 15-22；赛四十九 13-15），但是女性形像具有决定性的一面（赛六十三 15-16；参 二十七 11）。实际上，特里布尔在随后的章节中运用了更多女性形像来描绘神的爱（何九 11-12 上，14；申三十二 1-43；箴二十三 22，25；赛四十二 14 上，六十六 1-16；参 创二 4 下 -19）。这些经文是根据希伯来文本解释的。[14] 卡尔·巴特早在 1945-1950 年的某个时候就《创世记》一 26-27 中的"形像"提出了观点，但并未十分认可此种解释。[15]

特里布尔在她之后的《恐惧的文本》（Texts of Terror；1984 年）中讲述了夏甲、他玛，《士师记》十九 1-30 中利未人的妾，以及耶弗他的女儿的悲惨故事。同样，她从诠释学开始。"讲故事是一种三位一体的行为，它将作家、文本和读者团结在理解的拼贴之中。"[16] 夏甲是一个被虐待和排斥的奴隶（创十六 1-16）；他玛是一位被强奸并被抛弃的公主（撒下十三 1-22）；耶弗他的女儿是处女，她被杀并被献祭（士十一 29-40）。特里布尔写道，她们都接受自己的命运，就像受苦的仆人一样。她认为，父权主义诠释学已经忘记了他玛和女性，并美化了一些男性。[17] 但特里布尔开始了一个常常在女权主义作品中出现的主题。她还编辑了《圣经女权主义方法》（Feminist Approaches to the Bible；1995 年）和其他著作。

1976 年，莱蒂·罗素（Letty M. Russell）编辑了一系列论文，标题为《解放之言》（The Liberating Word）。[18] 这是教育部和国家教会委员会的半官方文件，最初是与各种版本的圣经的包容性翻译有关。罗素谦虚地称其为对女权主义诠释学进行更为严肃和完善的工

---

[14] Trible, *Rhetoric of Sexuality,* pp. 31-143.
[15] Karl Barth, *Church Dogmatics,* ed. G. W. Bromiley, T. F. Torrance, and others, 14 vols. (Edinburgh: T. & T. Clark, 1957-75), III/1 (German, 1945), section 41, pp. 183-87, and III/2, section 45, pp. 222-84.
[16] Phyllis Trible, *Texts of Terror: Literary-Feminist Readings of Biblical Narratives* (Philadelphia: Fortress, 1984), p. 1.
[17] Trible, *Texts of Terror,* p. 107.
[18] Letty M. Russell, ed., *The Liberating Word: A Guide to Nonsexist Interpretation of the Bible* (Philadelphia: Westminster, 1976).

作的"初步行动"。[19] 两年前，罗斯玛丽·鲁瑟编辑发表了一些简短的文章。[20] 在这一卷中，帕里（C. Parry）谈到了在新约中女性在神学上的领导地位。[21] 然而，真正的突破发生在 1983 年，舒斯勒·菲奥伦扎的《为记念她》和鲁瑟的《性别歧视和谈论神》（*Sexism and God-Talk*）的出版了。[22] 这实际上使这两位作家以及菲利斯·特里布尔（Phyllis Trible）成为了 1980 年代初女权主义圣经解释者"第二波"的实际奠基人。舒斯勒·菲奥伦扎（Schüssler Fiorenza）已在罗素的《解放之言》中写过一章，她在其中批评了圣经作者以男性为中心和父权制为前提。许多是"父权制文本"（例如，民三十 2-12 关于妻子的誓言）。[23] 妻子和女儿不仅是丈夫或父亲的"财产"，还可以根据他们的意愿来"使用"。

随后出现了大量关于女权主义和女权主义诠释学的文学作品，尽管许多都是在 20 世纪 80 年代中期出版的，有些卷本是早期的散文集。例如，1986 年出版的伊莲·肖沃尔特（Elaine Showalter）的《新女权主义批判》（*New Feminist Criticism*），收录了 1980 年罗莎琳德·科沃德（Rosalind Coward）、1979 年卡罗琳·海尔布朗（Carolyn G. Heilbrun）、1979 年和 1981 年肖沃尔特等人的论文。在这本书中，肖沃尔特认为女性给男性创作的文本带来了新的、不同的视角，这些男性创作的文本通常是由男性来阅读的。[24] 女权主义圣经解释是"通过女性的眼睛"阅读圣经文本。

---

[19] Russell, *The Liberating Word*, pp. 13-14.
[20] Rosemary Ruether, ed., *Religion and Sexism: Images of Women in the Jewish and Christian Traditions* (New York: Simon and Schuster, 1974).
[21] C. Parry, "The Theological Leadership of Women in the N.T.," in *Religion and Sexism*, pp. 117-49.
[22] Schüssler Fiorenza, *In Memory of Her*; Rosemary Radford Ruether, *Sexism and God-Talk: Towards a Feminist Theology* (London: SCM, 1983).
[23] Russell, *The Liberating Word*, pp. 39, 41, and 42.
[24] Elaine Showalter, ed., *The New Feminist Criticism: Essays on Women, Literature, and Theory* (London: Virago Press, 1986), pp. 3-28, 125-48, and 225-70.

三．伊丽莎白·舒斯勒·菲奥伦扎的《为记念她》：论点

1. 伊丽莎白·舒斯勒·菲奥伦扎（Elisabeth Schüssler Fiorenza，生于 1938 年）试图将基督教的起始大范围地重建到公元 600 年左右，尤其是集中在新约时代。她是一位著名的新约学者，先在德国教书，后在圣母大学和哈佛大学教书。她强调了**生活情境**（Sitz im Leben）的重要性。这些都是"父权文化和历史的产物"。[25] 她依靠历史批判法和怀疑诠释学反对教条主义和实证主义的方法，强调文本服务于统治阶级的利益（第 6 页）。她提到伊丽莎白·卡迪·斯坦顿的《妇女圣经》以及其对圣经中父权文化的批判。圣经的经文是"以男性为中心的"，或者是由男性并为男性而写的观点（第 7-14 页）。

2. 舒斯勒·菲奥伦扎认为，新约的后半部分，包括《以弗所书》中的"第二保罗"文本，《彼得前书》和教牧书信的，以及其"从属"段落，几乎无法挽救。《哥林多前书》十一 2-16 和十四 33 下 -36 成为后期插入。舒斯勒·菲奥伦扎认为我们必须摆脱圣经中的这类文本，正如罗素、特里布尔和鲁瑟实际上也如此认为，尽管这些文本通常使用更敏感的语言。我们可以致力于恢复真实的不以男性为中心的"记忆中的过去"。保罗在《加拉太书》三 28 中宣告女性平等，而舒尔斯勒·菲奥伦扎认为"男性"在《哥林多前书》十二 13 中没有意义。她认为关于妇女作用的资料来源存在分歧。真正的保罗书信表明，妇女是使徒、先知、宣教士、资助者以及教会和社会中的领导者。

3. 关于起源的许多信息无法获得，但是舒斯勒·菲奥伦扎的怀疑诠释学使她可以对内容批判（Sahkritik, content criticism）进行广泛评估。父权主义的证据常常（但不总是）表明女性处于边缘地位，因此她从孟他努主义者和诺斯底群体中收集了一些资料，这是"为了打破男性主义文本对历史想象力的束缚"（第 61 页）。然而，她并不需要只依靠这些。坚革哩的菲比是一个很好的例子。舒尔斯勒·菲奥伦扎转向了新约的社会世界，研读了马尔赫贝（Malherbe）、

---

[25] Schüssler Fiorenza, *In Memory of Her,* p. xv. 下文插入的页码皆指向此书。

米克斯（Meeks）、盖格（Gager）和泰森（Theissen）的著作。她追随泰森，对比了耶稣运动的巡回宣教士与保罗群体的"喜爱父权主义"。她并不是在各个方面都追随泰森，但许多人会在泰森和舒斯勒·菲奥伦扎为他们的主张所提出的观点之外，期待更多的证据。在制度化方面，她不出所料地转向了斯克鲁格斯（Scroggs），尤其是韦伯（Weber）。她认为，在决定妇女角色方面，父权制的"家庭规则"，比性或性别的"生理"差异发挥了更大的作用（第84-92页）。

4. 舒斯勒·菲奥伦扎在她的书的第二部分开始，声称加利利、耶路撒冷、安提阿的前保罗（pre-Pauline）耶稣运动（徒十一26）和保罗群体之间存在明显反差。这不仅可以追溯到格德·泰森（Gerd Theissen），还可以追溯到汉斯·利兹曼（Hans Lietzmann）关于区分两种圣餐的理论：与复活的基督的团契餐（耶路撒冷欢庆型）和保罗记念基督之死（"保罗式"庄严型）。尽管恩斯特·洛梅耶（Ernst Lohmeyer）追随利兹曼，但杰里米亚斯、霍华德·马歇尔（I. Howard Marshall）等人明确批判了这一区分。我在《教义诠释学》中讨论了这一理论。[26] 同时，舒斯勒·菲奥伦扎将不同的环境和不同的目标归因于这两个群体。她总结道，"福音书是典型的记念"，即使不是全面的记念（第102页）。我们在许多文本中既发现了对女性的诋毁，也同时发现了对她们的颂扬。

舒斯勒·菲奥伦扎相信，耶稣的比喻是论及神的"统治"（basileia）。在此统治下，所有的人都是一视同仁地相聚一处。神的羊群也必须包含所有人（参 太二十二1-14；路十四16-24）。"税吏、罪人和娼妓"这句话并不是指一个道德上应受谴责的群体，而是那些被边缘化的无足轻重的群体。耶稣运动以"耶稣的实践"为基础而宣告了对神的新理解（第130页）。葡萄园工人的比喻（太二十1-16）具有代

---

[26] Hans Lietzmann, *Mass and Lord's Supper: A Study of the History of the Liturgy,* ed. R. D. Richardson (Leiden: Brill, 1979); Joachim Jeremias, *The Eucharistic Words of Jesus,* trans. Norman Perrin (London: SCM, 1966), pp. 16-38; I. H. Marshall, *Last Supper and Lord's Supper* (Grand Rapids: Eerdmans, 1980), pp. 108-23; and Anthony C. Thiselton, *The Hermeneutics of Doctrine* (Grand Rapids: Eerdmans, 2007), pp. 525-29.

表性地阐明了植根于神恩典的人人平等。舒斯勒·菲奥伦扎借鉴诺曼·佩林（Norman Perrin）的著作，视神的国度为一个"紧张的象征"。她认为这是借鉴了智慧基督论："**Sophia（智慧）**的所有子女都为她辩解（或辩护）。"（路七35）

关于"Sophia"的阴性性别在此是否真有其意还有待商榷，或如"孩子"是中性一般。[27] 我们已经看到詹姆斯·巴尔（James Barr）对这一手法的激烈评论。然而，舒斯勒·菲奥伦扎似乎基于这一措辞的偶性而提出论证，将许多耶稣的话归于Sophia，并谈到"神-智慧的实在"（第130-140页，特别是第135页）。因此，她总结道，妇女领导权可以称为"平等主义"，包括从父权制结构中解放出来（第140页和第140-152页）。耶稣挑战父权制婚姻结构（可十2-9；十二18-27）。在末世的未来，所有人都会像天使一样。凡想要领受神的国的，就必须作儿女或奴仆（可十15）。耶稣不接受那些想要成为"伟大"的人。

5. 舒尔斯勒·菲奥伦扎认为，《使徒行传》和使徒书信中有关"她家中的教会"的一些材料表明了女性资助者或财产拥有者的领导权，但是《使徒行传》是"单方面的"（第167页）。保罗更加重视自己的女性同工。菲奥伦扎认为这些人更像伙伴，而不是拥有从属地位的助手。菲比被称为prostatis，有时被翻译成"助手"，但意思是**有名望之人**或**领导**。在此，舒斯勒·菲奥伦扎可能会诉诸正在发展的对保罗同工的学术研究，这包括了布鲁斯（F. F. Bruce），厄尔·埃利斯（E. Earle Ellis），维克多·芬尼诗（Victor P. Furnish），哈林顿（D. J. Harrington），奥洛格（W. H. Ollrog）和保罗·特比科（Paul Trebilco）。[28] 但是，平等的终极基础是圣灵的恩赐浇在"所有人"身上（徒二17-21；参 珥二28-29），保罗的书信证实了这一点（林前十五45；加五25；六8；参 林前一24；林后三17；五17）。神

---

[27] 对此尖锐且有说服力的评论，见：James Barr, *The Semantics of Biblical Language* (Oxford: Oxford University Press, 1961), pp. 39-43.
[28] 例 W. H. Ollrog, *Paulus und seine Mitarbeiter* (Neukirchen: Neu-kirchener, 1970), and E. Earle Ellis, *Pauline Theology: Ministry and Society* (Grand Rapids: Eerdmans, 1989).

子民的群体以及基督徒个人构成了神的圣殿（林前三 16；参 弗二 22）。

6. 《加拉太书》三 28 的解释备受关注。保罗强调平等和统一，而不是分裂。我们只要着眼于更广泛的论据脉络就可以看到这一点。《哥林多前书》十二 13 在洗礼的背景下也提出了同样观点。然而，《哥林多前书》十一 2、17 和十四 33 下 -36，与《哥林多前书》十一至十四章中"灵的"漂移（"pneumatic" drift）不一致，必须因后一段经文的解释而予以拒绝（第 226-233 页）。

7. 这就引出了第三部分"追寻冲突"。《歌罗西书》由保罗的一位门徒所写，这里的家庭法规阻碍了《加拉太书》三 28 中的平等。《以弗所书》论述和好与和平的福音（弗六 15），强调了圣灵的合一（弗四 4-5）。舒斯勒·菲奥伦扎写道："神的非性别的一元论与从肉身性别二元性所救赎的灵魂有关。在男人和女人中，灵魂是平等的，具有相同的本质。"（第 277 页）但是教牧书信却主张父权制的存在。他们更多关注当前的教会秩序，而不是神的普遍计划。

8. 这本书的高潮是关于妇女的门徒训练和抹大拉的马利亚在福音书中独特的使徒角色。马可将抹大拉的马利亚、雅各的女儿或妻子马利亚、耶稣的母亲马利亚和撒罗米奉为门徒。十二个门徒离弃耶稣，然而《使徒行传》却把十二个门徒列为最重要的使徒性的见证人。在《约翰福音》中，所爱的那位门徒是教会的使徒权威和象征中心，这与彼得相反。然而，根据约翰的说法，"女人们——耶稣的母亲，祂母亲的妹妹马利亚，革流巴的妻子，和抹大拉的马利亚——还有一个男性门徒，站在耶稣的十字架旁"（约十九 25-27）（第 331 页）。此外，抹大拉的马利亚是第四卷福音书中出现的最后一个女人。"她不仅发现了空坟墓，而且还是第一个接触复活显现的人。"（第 332 页）她向门徒宣告："我已经看见主了。"舒尔斯勒·菲奥伦扎写道："她是复活事件的主要的使徒性见证人。"（第 332 页）抹大拉的马利亚作为使徒见证人的地位可以在《马太福音》、《约翰福音》和《马可福音》的附录中找到。彼得传统（Petrine tradition）与之相反，可见于《哥林多前书》十五 3-6。

因此，我们拥有双重传统。抹大拉的马利亚真是"使徒中的使徒"，但对立的彼得传统如雨后春笋般涌现，并据说试图压制马利亚传统。舒斯勒·菲奥伦扎总结道，所有书信的作者都诉诸保罗或彼得的权威，但是《马可福音》和《约翰福音》强调了先前另一种传统。

四．伊丽莎白·舒斯勒·菲奥伦扎的《为记念她》：评估

伊丽莎白·舒斯勒·菲奥伦扎也许是仅有的能明确与菲利斯·特里布尔并驾齐驱的著名女权主义圣经学者，尤其是玛丽·戴利（Mary Daly）和罗斯玛丽·雷德福德·鲁瑟（Rosemary Radford Ruether）之后的著作更广泛地涉及神学，而非圣经解释。舒斯勒·菲奥伦扎被授予圣经文学协会（Society for Biblical Literature）的第一位女性主席的荣誉。她的著作在许多领域都赢得共识，包括大多数（尽管不是全部）女权主义圈子。她的一些特定论点是否已无争议或仍有分歧？

1. 显然，怀疑诠释学是舒斯勒·菲奥伦扎著作的核心，她的去父权化方法借鉴了解放诠释学。她拒绝接受完全保守的圣经解释模式，这种模式依赖于字句默示。她反对圣经本身就是启示的观点（第4页）。她也反对价值中立的实证主义。"在一个剥削和压迫的世界里，知识中立是不可能的。"（第6页）继伊丽莎白·卡迪·斯坦顿（Elizabeth Cady Stanton）之后，她提出了与解放诠释学的去意识形态化并行的去父权化。然而，像布尔特曼在去神话化方面和许多解放神学家在去意识形态化方面一样，关于"父亲"或"丈夫"的使用或出现这些词时，哪些可能是文化性的，哪些可能是神学性的，她没有阐述明确的**标准**。

潘能伯格写道："'神'和'父亲'这两个词不只是时限（time-bound）的概念，让我们借此可以发现信息的真实内容。"[29] 无论我们如何使用其他延伸图像，神和耶稣之间的关系都与"父"和"子"

---

[29] Wolfhart Pannenberg, *Systematic Theology*, trans. G. W. Bromiley, 3 vols. (Edinburgh: T. & T. Clark; Grand Rapids: Eerdmans, 1991-98), 1:265; cf. 1:234-327.

二词紧密相连。这是原始基督教基督论的起点，它并没有把性别归于神。这甚至与《马太福音》二十八 19 中的洗礼公式有关。

2. 若无确凿证据，删除令人尴尬的文本作为解释可能不令人信服。例如，玛格丽特·米切尔（Margaret Mitchell）指出，沃尔特·施密特尔斯（Walter Schmithals）和其他人提出的关于《哥林多前书》中纷争结党和多重原始资料的各种理论没有得到普遍认同，她的观点最近得到了大卫·霍尔（David R. Hall）的证实和强化。[30] 我在其他地方论证了《哥林多前书》十四 33 下 -36 的偶然性和语境性，朱迪思·冈德里·沃尔夫（Judith Gundry Volf）对保罗在《哥林多前书》十一 2-16 中的目的作出了令人信服的解释。[31]

3. 格德·泰森对巡回灵恩群体（itinerant charismatic communities）和"喜爱父权主义"之间的对比，以及他们对新约的投射，至少值得商榷。这种对比可能无法承受舒斯勒·菲奥伦扎对这方面的重视。在《马可福音》三 35 中，"凡遵行神旨意的，就是我的弟兄姊妹和母亲"这句话，并不一定意味着一个平等的群体，即使《加拉太书》三 28 更有说服力。菲比和其他领导人在保罗群体的出现表明"父权主义"夸大了这一点。对建立歌罗西书教会的叙述可能并不完全令人信服。

4. "家庭法规"和类似的材料可以在罗马时期的材料中找到，这一纯粹的事实并不意味着这些材料必然是文化性的，而非神学性的。此外，桑德梅尔（Sandmel）著名的"平行现象"（parallelomania）表明，禁令并不一定意味着依赖。基于根据先前理论来确定年日，这个论点倾向于是一个循环论证。

---

[30] M. M. Mitchell, *Paul and the Rhetoric of Reconciliation: An Exegetical Investigation of the Language and Compilation of 1 Corinthians* (Louisville: Westminster John Knox, 1992), pp. 1-99 and 198-201; D. K. Hall, *The Unity of the Corinthian Correspondence* (New York and London: T. & T. Clark/Continuum, 2003), pp. 1-86.

[31] Thiselton, *First Epistle*, pp. 1146-62; J. M. Gundry-Volf, "Gender and Creation in 1 Cor. 11:2-16," in *Evangelium, Schriftauslegung, Kirche: Frt. F. Peter Stuhlmacher*, ed. J. Adna et al. (Göttingen: Vandenhoeck & Ruprecht, 1997), pp. 151-71.

5. 抹大拉的马利亚是复活的见证者，这一角色非常重要。然而，将福音书中所有的女人都描绘成"好人"的倾向使这样一个观点变得令人难以理解：复活构成见证者生命中决定性的改变，是为了将她们转变成勇敢、被宽恕的罪人。这是彼得的独特之处，他不一定是约翰和马利亚的"竞争对手"。然而，马利亚确实得到了一个与众不同的角色，正如我们在朱妮娅（Junia）的例子中所看到的。

6. 舒斯勒·菲奥伦扎关于妇女受压迫和边缘化的论点大部分适用于、但不完全适用于罗马天主教会。她倾向于忽视妇女在新教教会中日益增长的领导角色。话虽如此，她还是令人信服地揭露了对妇女和她们证词的低估，特别是在一些父权教会的某些部分。

7. 当我们回到舒斯勒·菲奥伦扎关于 Sophia 作为一个女性智慧形象的著作时，我们不得不更仔细地思考詹姆斯·巴尔对将语言中的性别偶然与男性和女性各自的独特角色相混淆的批评。巴尔写道："没有人会认为因为土耳其人在语言中没有性别区分，甚至在人称代词中也没有……所以他们在性别差异的概念上是有缺陷的；我们也不会认为，法国人通过强迫每个名词要么是阳性要么是阴性，而将他们传奇般的色情兴趣扩展到了语言领域。"[32] 语言形式的偶然性不是概念或思维的可靠指标。一些女权主义者将"男人"一词转变为"人类"一词这一值得称赞的尝试是有用的，这甚至也只因提升了某种敏感度。如果诉诸诺斯底主义，那么这解决了不同的问题。

8. 另一方面，舒斯勒·菲奥伦扎对保罗同工的研究以及早期女性领袖在教会中的知名度是毋庸置疑的，即使她是站在奥洛格、布鲁斯、厄尔·埃利斯等人的肩膀上。这是无可争议的，正如她许多关于耶稣门徒的著作一样。

9. 伊丽莎白·舒斯勒·菲奥伦扎和菲利斯·特里布尔无疑是圣经女权主义解读最重要的声音。菲奥伦扎对解放诠释学中的边缘化原则和正义原则是诚实的。她不那么直接地跟随诺曼·戈特瓦尔德（Norman Gottwald）尝试对圣经文本去意识形态化（或去父权化）。[33]

---

[32] Barr, *Semantics of Biblical Language*, p. 39.
[33] Norman K. Gottwald, ed., *The Tribes of Yahweh: A Sociology of the Religion of*

在女权主义圣经解读分裂成不同主题之前,她几乎是最后一位将其结合在一起的作家。但一些女性学者认为,舒斯勒·菲奥伦扎的论述过于自信,甚至咄咄逼人。珍妮特·拉德克利夫·理查兹(Janet Radcliffe Richards)写道:"女权主义并不关心它造就的那一群人,而是想消除某种不公正的现象。"[34] 苏珊娜·海涅(Susanne Heine)也批判在神身上寻找"女性特征"或就此而言的"男性特征"。[35] 她声称,我们最后是对每个性别代表的模式化扭曲。海涅也对使用Sophia 形象和诺斯底主义提出批判。[36] 伊丽莎白·阿赫特迈尔(Elizabeth Achtemeier)在 1986 年也作出类似批判。我在《诠释学新视域》中探讨了这些批判。

五 . 第二波碎片

舒斯勒·菲奥伦扎在 1983 年以后出版了许多有关女权主义解释的书籍,其中包括《饼而非石头》(*Bread Not Stone*; 1984 年),《平等地位的门徒》(*Discipleship of Equals*; 1993 年),《耶稣:米利暗的孩子,索菲亚的先知》(*Jesus: Miriam's Child, Sophia's Prophet*; 1995 年),《分享她的话》(*Sharing Her Word*; 1998 年)和《修辞与伦理》(*Rhetoric and Ethics*; 1999 年)。这不是一个详尽的清单,副标题都表明这些是对女权主义圣经解释的研究。[37] 在之前或同一

Liberated Israel (New York: Orbis, 1979).
[34] Janet Radcliffe Richards, *The Sceptical Feminist: A Philosophical Enquiry* (London: Penguin Books, 1983), pp. 17-18. Cf. Thiselton, New Horizons in Hermeneutics, pp. 442-50.
[35] Susanne Heine, *Women and Early Christianity: Are the Feminist Scholars Right?* (London: SCM, 1987), p. 37; cf. pp. 28-52.
[36] Heine, *Women and Early Christianity*, pp. 28-29; cf. Heine, *Christianity and the Goddesses: Systematic Critique of a Feminist Theology* (London: SCM, 1988).
[37] Elisabeth Schüssler Fiorenza: *Bread Not Stone: The Challenge of Feminist Biblical Interpretation* (Boston: Beacon Press, 1984); *Discipleship of Equals: A Critical Feminist Ekklēsia-Logy of Liberation* (New York: Crossroad, 1993); *Jesus: Miriam's Child, Sophia's Prophet; Critical Issues in Feminist Theology* (London: SCM; New York: Continuum, 1995); *Sharing Her Word: Feminist Biblical In-*

年，罗斯玛丽·雷德福德·鲁瑟（生于1936年）和玛丽·戴利写了《为记念她》，但他们所处理的问题，相较于圣经解读方面，在神学方面更为突出。鲁瑟的《性别歧视和谈论神》出版于1983年。她像舒斯勒·菲奥伦扎一样，讨论了抹大拉的马利亚独特的见证人的身份，并评论了关于神的女性形像。[38] 与菲利斯·特里布尔一样，她讨论了作为男人和女人的人性。然后，她专注于基督论、圣母论、邪恶的意识、事工和群体，以及末世论。实际上，她是女权主义的系统神学家。

鲁瑟问道："女性之于男性就像自然之于文化吗？"她声称，女性被象征为"更接近自然"。女性生理期被视为是危险的和污染的。据称，妇女的社会角色被认为是低等的。她被男人"拥有"，生育孩子，并被"更高"的文化支配（第74页）。她利用了古典文学描述的男性训练来论证，柏拉图和亚里士多德认为男性凌驾于女性、奴隶和未开化的人之上。但今天有一个向自然的回归。神或女神被视为"原始母体"（primal matrix）或"存有的基础"（如保罗·田立克所说）（第85页）。所有这些看起来都像20世纪60年代过时的解放神学，与圣经文本的诠释没有太大关系。鲁瑟写道："女人透过堕落并在堕落的惩罚中失去了原来的平等，在身心方面都变为次等。"（第97页）末世女权主义坚持教会中的平等。即使拿撒勒人耶稣的生与死是"范式的"，但这只是"局部的，需要其他模式的结合"（第115页）。她超越了"圣灵-基督论"（Spirit Christology）而到了一个允许"**父权制的倒空**"（the kenosis of patriarchy）的基督论，即双性的（androgynous）基督论，或"**有我们姐妹之形像的**基督……赎回的人类"。（137-138页）。

在关于圣母论的一章中，鲁瑟的罗马天主教背景就如舒斯勒·菲奥伦扎的背景一样，一览无余。"马利亚的无瑕（immaculate）受孕和她肉身受创的蒙救赎状态的预示（pre-figuring），都回到了已失

---

terpretation in Contrast (Boston: Beacon Press, 1998); and *Rhetoric and Ethics: Politics of Biblical Studies* (Minneapolis: Fortress, 1999).

[38] Ruether, *Sexism and God-Talk*, pp. 8-71. 下文插入的页码皆指向此书。。

去的堕落前的选择。那时，纯洁的本质，正如它从神的手中而来，完全在圣灵的能力之下，也没有邪恶。"（第151页）那些更倾向新教信仰的人会断然拒绝这些观点。

鲁瑟在1983年以后发展了她的神学和写作。她创作了《妇女教会》（Women-Church；1985年），《盖亚与神》（Gaia and God；1992年），《妇女与救赎》（Women and Redemption；1998年）以及其他著作。[39]但是，这些后期著作在很大程度上将我们带离了许多女权主义者的基本关切，有些人认为它们使用了对某种类型的女人或男人的**形象模式化**（stereotypifications）。她远离了"正统"基督教。

六. 妇女主义诠释学

许多非裔美国女作家和非洲女作家更喜欢"妇女主义者"一词，而非"女权主义者"，因为后者往往表示某类白人、中产阶级、职业或学术女性的兴趣和关切，尽管鲁瑟（与舒斯勒·菲奥伦扎等人）同情解放神学和第三世界。<教会中的男女群体>（The Community of Women and Men in the Church；1978-1983年）和<声援妇女的基督徒>（Christians in Solidarity with Women；1988-1998年）两篇文章为更广泛地承认妇女主义神学铺平了道路，并且比鲁瑟的著作更具普世性。但许多人认为，1983年开始的妇女主义诠释学始于艾丽斯·沃克（Alice Walker，生于1944年）的著作，紧接着是凯特·坎农（Kate G. Cannon）。[40]

---

[39] Rosemary Radford Ruether, *Women-Church: Theology and the Practice of Feminist Liturgical Communities* (San Francisco: Harper and Row, 1985); Ruether, *Gaia and God: An Eco-Feminist Theology of Earth Healing* (San Francisco: HarperCollins, 1992); and Ruether, *Women and Redemption: A Theological History* (Minneapolis: Fortress, 1998).

[40] Alice Walker, *In Search of Our Mother's Gardens: Womanist Prose* (New York: Harcourt Brace, 1983; London: Women's Press, 1984); cf. Kate G. Cannon, *Women and the Soul of the Black Community* (New York: Concilium, 1995; 1st ed. 1985).

直到 1995 年，苏格塔拉贾（R. S. Sugirtharajah）说"对第三世界的圣经解释的兴趣突增"。[41] 威尔默（G. S. Wilmore）和詹姆斯·科恩（James Cone）于 1993 年编辑了《黑人神学》，贝妮塔·威姆斯（Benita J. Weems）为其贡献了〈女性对圣经诠释学的反思〉（Women's Reflection on Biblical Hermeneutics）一文。[42] 2002 年，斯蒂芬妮·米特姆（Stephanie Mitchem）出版了《女性神学简介》（*Introducing Womanist Theology*）。[43] 坎约罗·穆辛比（Kanyoro Musimbi）并不是非裔美国人，但是来自肯尼亚，拥有德克萨斯大学的语言学博士学位。她现在已经写了七八本书，其中包括《我们颂扬的力量》（*The Power We Celebrate*；1992 年），《归向神，在希望中喜乐》（*Turn to God, Rejoice in Hope*；1996 年），以及《支取应许》（*Claiming the Promise*；1994 年）。[44]

许多问题影响了妇女的黑人意识（black consciousness）。有些人处理了"父权制"，但有关人口、妇女领导、艾滋病和暴力的问题是议程上的突出问题；许多关注点与第三世界中男性所关注的问题重叠。例如，杰拉尔德·韦斯特（Gerald West）出生于津巴布韦（1956 年），却拥有南非国籍，他写过许多文章和至少六本书，包括《圣经的解放诠释学》（*Biblical Hermeneutics of Liberation*；1991 年）、《处境式的圣经研究》（*Contextual Bible Study*，1993 年）和《非洲圣经》（*The Bible in Africa*，2000 年）。文森特·温布希（Vincent Wimbush）编辑了《非裔美国人与圣经》（*African Americans and the Bible*；2001

---

[41] R. S. Sugirtharajah, ed., *Voices from the Margins: Interpreting the Bible in the Third World* (Maryknoll, N.Y.: Orbis; London: SPCK, 1995; 1st ed. 1991), "Introduction," p. 1.

[42] G. S. Wilmore and James Cone, eds., *Black Theology: A Documentary History, 1980-1992*, 2nd ed., 2 vols. (Maryknoll, N.Y.: Orbis, 1993).

[43] Stephanie Mitchem, *Introducing Womanist Theology* (Maryknoll, N.Y.: Orbis, 2002).

[44] Kanyoro Musimbi, *Women, Violence and Non-Violent Change* (Geneva: World Council of Churches, 1996); Musimbi, *The Power We Celebrate* (Geneva: World Council of Churches, 1992).

年），这本书将近 1000 页。⁴⁵ 凯特·坎农（Kate Cannon）的书总结了许多早期的关注点：女性的负面形象，希望和复活的应许，以及妇女主义诠释学。然而，关注点近期延伸至暴力、艾滋病毒和艾滋病以及人口问题。哥斯达黎加的埃尔莎·塔梅兹（Elsa Tamez）写下了解放神学和草根群体的影响。她认为"希伯来文化中的反妇女习俗"有时被用来"证明妇女的边缘化。"⁴⁶

同时，在西方的女权主义诠释学中出现了多种主题和独特的方法。从 1980 年代中期开始涌现大量的文学作品。卡罗琳·奥西克（Carolyn Osiek）提出了一种对圣经至少有四五种不同态度的预表。⁴⁷

1. 奥西克首先讨论了女权主义的"**忠诚者**"，其中包括哈迪斯提（N. A. Hardesty, 1984 年）、帕特里夏·冈德里（Patricia Gundry, 1987 年）、米歇尔森（A. Michelsen, 1986 年）、莫伦科特（V. R. Mollenkott, 1988 年）、伊莲·斯托基（Elaine Storkey, 1985 年）和斯坎佐尼（L. D. Scanzoni, 1997年）。斯坎佐尼认为，为了个人的幸福，《以弗所书》五 22（"妻子要像顺服神一样服从丈夫"）应该"重获复兴"而不是被拒绝。⁴⁸ 其中大多数人提倡正面的女性形象和角色，尽管她们注重解释，却接受所有圣经文本。例如，伊莲·斯托基将女权主义传统的根源追溯到宗教改革及其对婚姻"友善"方面的强调。

---

⁴⁵ Vincent Wimbush, ed., *African Americans and the Bible: Sacred Texts and Social Textures* (New York: Continuum, 2001).

⁴⁶ Elsa Tamez, "Women's Re-reading of the Bible," in *Voices from the Margins*, pp. 49-50.

⁴⁷ Carolyn Osiek, *Beyond Anger: On Being a Feminist in the Church* (New York: Paulist, 1986); cf. Osiek, *A Woman's Place: House Churches in Earliest Christianity* (Minneapolis: Augsburg, 2005).

⁴⁸ L. D. Scanzoni, "Revitalizing Interpretations of Ephesians 5:22," *Pastoral Psychology* 45 (1997): 317-39; L. D. Scanzoni and N. A. Hardesty, *All We're Meant to Be: A Biblical Approach to Women's Liberation* (Waco, Tex.: Word, 1974; 3rd rev. ed. 1992); *Neither Slave Nor Free: Helping Women Answer the Call to Church Leadership* (London and New York: Harper Collins, 1987); A. Michelson, *Women, Authority, and the Bible* (Downers Grove, Ill.: IVP, 1986); V. R. Mollenkott, *The Divine Feminism in the Biblical Imagery of God as Female* (New York: Crossroad, 1983); and Elaine Storkey, *What's Right with Feminism?* (London: SPCK, 1985).

她强调了"按神的形像被造"的共同和互补的多元性，正如巴特那样，或许跟特里布尔也一样。她还谈到了妇女的"形像"和男女的解放。

2. 奥西克所说的**"修正主义"女权主义**保留了对基督教信仰的承诺，但拒绝接受它在圣经中发现的父权制，认为它受限于文化，是偶然的，并干扰了圣经的信息。这一点变得更加清楚，因为罗斯玛丽·雷德福德·鲁瑟、菲利斯·特里布尔和安·劳埃德等作家不仅从事旧约和系统神学研究，而且有意识地寻求在教会内捍卫女权主义，反对那些开始认为圣经或基督教与女权主义格格不入的人，如玛丽·戴利（Mary Daly）和达芙妮·汉普森（Daphne Hampson）。

鲁瑟曾在哈佛神学院任教，后来在伊利诺伊州埃文斯顿的加勒特福音神学院（Garrett Evangelical Theological Seminary）任教。她写了一篇关于纳西昂的格列高利（Gregory of Nazianzus）的博士论文。她批判罗马天主教，但不弃绝它；她拒绝迦克墩的古典基督论，但接受改良的、包容性的基督论。如同田立克，她把很多神学语言看作是象征性的。与玛丽·戴利拒绝教会不同，她的著作《对抗自身的教会》（*The Church against Itself*；1967年）总结了她的双重态度。[49] 对于鲁瑟来说，神是存有的原始动机和基础，被称为神/女神，她已经走向盖亚和生态女权主义。[50] 特里布尔主要从事希伯来文本研究，寻求关注女性的正面形像和包容性的论述，但毫不犹豫地拒绝或"拯救"坏的形像和她所认为的父权文化的外衣。娄兹（Loades）仍然是英国国教的一员，寻求正义和避免歧视，但与戴利甚至鲁瑟相比，娄兹的声音更加温和含蓄。[51] 像莱蒂·罗素（Letty Russell）

---

[49] Rosemary Ruether, *The Church against Itself* (New York: Herder and Herder; London: Sheed and Ward, 1967); cf. Ruether, *Gregory Nazianzus: Rhetor and Philosopher* (Oxford: Oxford University Press, 1969); Ruether, *Mary the Feminine Face of the Church* (Philadelphia: Westminster, 1977); Ruether, *Sexism and God-Talk*.

[50] Ruether, *Sexism and God-Talk,* pp. 47-71; Ruether, *Gaia and God;* Ruether, *At Home in the World: The Letters of Thomas Merton and Rosemary Ruether* (Maryknoll, N.Y.: Orbis, 1995).

[51] Loades, *Feminist Theology,* pp. 5-10. Cf. Loades, *Searching for Lost Coins* (London: SPCK, 1987).

和玛丽·托伯特（Mary Tolbert）一样，这些作家仍留在基督教教会之内。

3. 奥西克区分了前两种类型与"解放女权主义者"，尽管这种区别是程度上的而非种类上的。这尤其体现在此群体诉诸正义的索求和从压迫得释放，并反映出对解放诠释学的高度依赖。这个类目下包括了鲁瑟、舒斯勒·菲奥伦扎和罗素，这就证明了此对比的狭隘性。我们评论了舒斯勒·菲奥伦扎对解放神学的运用，以及她对怀疑诠释学的运用。罗素在《女权主义者解读圣经导论》（1985年）中说明了《解放之言》（1976年）的影响。[52] 她很清楚凯瑟琳·萨肯菲尔德（Katherine Sakenfeld）的问题："如果女权主义者要使用圣经的话，应该如何使用？"在这本书中，她展示了从1979年到1981年来自美国宗教学院（American Academy of Religion）或圣经文学学会的十二位学者的非凡贡献。

谢丽尔·埃克苏姆（Cheryl Exum）在一篇文章中讨论了《出埃及记》一8-二10，展示了妇女积极主动的行为使以色列的解放成为可能。法老的女儿也是那些冒险者之一。菲利斯·特里布尔正确地论证了诠释学方法和相关学科的多样性。理解是基于正确的解经。舒斯勒·菲奥伦扎强调，在评价圣经读者回应进路时需要标准。罗素写道："女权主义和解放神学解释者批判性地与文本角力，利用现有的最佳资源，根据圣经的应许视域来理解信息。"[53] 文本中有解放的力量。

4. 如果我们可以扩展奥西克的预表，那么玛丽·戴利和达芙妮·汉普森就是以**非基督徒或后基督教女权主义者**而为人所知。她们开始相信基督教是不可救药的父权制，无法与女权主义调和。玛丽·戴利（生于1928年）曾在耶稣会创立的波士顿学院任教，但她最终对信仰的拒绝导致她被迫退休。1968年，她出版了《教会与第二性》（*The Church and the Second Sex*），这几乎导致她离开学院，但她

---

[52] Letty M. Russell, ed., *Feminist Interpretation of the Bible* (Philadelphia: Westminster, 1985), pp. 11-18.

[53] Russell, *Feminist Interpretation*, p. 17.

得到了公众的支持。她拒绝招收男学生上她的一些课，因为他们可能会阻碍讨论。1973 年，戴利撰写了《超越父神》(*Beyond God the Father*)，松散而又批判性地追随田立克。1978 年，她出版了《妇女生态学》(*Gyn/Ecology*)。

达芙妮·汉普森（生于 1944 年）曾在哈佛和牛津接受教育，现为苏格兰圣安德烈大学的荣休教授。她与莫妮卡·弗隆（Monica Furlong）和乌娜·克罗尔（Una Kroll）一同敦促英格兰圣公会进行女性按牧，但最终对圣公会大失所望，并拒绝了她使之与基督教相关联的父权主义。她认为客观的复活是不可能的。她的《基督教之后》(*After Christianity*; 1996 年) 为她赢得了"后基督教女权主义者"的称号。[54]

5. 我们已经指出，**妇女主义神学**与大多数女权主义神学有着不同的议程。然而，它确实与之重叠。苏珊·希斯特尔维特（Susan Thistlethwaite）是一位关注强奸和暴力的女权主义作家。亚洲的学者对此也有许多贡献。[55]

6. 许多女权主义作家受到**法国女权主义**的影响。大多数女权主义作家的争论之一是，女性的角色不是由自然或生物学决定的，而是由习俗或文化决定的。罗兰·巴特斯（Roland Barthes）、雅克·德里达（Jacques Derrida）和米歇尔·福柯（Michel Foucault）做了超过常人的研究来表明"自然"的发现通常是习俗的产物。例如，巴特斯表明家具或衣服取决于社会背景或志向的选择，而不是诸如对身体的舒适性、冷热之类的"自然"现象。福柯指出，性别和精神失常往往是根据社会规范而非"自然"情况而定。鲍德里亚（Baudrillard）和德勒兹（G. Deleuze）对这种哲学背景有进一步的贡献。

正如我们所看到的，西蒙娜·德·波伏娃早在 1949 年就写了《第

---

[54] Daphne Hampson, *After Christianity* (London: SCM, 1996); cf. Hampson, *Theology and Feminism* (Oxford: Blackwell, 1990).

[55] E.g., from India, Monica Jyotsha Melanchthon, "Akkumahadeu and the Samaritan Woman: Paradigms of Resistance and Spirituality," in *Border Crossings: Cross-Cultural Hermeneutics*, ed. D. N. Premnath (Maryknoll, N.Y.: Orbis, 2007), pp. 35-54.

二性》。她利用哲学、文学、宗教和经济学之间的联系来寻问"女人是什么？"她被一个以男性为中心的社会迫使成为"他者"。雅克·拉康（Jacques Lacan）借着结合结构主义和精神分析来追随波伏娃。性别差异在美国女权主义更为重要，并由朱莉娅·克里斯蒂娃（Julia Kristeva）发展而成。她从保加利亚来到巴黎，因此在1960年代末在文学中运用了俄国形式主义。然而，她的主要著作《语言革命》（*Revolution of Language*；1974年）与圣经解释只间接相关。因着这样的渊源，法国女权主义比美国女权主义更不务实，更具心理学性。它也非常复杂，涉及符号学。甚至最近露西·易瑞格瑞（Luce Irigray，生于1930年）和米歇勒·乐·多芙（Michèle le Dœuff，生于1948年）有哲学、文学、心理语言学或符号学的背景，不像当时大多数美国和英国同类人士。[56] 相较于美国女权主义者倾向于强调"平等"，法国女权主义者倾向于强调"差异"。

7. 相比之下，珍妮特·拉德克利夫·理查兹（Janet Radcliffe Richards）则强调两性之间的相似性，尤其是**普遍理性**。她拒绝容忍任何哲学是"男性"主旨的观点，或者拒绝以理性为代价来强调女性的直觉、个人角色。她代表了另一种女权主义。

可以毫不夸张地说，从20世纪80年代末到90年代初，女权主义不是"单一事件"，而是分裂成一系列不同的进路。现在很难说什么是"唯一的"（the）女权主义圣经进路。除了我们的子类别，有些人士也许像玛丽·托伯特一样，很难定位和代表广泛的字面意义的女权主义者。然而，有了这一重要的附加条件，我们将试图作出宽泛的评估。

七．女权主义诠释学的暂时性评估

我们必须把这种评价称为"暂时性的"，因为许多女权主义者否认男人有权评论或阐述她们的著作。然而，本文作者也要感谢多

---

[56] Michèle Le Dœuff, *The Philosophical Enquiry,* trans. C. Gordon (London: Athlone Press, 1986), and Le Dœuff, *Hippardia's Choice: An Essay concerning Women and Philosophy,* trans. T. Selons (Oxford: Blackwell, 1991).

年来女学生们的各种评论。

1. 毫无疑问，1979 年和 20 世纪 80 年代早期的作家在《圣灵的女人》等著作中，通过关注**妇女的经验和领导的具体例子，以及她们在教会中的形象**，完成了一项宝贵的工作。百基拉是保罗教会中一位有天赋、有学问的女人，我们知道她曾教导亚波罗，并多次排名在她丈夫亚居拉之前。

犹尼亚（Junia）可能是第二重要的人物，埃尔登·杰伊·艾普（Eldon Jay Epp）坚决地辩称这是一位女性，该女性在《罗马书》十六 7 中明确被称为使徒。他表明将名称更改为男性形式的 Junias 是没有根据的，并指出那是后期手法。菲比是一位"杰出的"领导人，约翰·科林斯（John N. Collins）坚称，执事（不是女执事）是福音或神之言的传道人或宣讲者，即使执事也是使徒、主教或监督的授权助手。抹大拉的马利亚被伊丽莎白·舒斯勒·菲奥伦扎称为"使徒中的使徒"，因为在约翰的描述中，她是第一个为十字架和复活向使徒们作见证的人。马利亚、土非拿和彼息在《罗马书》十六 6、12 节中是"主的工人"。

在旧约或希伯来圣经中，积极的"妇女形象"被证明属于那些大胆采取行动，从而使出埃及成为可能的妇女（米利暗、法老的女儿和接生婆），也属于《士师记》和历史书中的哈拿、路得、底波拉和户勒大。有时夏娃、耶弗他的女儿和他玛有关的负面形象被证明是错误的。菲利斯·特里布尔（与卡尔·巴特一同）表明，"神的形像"是给整个人类的礼物，而不仅仅是给男人的礼物。

在她的《恐惧的文本》中，特里布尔为我们提供了一个例子，既能提升圣经中女性的正面形象，又能纠正可能更消极的看法。例如，夏甲不仅代表撒拉以外的家系，她也被轻视和拒绝（创十六 1-16）。特里布尔声称，这是与《以赛亚书》四十至五十五章中受苦仆人一致且连续的。他玛和耶弗他的女儿被献祭，丢弃（士十一 29-40）。神的爱是母性的，也是父性的。

2. 受人尊敬的圣经学者和文本批判家埃尔登·杰伊·艾普仔细论证了**犹尼亚和其他妇女的使徒地位**。他实际上将一本小书全部用于捍卫犹妮亚（Junia）这个女性化的名字，并指出在保罗时代这个名字经常用于女性。他还查找了第二代改变到阳性形式的犹尼亚斯（Junias）。他指出，在第 1 世纪的希腊文中没有重音符号，并且该例具有说服力。

伊丽莎白·舒斯勒·菲奥伦扎提出的抹大拉的马利亚是"使徒中的使徒"的例子也很有力。但是她坚持认为，在《加拉太书》和其他地方，将彼得和保罗视为"支柱使徒"的对立传统完全是由于早期教会的对立竞争传统。关于巴尔（F. C. Barr）所谓的"彼得的"和"保罗的"派别之间的对立，证据极少。但为何是彼得和保罗，更多的原因不仅在于他们是男性，而且是显眼的罪人，他们被复活改变。沃尔特·库恩尼斯（Walter Künneth）指出了这一点，我在《诠释学新视域》中有予以讨论。[57] 将《约翰福音》与《马可福音》的附录联在一起，并可能与《马太福音》联合来反对《路加福音》，这个看法似乎可能更多的是因该论点而非新约研究。然而，如果我们抛开一些更具推测性的理论，那么关于抹大拉的马利亚的基本事实是不可否认的。

3. 解放诠释学的使用不仅得到了承认，而且被认为是一种优势。共同强调预先理解的重要性是完全正确的。同样正确的是，除非读者尝试向神和公义开放，否则阅读可能会被扭曲。然而，解放神学往往把它想寻找的东西读入文本，而且它对文本的使用常常是过度选择性的。同样，女权主义文学也常常涉及同样的文本议程。当**解放**神学的作家经常与《出埃及记》《申命记》和《启示录》互动时，**女权主义**作家也经常与夏娃、底波拉、他玛、哈拿、夏甲、路得、圣母马利亚、抹大拉的马利亚、犹尼亚和百基拉反复互动。

4. 对"父权制"预设的绝对拒绝通常不能带来任何关于文化包袱和神学信念之差异的标准。我们注意到潘能伯格对"父亲"为何是不可替代的这一问题，从基督论角度进行了仔细探讨。其结果又

---

[57] Walter Künneth, *The Theology of the Resurrection* (London: SCM, 1965), pp. 89-91; cf. 92-149; Thiselton, *New Horizons in Hermeneutics,* pp. 445-50; Schüssler Fiorenza, *In Memory of Her,* pp. 315-34.

是有时会挑出令人欣然同意的答案。这个过程与诠释学理论相反。伽达默尔谈到了向文本"开放"和倾听"他者",从而被文本塑造成形。利科同样谈到诠释距离和他者性。我们把起初看来既奇怪又有挑战性的东西援用为"我们的"。

迪特里希·潘霍华(Dietrich Bonhoeffer)写道:"要么我决定我将在哪里找到神,要么我允许神决定祂将在哪里被找到。如果是我说神会在哪里,那么我将总会找到一个与我相符的神,可以接受我的、符合我本性的神。"[58] 这段话尤其适用于把"神"视为女性,或是 Sophia 的解读。大多数作者正确地认为神没有性别。我们能确定何为"文化性的",何为神学性的吗?

5. 经常通过"妇女的眼光",以新的视角阅读某些文本是件好事,也是正面的。[59] 温迪·罗宾斯(Wendy Robins)编辑的书中包含有关难民和移民、妇女与工作、妇女及其身体、公义与非暴力、健康与环境以及神形像的普世范围等圣经主题的研究。瓦莱丽·赛文(Valerie Saiving)指出,对田立克以及特别是莱茵霍尔德·尼布尔(Reinhold Niebuhr)的罪和堕落的分析没有充分考虑妇女的观点,即"琐碎、破坏性、扩散性、缺乏一个组织中心或焦点"比骄傲更接近这个问题的核心。[60] 朱迪丝·普拉斯科夫(Judith Plaskow)追随赛文,在20年后进行了一项更为详细的研究。[61] 达芙妮·汉普森批判尼布尔,理由是对女性来说,太多的罪恶可能包括"想摆脱自己"。[62]

尽管许多人会质疑她对《路加福音》《使徒行传》《歌罗西书》和教牧书信的处理方式,但在舒斯勒·菲奥伦扎的重构中许多方面都

---

[58] Dietrich Bonhoeffer, *Meditating on the Word* (Cambridge, Mass.: Cowley, 1986), pp. 44-45.
[59] Showalter, *The New Feminist Criticism*, and Wendy S. Robins, ed., *Through the Eyes of a Woman: Bible Studies on the Experience of Women* (Geneva: World YWCA Publications, 1986).
[60] Saiving, "The Human Situation," pp. 100-112.
[61] Judith Plaskow, *Sex, Sin, and Grace: Women's Experience and the Theologies of Reinhold Niebuhr and Paul Tillich* (Lanham, Md.: University Press of America, 1980).
[62] Hampson, *Theology and Feminism*, p. 123.

是正确的。教会需要在适当的时候注意其结构和组织，一些关于妇女的说法可能取决于当地的情况。与此同时，布鲁滕（B. Brooten）分别于 1982 年和 1985 年关注了犹太教中妇女领导地位。然而，有关耶稣凌驾于犹太"洁净律法"之上的说法可能需要予以重新审视，特别是要考虑到年代的确定。再说，在希伯来圣经中叙述包含了对妇女的明显暴力（《创世记》三十四 1-12 中的底拿；《士师记》十一 34-40 中耶弗他的女儿；《士师记》十九 23-26 中的野蛮强奸事件；《列王纪下》九 21-26 中的耶户报复耶洗别）。米克·巴尔（Mieke Bal）利用符号学和结构主义为《士师记》提供了一种女权主义进路。[63] 菲利斯·伯德（Phyllis A. Bird）认为，必须找到新的概念范畴来恢复《旧约圣经》中妇女的可见性。[64] 这成为恢复希伯来圣经中"妇女形像"之操练的一部分。

6. 卡罗尔·克里斯特（Carol C. Christ）和其他几位女权主义者发现了**基督为男性**的问题。[65] 她和玛丽·戴利可能属于最极端激进的女权主义者。她们认为"神"是女性，因此男性基督是不适当的。这使她们脱离了主流基督教思想。

7. 我们已经看到**妇女主义著作**有意识地将自己区分于白人、中产阶级、职业女权主义。它们的关切和议程往往不同。现在已经没有一个单一的"女权主义"思想流派了，妇女主义者的担忧凸显了这一点。许多人已经扩大了议程范围，将本地区的紧迫问题囊括其中。

8. 法国女权主义仍然提出了一些独特的问题。我们重视女权主义是因为女人和男人一样，还是因为她们和男人不同？生物学问题在许多美国和英国女权主义者中已经淡出，她们认为两性之间的任何差异都是基于传统角色，而非神学或生理学。但这是习俗问题吗？

---

[63] Mieke Bal, *Murder and Difference: Gender, Genre, and Scholarship on Sisera's Death*, trans. M. Gumpert (Bloomington: Indiana University Press, 1988; reprint 1992).

[64] Phyllis A. Bird, *Missing Persons and Mistaken Identities: Women and Gender in Ancient Israel* (Minneapolis: Fortress, 1997).

[65] Carol C. Christ, *The Laughter of Aphrodite* (New York: Harper and Row, 1987); cf. Christ, *Rebirth of the Goddess* (New York: Routledge, 1997).

9. 最后，**语法性别**这个令人烦恼和争议的问题还未消失。它与女性或神灵有什么关系？**智慧**（Sophia）的形象和希伯来文 ruach 的阴性（类似希腊文 pneuma 是中性的）构成了这一争论的一部分。然而，我们注意到詹姆斯·巴尔反对此点关联性的决定性论据。潘能伯格正确地强调了应用于神的"父"是不可替代的，但是他认为阳性应用于神并没有性别暗示。

10. 少数作家倾向于为耶稣的母亲马利亚提出过分的或猜测性的主张，这不会使许多新教徒信服。他们因马利亚的服事、牺牲、受苦和顺从而尊敬她，但没有把她看作一个新的夏娃，也没有相信纯洁无瑕的构想或假设，因为这些缺乏圣经证据。

"透过女人的眼睛"阅读圣经为圣经诠释学增加了一个宝贵的维度。但从此看来，这产生了很多截然不同的结果。我们不能忘记少数女权主义者，包括珍妮特·拉德克利夫·理查兹、苏珊娜·海涅和伊丽莎白·阿赫特迈尔，坚持认为一些女权主义者夸大了女权主义，以致成为她们自身最大的敌人。然而，一些温和且有见识的女权主义者努力避免失去一些女权主义同伴对基督信仰的忠诚。关于女权主义，很多东西要学，也产生了很多问题。

八. 建议初学阅读书籍

Loades, Ann, ed., *Feminist Theology: A Reader* (London: SPCK; Louisville: Westminster John Knox, 1990), pp. 1-72.

Schüssler Fiorenza, Elisabeth, *In Memory of Her: A Feminist Theological Reconstruction of Christian Origins* (New York: Crossroad; London: SCM, 1983).

Thiselton, Anthony C., *New Horizons in Hermeneutics: The Theory and Practice of Transforming Biblical Reading* (London: HarperCollins; Grand Rapids: Zondervan, 1992), pp. 43-60, 315-34, and 430-62.

Trible, Phyllis, *Texts of Terror: Literary-Feminist Readings of Biblical Narratives* (Philadelphia: Fortress, 1984), pp. 1-64.

15

读者回应与接受理论

一. 读者回应理论：起源与多样性

读者回应理论强调读者在文本解读中的主动角色。简单而言，它取决于读者或读者群体"完成"文本意义的公理。它基于这样一种假设：即使文本可以合法地表达作者的意图，但直到读者（或读者们）援用（appropriate）文本时，这种意图才实现。作为信息或其他内容"发送者"的文本，在读者实现它之前是一种潜在的。文本在被读者解读和理解之前一直是一种抽象。这一理论还强调读者不是一个被动的旁观者，而是积极地对意义做出贡献。他或她超越了一个被动的观察者。

比喻提供了经典的文本例子，说明读者的回应"完成"了。许多年前，查尔斯·多德（Charles H. Dodd）将一个比喻恰当地定义为"让大脑对它的精确应用产生足够的怀疑，梳理并进行活跃的思考。"[1] 但许多比喻是翁贝托·艾柯（Umberto Eco）称之为"开放"文本的极端例子。在"封闭"文本、"工程"文本或医疗处方中，"接收者"、工程师或药剂师的自由受到严格限制，以防作者的意图或说明发生变化或扭曲。因此，"读者回应理论"可能特别适用于甚至仅适用于"文学"文本，或圣经中的"开放"文本。争议常常是因为讨论文本类型而产生的。

有人声称，理查兹（I. A. Richards）于1930年前后和路易丝·罗森布拉特（Louise Rosenblatt）于1938年迈出了读者回应理论的第一步。但是，更明确的读者回应理论是由沃尔夫冈·伊瑟尔（Wolfgang Iser，1926-2007年）提出的。现在，伊瑟尔处于谱系中比较温和的一端，而诺曼·霍兰德（Norman Holland，生于1927年）和斯坦利·费什（Stanley Fish，生于1938年）处于更为激进的一端。所有这些倡导者主要是以文学理论家身份写作。该运动在很大程度上构成了对浪漫主义（强调作者意图产生意义）的反抗，特别是对文学形式主义或新批判主义（强调文本或作品本身产生含义）的反抗。我们可以

---

[1] C. H. Dodd, *The Parables of the Kingdom* (London: Nisbet, 1935), p. 16.

预料到的是,接受理论侧重于特定读者群体在特定时间内如何"接受"或回应给定文本的历时性(diachronic)或历史性(historic)的选择。

比较温和的读者回应理论起源于德国,与许多美国同行相比,伊瑟尔和汉斯·罗伯特·贾斯(Hans Robert Jauss)给予文本更大的控制元素。伊瑟尔回顾了胡塞尔的现象学及其在罗曼·英伽登(Roman Ingarden)的文学理论中的应用。[2] 例如,当我们看一张桌子时,我们经常会观察到它的两条或三条腿,但我们应该正确地假设它有第四条腿,即使我们看不到那条腿。我们有理由"**填充**"未给出的内容,这"**完成**"了我们对桌子,或对文学中文本的理解。伊瑟尔认为,以同样的方式,我们"**完成**"了文本。

即使是路易斯(C. S. Lewis, 1898-1963 年)在 1961 年的《批判中的实验》(*Experiment in Criticism*)中也部分地预见了这一点。[3] 在这部著作中,路易斯认为读者的回应比作者的意图更能反映著作的质量。他区分了一个对著作漠不关心,或者用"我以前都读过"而对著作不屑一顾的"非文学"读者,和一个完全投入著作的"文学"读者。一个"文学"读者甚至可能读过很多遍,他或她自己也许仍会对著作的人物产生共鸣。在〈审美回应入门〉(The Rudiments of an Aesthetic Response)一文中,伊瑟尔的平行对比区分了文本或著作的潜在性和其在读者审美回应中的"具体化"。事实上,"著作"不同于文本或读者的主体性,但等同于两者间的互动。[4] 伊瑟尔通过对比当代读者和理想读者来区分"文本的可能实现"。[5] 真正读者的重构取决于相关文献的存留。这可能是真实的报道,也可能是从当时社会习俗和社会假设重构而成。理想的读者至少会共享作者的一些习俗和假设,或者知道它们。因此,读者可以认识文本潜在的完

---

[2] Wolfgang Iser, *The Act of Reading: A Theory of Aesthetic Response* (Baltimore: Johns Hopkins University Press, 1978), pp. 112-14, 151-53, and 157-59; cf. Hans Robert Jauss, *Toward an Aesthetic of Reception,* trans. T. Bahti (Minneapolis: University of Minnesota Press, 1982), pp. xii-xvii.

[3] C. S. Lewis, *Experiment in Criticism* (Cambridge: Cambridge University Press, 1961).

[4] Iser, *The Act of Reading,* p. 21; cf. pp. 20-50.

[5] Iser, *The Act of Reading,* p. 27.

整意义。⁶ 伊瑟尔还讨论了霍兰德对读者心理过程的关注。

伊瑟尔通过借鉴奥斯汀（J. L. Austin）的表述性语言理论，或"幻觉"（illusionary）话语来支持他的理论。这些**以讲述**的语言行为执行一些动作。它们还必须采用共同的约定。"我给这艘船起名"必须由一个授权的人说出，比如总统、女王或航运巨头的妻子。再次说明，一个文本的话语必须是"完成的"。如果我说"我选乔治"，他喃喃地说"我不参与"，那这句话就没有实现，而且是空的。奥斯汀引用了一位大主教的话："我宣布这个图书馆开放"，但钥匙突然断掉，留在锁里。行动已经执行了吗？奥斯汀评论说，步骤必须完成。在文本系统中，伊瑟尔讨论了"填充"空白。⁷

苏珊·维蒂格（Susan Wittig）在对比喻的讨论中利用了这一观念。⁸ 维蒂格提问多种含义是如何出现的。这可能部分是由于解释的基本目标之间存在差异，但出现这种情况也同样可能是因为不同的读者以不同的方式"填充"文本。她将一个恰当的比喻称为一个"双重涵义系统，在其中没有说明确切的意义"。⁹ 读者必须填写空白。在《路加福音》十 33-36 的"撒玛利亚人"比喻中，读者插入了"邻舍"。

在耶稣的教导和宣讲中，令人惊讶的是，很少有人关注听众这一身份。这是阿瑟·贝尔德（J. Arthur Baird）在 1969 年 10 月提出的。¹⁰ 1919 年，施密特（K. L. Schmidt）对敌人、群众、追随者和十二门徒做出了区分。曼森（T. W. Manson）在 1931 年提出了"听众批判主义"作为解密诠释学的工具。贝尔德进一步对门徒（D）、门徒的"人群"（DG）、对手人群（GO）和对手（O）作出仔细区分。他对详细段落的关注令人印象深刻。然后，他将听众与耶稣的沟通方式联系起来，提供二十七个图表来说明这些联系。他总结道："我们无

---

⁶ Iser, *The Act of Reading*, pp. 28-29.
⁷ Iser, *The Act of Reading*, pp. 182-95.
⁸ Susan Wittig, "A Theory of Multiple Meanings," *Semeia* 9 (1977): 75-105.
⁹ Wittig, "Theory of Multiple Meanings," p. 84.
¹⁰ J. Arthur Baird, *Audience Criticism and the Historical Jesus* (Philadelphia: Westminster, 1969), pp. 5-7 and 15-31.

法真正理解耶稣的语录，除非我们理解它们所归属的受众。"[11]

这种历史版本的读者回应不可批判。但我们今天该如何看待读者回应呢？正如伊瑟尔和贾斯所强调的那样，读者以某种**期待**来对待文本。苏珊·苏莱曼（Susan Suleiman）在她共同编辑的论文集《文本中的读者》（*The Reader in the Text*）中也以一种相对常识性的方式论述了读者的位置。[12] 与那些只关心故事讲述者和故事之人的自信相反，我们必须考虑被观察对象和观察者之间的**互动**。我们需要摆脱形式主义和新批评。[13] 她还引用伊瑟尔的话来批判了狄尔泰和浪漫主义的时代。然而，阅读主体不同于贝尔德所确定的受众。读者是"跨历史的"，属于任何时间、地点或处境。[14] 她喜欢诺曼·霍兰德的《在人之中的诗》（*Poems in Persons*；1973 年）和《五个读者阅读》（*Five Readers Reading*；1975 年）。

在《文本中的读者》（*The Reader in the Text*）中，齐泽·托多罗夫（Tzetan Todorov）讨论了"作为建构的阅读"。他认为作者所唤起的想象世界并不完全是读者建构的。[15] 他认为符号化的事实被解释了。社会习俗和价值观导致解释因时代而不同。我们需要知道读者是谁就是谁在建构。在<意义源于读者吗？>一文中，罗伯特·克罗斯曼（Robert Crosman）解决了一个核心问题。他研究了赫希（E. D. Hirsch）的传统方法并得出结论，认为其假设了一个文本只能有一个含义。[16] 他认为，读者受文本**约束**的概念备受质疑。我们得出"作者的意思"是因为我们**判定**我们已经得到它了。但这是真的吗？

这就把我们带到了读者回应谱系中更激进的一端，斯坦利·费什、诺曼·霍兰德和大卫·布莱奇（David Bleich）。在《此课有文本吗？》

---

[11] Baird, *Audience Criticism*, p. 134.
[12] Susan R. Suleiman and Inge Crosman, eds., *The Reader in the Text: Essays on Audience and Interpretation* (Princeton: Princeton University Press, 1980).
[13] Suleiman, introduction to *The Reader in the Text*, p. 5.
[14] Suleiman, introduction to *The Reader in the Text*, p. 25.
[15] Tzetan Todorov, "Reading as Construction," in *The Reader in the Text*, p. 73; cf. pp. 67-82.
[16] Robert Crosman, "Do Readers Make Meaning?" in *The Reader in the Text*, p. 156; cf. pp. 149-64.

(*Is There a Text in This Class*) 费什追溯了他 1970 至 1980 年的解释观点。[17] 他曾反问自己, 意义是否以某种方式嵌入文本, 但他在探索之后开始相信"读者的回应不是**对**意义的回应, 而其本身**就是**意义。"[18] 他说, 文本的地位受到质疑; 决定什么是文学是一个共同决定。关于作者的意义, 他写道: "我做了批判家一直做的事。我'看到'了我的解释原则允许或指示我看到的东西, 然后我转而把我所'看到'的东西归于文本。"[19] 读者"发现"了他或她在那儿所放置的东西。

在《行自然而然之事》(*Doing What Comes Naturally*) 中, 费什更努力地推动他的观点。形式主义必将被摧毁。但他认为, 寻求一种妥协也是不合逻辑的。我们不能不从自身利益的角度出发看待世界和文本。我们不能在"反形式主义道路"的中途停下。[20] 他抨击沃尔夫冈·伊瑟尔、欧文·菲斯 (Owen Fiss) 和唐纳德·戴维森 (Donald Davidson) 企图采取"中间路线"。[21]

诺曼·霍兰德把对文学理论的兴趣和心理学结合起来。他研究读者的压力、恐惧和需求, 以及他们的防御。他声称"每一个读者"都会把一个故事变成一个关于他或她自己如愿以偿的幻想。[22] 自我防御就像是一个门挡, 以阻止人们以令人失望或具有挑战性的方式解读文本。读者的反应各不相同, 却具有根本的决定性。在《双重视角》(*The Double Perspective*; 1988 年) 中, 大卫·布莱奇认为读者的回应是主观的, 但又如此重要, 以致我们不能把"读者"局限于受过教育的男性毕业生。我们需要男人和女人, 政府和人民, 精

---

[17] Stanley Fish, "Introduction, or How I Stopped Worrying and Learned to Love Interpretation," in *Is There a Text in This Class? The Authority of Interpretive Communities* (Cambridge: Harvard University Press, 1980), pp. 1-17.
[18] Fish, "Introduction," p. 3.
[19] Fish, "Introduction," p. 12.
[20] Stanley Fish, "The Anti-Formalist Road," in *Doing What Comes Naturally: Change, Rhetoric, and the Practice of Theory in Literary and Legal Studies* (Oxford: Clarendon, 1989), pp. 1-35.
[21] Fish, *Doing What Comes Naturally,* p. 120; cf. pp. 68-86 and 103-40.
[22] Norman Holland, *Five Readers Reading* (New Haven: Yale University Press, 1975), p. 117; cf. pp. 113-21.

英和普通人，真正的"我和你"的"双重视角"来代替"读者"。[23]

二. 对理论的评估及其在圣经研究中的应用

1. 显然，当我们处理"开放"的文本，如耶稣的一些比喻时，强调读者"完成"意义是有益的。例如，阿道夫·朱利希（Adolf Jülicher）坚称真实的比喻是简单明显的，是明喻，而罗伯特·芬克（Robert Funk）则认为比喻是间接的，这两者之间的区别就在于等待回应，隐喻使这一点灼然可见。如果如朱利希所认为的那样，真实的比喻仅仅起到以说教的方式"传达思想"的作用，那么读者回应可能不是最好的方法，正如约翰·巴顿（John Barton）所指出的那样。[24] 但是，如果比喻借着暗喻来使用间接的交流来接触局外人，那么就浪子的比喻，芬克评论道（赞同性地暗指富克斯）："恩典之言……把听众分成小儿子和大儿子，分为罪人和法利赛人……比喻解释了他……**法利赛人是那些坚持解释恩典之言，而不是让自己被恩典之言解释的人。**"[25]

解释叙述中的事件和行为很可能也归类于"**开放**"文本。解放神学为诺曼·霍兰德的读者的概念提供了一个很好的示例；这些读者将自己等同于那些参与出埃及解放事件的人。他们认为自己首先意识到自身处境，然后经历从束缚和压迫中解脱出来。塞韦里诺·克罗托（Severino Croatto）在他的《出埃及记》注释书中对此予以说明。在预表中有准符号和类比平行，这取决于读者把一个事件或人"看作"是预表性的。在《事件及其来世》（*Events and Their Afterlife*）中，洽瑞提（A. C. Charity）表明《诗篇》为历代读者提供了无限的回应

---

[23] David Bleich, *The Double Perspective: Language, Literacy, and Social Relations* (New York and Oxford: Oxford University Press, 1988), pp. vii-25 and throughout.

[24] John Barton, *Reading the Old Testament: Method in Biblical Study* (London: Darton, Longman and Todd, 1984), pp. 204-7.

[25] Robert W. Funk, *Language, Hermeneutic, and Word of God* (New York: Harper and Row, 1966), pp. 16-17.

资源。[26] 在《诗篇》八十六8、10节中，当作者呼喊"唯独祢是神"时，神圣的超越和主权就与在每一个时代处于奴役或被压迫的所有人有关。宣称"这是耶和华所做的，在我们眼中看为奇妙"（诗一一八23），这与每一个想赞美神的信徒产生共鸣。

2. 然而，一位作者建议说，当耶稣说"有耳可听的就当听"（可四9）时，祂的意思不是"从这当中成就你所喜欢的事"，而是"去解决它"。无论斯坦利·费什怎么说，**我们知道一种解释可能是错误的，即使"许多情况下不止一种解释可能是对的"是可论证的。** 翁贝托·艾柯（Umberto Eco）明确区分了"开放"文本和"封闭"文本。[27] 按照以单一的"正确"方式接收作者的"思想"或信息，"封闭"文本是指那些读者回应被预先确定的文本。在日常生活中，药剂师不会随心所欲地"解读"医生的药方，而是为患者提供药方所要求的。工具包或汽车手册的说明书是一个"封闭"文本。"水已经到了三英尺"是精确且明确的。但是"水已经达到危险水平"可能允许在定义"危险"时进行一些讨论。这包括何种程度的危险？这文本几乎是封闭的，但也有部分"开放"。

许多人像查尔斯·贺智（Charles Hodge）一样，视整本圣经为总以命题形式出现的"封闭"文本所组成。但如果它们有点"开放"，这就需要一些解释性的判断。我在其他著作中用《创世记》三十一49的经文作为例子。在经文中，拉班说："我们彼此离别以后，愿耶和华在你我中间鉴察。"[28] 许多基督徒错误地用这句话来指当一个人缺席时，把这个所爱的人交给神看顾。上下文显示这并不是经文的意思。雅各和拉班对彼此连续使用不光彩的手段。拉班现在求耶和华保守他，若诡诈的雅各再犯，就为他报仇。

---

[26] A. C. Charity, *Events and Their Afterlife: The Dialectics of Christian Typology in the Bible and Dante* (Cambridge: Cambridge University Press, 1966), especially pp. 24-34.

[27] Umberto Eco, *A Theory of Semiotics* (Bloomington: Indiana University Press, 1976), pp. 56, 68-86, and 136-39, and *The Role of the Reader* (London: Hutchinson, 1981), p. 4.

[28] Anthony C. Thiselton, *Can the Bible Mean Whatever We Want It to Mean?* (Chester, U.K.: Chester Academic Press, 2005), pp. 10-11.

许多新约书信传达了作者的"思想",而读者理解这些思想的方式非对即错。通常对于大多数书信而言,读者回应理论是不适用的,除了在基本意义上援用文本。这似乎是说人们还未充分意识到,许多文本允许读者以更具**创造性的方式却在限制范围内**作出回应。

这似乎就是圣维克多的休格(Hugh of St. Victor),里拉的尼古拉斯(Nicholas of Lyra,),甚至是墨兰顿在**他们允许寓言式、甚至是神秘式以及道德式的解释,但坚持认为历史或文学实际上提供了一种"控制"**之时所大体建议的。我们亦不能在大学或神学院的考试卷中将某一片段(一段文本摘录)评为正确,部分正确或完全错误。这不仅仅意味着圣经学者的"群体可以接受"(这种学者群体通常称为"协会")。就连伽达默尔也诉诸一个群体的常识。即便是斯蒂芬·福尔(Stephen Fowl),尽管他大多数的应用都很优秀,但在他关于解释的著作中的理论部分也可能没有充分考虑到这一点。[29]

其他实际上等同于"开放"和"封闭"文本的术语是"文学性"和"传递性"文本。正如尼古拉斯·沃尔特斯托夫(Nicholas Wolterstorff)和约翰·塞尔(John Searle)所说,文本是否具有"文学性"仍然是读者的判断,而文本是否是小说则是作者的责任之一。如果神、使徒或先知是"发送者",那么决定文本是传递性的还是文学性的就至关重要了。

读者回应理论的一个著名例子出现在罗伯特·福勒(Robert M. Fowler)的《饼和鱼》(Loaves and Fishes)一书中。[30] 他对《马可福音》八1-10中用七个饼喂饱四千人的神迹和《马可福音》六30-44中用五个饼喂饱五千人的奇迹的表面描述作出了区分。关键经文是《马可福音》八21:"你们还不明白吗?"福勒认为,首先读者被邀请拒绝字面意义。如果第一个奇迹(五千人)刚刚发生,门徒怎么会这么迟钝,不指望会有第二个奇迹呢?其次,作者或编辑知道门徒很难理解和察觉到耶稣是谁。第三,读者把自己更全面的基督论与

---

[29] Stephen E. Fowl, ed., *The Theological Interpretation of Scripture: Classic and Contemporary Readings* (Oxford: Blackwell, 1997).

[30] Robert M. Fowler, *Loaves and Fishes: The Function of the Feeding Stories in the Gospel of Mark*, Society of Biblical Literature Dissertation Series 54 (Chico, Calif.: Scholars Press, 1981), pp. 43-90 and 91-148.

门徒的愚昧相比较。读者的回应就是认信基督。

　　福勒的理论有许多值得欣赏之处。但归根结底，这是一种推测，并依赖于一种特定的编辑批判法。马可在操控读者，对历史叙述并不感兴趣。诚然，我们认为是马可安排了叙事时间，但这显然是文本所要求的。人们认为马可的操纵能力是有限的。这是一个很好的探索方案，但相关证据比福勒声称的要少。

　　美国文学批判主义可能太易于产生读者回应理论，因为它的大多数倡导者都没有处理权威圣经文本。甚至麦肯奈特（E. McKnight）的《圣经与读者》（Bible and the Reader）主要讨论了法国结构主义、俄罗斯形式主义、普罗普（Propp）和格雷马斯（Greimas）的叙事学，以及贾斯（Jauss）、赫希（Hirsch）、韦恩·布思（Wayne Booth）、诺曼·霍兰德（Norman Holland）；这些多过对圣经专家著作的讨论。[31] 然而，斯坦利·费什承认在读者回应批判主义中没有任何机制用于控制解释。[32] 费什正确地强调了解释性的群体，所以这并不完全取决于单独个体。但是，对群体的自我利益和欲望，或认为对群体自身欲望"有用"的事物，他没有办法提供批判性的检查。[33] 宗教改革只不过变为优于罗马天主教的一个或多个群体，但这并非路德、墨兰顿、丁道尔和加尔文的动机。同时，费什怀疑的是一个严肃的认识论而不是一个实用主义的认识论。罗伯特·科林顿（Robert Corrington）已经表明，这种独特的实用主义为许多美国诠释学所独有的。[34]

三. 寓意解释是读者回应理论的一个子类别吗？一条建议

　　我们看到，斐洛和俄利根很关心他们的读者。不可否认，还有

---

[31] Edgar V. McKnight, *The Bible and the Reader: An Introduction to Literary Criticism* (Philadelphia: Fortress, 1985).

[32] Fish, *Is There a Text?* p. 9.

[33] Fish, *Doing What Comes Naturally*, pp. 1-33 and 68-86 (on Iser).

[34] Robert S. Corrington, *The Community of Interpreters: On the Hermeneutics of Nature and the Bible in the American Philosophical Tradition* (Macon, Ga.: Mercer University Press, 1987), especially pp. 1-29.

其他理由使他们采取寓意化。他们的一些动机是神学性的。他们还共用了希腊化的观念，即"身体"或"历史"与随机或物质领域有关，"魂"或"灵"则属于永恒领域。然而，对所有基督教释经者来说，道成肉身挑战了两者之间尖锐的二元论，否则幻影说的危险就威胁到稳固的道成肉身神学。然而，即使这种关注与读者回应理论关系不大或根本无关，但首要动机，即文本应该与听者和读者相关的关注，显然与这一问题密切相关。

在解读耶稣的比喻时，有时会在寓意解读和读者回应理论之间划出一条细微界线。在教父和中世纪教会时期，寓言常常是因将教会教义强加于文本而产生的。然而，这正是安德鲁·卢斯（Andrew Louth），也许包括亨利·德·卢巴克（Henri de Lubac）在内的人士呼吁"回归寓言"的原因。[35] 卢斯认为，我们必须回到教父和他们的传统。[36] 这将神学带回圣经解释。卢巴克否认基督教是一个**书本**的宗教，但肯定它是一个**言语**的宗教。[37] 寓言通常以基督为中心。卢斯诉诸理查兹（I. A. Richards）、艾略特（T. S. Eliot），甚至伽达默尔。这些观点有时接近读者回应理论。俄利根宣称，圣经和神学的整体一致，就像神的交响乐。卢斯把它们比作复调和声。圣维克多的休格谈到圣经为一整体的意义。处境不仅是文本产生的历史情境，而且也是一种生活处境，它涉及的不只是一个孤立的文本。

旧约"预表"（types）预设了一个更大的背景。寓言和预表之间的区别是合理的，但不应夸大。兰佩（G. W. H. Lampe）写道："基督的救赎工作……因此被视为一个时刻，那一刻将意义赋予它之前的整个圣约历史。"[38] 路德不会反对这一点，虽然他逐渐认为寓言是避免圣经明确意义的一种不可接受的方法，但是他的态度很大程度上取决于我们所阐述的经文段落以及它的用途。加尔文相信，"寓

---

[35] Andrew Louth, "Return to Allegory," in Louth, *Discerning the Mystery: An Essay on the Nature of Theology* (Oxford: Clarendon, 1983), pp. 96-131.
[36] Louth, *Discerning the Mystery,* p. 96.
[37] Louth, *Discerning the Mystery,* p. 101.
[38] G. W. H. Lampe and K. J. Woollcombe, *Essays on Typology* (London: SCM, 1957), pp. 25-26.

言不应超出圣经明确的允许范围：到目前为止，它们还没有形成建立教义的充分基础。"[39] 他在这段论述中主要反对的是规避明显意义的"不可靠的寓言"。

然而，宗教改革人士和任何人一样清楚，自我的盲目和罪恶可能导致对圣经的扭曲解读。他们允许我们所谓的"读者回应"，如果它是以对圣灵开放和清洁的心来贯彻。也许这类似于寓言。清楚的历史意识传达了文本在传递或封闭时的基本意义。当文本是诗体、隐喻或"文学"时，读者的回应就变得相关了。然而，如费什那样声称果效**构成**了文本的意义乃是未考虑神可以借祂的先知、使徒或耶稣的中介身份（agency）来说话，尤其是在说教或先知文学中。

四．近期向接受理论的转向和汉斯·罗伯特·贾斯

读者回应理论探讨从第一个读者到当下读者的读者们在特定时间的**共时性**（synchronic）回应。**接受理论**探索读者在特定时期内的**历时性**（diachronic）片段，也许是教父、宗教改革家或任何历史时代的读者，但这不只是解释的历史。有一种思想流派将接受史等同于汉斯·乔治·伽达默尔的术语"Wirkungsgeschichte"，巴登（G. Barden）和坤明（J. Cumming）在1960年将该词译为"有效历史"（effective history），但乔尔·温斯海默（Joel Weinsheimer）和唐纳德·马歇尔（Donald Marshall）在1989年将其翻译为"**发挥效用的历史**"（history of effects）。该词可能最好被译为"影响的历史"（history of influences），意味着读者对文本的影响和文本对读者的影响作为一个塑造传统的双向过程和方法。[40] 乌尔里希·鲁兹（Ulrich Luz）宣称，

---

[39] John Calvin, *Institutes of the Christian Religion,* trans. Henry Beveridge, 2 vols. (London: James Clarke, 1957), 2.5.19; p. 291.
[40] Ulrich Luz, *Matthew 1–7: A Commentary,* trans. W. C. Linss (Minneapolis: Augsburg Fortress; Edinburgh: T. & T. Clark, 1989), p. 11; cf. pp. 95-99; Luz, *Matthew 8–20,* trans. W. C. Linss (Minneapolis: Augsburg Fortress; London: SCM, 2001); and Luz, *Matthew 21–28,* trans. J. E. Crouch (Minneapolis: Fortress; London: SCM, 2005).

它包括"文本在媒介之中的历史、接受和实现,**而不是**在评注之中,例如在布道、正典律法、赞美诗、艺术以及教会的行动和苦难之中。"忽略这一方面及其与解释者神学的关系让最近布莱克威尔出版社的"接受"系列(Blackwell series of "reception")中的一些书卷令人失望。

接受历史实际上由伽达默尔的前学生汉斯·罗伯特·贾斯(1921-1997)创立。他在敬虔主义传统中长大,在第二次世界大战中曾在俄国前线作战。1944年,他开始在布拉格学习,1948年在海德堡学习。20世纪50年代初,他受海德格尔和伽达默尔的影响。1952年,他在海德堡的博士研究是关于时间和记忆,或过去和现在之间的关系。他的博士后(Habilitation)论文与浪漫主义语言学有关。1961年,他成为吉森大学(University of Giessen)的教授,然后与沃尔夫冈·伊瑟尔合作。最后在1966年,他在德国南部新成立的康斯坦斯大学(University of Constance)创立了文学研究。他在那里与包括伊瑟尔在内的五位教授组成的合作研究小组被称为康斯坦斯学派(Constance School)。贾斯在1967年的就职演讲〈文学史作为对文学理论的挑战〉(Literary History as a Challenge to Literary Theory)成为了接受理论的基础文献。[41]

贾斯赞同伽达默尔和利科的观点,认为从笛卡尔孤立的"意识"开始,从历史和社会生活中抽离出来,这是徒劳无功的。我们的视域必须包括过去和理想的未来,以及我们的现状。特别是当我们读一本书时,我们把"**期待**的视域"带到书中去。正如伽达默尔和科林伍德所说,我们所有的关注都来自于**带有动机的问题**,而不是固定的抽象"问题"。像伽达默尔一样,贾斯拒绝了错误的"客观性"和实证主义,它们要么忽略了时间和历史,要么把过去看作是"封闭的"。实际上,他从伽达默尔停止的地方开始。关于"影响"如何影响一个正在进行的传统及其社会状况,还需要做进一步的研究。一件艺术作品比生产它的条件更长久。贾斯接受俄罗斯形式主义中

---

[41] Jauss, *Aesthetic of Reception*, pp. 3-45.

的"**陌生化**"（defamiliarization）或疏离的原则。根据这一原则，看似熟悉的事物可能会因其陌生性而扰乱正常认知。与伽达默尔相比，他给予了历史上的破坏，或挑战，甚至挑衅因素更多的地位。文本可能会延续下去，但读者会改变并带来新的经验视域，这会使读者的理解随着时代而改变。这让我们看完了贾斯讲座的前二十页；现在，他提出七个论题。

1. 第一个论题呼吁**文学史的更新**，以看到这些**变化**并揭露"客观主义"的谬误。他说："一个文学事件只有在其后面的人……回应了它，才能产生效果。"[42] 这是通过一个**期待的视域**来调节的，换句话说，是通过读者在著作中或对著品的期待来调节的。

2. 正如贾斯的第二个论题所说，读者将倾向于避免个人**威胁**。[这是"礼貌理论"（politeness theory）的开始，我们的结论性评论中对此理论会有简要讨论]。尽管贾斯没有明确地阐述此点，但是这尤其适用于圣经的自由阅读、解放神学和后殖民神学，以及一些女权主义诠释学（见第十三章和第十四章）。在读者回应理论中有心理因素，如我们在霍兰德或布莱奇那儿发现的，在礼貌理论中也发现了布朗（Brown）和莱文森（Levinson）。文本被更正、修改、扭曲，甚至被复制。

3. 第三个论题宣称，期待视域将决定对受众的影响，这是它在特定时间所预设的。**文本可以改变我们的视域**。它可以满足、超越、破灭或驳斥旧的期望。[43] 尽管贾斯没有提到，这确实是圣经的塑造力。

4. 贾斯的第四论题认为，重建实际的期待视域能让批判家或读者对文本提出新的问题，并发现读者**可能**是如何**理解**著作的。它充分体现了不同读者之间的差异。它不像费什或霍兰德那样主观，因为它提出了一种**叙事方式**来回答文本所提出的问题。它赋予"时代的判决"特权，将累积判决与独立的阅读进行比较，即使**连续性的**阅读可能不同。

5. 论题五宣称这种探索是在一种理解的**历史展开**（historical un-

---

[42] Jauss, *Aesthetic of Reception*, p. 22.
[43] Jauss, *Aesthetic of Reception*, p. 25.

folding）中进行的。无论是对期待的超越、惊讶还是修正，任何作为"新"的而出现的事物都构成了一个美学或艺术类别。

6. 论题六强调了语言学的共时轴和历时轴（synchronic and diachronic axes）。它考虑了思想变化的**历时性**。

7. 论题七指出，接受史必须着眼于一段特殊的历史，或者是历史的**特殊时期**，以及那段时期的社会功能。在某个方向上，它照亮了文本；在另一个方向上，它照亮了读者。贾斯强调文本的"**社会塑造**功能"。[44] 除了其他例子，这一点尤其适用于圣经。

在他的下一篇文章中，贾斯讨论了历史、艺术史和历史哲学，参考了伏尔泰（Voltaire）、温克尔曼（Winckelmann）、海德尔（Herder）、德罗森（Droysen）、兰克（Ranke）和其他人。他认为永恒之美也是历史经验和影响的产物。只有当期待的视域发生变化时，我们才能思考艺术或美学的主张。[45] 其次，贾斯探索了中世纪文学，拒绝了形式主义进路的价值。然后，他研究了歌德和波德莱尔，区分了不同的阅读视域和他们的诗歌文本。他的主要兴趣是诗歌文学，似乎不问诗歌文学如何适用于圣经。

在圣经研究中，接受理论或接受史最近开始抓住了人们的想象力，成为某些会议和某些书籍的重大主题。鲁兹将接受理论应用到《福音派和天主教新约注释丛书》（*Evangelisch-katholischer Kommentar zum Neuen Testament*; EKK 系列，英文版于 1989-2005 年出版）的《马太福音》注释书中。在同一丛书中，乌尔里希·威尔肯斯（Ulrich Wilckens）也将此应用在他的《罗马书》注释书中。[46] 我在《哥林多前书》注释书第一章的"文本的后历史"（"Post-history of the Text"）中尝试了各种摘录。[47]《布莱克威尔圣经注释》

---

[44] Jauss, *Aesthetic of Reception*, p. 45.
[45] Jauss, *Aesthetic of Reception*, p. 64.
[46] Ulrich Wilckens, *Der Brief an die Römer*, 3 vols., Evangelisch-katholischer Kommentar zum Neuen Testament 6.1-3 (Neukirchen: Neukirchener, 1978-82): the volumes are on Romans 1–5 (1978); Romans 6–11 (1980); Romans 12–16 (1982); 3rd and 4th edition of vols. 2 and 3 (2003-5).
[47] Anthony C. Thiselton, *The First Epistle to the Corinthians: A Commentary on the Greek Text,* New International Greek Testament Commentary (Grand Rapids:

（Blackwell Bible Commentaries）构成了一个新的系列，其中包括大卫·冈恩（David Gunn）的《士师记》注释，马克·爱德华兹（Mark Edwards）的《约翰福音》注释，克里斯·罗兰（Chris Rowland）和朱迪思·科瓦奇（Judith Kovacs）的《启示录》注释（2003-2005）。[48] 这个系列旨在作为一个接受历史，但到目前为止有两三本最早的注释书没有完全符合鲁兹对这一主题的定义，历史文献的选择也似乎相当武断。这就好像该系列的目的只是为了创造一部解释史。托马斯·奥登（Thomas Oden）在校际出版社（InterVarsity Press）编辑了一系列教父文集。[49] 这很有用，但更多的是一部随机的解释史。布里瓦德·查尔兹（Brevard Childs）出版了一本完整的、早期的《出埃及记》注释书，其中经常却不一致地含括了解经史。[50] 然而，这一运动如此之新，以至于未能出现在约翰·霍耶斯（John Hayes）编辑的《圣经解释词典》（Dictionary of Biblical Interpretation）（1999）中，也令人惊讶地没有出现在凯文·范浩沙（Kevin Vanhoozer）编辑的《圣经的神学解释词典》（Dictionary for Theological Interpretation of the Bible）中。[51]

五．接受理论与具体的圣经段落

布里瓦德·查尔兹（1923-2007 年）即使不是最早的那一位，也是最早将解经史纳入注释书中的（在他 1974 年的《出埃及记》注释中）

Eerdmans; Carlisle: Paternoster, 2000).
[48] Judith Kovacs and Christopher Rowland, *Revelation* (Oxford: Blackwell, 2004); Mark Edwards, *John* (Oxford: Blackwell, 2004); and David M. Gunn, *Judges* (Oxford: Blackwell, 2005).
[49] 例 Thomas C. Oden, *Genesis 1–11,* ed. Andrew Louth (Downers Grove, Ill., and Leicester: InterVarsity, 2001).
[50] Brevard S. Childs, *Exodus: A Commentary* (London: SCM, 1974), pp. 22-24, 40-42, 84-87, 164-68, and so on.
[51] John Hayes, ed., *Dictionary of Biblical Interpretation,* 2 vols. (Nashville: Abingdon, 1999), and Kevin Vanhoozer, ed., *Dictionary for Theological Interpretation of the Bible* (London: SPCK, 2005).

的现代注释者之一，他常常研究斐洛和《他尔根》，并经常研究教父、新教改革和从 18 世纪到 20 世纪的现代学术。无可否认，这是"解经史"，与"接受批判"（reception criticism）不同，尽管查尔兹试图展示什么样的信仰群体在解释圣经文本。也许是汉斯·弗雷的影响给"耶鲁学派"增添了色彩，又或许是查尔兹影响了弗雷。无论如何，这两个人在很大程度上都应归功于巴特。其他作者的几次尝试只给出了一个解释历史，但他们暗示了圣经是为教会服务的。

例如，《出埃及记》二 11-25 讲述了摩西杀死一个埃及人并逃到米甸的故事。在讨论《旧约圣经》的背景之后，查尔兹研究了拉比和斐洛的传统，然后是《使徒行传》第七章中证实了摩西权威的新约传统，并在摩西的"流放"中看到了神百姓种种不顺服的更大的模式。在《希伯来书》十一 24-28 中，摩西拒绝被称为法老的儿子，宁愿与神的百姓同受逼迫；选择的元素被强调。摩西没有享受"短暂的罪中之乐，他……为基督受苦。"这在《出埃及记》中是含蓄的，但在新约中是直言的。这是在信心中一个真实的选择。[52] 作者最大胆的创新包含了"为基督受苦受难"，这与可见和不可见的对比一致。这不仅仅是预表性的，它说明"摩西真的与基督所受的羞辱有份"（参来十 33；十三 13）。[53]

在教父的比较中，查尔兹比较了纳西昂的格列高利的《书信》（第 76 封），特土良的《驳马吉安》（第 4.28 段），以及安波罗修的《神职人员的职责》（On the Duties of Clergy）。在特土良的文章中，我们必须重建马吉安对《出埃及记》二 13、14 的使用，但特土良似乎用摩西的愿意来介入对基督不愿意的争论中。然而，特土良认为福音书中的情况有所不同。诚然，"基督已在摩西里面……创造主的灵。"[54] 安波罗修同样也借鉴了摩西干预的同一事件（出二 11），并视其为勇气的典范。[55] 阿奎那为摩西的行为辩护，因为

---

[52] Childs, *Exodus*, p. 36.
[53] Childs, *Exodus*, p. 37.
[54] Tertullian, *Against Marcion* 4.28. 中注：英文原文为 "Christ had been present in Moses ... the Spirit of the Creator"。
[55] Ambrose, *On the Duties of Clergy* 1.36.180.

为无辜者辩护是正确的。加尔文认为，摩西是由神的命令武装起来的。现代注释者则论述了他对被压迫者的同情。

《出埃及记》三 1- 四 17 受到了非常充分的讨论。《马太福音》二十二 32、《马可福音》十二 26 和《路加福音》二十 37 引用了《出埃及记》三 6，作为复活的证据。神，永生的神，是活人的神，不是死人的神（太二十二 32）。司提反在《使徒行传》七 30 中也提到了《出埃及记》第三章。《启示录》一 8 讲到神昔在、今在并永在。在犹太解经中，摩西是好牧人。大多数教父都谈到了《出埃及记》第三章。爱任纽说，"我是"已经在基督里来临，带来拯救。[56] 因此，祂的存有是通过圣子宣告的。安波罗修说，"祂是"既是基督又是摩西。[57] 阿奎那将神阐述为没有"偶性"的实质。[58] 路德提供了一个寓意解释，但加尔文把它与圣子的本体论和永恒性联系起来；只有通过中保，神才能沟通。[59] 在 20 世纪，巴尔和其他人认为希伯来文时态是指神圣的行动，而不是抽象的存有，应将希伯来文未完成时解释为一个具有"我将是"未来意义的不定式。

贾斯认为，即使是"煽动性"（provocative）的解释也具有正面价值，使我们更加认真思考这段话。在圣经研究中，与其对各种各样的解释灰心，我们应鼓励去了解它们产生的**原因**，即它们的动机和影响。尤其是不同的期待是很重要的，对文本提出的问题亦然。我们并没有站在历史之外的阿基米德支点之上，正如伽达默尔如此强调的。

我们从乌尔里希·鲁兹的《马太福音》注释书中提取三个简单的例子。第一个问题与《马太福音》一 18-25 有关。[60] 路德和加尔文解决了《以赛亚书》七 14 中的希伯来文 almah 是"年轻女子"还是"处女"的问题。他们同意该希伯来文的意思是"年轻女子"，但却遵循《七十士译本》将其译作"处女"。基督教解释该词不是指向希西家，而

---

[56] Irenaeus, *Against Heresies* 3.6.2.
[57] Ambrose, *Of the Christian Faith* 1.13.83.
[58] Aquinas, *Summa Theologiae*, part I, chapter 13, qu. 11.
[59] Childs, *Exodus*, pp. 85-86.
[60] Luz, *Matthew 1–7*, pp. 123-27.

是指向弥赛亚。鲁兹自己也讨论了马利亚的永恒贞操。他指出，耶柔米之所以提出这一观点是因为圣母论的兴趣和影响。它能以任何方式与文本的意图相关吗？鲁兹认为，这段经文最初是关于耶稣的，但后来被认为只与马利亚有关，然后在三位一体式的圣灵教义的框架内发挥作用；圣灵是生命的给予者。但在 19 世纪，施莱尔马赫批判了整个童女生子的概念；这段话的目的只是强调神圣的主动性。最近，许多注释家将童女生子与异教背景联系在一起，这与《马太福音》一 18-25 相去甚远。

在第二次梵蒂冈会议之后，几乎没有天主教徒会反对这一系列观点。圣经委员会的文件《教会中的圣经解释》（*The Interpretation of the Bible in the Church*；1994 年）批准了新教学者所使用的所有工具，包括"历史批判法"、文学分析、社会学方法、女权主义解释和诠释学。[61] 但在《圣公会与罗马天主教的一致声明》（*Anglican–Roman Catholic Agreed Statement*）中，这段经文实际上与耶稣和道成肉身有关，而非关于马利亚。

我们再举一个例子，《马太福音》二 1-12 中东方博士的来访。[62] 鲁兹注意到，游斯汀将其起源归因于阿拉伯版本的《诗篇》七十二 10 和《以赛亚书》六十 6，而早期的传统认为东方博士来自美索不达米亚或埃塞俄比亚。在中世纪，这"三位"博士代表了含、闪及雅弗的后代。根据《以赛亚书》六十 3 和《诗篇》七十二 10-11，他们被视为"国王"。宗教改革家则认为这些观点皆毫无根据，应该予以拒绝。卡斯帕（Caspar）、梅尔奇奥（Melchior）和巴尔塔萨（Balthasar）的名字直到中世纪才出现。在艺术上，卡斯帕是一个没有胡子的年轻人；梅尔奇奥是一个有胡子的老人；巴尔塔萨是一个肤色较深的人或黑人。这与文本极度不符。文本本身对它的接受影响甚微。

---

[61] Joseph A. Fitzmeyer, ed., *The Biblical Commission's Document "The Interpretation of the Bible in the Church": Text and Commentary* (Rome: Pontifical Biblical Institute, 1995), pp. 26-131.

[62] Luz, *Matthew 1–7*, pp. 139-41.

在《马太福音》五 1-8 的论福中，鲁兹看到了"基督徒的自我理解和基督徒盼望的巨大财富。"[63] 亚历山太的革利免预见性地将其视为寻求完美的诺斯底主义者所追求的心灵的纯洁。[64] 完美的信徒已经战胜了肉体。爱任纽接受了清心的人必"得见神"的应许，并期待它在未来的末世应验。[65] 尼撒的贵格利也期待末后的日子。[66] 路德认为，八福寻求完美，以便我们可以"在痛苦的错误和劳动中寻求神"，这是基督徒生活的特点。后宗教改革敬虔主义认为完美是指内在世界的内在生活。亚他那修则关心神的异象。在所有这些例子中，我们可以从他们的生活和思想中看到他们是如何"影响"文本，并受到它的影响。之于路德，给予穷人和谦卑人的恩典是救赎的本质。[67] 鲁兹自己强调，只有恩典才能带来顺服的可能，并强调末世的应验。

《福音派和天主教新约注释丛书》中的其他注释书给出了一些保罗书信接受理论的例子。例如，我们提到了乌尔里希·威尔肯斯的《罗马书注释》（*Der Brief an die Römer*）。我曾尝试在我的《哥林多前书》希腊文本的注释书（2000）中提出这一点。[68] 关于第十五章中复活的讨论只是一个例子。在第 2 世纪，人们对保罗在《哥林多前书》十五 1-11 和 12-19 中的逻辑和历史论证的关注少于对基督徒或人类命运的评估的关注，或许也少于对肉体角色的评估的关注。在十五 35-49 中，我们看到了柏拉图主义的影响，好像永生是人类灵魂的一种能力，而非依赖神行为的复活。

伊格那修承认，基督徒将以基督的样式复活。[69] 这观点的背景有一部分是他对殉道的渴望。坡旅甲认为基督的复活是信徒复活的

---

[63] Luz, *Matthew 1–7*, p. 240; cf. pp. 239-41.
[64] Clement, *Stromata* 2.20; 4.6; and 5.1.
[65] Irenaeus, *Against Heresies* 4.9.2.
[66] Gregory of Nyssa, *On Virginity* 24; and *Against Eunomius* 3.2.
[67] Martin Luther, "The Sermon on the Mount," in *Luther's Works,* ed. J. Pelikan, 56 vols. (St. Louis: Concordia, 1955-), 21:285-94.
[68] Thiselton, *First Epistle,* pp. 1306-13.
[69] Ignatius, *Epistle to the Trallians* 9.2.

保证。⁷⁰ 这也是基于神的应许和次序。《十二使徒遗训》正确地把复活看作是发生在基督再临时的一个终末事件。⁷¹《革利免一书》采用保罗的种子类比，它在失去老旧的身体后又重新披上衣服。⁷² 我们在睡眠中等待黎明。殉道者游斯汀（公元165年）了解柏拉图主义和斯多亚主义，并与犹太人德里夫进行辩论。游斯汀告诉德里夫（Trypho），所有以蒙悦纳的方式活着的人都将复活。⁷³ 游斯汀在他的《第一护教辞》（First Apology）中认为，"神……可以做任何我们无法想象的事"，这包括复活。⁷⁴ 这正是保罗论证的逻辑。然而，来自拿戈玛第经集（Nag Hammadi library）的诺斯底主义的《论复活》（Treatise on the Resurrection）清楚地指出："你已经复活了。"⁷⁵ 爱任纽明确地抨击了这样的观点。他将"属灵的"人定义为那些受圣灵指引的人。⁷⁶ 对复活的信仰取决于对神的信仰。⁷⁷ 他还强调复活的转化性质："我们都将被改变。"（林前十五 42-52）⁷⁸

在第3世纪，特土良关注的是强调"身体"的复活，而他在孟他努主义时期也强调圣灵的作用。⁷⁹ 俄利根实际上将复活"去神话化"了。他强调复活的"身体"会有多大的不同，并强调它的转变。俄利根意识到在阐述这一章和这一概念时需要谨慎。⁸⁰ 在第4世纪，尼撒的贵格利从复原（restoration）的角度阐述了复活，即万物的**救赎**（apokatastasis）；会有一个向天堂的回归。⁸¹ 屈梭多模正确地提醒人们注意身份和转变的连续性。

---

⁷⁰ Polycarp, *Epistle to the Philippians* 2.2; 5.2.
⁷¹ *Didache* 16.6.
⁷² *1 Clement* 24.1, 5.
⁷³ Justin, *Dialogue with Trypho* 45.1, 2.
⁷⁴ Justin, *Apology* 1.19.
⁷⁵ Epistle of Rheginos, *On the Resurrection* 49.15, 16.
⁷⁶ Irenaeus, *Against Heresies* 5.6.1.
⁷⁷ Irenaeus, *Against Heresies* 5.3.2.
⁷⁸ Irenaeus, *Against Heresies* 3.19.1.
⁷⁹ Tertullian, *Against Marcion* 5.10, and *On the Resurrection of the Flesh* 34 and 48-55.
⁸⁰ Origen, *De principiis* 2.7.1-4; cf. 8.1-5; and *Commentary on the Soul and Resurrection* 3.5.
⁸¹ Gregory of Nyssa, *On the Making of Man* 17.2; 22.6.

路德认为第十五章是《哥林多前书》整体的一部分，卡尔·巴特亦然。它是"[这封书信]意义的线索，从那里光照了整体，它（《哥林多前书》）作为一个整体变得可以理解。"[82] 两人都认为"有些人不认识神"是《哥林多前书》第十五章的基础。路德敦促道："要知足……把神要做的事交给祂吧。"[83] 两人都将复活与因信称义联系起来：人类的"成就"被排除在外；一切都依赖于神的恩典和主权。路德说："让他停止相信自己，并相信神。"[84]

我们分别从《出埃及记》《马太福音》和《哥林多前书》给出了三组接受理论的例子。朱迪思·科瓦奇的《哥林多前书：初期基督徒注释家的解释》（*1 Corinthians Interpreted by Early Christian Commentators*）仍有相关性，其他的讨论也正在出现，例如约翰·汤普森（John L. Thompson）的《与死人一起阅读圣经》（*Reading the Bible with the Dead*；2007年），大卫·帕里斯（David P. Parris）的《与巨人一起阅读圣经》（*Reading the Bible with Giants*；2006年），以及斯蒂芬·福尔（Stephen Fowl）编辑的《圣经的神学解读》（*The Theological Interpretation of Scripture*；1997年）第二部分。[85] 他们表现出当代对这一主题的兴趣。[86] 帕里斯和福尔是我以前成功的博士候选人。帕里斯首先解释了，借由看到解读多样性的决定因素，解读的多样性是可以带来鼓励，而非导致绝望。

值得一提的还有奥蒙德·拉什（Ormond Rush）的《教义的接受》（*The Reception of Doctrine*）。他援用了贾斯并考查了复杂的"接受"概念。[87] 他比较了格里尔迈尔（Grillmeier）、康格（Congar）和其

---

[82] Karl Barth, *The Resurrection of the Dead*, trans. H. J. Stenning (London: Hodder and Stoughton, 1933), p. 11.

[83] *Luther's Works*, 28:180 (in Weimarer Ausgabe, 36:647).

[84] *Luther's Works*, 25:284 (in Weimarer Ausgabe, 56:291).

[85] Fowl, *Theological Interpretation of Scripture*, pp. 103–389.

[86] David Paul Parris, *Reading the Bible with Giants: How 2,000 Years of Biblical Interpretation Can Shed Light on Old Texts* (London and Atlanta: Paternoster, 2006); John L. Thompson, *Reading the Bible with the Dead* (Grand Rapids: Eerdmans, 2007); cf. Judith L. Kovacs, *1 Corinthians Interpreted by Early Christian Commentators* (Grand Rapids: Eerdmans, 2005).

[87] Ormond Rush, *The Reception of Doctrine: An Appropriation of Hans Robert*

他人关于接受的观点，认为它结合了传统中的统一和多元。它已经成为诠释学中更为积极的运动之一，展示了多样性在哪里、如何以及为何产生，并区分了主流传统和仅为特立独行的学者。所有撰写这个主题的人至少会问我们：我们对一个文本有什么**期望**？时间和历史如何**改变或塑造**这些期望？

六．建议初学阅读书籍

Fowl, Stephen E., "Making Stealing Possible" (as an example of reader-response), in *Engaging Scripture: A Model for Theological Interpretation* (Oxford: Blackwell, 1998), pp. 161-77.

Freund, Elizabeth, *The Return of the Reader: Reader-Response Criticism* (London and New York: Methuen, 1987), pp. 90-151.

Parris, David Paul, *Reading the Bible with Giants: How 2,000 Years of Biblical Interpretation Can Shed Light on Old Texts* (London and Atlanta: Paternoster, 2006), pp. 1-23 and 191-214.

Thiselton, Anthony C., *New Horizons in Hermeneutics: The Theory and Practice of Transforming Biblical Reading* (London: HarperCollins; Grand Rapids: Zondervan, 1992), pp. 516-50.

Jauss' Reception Aesthetics and Literary Hermeneutics (Rome: Pontifical Gregorian University, 1997).

后现代主义与诠释学 16

一．后现代主义与基督教信仰相容吗？三个可能的答案

乍一看，人们可能以为所有的基督徒都会以一种赞许的眼光看待后现代主义。大卫·哈维（David Harvey）将后现代定义为对"实证主义、技术统治主义和理性主义的普世现代主义"的一种抵触。[1] 如果哈维是正确的，任何对启蒙理性主义和实证主义的废黜都是受欢迎的，那些自伽达默尔以来研究诠释学的人将欢迎笛卡尔理性主义和休谟经验主义的去特权化，并支持更多地关注历史性（或历史决定性）和群体，而不是"永恒的"个人意识。

后现代性反对"知识的标准化"，似乎暗示了自然科学可以衡量所有的知识和智慧。我们可能同意，单看科学会产生一种错误的价值中立之"客观性"的概念，并倾向于忽视信息或知识与人类智慧和神圣启示之间的对比。后现代作者认同尼采和维特根斯坦的正确洞见，即表面语法可以构成一个不可靠的意义指南。迄此为止，后现代主义似乎符合伽达默尔的诠释学，尽管后者强调传统和基督教信仰。对于我们关于与基督教信仰相容的问题，也许第一个可能的答案是肯定的。

然而，后现代主义的意义远不止于此。甚至哈维也认为，后现代主义在美国与哲学中实用主义的重新发现，尤其是理查德·罗蒂（Richard Rorty）的后期著作密不可分。在欧洲，这场运动最初是归因于尼采的怀疑主义和反宗教的相对主义，然后更具体地说是因着之后的罗兰·巴特斯、雅克·德里达（Jacques Derrida）、让·弗朗克欧伊斯·利奥塔（Jean-François Lyotard）和米歇尔·福柯（Michel Foucault）。这些作者倾向于敌视有神论信仰。

后现代性因其复杂性而难以定义。利奥塔给予了一个为人所熟知的定义，即"对元叙事的怀疑"（或者宏大、普遍的叙事，比如声称支持进化论或马克思主义的叙事），不过他承认这个定义是

---

[1] David Harvey, *The Condition of Postmodernity* (Oxford: Blackwell, 1989), p. 9.

"简化到极致"。² 托马斯·多克蒂（Thomas Docherty）正确地指出，它代表了"一种情绪，而不是一个时期"。³ 大卫·里昂（David Lyon）和格雷厄姆·沃德（Graham Ward）提出了**后现代主义和后现代性**之间的有益区别。他们认为，前者代表了一种更为哲学化或知识化的版本，而后者侧重于社会学方面，但大多数作者不加区别地使用这两个词。⁴

我们应该如何描述词汇的这种语气？哈维对他从哈桑（Hassan）那里借用的现代性给出了一个极好的图解比较。他声称，现代主义以目的和形式为特征，后现代主义以游戏和反形式或功能失调为特征。现代主义追求连贯性、层次性、存在性和语义学；逐一与之相反，后现代主义分别代表着巧合性（chance）、无政府性、缺席性和修辞性。最后，现代主义的目标是形而上学、确定性和超然性，后现代主义用反讽、不确定性和内蕴性取而代之。⁵ 这充分传达了后现代主义的语气，尽管这不是一个详尽的列表。若连圣经的意义都是不确定的，又若基督教信仰是以圣经为基础的，那么我们关于相容性的问题的第二个可能的答案显而易见，也许就是否定的。

我在《解读神与后现代自我》（*Interpreting God and the Postmodern Self*）中同意，后现代主义者也揭露了语言中表面语法的伪装，这是一个更大的优势。另一方面，我们不需要后现代主义来实现这一点。我向大家展示了托马斯·霍布斯（Thomas Hobbes）、弗里德里希·尼采、弗里茨·莫特纳（Fritz Mauthner，1849-1923 年）和路德维希·维特根斯坦（1889-1951 年）试图揭示语言表面语法作为伪装的方式。

---

² Jean-François Lyotard, *The Postmodern Condition: A Report on Knowledge,* trans. G. Bennington and B. Massumi (Manchester: Manchester University Press, 1984), p. 40 (French edition, 1979). 中注：让-弗朗索瓦·利奥塔尔，《后现代状态：关于知识的报告》，车槿山译（南京：南京大学出版社，2011）。
³ Thomas Docherty, "Postmodernist Theory: Lyotard, Baudrillard, and Others," in *Twentieth-Century Continental Philosophy,* ed. Richard Kearny (London and New York: Routledge, 1994), p. 479; cf. pp. 474-503.
⁴ David Lyon, *Postmodernity* (Buckingham: Open University Press, 1994), pp. 6-7; Graham Ward, ed., *The Blackwell Companion to Postmodern Theology* (Oxford: Blackwell, 2001), pp. xiv-xv.
⁵ Harvey, *The Condition of Postmodernity*, p. 43.

其中最早的托马斯·霍布斯（1588-1679年）在他的《利维坦》（*Leviathan*）一书中写道，声称"神在梦中对我说话"只不过是说"我梦见神对我说话"。[6] 弗里德里希·尼采（1844-1900年）将真理描述为"一支由隐喻组成的流动军队"，或"我们所忘记的幻觉就是幻觉"。[7] 他宣称："只要我们还相信语法，恐怕我们永远也摆脱不了神。"[8] 弗里茨·莫特纳和路德维希·维特根斯坦反复敦促（用后者的话来说），哲学"借着语言的方式有点违背我们智性的魔力"。[9]

然而，尼采（当然在他时代之先）就对后现代主义做出了贡献。杰夫·丹纳赫（Geoff Danaher）、托尼·希拉托（Tony Schirato）和詹·韦伯（Jen Webb）断言："对福柯的著作，特别是自《事物的秩序》（*The Order of Things*）以后的著作，最重要的影响也许是德国哲学家弗里德里希·尼采。"[10] 然而，詹姆斯·史密斯（James K. A. Smith）最近通过三位毋庸置疑的后现代主义领袖德里达、利奥塔和福柯来考查了后现代主义，并认为他们每个人的著作对基督教信仰都有利。[11] 他同意德里达所主张的"只有文本"，且坚持认为这与宗教改革的原则**唯独圣经**一致。他承认利奥塔抨击了所有的"元叙事"，或宏大普遍的叙事，基督教就是其中之一。但他认为，利奥塔恢复了"讲故事"和叙事作为基督教信仰最基本的圣经体裁。理查德·鲍克汉姆（Richard Bauckham）似乎支持这一观点。史密斯承认，福柯认为"知识"和"真理"是为了行使权力，并将犯罪仅等同于偏离传统规范。但他认为主流教会和支持医院、学校、监狱和武装部队这些"体制"

---

[6] Thomas Hobbes, *Leviathan,* ed. M. Oakeshott (Oxford: Blackwell, 1960).

[7] Friedrich Nietzsche, "On Truth and Lie," in *The Portable Nietzsche,* ed. W. Kaufman (New York: Viking Press, 1968), p. 46.

[8] Friedrich Nietzsche, *Complete Works,* vol. 12, *The Twilight of the Idols,* ed. O. Levy, 18 vols. (London: Allen-Unwin, 1909-13), p. 22.

[9] Ludwig Wittgenstein, *Philosophical Investigations,* German and English, English text translated by G. E. M. Anscombe (Oxford: Blackwell, 1967), section 109.

[10] Geoff Danaher, Tony Schirato, and Jen Webb, *Understanding Foucault* (London and New Delhi: Jage Publications, 2000), p. 9.

[11] James K. A. Smith, *Who's Afraid of Postmodernism? Taking Derrida, Lyotard, and Foucault to Church* (Grand Rapids: Baker Academic, 2006).

（regimes）的"白衣里的微笑"之间太过亲密，把他们的常规约定强加于个人。

凯文·范浩沙（Kevin Vanhoozer）等作家却认为罗兰·巴特斯和雅克·德里达完全是无神论者。"德里达不相信符号的可靠性、可判定性和中立性。他试图'撤销'它们的特权地位。"[12] 他是一个实用主义者，在尼采宣布神之死后解构了作者。[13] 尼古拉斯·沃尔特斯托夫（Nicholas Wolterstorff）认为德里达完全是自相矛盾的。[14]

许多大学因其对后现代主义的态度而一分为二。另一种更准确的说法是，大学反映了一个不同观点的谱系。在谱系的一端，工程师和医务人员，以及许多科学学院的人，认为这场运动只是一个过时的法国时尚，或者从最坏的角度看只是无稽之谈。然而，现代语言的许多部门和文化理论学派都欢迎后现代主义，认为其满有洞见，或是一个有用且积极的思想实验。社会学家、心理学家和神学家可能有分歧；有些人表示欢迎，另一些人则谨慎待之。神学有时是少数几个支持两者的科系之一，因为它宣称"普遍"真理，具有现代性；但它认为耶稣诞生于第1世纪以色列的犹太家庭，教会受历史制约，具有后现代性。

然而，为什么有些人"赞成"后现代主义，而另一些人"反对"后现代主义，这仍是一个巨大的谜团。事实上，它的一些洞见对基督教信仰有积极的价值，而其他主题和层面不仅是错误的，而且是诱人的和灾难性的。例如，詹姆斯·史密斯可以偏爱利奥塔，因为他完全忽视了具有他所谓的"差异"的著作。我们将在适当的时候看到，"差异"将使诠释学成为不可能。在一些基督教学术中，有一种轻易的"naívete"（天真），它试图强迫我们"赞成"或"反对"

---

[12] Kevin J. Vanhoozer, *Is There a Meaning in This Text? The Bible, the Reader, and the Morality of Literary Knowledge* (Grand Rapids: Zondervan, 1998), p. 39.
[13] Jacques Derrida, *Margins of Philosophy*, trans. Alan Bass (London and New York: Harvester Wheatsheaf, 1982), pp. 207-72.
[14] Nicholas Wolterstorff, *Divine Discourse: Philosophical Reflections on the Claim That God Speaks* (Cambridge: Cambridge University Press, 1995), pp. 153-70.

摆在我们面前的任何事物，但生活和思想很少如此简单。我们将看到，后现代主义在某些有限的方面很好地服务了"诠释学"，但在其他方面却变得相当局限。最后，它和现代性一样，对"权威"怀有敌意。我们几乎可以用"它所肯定的事物是对的，所否定的东西是错的"（这句格言经常用于对赎罪的解释）这句话来表达。后现代主义作为一种思想实验，我们可能认为它否定的事物往往是对的，肯定的东西往往是错的。那么我们关于相容性的问题的第三个可能答案就是：既肯定又否定。或者更严格地说，肯定某些方面，否定另一些方面。

这次我们将跟随史密斯研读德里达（与后期的巴特斯），利奥塔（与鲍德里亚）和福柯，然后转向罗蒂和美国的后现代性。这比将后现代作为一个整体或总体来看待更可取，原因有三：（1）它使我们能够避免泛化，进而准确；（2）它是有益于那些第一次接触此主题之人的教导方法；（3）它有助于我们避免与《诠释学新视域》和《解读神与后现代自我》及其他几篇相关主题的文章出现过多的重复。

二．欧洲后现代主义：雅克·德里达（与后期的巴特斯）

雅克·德里达（1930-2004年）出生于阿尔及尔附近，因为是犹太人，在纳粹统治下被法国维希政府驱逐出学校。在1949年前，他已开始研究法国哲学家卢梭和加缪，以及尼采。1951年，他在巴黎学习，成为马克思主义者路易斯·阿尔都塞（Louis Althusser）和米歇尔·福柯的朋友。他开始热衷于胡塞尔的现象学，特别是人们从"视域"之内看到一切的观点，这与他们的处境有关，但也可以移动和扩展。随后，他获得了奖学金得以在哈佛大学求学。在阿尔及利亚脱离法国的独立战争之后，他加入了泰尔凯尔文学和哲学理论家小组，1960年至1964年在索邦大学教授哲学。1969年，他出版了《写作与差异，演说与现象》（*Writing and Difference, Speech and*

Phenomena）和令他扬名的《论写作学》（*Of Grammatology*）。[15]

自 1967 以来，德里达变得越来越有争议，无论这被视为荣誉还是恶名，并遭受许多误解；原因有三。第一，他结合了解构主义与后现代主义。克里斯托弗·诺里斯（Christopher Norris）认为解构主义是一种严肃的哲学，但对后现代主义持怀疑态度。（**解构**意味着破坏或抹去已被错误地认为是"自然的"或固定的意义）。第二个原因是他后期的著作不同于早期的。德里达被误解的第三个原因是他的思想很复杂。"后现代神学"的不同评价则火上浇油。[16]

德里达的弟子加亚特里·斯皮拉克（Gayatri Spirak）在《论写作学》的前言中写道，尼采、弗洛伊德、胡塞尔和海德格尔是他公认的先驱。尼采切除了认识（knowing）的基础；弗洛伊德提出了关于人类心理或人类主体的关键性问题；胡塞尔，尤其是海德格尔，认为"存有"不可能被传统的本体论或对"实在"的研究所完全理解。德里达在《论写作学》中写道，他的方法"肯定是（法文：solicitation）逻格斯中心主义的灭亡"（或是以字词为中心，或是字词与意义之间"固定"或"给定"的关系）。[17] 写作学是一门写作的科学。写作不能以字词为中心的原因是，它不仅稳定、具体化或覆盖所说的话，而且所指的总是超越字词本身。

这种对"以逻格斯为中心"的怀疑又有两个原因。首先，每件事至少都有双重含义，第一个或"明显的"指涉可能不是所看到的

---

[15] Jacques Derrida, *Writing and Difference,* trans. A. Bas (Chicago: University of Chicago Press, 1978); Derrida, *Speech and Phenomena and Other Essays on Husserl's Theory of Signs,* trans. D. B. Allison (Evanston, Ill.: Northwestern University Press, 1973); and Derrida, *Of Grammatology,* trans. G. C. Spirak (Baltimore: Johns Hopkins University Press, 1975). 中注：雅克·德里达，《书写与差异》，张宁译（北京：三联，2001）；《声音与现象：胡塞尔现象学中的符号问题导论》，杜小真译（北京：商务印书馆，1999）；《论文字学》，汪堂家译（上海：上海译文出版社，2005）。

[16] Terrence W. Tilley, *Postmodern Theologies: The Challenge of Religious Diversity* (Maryknoll, N.Y.: Orbis, 1995); and Graham Ward, ed., *The Postmodern God: A Theological Reader* (Oxford: Blackwell, 1997); and Kevin J. Vanhoozer, ed., *Postmodern Theology: Cambridge Companion* (Cambridge: Cambridge University Press, 2003).

[17] Derrida, *Of Grammatology,* p. 74.

那个。第二，意义绝不是"封闭"的，就好像将它的应用呈现在一个尚未到来的情景、话语或文本中。德里达写道："它不再是一本书中所附的完整的书面文集。"[18] 他在费迪南·德·索绪尔（我们在第九章已探讨）阐述的原则上进行发挥，即意义取决于**差异**，并宣称它也取决于对未来的开放，或取决于**延异**。法文中两个术语是 différence（差异）和 différance（延异）。[19]

延迟的含义所能留下的最多的是"痕迹"或"轨迹"。此外，一份文件或"著作"不允许有足够的"封闭"（closure）来允许签署人（signatory）出现。一切都被置于"抹去"（erasure）之下。这与福柯的观点极好地关联，即所有的分类在历史上都是相对的，因此构成了由当权者所强加的约定惯例。[20]

毫不奇怪，范浩沙把这一切看作"毁灭"了圣经及其内容和作者。[21] 对他而言，这构成了"虚无主义"。[22] 然而，詹姆斯·史密斯怎能把德里达看作"与宗教改革家所主张的唯独圣经相呼应"，并认为德里达帮助我们欣赏了亚伯拉罕·凯波尔、赫尔曼·杜耶维德、哥尼流·范泰尔，还有弗朗西斯·薛华呢？[23] 史密斯太乐观了，但范浩沙急欲在提问我们可以从德里达那里有何可学之前就开始争论。我们在读者回应理论（第十五章）甚至利科的章节（第十二章）中强调，应用于"**开放**"文本的内容不可能适用于**所有**文本。圣经中有些诗体部分是"文学性的"，是**提示性的**，而非**沟通性的**或**字面的**。他们遭到维特根斯坦的抗议：为什么我们如此轻易地认为所有语言都是"传达思想的"？

值得注意的是，史密斯和范浩沙这两位作家都有选择性地引用，范浩沙也许忽略了德里达的最新著作。两人都论及"基督教"和"圣

---

[18] Jacques Derrida, in *Deconstruction and Criticism,* ed. H. Bloom et al. (London: Routledge and Kegan Paul, 1979), p. 84.
[19] Derrida, *Speech and Phenomena,* pp. 129-60.
[20] Derrida, *Writing and Difference,* pp. 31-63, on Foucault.
[21] Vanhoozer, *Is There a Meaning?* pp. 37-196; but cf. Vanhoozer, *Postmodern Theology,* pp. 21-25.
[22] Vanhoozer, *Is There a Meaning?* p. 73.
[23] Smith, *Who's Afraid of Postmodernism?* p. 55.

经", 好像它们各自都是一个单一完整的系统。在充满隐喻和暗指（allusion）的圣经诗歌中, 史密斯确定其朝向未来的发展是有道理的。我们读得越多, 就越能发现新的暗指和新的观点。毕竟, 大多数的圣经经文是末世的未应验或部分应验的见证。教会的易错性（fallibility）表明圣经的解释是没有终结的。然而, 范浩沙正确地说到, 这被夸大了, 且不能适用于所有圣经内容。德里达在他后来著作中确实修改了这一点。但为什么不从一开始就如此说呢？

沃尔特斯托夫同样正确地说, 当德里达宣称所有西方形而上学都依赖于神话式的隐喻时, 他是在做形而上的陈述。[24] 但德里达在1974年写了〈白色神话〉（White Mythology）, 1967年写了《论写作学》（Of Grammatology）和《演说和现象》（Speech and Phenomena）。史密斯与其他更正面的解释者引用了于1988年出版的《有限公司》（Limited Inc）, 和于1991年以法文出版的《另一个航向》（The Other Heading）。德里达的"逻格斯中心主义"（Logocentrism）并不意味着"字词中心主义", 而是作为一种词与义之间不可改变的预设关系。在《立场》（Positions；1972年）一书中, 解构并不是简单地颠覆传统意义。它质疑文本中过分的特权意义, 并揭示了这些意义所反对事物的作用。在《有限公司》的长篇后记中, 德里达讨论了奥斯汀（J. L. Austin）, 并回应了约翰·塞尔。[25] 他在此书否认了他捍卫意义的完全自由的观点。他认为文本中存在**意义的稳定性**, 但文本不是易变的或不可摧毁的。

有些文本甚至似乎抵制相对稳定的概念。"耶稣被本丢·彼拉多钉死"的说法可能有不同的含义, 因为马丁·亨格尔（Martin Hengel）和其他人改善了我们对被钉十字架的看法。但作为一个历史事实, 它会改变吗？工程师们可能会坚持认为, 在工程学中, 语言不仅传达了事物的状态, 而且传达了确切的程序。然而, 即使在所谓的普遍科学中, 也有"局部"因素需要观察。大卫·利文斯通（David

---

[24] Wolterstorff, *Divine Discourse,* pp. 162-65.
[25] Jacques Derrida, *Limited Inc,* ed. G. Graff, trans. J. Mehlmann and S. Weber (Evanston, Ill.: Northwestern University Press, 1988).

Livingstone）对此做了一个特别研究。[26] 他指出，与科学家或工程师声称的"永恒的普遍性"相反，一切都取决于研究小组、同事、工具、资源、先辈等人在特定地方的给予。在新的研究和新的同事看来，意义甚至数据都可能改变。正如我们在第十一章中所指出的，伽达默尔认为**统计学数字**取决于谁编写了它们，以及出于何种目的。

当言尽行毕，体裁谱系的两端就足够清楚了。洛特曼（J. Lotman）和翁贝托·艾柯谈到了"工程"文化及其传播性沟通和总体"封闭"的文本之间的区别，以及"文学"文化具有多层次沟通和更多"开放"文本之间的区别。圣经提供了两种类型。加里奥在公元51年或52年担任省长，这是一个不变的事实。乔治·凯尔德（George Caird）将《启示录》中的象征和诗歌描述为抵制任何"拆散彩虹"的企图。[27] 我们在这里不需要或不想要机械式的"分析"。《以赛亚书》四十至五十三章中的仆人之歌有多个指涉对象，但它们确实代表了指涉对象。比喻创造思想，命令有时是具体的。

然而，德里达似乎缺少接受许多文本（并非全部文本）要求在生活中有一种语言之外的情况。如果没有这一点，我们的语言观就会像布尔特曼或海德格尔的语言观一样贫乏。可以肯定的是，并非所有的文本都是具象的和描述性的，有些文本具有多重意义。尽管他后来在《有限公司》中有所限定，但似乎缺乏关注这一特殊例子；维特根斯坦坚持认为这一特例不容忽视。正如维特根斯坦所敦促的，抽象地问"什么是意义？"是从错误的方向开始。[28]

罗兰·巴特斯也谈到"作者之死"，而与他们在许多其他方面观念相似的同事朱莉娅·克里斯蒂娃（Julia Kristeva）要求德里达和

---

[26] David M. Livingstone, *Science, Space, and Hermeneutics* (Heidelberg: University of Heidelberg, 2002); and Livingstone, *Putting Science in Its Place: Geographies of Scientific Knowledge* (Chicago: University of Chicago Press, 2003).

[27] 中注：这里的彩虹是 LGBT（女同性恋、男同性恋、双性恋、跨性别恋）的标志。

[28] Ludwig Wittgenstein, *Philosophical Investigations,* 2nd ed. (Oxford: Blackwell, 1958), sections 7, 11, 23, 29, 31, 38, 47, 92, 96, 97, 133, 166, and 304. Cf. Wittgenstein, *The Blue and Brown Books: Preliminary Studies for the "Philosophical Investigations"* (Oxford: Blackwell, 1969), p. 18.

巴特斯关注"演讲的主体"。有人说巴特斯和德里达只攻击"本体神学"（onto-theology），但许多神学家拒绝**实质**神学（substance theology）而不拥抱后现代性。巴特斯在他后来的著作中承认，如果"作者之死"被绝对化，这就变成"反神学"了。[29] 这与《符号学的基本原理》（The Elements of Semiology；1964年）相去甚远。巴特斯在《符号学的基本原理》中指出，语言通常可以起到伪装的作用，比如在家具或衣服的系统中。从1966年开始，特别是到1967年，巴特斯开始从事后现代主义研究。1971年，他区分了"文本"与"著作"，后者以作者为前提。然而，文本只限于"乐趣"（jouissance），因此他在1973年写了《文本的乐趣》（The Pleasure of Text）。文本不是带有秩序和目的的创造性行为的结果，而是纯粹为了阅读它的"乐趣"。它变成了一个"复数的"文本。

从基督教的观点来看，这让读者控制了文本，并很难与史密斯诉诸宗教改革家相一致。宗教改革家常常强调圣经中令人不安和具有挑战性的方面。同样，若巴特斯区分体裁，并宣称**有些**文本只是为了提供乐趣，这可能会有所不同。乐趣会带来赞美和感恩，但乐趣本身就意味着一种无方向性的享乐主义，或者利科所说的自恋。卡尔·拉施克（Carl Raschke）和托马斯·阿尔提泽（Thomas Altizer）认为这是"神学性的"，但这并无裨益。我们需要谨记我们对与基督教信仰兼容性问题所给出的三个可能答案。这些适用于德里达和诠释学。

三．欧洲后现代主义：
让·弗朗克欧伊斯·利奥塔（与让·鲍德里亚）

让·弗朗克欧伊斯·利奥塔（Jean-François Lyotard，1924-1998年）出生于法国凡尔赛（Versailles），在巴黎求学，后在索邦大学学习哲学。

---

[29] Roland Barthes, "The Death of the Author," in Barthes, *The Rustle of Language,* trans. R. Howard (New York: Hill and Wang, 1986), p. 54.

他属于政治左翼，支持"社会主义或未开化主义"团体。他成为加州大学批判理论教授，约翰霍普金斯大学、耶鲁大学和蒙特利尔大学的客座教授。他最著名的作品是《后现代条件》(*The Postmodern Condition*；法文版于1979年出版)和《分歧》(*The Differend*；法文版于1983年出版)，但他也写过其他关于后现代主义、康德和美学的书。[30]

利奥塔在他早期的著作中谈到了"不可通约性"(incommensurability)的问题。这个术语在科学哲学中被用来表示两个"自洽"(self-consistent)的模型或观点，它们无法允许一个独立的标准来评估其中一个模型或观点，而反对另一个。他认为，面对这一点，我们可以向"异教"学习。异教崇拜多个神和女神，拒绝一神论和"普遍性"。他承认不可通约的差异是存在且不可避免的。他在《正义游戏》(*Just Gaming*)中捍卫了不相容和多种形式观点的公正性(justice)，因为每种观点都基于故事、叙事或故事集。[31] 如果康德、黑格尔、马克思或基督教有神论者主张"普遍性"，那么他们都是错误的。他将维特根斯坦解释为一个多元论者：这只是众多"语言游戏"中的一种。当人们假装提供普遍的语言或真理时，或当他们的信仰体系适用于所有人时，他们就是"正义游戏"。显然，这也与尼采的真理观和基督教观以及罗蒂对维特根斯坦的看法产生了共鸣。我们拒绝对维特根斯坦此种多元主义的理解。[32] 与此同时，我们转向《后现代状态》。

1. 利奥塔至少在名义上而非内容上从"异教"转向"后现代主义"，并在他之前著作的基础上构建了他在《后现代状态》中对后现代主义的首次表述。众所周知，他在这本书中把后现代主义的定义简单

---

[30] Lyotard, *The Postmodern Condition,* and Lyotard, *The Differend: Phrases in Dispute,* trans. G. van den Abbeek (Manchester: Manchester University Press, 1990).

[31] Jean-François Lyotard, *Just Gaming,* trans. W. Godzich (Manchester: Manchester University Press, 1985).

[32] 另参 Jane Heal, "Pragmatism and Choosing to Believe," in *Reading Rorty,* ed. Alan Malachowski (Oxford: Blackwell, 1990), pp. 101-36.

化为"对元叙事的怀疑"。在这里,"元叙事"指普遍的叙事,如卡尔·马克思、西格蒙德·弗洛伊德,或者可以说基督有神论所提供的。[33] 事实上,这是反基础主义(antifoundationalism),或是一种攻击对适用于每个人的合法叙事的攻击。因此,第一点有关**合法性的叙述**。

这一主题致使詹姆斯·史密斯,也许还有理查德·鲍克汉姆,使圣经基督教与利奥塔所谴责的更大的叙事分离或疏远。他们强调,即便圣经也包含了一系列关于特定的人和事件的"小叙事",这些人和事件是基督徒生命的主要实质。我在《提瑟顿论诠释学》(*Thiselton on Hermeneutics*)中讨论了鲍克汉姆的论点。[34] 虽然我对于他们针对利奥塔的乐观评价有所保留(因为他们只基于这本书而没有包括《分歧》),但利奥塔的主要抨击对象首先确实是"自由的"历史观,即历史向社会启蒙**迈进**的稳步前进。第二个抨击对象是"知识"的进步,特别是在**科学领域**,朝着对世界的**统一理解**的方向发展。利奥塔在以下观点上是完全正确的:知识并不意味着智慧;所有政府都无法达成一体化或"联合的"思维;"科学"不是所有知识的范式;技术不是人类的理解;"自由进步主义"是一个错误的神话。这些观点大部分开启了"合法化"。[35] 如果这是利奥塔思想的主旨,那么我们可以向他学习诠释学。

2. 利奥塔和海德格尔、伽达默尔一样,认为"**计算机化**"并非一帆风顺,即便是在博士论文中,对谷歌的累积数据进行检查也无法替代原始思维。"以生产能力所必需的信息商品形式存在的知识已经是……世界范围内权力竞争中的主要利害关系。"[36] 这使福柯关于知识与权力关系的研究更加尖锐。"知识"成为一种可以通过买卖来获取权力的消费品。利奥塔注意到我们的后工业电子社会正

---

[33] Lyotard, *The Postmodern Condition,* p. xxiv.
[34] *Thiselton on Hermeneutics: Collected Works with New Essays* (Grand Rapids: Eerdmans; Aldershot: Ashgate, 2006), pp. 671-75 and 798-99; and Richard J. Bauckham, *Bible and Mission: Christian Witness in a Postmodern World* (Grand Rapids: Baker Academic; Carlisle: Paternoster, 2003), pp. 87-93.
[35] 在 Lyotard, *The Postmodern Condition* 第二章对此有所介绍和讨论。
[36] Lyotard, *The Postmodern Condition,* p. 5; cf. chapter 1 of Lyotard.

经历着迅速的变化。这再次与诠释学息息相关。

3. 这本书受托于蒙特利尔政府，并且利奥塔转向了后现代思想的社会含意。他再次诉诸**维特根斯坦的语言游戏**。普通人经常使用那些叙事性的或"小故事"语言游戏，但这并不能提供合法化。技术统治者和科学家们使用他们技能的自我合法化的语言游戏；当这些只是权力的工具时，他们和国家似乎提供了权威性的声明。利奥塔写道："每一次说话都应该被看作是游戏中的一个移动。"[37] 但是，科学或国家的认知映射将仅有的共识伪装成普遍真理。因此，社会变得越来越官僚化，也由"技术统治者"分裂和领导。[38] 这一点对于诠释学来说是矛盾的。回顾语言是沟通行为是有益的，但对利奥塔而言没有什么是权威的。

4. 社会的分裂和分化要求抵制普遍合法化的主张。利奥塔试图培养多元形式性（pluriformity）。这本身似乎是无恶意的，甚至是带来自由的，但之于利奥塔这也产生了他的著作《分歧》。

利奥塔把《分歧：争论中的短语》（*The Differend: Phrases in Dispute*；1983 年）视为他最重要的著作。他在此书再次将"异教"与后现代主义结合起来。分歧（Differed）是一个技术性的术语，表示双方之间无法解决的冲突。这是因为一方使用"语言"（或语言游戏）被认为已经暗示了有利于他们的争端解决方式。他们不能就"外部"标准达成一致意见。他们的观点是"不可通约的"。事实上，**分歧**就变成了**削弱**弱者力量的手段。例如，一方当事人可以事先决定什么是"合理的"，并引入一个确保"合理的"一方胜诉的准则。无偏见的判断是不可能的。一个可能的例子是，北爱尔兰是否为碰巧位于爱尔兰岛上的英国的一部分，或者它是"爱尔兰人的"且必须抵抗对手英国的主张和当前多数人的抗争。什么可以在局势**之外**并**执行仲裁**？要描述这个问题，就要引入以判决为前提的术语。

这是另一种声称某些语言游戏是不可通约的方式。在冲突的情

---

[37] Lyotard, *The Postmodern Condition,* p. 10; cf. chapter 3 of Lyotard.
[38] Lyotard, *The Postmodern Condition,* chapters 4 and 5.

况下，一切都取决于**权力**，取决于谁是更强大的一方。利奥塔认为答案是尊重各方的异质性或多元形式性。这对**诠释学**的含意是显而易见的。尽管埃米利奥·贝蒂（Emilio Betti）声称诠释学培养了耐心、宽容和对他人的尊重，但是利奥塔建议提前终结，因为他认为真正的谈判是不可能的。圣经和教会都没有任何"权威"，因为这总是规定了解决任何冲突的条款。

我们还面临着以多元方式阅读和解读维特根斯坦这令人烦恼的问题。在四十年的不断学习中，我从未那样读过他。可以肯定的是，有一些人这样做过。保罗·范·布伦（Paul van Buren）在其第三阶段的思想将维特根斯坦理解为多元的；威廉·霍登（William Hordern）似乎也提供了一种多元的解释，说语言游戏就像是用锄头、铁锹、耙子等分开的园艺动作。[39] 理查德·罗蒂（Richard Rorty）可以预见地是另一个这类解释者。维特根斯坦确实说过"某些经验命题的**真理**属于我们的参照框架"。[40] 但在痛苦的语言和行为的例子中，他宣称，"一个人只对**活着的人**……才能发表看法：活着的人有感觉。"[41] 他说，当语言游戏改变时，"概念有了改变，字词的意思也随之改变。"[42] **所有人**都能把颤抖和发出的叫声理解为笑声。语言游戏不同，但并不总是（有些可能是）"不可通约的"。罗蒂甚至更喜欢"群岛"的比喻，而不是自给自足的"岛屿"，尽管他对维特根斯坦也采用了过于多元的解释（见下文第 5 节）。语言游戏突出的不是它的独特性，而是"由语言和它所编织的**行动**组成的整体"。[43] 这些**调查**提供了许多跳出自身参照框架、采用另一参照框架的例子。同一个人可以同时参加这两项活动。利奥塔的可贵之处在于他拒绝实证主义和科学的帝国主义；但这没有理由将基督教的真理主张限制为"讲

---

[39] William Hordern, *Speaking of God: The Nature and Purpose of Theological Language* (New York: Macmillan, 1964; London: Epworth, 1965), pp. 81-92.
[40] Ludwig Wittgenstein, *On Certainty* (Oxford: Blackwell, 1969), section 83.
[41] Wittgenstein, *Philosophical Investigations,* section 281, 2nd ed. (1958).
[42] Wittgenstein, *On Certainty,* section 65.
[43] Wittgenstein, *Philosophical Investigations,* section 7, 2nd ed. (1958).

述自己的故事"。这将是还原主义。

让·鲍德里亚（Jean Baudrillard, 1929-2007年）生于法国东北部的兰斯，在巴黎的索邦大学学习德文。他后来从事文学、社会学和哲学研究。他也许可以更准确地被认为是一个**后结构主义者**而非后现代主义者，但他经常与利奥塔、德里达、福柯和德勒兹联系在一起。他认为衡量是基于符号的，而索绪尔认为衡量是基于差异的。但作为一名社会学家，他探索了**自我指涉的**（self-referring）语言如何应用于社会。他常常特别与利奥塔联系在一起，因为他认为社会徒劳地寻找"全部"或普遍意义。这种对连贯性的探索分散或"引诱"人类脱离真正的实在。在某些方面，这种探索让他们盲从"虚拟现实"；借此，消费主义成为新的权力结构。

鲍德里亚的一个正面特征是他尊重"使用"和"价值"之间的对比。他认为这不是被同化为像古典马克思主义者所认为的竞争性的交换价值，而是同化为**感知的**（perceived）价值或**预示的价值**（signifying value）。在这里，现实世界开始消失。幻想开始接管，这样的实在（reality）在美国将被迪斯尼乐园这类虚拟现实所取代。现实世界的**拟像**（simulacra），或者仅仅是虚拟现实的媒体制成物，支配着我们的社会。媒体控制我们感知的力量就是一个例子。鲍德里亚在《生产的镜子》（*The Mirror of Production*；法文版于1973年出版；英文版于1975年出版）和《模拟》（*Simulations*；法文版于1981年出版；英文版于1983年出版）中稍有阐述虚拟现实的问题。[44] 在《忘记福柯》（*Forget Foucault*）中，他同意福柯所谈的关于权力的社会重要性，但强调了**模拟**知识的相关作用。[45]

我们可能会同意鲍德里亚关于拟像的力量以及如何在媒体的视角下感知事物的观点。我们也会同意他对消费主义的诱惑和力量，以及大众广告的力量的观点。然而，整个社会并非完全以这种方式

---

[44] Jean Baudrillard, *The Mirror of Production,* trans. M. Poster (St. Louis: Telos Press, 1975), and *Simulations,* trans. P. Foss and others (New York: Semiotext(e), 1983); French edition, *Simulacres et Simulation.*. 中注：鲍德里亚,《生产之镜》, 仰海峰译（北京：中央编译出版社，2005）。

[45] Jean Baudrillard, *Forget Foucault* (New York: Semiotext(e), 1987).

被诱骗,纵然《圣经》(和利科)赋予自欺欺人以一定的作用。鲍德里亚对于怀疑诠释学也并非毫无价值。

四. 欧洲后现代主义:福柯;知识与权力

米歇尔·福柯(1926-1984年)出生于普瓦捷(Poitiers),是一位外科医生的儿子。他亲眼目睹了纳粹占领了法国维希。他得了急性抑郁症,被带去看心理医生。医学、医院、"疯狂"和军队在他的哲学中起着至关重要的作用。福柯毕业于心理学,然后完成哲学学习。他于1950加入法国共产党,是马克思主义作家路易斯·阿尔都塞(Louis Althusser)的亲密朋友。1958年,他被任命到华沙大学(Warsaw University)任教,1959年接受任命到汉堡任教。他于1960年回到法国,并在1961年出版了《疯狂史》(History of Madness),后来以简缩英文版《疯狂与文明》(Madness and Civilization)出版。1965年,他成为突尼斯的客座教授,并于1966年出版了《事物的秩序》(法文版 Les Mots et Les choses)。在这一时期,他与巴特斯、拉康和勒维·施特劳斯合作,首先研究结构主义,然后研究后结构主义。《知识考古学》(The Archaeology of Knowledge)于1969年出版。从1970年起,他访问了美国和日本,并开始了《性的历史》(The History of Sexuality)的写作。加里·古廷(Gary Gutting)认为福柯"'超越'了结构主义和诠释学"。[46]

1. 福柯在其早期著作《疯狂与文明》和《疯狂的历史》中指出,"疯狂"构成了一种可变的社会构筑物。他认为,人们在古代认为"疯子"要么被视为受到了神的启发,要么就被当作非人的动物藏起来。然而,19世纪的自由主义改革者发明了疯狂是一种"精神疾病"的概念,可以在精神病院或所谓的安全场所接受治疗。这一变化是"几乎一夜之间……突然达到的",形成了一种"大规模现象"。[47]福

---

[46] Gary Gutting, ed., *The Cambridge Companion to Foucault* (Cambridge: Cambridge University Press, 1994), p. 2.
[47] Michel Foucault, *Madness and Civilization,* trans. R. Howard (New York: Pantheon, 1965), pp. 45-46. 中注:米歇尔·福柯,《古典时代疯狂史》,林志明

柯认为，这主要是为了保护中产阶级家庭。但他认为"低于理性标准"的东西只能由医疗"体制"来判断。它以"白衣里的微笑"强加了一个武断的权威。

2. 福柯在 1963 年《诊所的诞生》（*The Birth of the Clinic*；英文版于 1973 出版）中继续批判**医院**的专制"政权"。1966 年，他以英文发表了第二部著名的重要著作《事物的秩序》（1970 年）。[48] 这部著作探讨了**语言**，但是局限于德国哲学的有限传统。他再次展示了语言观在不同的历史时期是如何发生变化的。与利科一样，他也关注自我（the self）的相关概念。社会科学建立在与特定时代相关的基础上。

3. 更重要的是《纪律和惩罚》（*Discipline and Punish*；法文版 1973 年出版；英文版于 1977 年出版）。[49] 这里的"体制"是**监狱**，福柯从描述酷刑的章节开始。[50] 他接着描述了刑台的奇观。〈温和的惩罚方式〉（The Gentle Way in Punishment）一章包括更微妙的强制。[51] 所有目的都是为了获取"温顺的身体"。[52] 这是以**匿名的力量**出现在受害者身上，"因为它无处不在，而且总是警觉的……它主要在沉默中发挥作用"。[53] 情绪有**监督性**。整个体制产生了新的人类主体，他们受制于一种权力技术。**权力关系网之外没有知识或真理**。监狱已成为一个"枷锁系统"，其主权无所不包。它属于一个纪律严明的"体制"网络。体制存在于"多个殖民地、纪律营、监狱、医院、疗养院"中。[54] 学校加入其中，可能也包括一些教会。警察、

译（北京：生活·读书·新知三联书店，2005）。
[48] Michel Foucault, *The Order of Things,* trans. A. Sheridan (New York: Random House, 1970). 中注：米歇尔·福柯，《词与物：人文知识的考古学》，莫伟民译（上海：三联书店，2016）。
[49] Michel Foucault, *Discipline and Punish,* trans. A. Sheridan (New York: Pantheon and Penguin, 1977); from *Surveiller et punir: naissance de la prison* (Paris: Gallimand, 1975). 中注：米歇尔·福柯，《规训与惩罚：监狱的诞生》，刘北成、杨远婴译（北京：生活·读书·新知三联书店，2003）。
[50] Foucault, *Discipline and Punish,* pp. 3-31; cf. 32-69.
[51] Foucault, *Discipline and Punish,* pp. 104-31.
[52] Foucault, *Discipline and Punish,* pp. 135-69.
[53] Foucault, *Discipline and Punish,* pp. 176-77.
[54] Foucault, *Discipline and Punish,* p. 300.

教师和社会工作者都被指控将权力和知识联系起来，从而制造出反常者或"罪犯"。神职人员也大体如此。

4. 福柯的著作将社会中的"秩序"相对化，认为它无关于为了人类利益而给予的神的旨意。所有的权威关系和价值观都会被质疑，因为约定惯例是可以被强者操纵来对抗弱者。福柯有时也许是对的：有些学校和教堂里，一个威权主义的领导人可能纯粹为了自己的利益而使用"主如此说"。耶稣早在尼采和福柯之前就警告过提防假先知。我们需要监督医院和监狱，但它们已成为无法容忍的体制。但是如此大规模的批判仅仅是吹嘘了福柯对任何形式的权威的厌恶。埃米尔·卜仁纳（Emil Brunner）将婚姻和国家视为人类福祉的神圣法令。我们冒险地接近启蒙运动现代性的"自主"概念。

5. 另一方面，一些作者坚持认为福柯的思想有益于基督教神学。最著名的著作是由詹姆斯·伯瑙尔（James Bernauer）和杰里米·加雷特（Jeremy Garrette）编辑的《米歇尔·福柯和神学》（*Michel Foucault and Theology*；2004年），加雷特的《福柯和宗教：属灵肉体和政治精神》（*Foucault and Religion: Spiritual Corporality and Political Spirituality*；1999年），以及许多文章。[55] 伊丽莎白·卡斯特利（Elizabeth A. Castelli）曾几次写过关于福柯和《哥林多前书》一至四章的文章，查考了他对不同权力的复杂观念，其中保罗也谈到了一系列的制裁，从一根穿过所谓的父权制的棍子到十字架的能力。[56] 其他人把注意力集中在教会内的虚假预言和威权主义的危险上，而不是权威上。然而，其他人会关注道成肉身和"肉体性"。福柯可能会说"温顺的身体"，但至少他认识到身体在生活中所发挥的作用。然而，他批判的是反常的宗教，而不是所有的宗教。在最好和最微

---

[55] James Bernauer and Jeremy Garrette, eds., *Michel Foucault and Theology: The Politics of Religious Experience* (Aldershot and Burlington, Vt.: Ashgate, 2004); and Jeremy R. Garrette, *Foucault and Religion: Spiritual Corporality and Political Spirituality* (London and New York: Routledge, 1999, 2007).

[56] Elizabeth Castelli, "Interpretations of Power in 1 Corinthians," in *Michel Foucault and Theology*, pp. 19-38, and Castelli, *Imitating Paul: A Discourse of Power* (Louisville: Westminster John Knox, 1991).

妙的情况下，它可以提醒我们警惕高度复杂和经常伪装的权力网络。他向我们展示了这些是如何变成"匿名"的，以及它们如何与知识和监督联系在一起。福柯进一步解释了哈贝马斯所说的诠释学中的"利益"或私利（self-interest），以及利科所说的诠释学中的无意识欲望或自恋。福柯对权力和知识的研究有益于诠释学。然而，困难也随之而来，尤其是他认为价值来自于单纯的约定惯例，通常是最有权势之政党的约定惯例。

五．美国的后现代主义：
理查德·罗蒂（与后期的斯坦利·费什）

理查德·罗蒂（Richard M. Rorty, 1931-2007年）生于纽约市，与"社会福音"神学家沃尔特·劳申布施（Walter Rauschenbusch）的女儿结成伉俪，并在芝加哥大学和耶鲁大学学习哲学。1961年，他在30岁的时候成为普林斯顿大学的哲学教授，1982年成为弗吉尼亚大学教授。他在美国被认为是一个受大众喜爱的人物，不仅因为他强有力（有些人可能会说是鲁莽）的写作风格，还因为他支持美国的务实传统。他的第一本书，《语言转向》（The Linguistic Turn；1967年），是一个受人尊敬的语言哲学研究。但在他的《哲学与自然之镜》（Philosophy and the Mirror of Nature；1979年）中，他转向了新实用主义（neopragmatism）和后现代主义，主张有必要取代哲学中的传统知识理论。[57]

我曾在几本书中对乐观实用主义和后现代主义的结合持保留和不安的态度。这些都与欧洲后现代主义重叠。然而，尽管法国思想家产生了怀疑和批判的悲观情绪，罗蒂在他的新实用主义版本的后现代主义中愉快写作。相较于法国人深深致力于为被压迫和边缘化

---

[57] Richard M. Rorty, *Philosophy and the Mirror of Nature* (Princeton: Princeton University Press, 1979). 中注：理查德·罗蒂，《哲学和自然之镜》，李幼蒸译（北京：商务印书馆，2003）。

的人做些事，罗蒂却在造成很大的伤害之后（尽管他确实在《偶然、讽刺与团结》（*Contingency, Irony, and Solidarity*）一书中表达了对自由进步主义的信仰），将社会关注几乎推迟到他最后一本书《哲学与社会希望》（*Philosophy and Social Hope*；2000 年）。[58] 我必须尽量避免重复我在别处的论述。[59] 简而言之，也有人明确区分了欧美后现代主义，但大多数人认为，相比于理查德·罗蒂和斯坦利·费什的更乐观的美国后现代主义，法国后现代思想家的左翼猜疑对基督教信仰更具魅力和伤害。我的观点正好相反。欧洲后现代性至少提供了对不真实宗教的深刻批判，但务实的美国后现代主义告诉我们，一切都很好，无论我们相信或做什么，只要对于当地社区而言是"成功的"。它把成功和修辞上的"赢家"放在真理的位置上，而真理可能会令人不适。这正是保罗所关心的，也是他为一些哥林多基督徒感到不安的原因。这没有给"**自我批评**"留下任何的空间。

在《哲学与自然之镜》中，罗蒂主要以叙事的方式叙述了历史哲学家。"镜子"成为罗蒂抨击的代表性的意义理论和相应真理理论的隐喻。他以奎恩（W. V. O. Quine）、威尔弗里德·塞拉斯（Wilfrid Sellars）和唐纳德·戴维森（Donald Davidson）的研究为基础，支持托马斯·库恩（Thomas Kuhn）早期对范式的描述。[60] 同样，许多人乐于将"科学"与老式唯物实证主义对等。他甚至认为，随着传统知识论（或认识论）的消亡，诠释学提供了一种填补空白的"应对方式"。"合理性"只是社会或"当地"群体让我们所说的话。[61] 几乎可以预见，他以一种超多元主义的方式解读了后期的维特根斯坦，

---

[58] Richard M. Rorty, *Philosophy and Social Hope* (Princeton: Princeton University Press, 1979), pp. 169-88 and 299-311.

[59] Anthony C. Thiselton, *Interpreting God and the Postmodern Self: On Meaning, Ma nipulation, and Promise* (Edinburgh: T. & T. Clark; Grand Rapids: Eerdmans, 1995), pp. 33-34 and 111-14; *Thiselton on Hermeneutics*, pp. 519-20, 586-96, 666-70, and 796-98.

[60] 罗蒂确实参考了库恩著作的第二版（在 322-335 及 343-347 页），但似乎没有认真地对待库恩的谨慎。中注：此处库恩著作的第二版是指 Thomas S. Khun, *The Structure of Scientific Revolutions*, 2nd edition (Chicago: University of Chicago Press, 1970).

[61] Rorty, *Mirror of Nature*, pp. 342-47 and 366-69.

正如简·赫尔（Jane Heal）和我所指出的那样。维特根斯坦的朋友诺曼·马尔科姆（Norman Malcolm）、乔治·皮彻（George Pitcher）和其他许多人并未用这种激进的方式来解读他。

罗蒂的下一个主要著作是《偶然，讽刺与团结》（*Contingency, Irony, and Solidarity*；1989年）。[62] 第一部分论述了语言的偶然性。像尼采、戴维森和维特根斯坦一样，他认为语言可能会使用伪装。因此，概念的形成不是"内在的"，而与我们的目的相关。这并非与众不同的"后现代"。罗蒂却极力主张自我的偶然性，再次诉诸尼采、维特根斯坦和海德格尔。（诉诸维特根斯坦是否合理仍有待商榷。）群体的偶然性随之而来。在这里，他变得政治化，拒绝（或试图拒绝）道德相对主义的指控。他讨论了残忍的伦理问题，并相信我们会发展为一个更自由的社会。鉴于此，我们就不能不比较福柯对官僚主义的态度，对监狱、医院或武装部队**体制**的态度，对酷刑的态度，以及利奥塔对自由进步主义和达尔文主义的"神话"的态度。

在第二部分，罗蒂研究了**讽刺**。普鲁斯特、尼采、海德格尔，特别是德里达，是"反讽之人"的模范。[63] 德里达没有尝试形而上学或传统的认识论。斯坦利·费什赞同罗蒂的观点，他对此进行了明确的讨论。他更喜欢把"修辞"变成"讽刺"，但这两个词很接近。他以惊人的方式大胆和有力地概括道："思考各种事物的方式有两种……这就是严肃之人和修辞之人的区别。"[64] 前半段引语来自罗蒂。在无礼的泛泛而论和对多数人存疑之事的乐观主义方面，费什和罗蒂几乎不甘落后。

罗蒂在第三部分讨论了社会团结，同时也提到了残酷。他声称，乔治·奥威尔（George Orwell）是一个老式的自由主义者，他们都

---

[62] Richard M. Rorty, *Contingency, Irony, and Solidarity* (Cambridge: Cambridge University Press, 1989). 中注：理查德·罗蒂，《偶然、反讽与团结》，徐文瑞译（北京：商务印书馆，2003）。

[63] Rorty, *Contingency, Irony, and Solidarity*, pp. 122-37; cf. pp. 96-121.

[64] Stanley Fish, *Doing What Comes Naturally: Change, Rhetoric, and the Practice of Theory in Literary and Legal Studies* (Oxford: Clarendon, 1989), pp. 501-2; cf. pp. 471-502.

否认了自由的进步主义希望。在最后一节中,他将伦理评价简化为代表特定群体所作的"我们"陈述("we" statements),因为没有"自然的"自我。"这是基督教思想的一部分,对待每一个人……同为罪人……世俗伦理的普遍主义已经从基督教那里承接了的这种态度。"[65]

罗蒂在《客观性、相对主义与真理》(*Objectivity, Relativism, and Truth*; 1990 年)和《论海德格尔和其他人》(*Essays on Heidegger and Others*; 1991 年)中发展了这些主题。《哲学论文》(*Philosophical Papers*)的第一卷和第二卷、1998 年出版的第三卷《真理与进步》(*Truth and Progress*)、2007 年出版的第四卷也是最后一卷《哲学作为文化政治》(*Philosophy as Cultural Politics*),指明了这些主题。(这四卷均由剑桥大学出版社出版)。在《真理与进步》的第一篇文章中,罗蒂大量引用了美国实用主义者威廉·詹姆斯(William James)和约翰·杜威(John Dewey)。他同意詹姆斯的观点,即"真实就是以信念的方式证明自己是好的任何事物的名称。"[66] 这不存在"使现实正确"的任务。[67] 这些文章来自 1995 年。在最后一篇文章中,罗蒂表达了他对戴维森、维特根斯坦和德里达的敬意。

稍微论述美国实用主义哲学会重复我的批判。然而,我在这里简短概括式地提到罗伯特·科林顿(Robert Corrington)对美国诠释学的卓越描述。[68] 关键是始终寻找"进步",甚至"成功"和"赢家",并谈论"群体"。本杰明·富兰克林(1706-1700 年)寻找"人类的利益",拉尔夫·沃尔多·爱默生(Ralph Waldo Emerson,1803-1802 年)称他的政党为"未来的政党"。双重标准始终是群体的利益和共识。罗伊斯(Royce)是美国黑格尔,他阐述了"群体"和"进步"。罗蒂

---

[65] Rorty, *Contingency, Irony, and Solidarity,* p. 191.
[66] Richard Rorty, *Truth and Progress: Philosophical Papers,* vol. 3 (Cambridge: Cambridge University Press, 1998), p. 21. 中注:理查德·罗蒂,《真理与进步》,杨玉成译(华夏出版社,2003)。
[67] Rorty, *Truth and Progress*, p. 25.
[68] Robert S. Corrington, *The Community of Interpreters: On the Hermeneutics of Nature and the Bible in the American Philosophical Tradition* (Macon, Ga.: Mercer University Press, 1987), pp. 1-46.

把一切都当作"垃圾"清理掉，这不符合务实的标准。这让人想起20世纪30年代，阿耶尔（A. J. Ayer）当时将所有不符合他经验的可验证性标准的事物都斥为"无意义"。他的轻蔑态度在英国吸引了成千上万的人，如同罗蒂和费什在美国一般。阿耶尔是当时英国引领潮流且傲慢的哲学家，这并非偶然。那些不走捷径而处理大问题的人不太受欢迎。我们回想逻辑实证主义为幼稚的经验主义。我们认为另一种是天真的实用主义。

特伦斯·蒂利（Terrence Tilley）用一些怀疑论的术语，如"后现代的""后基督教的""后殖民的""后工业的""后分析的""后结构的"等词来检验。[69] 类似的标题和术语是《超越客观主义》（*Beyond Objectivism*）和《弗洛伊德之后》（*After Freud*）。他称之为"后时代"邮票！人们总是认为现在可以带来一个更大、更美好的未来。但有一个问题是，所有这些理论在历史上都是相对的。后现代主义或后结构主义之后会发生什么？罗蒂十分担心自己被视为精英相对主义者，把他的哲学称为"地方性的"（local）或**民族中心主义的**，而不是相对主义的。但他实际上同意他的思想等同于相对主义，尽管他不喜欢这个词；他不能两全其美。

罗蒂的真理"标准"鼓励竞争、消费主义和技术。从这个意义上来讲，他又回到了启蒙运动。很显然，尽管罗蒂主张"诠释学"，但就这个术语通常使用的意义上而言，他的著作对诠释学的价值相对较小。相比之下，欧洲思想家确实提出了一些见解和警告，这可能会在我们的诠释努力中引起一些必要的反省。更具体地说，罗蒂、费什和利奥塔（因为《分歧》）走得太远了，无法仍有助于诠释学。德里达、巴特、鲍德里亚和福柯可以为诠释学反思提供洞见，但我们对他们思想的某些方面极其谨慎。我们对后现代主义不能一概而论。

---

[69] Terrence Tilley, "The 'Post-Age' Stamp," in *Postmodern Theologies*, pp. vi-vii.

六．建议初学阅读书籍

Critchley, Simon, and Timothy Mooney, "Deconstruction and Derrida," in *Twentieth-Century Continental Philosophy,* edited by Richard Kearney (London and New York: Routledge, 1994), pp. 441-71.

Haber, Honi Fern, *Beyond Postmodern Politics: Lyotard, Rorty, Foucault* (New York and London: Routledge, 1994), pp. 9-42 and 73-134.

Lyon, David, *Postmodernity* (Buckingham: Open University Press, 1994), pp. 1-19.

Rorty, Richard, *Truth and Progress: Philosophical Papers,* vol. 3 (Cambridge: Cambridge University Press, 1998), pp. 1-42.

Thiselton, Anthony C., "The Bible and Postmodernity" and "Retrospective Appraisal," in *Thiselton on Hermeneutics: Collected Works with New Essays* (Grand Rapids: Eerdmans; Aldershot: Ashgate, 2006), pp. 643-81.

17

一些总结性的评论

一. 神圣施动和圣经权威

我知道自己在这本书中没有完全解决圣经默示中的神圣施动（divine agency）如何与人类阅读和解释相关的问题。最接近这个问题的是从新约到 18 世纪的第五、六和七章，以及包括卡尔·巴特神学的第十章。巴特认为圣灵会调解神的道，尽管人类的信仰和期望也有发挥作用。早期教父们陈述了他们对圣灵默示的看法，但这往往与他们对阅读、聆听和解释的实际评论是分开的。

正如我们所指出的，马克·博瓦尔德（Mark Bowald）近期批判了启蒙运动的知识论、康德哲学和圣经鉴别的兴起，因为它们在诠释学研究中掩盖或避免了这个问题。[1] 詹斯·齐默尔曼（Jens Zimmermann）对圣经中的神圣施动也提出了类似的观点。他敦促我们应该恢复启蒙运动前强调对神的默观作为正确解释的首要条件。[2] 但他们把信心作为解释的前设首先忽略了许多关于**预先理解**的著作，继而忽略了圣经鉴别的多重形式的本性。圣经鉴别不鼓励（单一的）**一个**方法，而是（复数）多重方法。我们必须公正对待这样一个事实：塞姆勒（Semler）、施特劳斯（Strauss）和鲍尔（F. C. Baur）站在谱系的一端，而威斯科特（Westcott）、莱特福特（Lightfoot）和霍尔特（Hort），以及穆勒（C. F. D. Moule）、查尔兹（B. S. Childs）和布鲁斯（F. F. Bruce）这类新近作者站在另一端。

无论如何，我们都有冒分类错误的风险。简而言之，一旦我们同意这是圣灵的工作，那么神如何选择默示圣经是神的事，而不是我们的事。这并不是说人类的探究无关紧要或无足轻重，而是说人类的探究所提供的答案，并不比任何有关圣灵本性的问题更可预测或容易回答。就连卡尔·巴特也谈到了圣灵的恩赐，我们必须专注于"**从何**"而非"**如何**"。"我们真正关心的不是（属灵）现象本身，

---

[1] Mark Alan Bowald, *Rendering the Word in Theological Hermeneutics* (Aldershot and Burlington, Vt.: Ashgate, 2007), pp. 16-25 and 163-83.
[2] Jens Zimmermann, *Recovering Theological Hermeneutics: An Incarnational-Trinitarian Theory of Interpretation* (Grand Rapids: Baker Academic, 2004), throughout, but especially pp. 160-80.

而是它们从何处来，到何处去，指向什么，为什么作证。"³

圣灵不求闻达（self-effacing）的运作使这一问题更复杂化。神在作工，但这种活动只能从它的效果来看（约三章）。这并非偶然，"**如何**"这个问题从最早的时期就已逃脱了作者的注意。博瓦尔德的图表和模型对我们帮助不大。沃尔特斯托夫提供了**一种**可能的神圣施动的模式。⁴ 然而，这是一个不同于诠释学的主题；遗憾的是，博瓦尔德批判避免将它们互相融合的尝试，以及相关的危险。我们对"属灵恩赐"的态度是，圣灵"随己意"赐给他们（林前十二 11）。**如何**以不同方式默示如此众多不同的圣经体裁，也是同样的道理。

伯特查尔（J. T. Burtchaell）写道："令许多领域的学者感到困惑的是，个体的人类事件如何由神和人类共同作成……根本问题就是道成肉身。"⁵ 我们必须避免幻影说与亚流主义的同等事物。

二. 语言学和语用学的进展：礼貌理论

诠释学中将来的一些可能的发展或许要提一下。然而，也许这些内容都太新了，不足以作为教科书的详细内容，尤其是因为我们的预测仍是推测性的。尽管后期的德里达限定说明了他先前关于自主文本（autonomous text）的评论，尽管巴特斯并非唯一谈到"作者之死"的人，但这种进路只不过是一种过时的方式。维特根斯坦清楚表明，语言游戏通常由"语言和它所编织的行动"组成。他宣称："想象一种语言意味着想象一种生活形式。""说话……是活动的一部分，或一种生活方式。""指挥、提问、叙述、聊天都是我们自然

---

³ Karl Barth, *The Resurrection of the Dead,* trans. H. J. Stenning (London: Hodder and Stoughton, 1933), p. 80.
⁴ Nicholas Wolterstorff, *Divine Discourse: Philosophical Reflections on the Claim That God Speaks* (Cambridge: Cambridge University Press, 1995), especially pp. 1-8 and 95-129.
⁵ James T. Burtchaell, *Catholic Theories of Inspiration since 1810: A Review and Critique* (Cambridge: Cambridge University Press, 1969), p. 279.

历史的一部分，正如散步、吃饭、喝酒、玩耍一样。"[6] 问题是，我们总倾向于概括化和抽象化，抽象地提出诸如"语言是什么？"或"意义是什么？"之类的问题。

认识到语言往往涉及行动和环境，这就把我们带至奥斯汀所说的"**述行性**"（performative）或"**言外性**"（illocutionary）**语言**的边缘。维特根斯坦认为，在葬礼仪式上，"我们悼念我们的兄弟"这句话并不是描述一个活动的陈述，而是一种表述性的话语或言外性的表达，以某人死亡的事实为前提。[7] 奥斯汀也明确表明，述行语（performatives）依赖于对共同公认之惯例的使用。形容词"真或假"不适用于述行语本身，但适用于它所假定的情况。在诸如"我给这艘船起名"或"我举行这个游园会"或"我给这个婴儿施洗"这样的例子中，说出这述行或言外性的话语的人必须恰当地被授权。既定过程也必须完全执行。如果大主教宣布"我打开这个图书馆"，钥匙却断在了锁里怎么办？或者如果我说"我选乔治"，他咕哝着"别玩儿了"会怎么样？[8]

伊万斯（D. D. Evans）借着参照神的创造行为很好地发展了这一思想。[9] 在神的话语、行动或命令的背景下，日常生活中暗示了约定到惯例和盟约之间有相似之处。约翰·塞尔（John Searle）修改并改进了奥斯汀的分类，指出述行动词（performative verbs）并不总是对应述行行动（performative actions）。我的前博士生理查德·布里格斯（Richard S. Briggs）进一步将述行语言应用于信仰的认信、赦罪和教导之中。[10] 毫无疑问，这是诠释学中可以进一步探索的富有

---

[6] Ludwig Wittgenstein, *Philosophical Investigations,* German and English, English text translated by G. E. M. Anscombe (Oxford: Blackwell, 1967), sections 7, 19, 23, and 25.

[7] Wittgenstein, *Philosophical Investigations,* part II, ix, p. 189.

[8] John L. Austin, *How to Do Things with Words* (Oxford: Clarendon, 1965), pp. 11-38.

[9] Donald D. Evans, *The Logic of Self-Involvement: A Philosophical Study of Everyday Language with Special Reference to the Christian Use of Language about God as Creator* (London: SCM, 1963), especially pp. 11-79.

[10] John R. Searle, *Expression and Meaning: Studies in the Theory of Speech Acts* (Cambridge: Cambridge University Press, 1979), pp. 1-57, and Richard S. Briggs,

成果的领域，前提是我们要记住，与一些德国学者不同，述行式预设了事实或暗示了陈述，以及约定的惯例或盟约。

这就引出了语言学和语用学中的同类子学科，即"**礼貌理论**"（politeness theory）。它强调语言的情境背景，但特别指出语言及其语境往往对说话者带来威胁或保全面子的技巧。它要求在圣经的"介绍"中进行详尽的研究。在语言学理论中，它很大程度上依赖于佩内洛普·布朗（Penelope Brown）和斯蒂芬·莱文森（Stephen Levinson）的研究。[11] 它表明，当我们使用语言时，我们的关注点很大程度上是为了捍卫我们投射的"面子"，因此我们使用保全面子的语言应对对话可能带来的"威胁"。这取决于先前关于**转换含意**和**言语行为**或**述行行为**的研究。[12] "礼貌"包括为他人留面子。积极的面子渴望被喜欢或欣赏。一些策略旨在将威胁降到最低，或在技术上构成"威胁面子的行为"（Face-Threatening Act，在书中简称为FTA）。

我的另一位成功的博士候选人威廉·奥尔豪森（William Olhausen）近期就《哥林多前书》第一章推进了这些研究。[13] 具有讽刺意味的是，圣经研究中的一些人关注新约社会学，而另一些人在文本经常从其处境中抽象出来时去关注德里达、后结构主义或修辞。礼貌理论提供了一条前进的道路。但在其他学科达到顶峰并开始衰落的10年或20年后，人们以极大的热情迎接其他领域的发展。然而，这种进路可能会很快进入诠释学。

Words in Action: Speech Act Theory and Biblical Interpretation; Toward a Hermeneutic of Self-Involvement (Edinburgh and New York: T. & T. Clark, 2001), especially part 2, pp. 147-292.

[11] Penelope Brown and Stephen C. Levinson, *Politeness: Some Universals in Language Usage* (Cambridge: Cambridge University Press, 2003).

[12] Stephen C. Levinson, *Pragmatics* (Cambridge: Cambridge University Press, 1983), pp. 97-166 and 226-83.

[13] 据我所知，他唯一印刷出版的作品是 William Olhausen, "A 'Polite' Response to Anthony Thiselton," in *After Pentecost: Language and Biblical Interpretation,* ed. Craig Bartholomew and others, Scripture and Hermeneutics Series, vol. 2 (Grand Rapids: Zondervan; Carlisle: Paternoster, 2001), pp. 121-30.

三．布里瓦德·查尔兹与正典进路

我可能在这本教科书中包括的另一个领域是布里瓦德·查尔兹（Brevard S. Childs，1923-2007年）的"正典进路"（the canonical approach）。查尔兹在最近一篇文章中评论道，他不喜欢"正典批判"一词来描述他的进路，因为他没有提出一种新的批判法或方法论。他还强调，我们和教会都未"使"一本书成为正典，但可以"承认"它的正典地位。[14] 布鲁斯（F. F. Bruce）提出了同样的正确观点。然而，查尔兹确实关注读者群体，在一生大部分时间里，他也关注犹太教和教会对文本的"接受"，正如他在《出埃及记》注释书中的杰出呈现；我们对此已有讨论。

查尔兹一直反对无价值的中立学术的幻想。至少可以说，令人失望的是，海基·拉西萨嫩（Heikki Räisänen）质疑查尔兹的学术是否"合理可靠"，纯粹是因为他们在这件事上存在分歧。在《旧约圣经导论》（*Introduction to the Old Testament as Scripture*; 1979年）中，查尔兹给自己定下了一个任务，那就是从一本圣经书卷在整本正典中所处位置的角度来解释这卷书会有何不同。[15] 何西阿关于爱的得胜的语言超越了他当下的处境。我和一群神职人员一起研读了这卷书，我们一致认为结果是可变的，但在某些情况下是非常正面的。

1984年，查尔兹也同样处理了新约书卷。例如，当我们谈到马利亚的尊主颂时，我们不能忽视路加对哈拿的赞美诗歌的使用（路一46-55；参撒上二1-10）。查尔兹在《正典处境中的旧约神学》（*Old Testament Theology in a Canonical Context*; 1985年）和《新旧约圣经神学》（*Biblical Theology of the Old and New Testaments*; 1992年）中进一步研究了这一主题。他试图重新定义圣经神学。有时据称，查尔兹对圣经鉴别不够重视；至少那不是他的意图。我没有提供有

---

[14] Brevard S. Childs, *Biblical Theology in Crisis* (Philadelphia: Westminster, 1970), p. 105.

[15] Brevard S. Childs, *Introduction to the Old Testament as Scripture* (London: SCM; Philadelphia: Fortress, 1979).

关查尔兹的完整内容。首先，这是因为教科书无法涵盖所有内容；其次，这是因为我是两年前才撰写与查尔兹有关的著作。[16]

四．更全面的意义、预表和寓意解释

圣经的"更全面的意义"（sensus plenior）的问题再次引发了寓意解释合法性的长久问题。我们在第五、六和十五章已提出这个问题，特别是第六章"从第3世纪到第13世纪"。在这一讨论中，我们注意到罗伯特·马库斯（Robert Markus）的观点，即格列高利在寓言方面可能不如奥古斯丁谨慎，因为在教会时代，格列高利被允许有一种更狭隘的世界观。今天，事情已经完全转变了，我们被迫像奥古斯丁一样，持有更大的世界观和符号理论。

然而，令人遗憾的是，像安德鲁·卢斯（Andrew Louth）和亨利·德·卢巴克（Henri de Lubac）这样的作者认为寓言是一种完全积极的、非此即彼的观点。包括奥古斯丁和马丁路德在内的教会中最好的圣经解释者已经允许寓言的存在，却持保留又谨慎的态度。答案似乎并不取决于我们否决或完全推崇寓言，而是取决于我们使用经文的目的，以及我们是在解释一个"开放"文本还是"封闭"文本。有很多先例允许对寓言的默观性（contemplative）使用，但不允许使用寓言来解决教义冲突。这在很大程度上解释了宗教改革家对寓意解释的怀疑。此外，当加尔文坚持圣经只有单一明确的意思（unus et simplex）时，他把我们当中的一些人置于一个两难境地。我们可以假设他主要讲的是教义段落或描述性的报告。但没有人能想象，诗歌段落或关于受苦仆人的经文只有一个明确而简单的含义。

---

[16] Anthony C. Thiselton, "Canon, Community and Theological Construction," in *Canon and Biblical Interpretation,* ed. Craig G. Bartholomew and others, Scripture and Hermeneutics Series, vol. 7 (Grand Rapids: Zondervan; Carlisle: Paternoster, 2006), pp. 1-30.

五．天主教圣经学术研究与两个重大转折点

本书所讨论的学者中，除了那些天主教徒和新教徒主张"属于他们的"宗教改革前的作者，属于罗马天主教传统的学者较少。说到俄利根、奥古斯丁、里拉的尼古拉斯、托马斯·阿奎那，就包括了我们共同的基督教先辈。从宗教改革到第二次梵蒂冈会议，在诠释学中最具创造性的作者恰好是新教学者。然而，我们已经提到最近教宗圣经委员会（Pontifical Biblical Commission）的《教会中的圣经解释》（*The Interpretation of the Bible in the Church*；罗马，1994 年）的包容性，以及约瑟夫·菲茨梅尔（Joseph A. Fitzmyer）为其所写的引言。[17] 这是一份非常普世合一性的文件，由当时的约瑟夫·拉辛格（教皇本笃十六世）写的序言。

这个文件欢迎圣经学术研究的所有工具和方法，对诠释学是热情和积极的。从新教的视角来看，许多联合声明是最令人鼓舞的，尽管第二次梵蒂冈会议的文献仍然坚持无瑕的圣母的概念和假设，经常声称这些教义具有象征意义而非"字面意义"。在许多天主教神学中，向前迈出的决定性一步是把圣母论声明视为与基督和道成肉身有关。除了极少数明显的例外，天主教对待圣经的方式与新教相似。

谱系的另一端也有同样的疏漏。我没有包括许多其他人物，例如迪安·弗雷迪（Dean Freiday）的《圣经：16 和 17 世纪英格兰对圣经的批判、解释及使用》（*The Bible: Its Criticism, Interpretations, and Use in Sixteenth and Seventeenth Century England*）（丁道尔除外）的人物，其中包括理查德·巴克斯特（Richard Baxter）和其他人。但是再次声明，教科书对内容必须有选择性。

施莱尔马赫和伽达默尔确实代表了这一主题的两个关键转折点。尤其是和保罗·利科一起，他们理应并已经受到特别关注。值得注意

---

[17] Joseph A. Fitzmyer, *The Biblical Commission's Document "The Interpretation of the Bible in the Church": Text and Commentary* (Rome: Pontifical Biblical Institute, 1995).

的是，伽达默尔和卡尔·巴特一同阐述了很多关于"**聆听**"文本的内容。我所希望的是，读者不仅能以"聆听"的方式来阅读圣经，而且也能像贾斯所强调的那样怀着适当的**期望**来阅读圣经。倾听和期待能尽量给予圣经在公共和私人的阅读中应有的地位。因此，圣经的"权威"将成为一种经验和教义的实践之事。

参考书目

以下书籍或文章，有 (*) 标记的是教材，书籍带有 (+) 标记的，则是对诠释学有重大贡献的著作。

Aageson, J. W., *Written Also for Our Sake: Paul and the Art of Biblical Interpretation* (Louisville: Westminster John Knox, 1993).

*Achtemeier, Paul J., *An Introduction to the New Hermeneutic* (Philadelphia: Westminster, 1969).

+Alter, Robert, *The Art of Biblical Narrative* (New York: Basic Books, 1981).

+Apel, Karl-Otto, *Understanding and Explanation: A Transcendental-Pragmatic Perspective* (Cambridge: MIT Press, 1984).

Aquinas, Thomas, *Commentary on John*, translated by J. A. Weisheipl and F. R. Larcher, Aquinas Scripture Commentaries 3 and 4 (Albany, N.Y.: Magi Books, 1966, 1998).

———, *Commentary on the Epistle of Paul to the Ephesians*, translated by F. R. Larcher, Aquinas Scripture Commentaries 2 (Albany, N.Y.: Magi Books, 1966).

———, *Summa Theologiae*, Latin and English, Blackfriars edition, 60 vols. (London: Eyre and Spottiswood; New York: McGraw-Hill, 1963 onward).

Assmann, Hugo, *A Practical Theology of Liberation*, translated by Paul Burns, introduction by Gustavo Gutiérrez (London: Search Press,

1975).

*Atkinson, James, *Martin Luther and the Birth of Protestantism* (London: Penguin Books, 1968).

Attridge, H. W., *Commentary on the Epistle to the Hebrews* (Philadelphia: Fortress, 1989).

+Austin, John L., *How to Do Things with Words* (Oxford: Clarendon, 1992, 1965).

+Baird, J. Arthur, *Audience Criticism and the Historical Jesus* (Philadelphia: Westminster, 1969).

*Baird, William, *History of New Testament Research*, 3 vols., vol. 2, *Jonathan Edwards to Rudolf Bultmann* (Minneapolis: Fortress, 2003).

Bal, Mieke, *Murder and Difference: Gender, Genre, and Scholarship on Sisera's Death*, translated by M. Gumpert (Bloomington: Indiana University Press, 1988; reprint 1992).

Balthasar, Hans Urs von, *Theo-Drama: Theological Dramatic Theory*, translated by G. Harrison, 5 vols. (San Francisco: Ignatius, 1988–98).

Barr, James, *The Bible in the Modern World* (London: SCM, 1973).

+———, *The Semantics of Biblical Language* (Oxford: Oxford University Press, 1961).

+Barth, Karl, *Church Dogmatics*, edited by G. W. Bromiley, T. F. Torrance, and others, 14 vols. (Edinburgh: T. & T. Clark, 1957–75).

+———, *The Epistle to the Romans*, translated by E. C. Hoskyns (Oxford and London: Oxford University Press, 1933).

———, *The Resurrection of the Dead*, translated by H. J. Stenning (London: Hodder and Stoughton, 1933).

———, "Rudolf Bultmann—an Attempt to Understand Him," in *Kerygma and Myth: A Theological Debate*, edited by Hans Werner Bartsch, 2 vols. (London: SCM, 1953), 2:83–132.

*———, "The Strange New World within the Bible," in Barth, *The Word of God and the Word of Man* (London: Hodder and Stoughton, 1928), pp.

28–50.

———, *The Theology of Schleiermacher: Lectures at Göttingen, 1923–24*, translated by G. W. Bromiley (Grand Rapids: Eerdmans, 1982).

*———, *The Word of God and the Word of Man*, translated by D. Horton (London: Hodder and Stoughton, 1928).

Barthes, Roland, "The Death of the Author" (1968), in *Image-Music-Text*, translated by Stephen Heath (London: Fontana, 1977).

———, *Elements of Semiology* (London: Jonathan Cape, 1967).

*———, *Mythologies* (London: Jonathan Cape, 1972).

———, *The Rustle of Language*, translated by R. Howard (New York: Hill and Wang, 1986).

+———, "A Structural Analysis of a Narrative from Acts X–XI," in *Structuralism and Biblical Hermeneutics: A Collection of Essays*, edited and translated by Alfred M. Johnson (Pittsburgh: Pickwick, 1979), pp. 109–39.

Barton, John, *Reading the Old Testament: Method in Biblical Study* (London: Darton, Longman and Todd, 1984).

*Bauckham, Richard J., *Bible and Mission: Christian Witness in a Postmodern World* (Grand Rapids: Baker Academic; Carlisle: Paternoster, 2003).

Baudrillard, Jean, *Forget Foucault* (New York: Semiotext(e), 1987).

———, *The Mirror of Production*, translated by M. Poster (St. Louis: Telos Press, 1975).

+———, *Simulations*, translated by P. Foss and others (New York: Semiotext(e), 1983); French edition, *Simulacres et Simulation*.

+Bauman, Zygmunt, *Hermeneutics and Social Science: Approaches to Understanding* (London: Hutchinson, 1978).

Bernard, L. W., *Justin Martyr: His Life and Thought* (Cambridge: Cambridge University Press, 1967).

Bernauer, James, and Jeremy Garrette, eds., *Michel Foucault and Theology:*

The Politics of Religious Experience (Aldershot and Burlington, Vt.: Ashgate, 2004).

*Berryman, Phillip, *Liberation Theology* (London: Tauris, 1987).

*———, *The Religious Roots of Rebellion: Christians in the Central American Revolutions* (London: SCM, 1984).

+Betti, Emilio, *Allgemeine Auslegungslehre als Methodik der Geisteswissenschaften*, German translation and edition of the Italian (Tübingen: Mohr, 1967).

Bible and Culture Collective, *The Postmodern Bible* (New Haven: Yale University Press, 1997).

Bird, Phyllis A., *Missing Persons and Mistaken Identities: Women and Gender in Ancient Israel* (Minneapolis: Fortress, 1997).

*Blackman, E. C., *Biblical Interpretation* (London: Independent Press, 1957).

Blank, Josef, in *Rudolf Bultmann in Catholic Thought*, edited by Thomas F. O'Meara and Donald M. Weisser (New York: Herder and Herder, 1968), pp. 78–109.

Bleich, David, *The Double Perspective: Language, Literacy, and Social Relations* (New York and Oxford: Oxford University Press, 1988).

Bleicher, Josef, *Contemporary Hermeneutics: Hermeneutics as Method, Philosophy, and Critique* (London and Boston: Routledge and Kegan Paul, 1980).

*Blomberg, Craig L., *Interpreting the Parables* (Leicester: Apollos, 1990).

Boesak, Allan, *Black and Reformed: Apartheid, Liberation, and the Calvinist Tradition* (Maryknoll, N.Y.: Orbis, 1984).

Boff, Leonardo, *Jesus Christ Liberator: A Critical Christology of Our Time*, translated by Patrick Hughes (Maryknoll, N.Y.: Orbis, 1978; London: SPCK, 1980).

*Boff, Leonardo, and Clodovis Boff, eds., *Introducing Liberation Theology* (London: Burns and Oates, 1987).

Bonhoeffer, Dietrich, *Meditating on the Word* (Cambridge, Mass.: Cowley,

1986).

Bonner, Gerald, "Augustine as Biblical Scholar," in *The Cambridge History of the Bible*, edited by P. R. Ackroyd and C. F. Evans (Cambridge: Cambridge University Press, 1970), 1:541–63.

Boucher, Madeline, *The Mysterious Parable: A Literary Study* (Washington, D.C.: American Catholic Biblical Association, 1977).

Bovon, François, introduction to *Exegesis: Problems of Method and Exegesis in Reading (Genesis 22 and Luke 15)*, edited by François Bovon and Grégoire Rauiller, translated by D. G. Miller (Pittsburgh: Pickwick, 1978).

———, *Luke the Theologian*, 2nd ed. (Waco, Tex.: Baylor University Press, 2006).

Bowald, Mark Alan, *Rendering the Word in Theological Hermeneutics* (Aldershot and Burlington, Vt.: Ashgate, 2007).

+Briggs, Richard S., *Words in Action: Speech Act Theory and Biblical Interpretation; Toward a Hermeneutic of Self-Involvement* (Edinburgh and New York: T. & T. Clark, 2001).

+Brown, Penelope, and Stephen C. Levinson, *Politeness: Some Universals in Language Usage* (Cambridge: Cambridge University Press, 2003).

+Bultmann, Rudolf, *Faith and Understanding*, vol. 1 (London: SCM, 1969).

———, *History of the Synoptic Tradition*, translated by John Marsh (Oxford: Blackwell, 1963).

———, "Is Exegesis without Presuppositions Possible?" in *Existence and Faith: Shorter Writings of Rudolf Bultmann*, edited by S. M. Ogden (London: Collins, 1964), pp. 342–52.

*———, *Jesus Christ and Mythology and Other Essays*, edited and translated by Schubert Ogden (Philadelphia: Fortress: 1984).

+———, "New Testament and Mythology," in *Kerygma and Myth: A Theological Debate*, edited by Hans Werner Bartsch, 2 vols. (London: SCM, 1953), 1:1–44; retranslated in Bultmann, *New Testament Mythology and Other Basic Writings*, selected, edited, and translated by Schubert M. Ogden (Philadelphia: Fortress, 1984), pp. 35–36.

+———, "The Problem of Hermeneutics," *Zeitschrift für Theologie und Kirche* 47 (1950): 47–69; reprinted in Bultmann, *Essays Philosophical and Theological* (London: SCM, 1955), pp. 234–61.

Burrows, Mark S., and Paul Rorem, eds., *Biblical Hermeneutics in Historical Perspective: Studies in Honour of Karlfried Froehlich on His Sixtieth Birthday* (Grand Rapids: Eerdmans, 1991).

Burtchaell, James T., *Catholic Theories of Inspiration since 1810: A Review and Critique* (Cambridge: Cambridge University Press, 1969).

Caird, George B., *The Language and Imagery of the Bible* (London: Duckworth, 1980).

Cairns, David, *A Gospel without Myth? Bultmann's Challenge to the Preacher* (London: SCM, 1960).

Calvin, John, *The Epistles of Paul to the Galatians, Ephesians, Philippians, and Colossians*, translated by T. H. L. Parker (Edinburgh: Oliver and Boyd, 1965).

+———, *Institutes of the Christian Religion*, translated by Henry Beveridge, 2 vols. (London: James Clarke, 1957).

+———, preface to *The Epistles of Paul to the Romans and the Thessalonians*, translated by R. Mackenzie, edited by T. F. Torrance (Edinburgh: Oliver and Boyd, 1964).

———, *The Second Epistle of Paul to the Corinthians; the Epistles of Paul to Timothy, Titus, and Philemon*, translated by T. A. Smart (Edinburgh: St. Andrews Press, 1964).

Cannon, Kate G., *Women and the Soul of the Black Community* (New York: Concilium, 1995; 1st ed. 1985).

Carson, Donald A., *Biblical Interpretation in the Church: Text and Context* (Exeter: Paternoster, 1984).

Castelli, Elizabeth, *Imitating Paul: A Discourse of Power* (Louisville: Westminster John Knox, 1991).

———, "Interpretations of Power in 1 Corinthians," in *Michel Foucault and Theology: The Politics of Religious Experience*, edited by James Bernauer and Jeremy Garrette (Aldershot and Burlington, Vt.: Ashgate, 2004), pp. 19–38.

Chadwick, Henry, *The Enigma of Philo* (London: Athlone, 1969).

Charity, A. C., *Events and Their Afterlife: The Dialectics of Christian Typology in the Bible and Dante* (Cambridge: Cambridge University Press, 1966).

Childs, Brevard S., *Biblical Theology in Crisis* (Philadelphia: Westminster, 1970).

+———, *Exodus: A Commentary* (London: SCM, 1974).

+———, *Introduction to the Old Testament as Scripture* (London: SCM; Philadelphia: Fortress, 1979).

Chilton, Bruce D., *A Galilean Rabbi and His Bible: Jesus' Use of the Interpreted Scripture of His Time* (London: SPCK, 1984).

*———, "Targum," in *Dictionary of Biblical Interpretation*, edited by John H. Hayes, 2 vols. (Nashville: Abingdon, 1999), 2:531–34.

Christ, Carol C., *The Laughter of Aphrodite* (New York: Harper and Row, 1987).

———, *Rebirth of the Goddess* (New York: Routledge, 1997).

+Christianson, Eric, *Ecclesiastes through the Centuries*, Blackwell Bible Commentaries (Oxford: Blackwell, 2007).

+Corrington, Robert S., *The Community of Interpreters: On the Hermeneutics of Nature and the Bible in the American Philosophical Tradition* (Macon, Ga.: Mercer University Press, 1987).

*Court, John M., ed., *Biblical Interpretation: The Meanings of Scripture—Past and Present* (London and New York: T. & T. Clark and Continuum, 2003).

Cranfield, Charles E. B., *The Gospel according to St. Mark: A Commentary*,

Cambridge Greek Testament (Cambridge: Cambridge University Press, 1959).

+Croatto, J. Severino, *Exodus: A Hermeneutics of Freedom*, translated by Salvator Attanasio (Maryknoll, N.Y.: Orbis, 1981).

Crossan, John Dominic, *Cliffs of Fall: Paradox and Polyvalence in the Parables of Jesus* (New York: Seabury Press, 1980).

+———, *In Parables: The Challenge of the Historical Jesus* (New York: Harper and Row, 1973).

———, *Raid on the Articulate: Comic Eschatology in Jesus and Borges* (New York: Harper and Row, 1976).

Danaher, Geoff, Tony Schirato, and Jen Webb, *Understanding Foucault* (London and New Delhi: Jage Publications, 2000).

Daube, David, "Rabbinic Methods of Interpretation and Hellenistic Rhetoric," *Hebrew Union College Annual* 22 (1949): 234–64.

Derrida, Jacques, in *Deconstruction and Criticism*, edited by H. Bloom et al. (London: Routledge and Kegan Paul, 1979).

———, *Limited Inc*, edited by G. Graff, translated by J. Mehlmann and S. Weber (Evanston, Ill.: Northwestern University Press, 1988).

+———, *Margins of Philosophy*, translated by Alan Bass (London and New York: Harvester Wheatsheaf, 1982).

———, *Of Grammatology*, translated by G. C. Spirak (Baltimore: Johns Hopkins University Press, 1975).

+———, *Speech and Phenomena and Other Essays on Husserl's Theory of Signs*, translated by D. B. Allison (Evanston, Ill.: Northwestern University Press, 1973).

———, *Writing and Difference*, translated by A. Bas (Chicago: University of Chicago Press, 1978).

+Dilthey, Wilhelm, *Gesammelte Schriften*, vol. 7 (Leipzig and Berlin: Teubner, 1927), pp. 213–14; translated in *Selected Writings*, edited by H. P. Rickman (Cambridge: Cambridge University Press, 1976), pp. 226–27.

+———, *Gesammelte Werke*, vol. 5, *Die geistige Welt: Einleitung in das Philosophie des Lebens* (1924).

———, "The Rise of Hermeneutics," translated by Frederick Jameson, *New Literary History* 3 (1972): 229–441.

*Dobshütz, Ernst von, "Interpretation," in *Encyclopedia of Religion and Ethics*, vol. 7, edited by James Hastings (Edinburgh: T. & T. Clark, 1926), pp. 391–95.

*Docherty, Thomas, "Postmodernist Theory: Lyotard, Baudrillard, and Others," in *Twentieth-Century Continental Philosophy*, edited by Richard Kearny (London and New York: Routledge, 1994).

Dodd, Charles H., *According to the Scriptures* (London: Collins/Fontana, 1965).

*———, *The Parables of the Kingdom* (London: Nisbet, 1935).

Doeve, J. V., *Jewish Hermeneutic in the Synoptic Gospels and Acts* (Assen: Van Gorcum, 1954).

Donaldson, Laura E., ed., *Semeia 75: Postcolonialism and Scriptural Reading* (n.p.: Society of Biblical Literature, 1996).

*Dussel, Enrique, ed., *The Church in Latin America, 1492–1992* (London: Burns and Oates; New York: Orbis, 1992).

Ebeling, Gerhard, *An Introduction to a Theological Theory of Language* (London: Collins, 1973).

———, "Time and Word," in *The Future of Our Religious Past: Essays in Honour of Rudolf Bultmann*, edited by James M. Robinson (London: SCM, 1971); translated from *Zeit und Geschichte* (1964).

———, *Word and Faith*, translated by J. W. Leitch (Philadelphia: Fortress; London: SCM, 1963).

———, *The Word of God and Tradition*, translated by S. H. Hooke (London: Collins, 1968).

Eco, Umberto, *The Role of the Reader* (London: Hutchinson, 1981).

+———, *A Theory of Semiotics* (Bloomington: Indiana University Press,

1976).

Entrevernes Group, *Signs and Parables: Semiotics and Gospel Texts*, with a study by Jacques Geninasca, postface by A. J. Greimas, translated by Gary Phillips, Pittsburgh Theological Monograph 23 (Pittsburgh: Pickwick, 1978).

Epp, Eldon Jay, *Junia: The First Woman Apostle* (Minneapolis: Fortress, 2005).

Erb, Peter C., *Pietists: Selected Writings* (London: SPCK; New York: Paulist, 1983).

Eriksson, Anders, *Tradition as Rhetorical Proof: Pauline Argumentation in 1 Corinthians* (Stockholm: Almqvist & Wiksell, 1998).

*Evans, Craig A., "Targum," in *Dictionary of Biblical Criticism and Interpretation*, edited by Stanley E. Porter (London and New York: Routledge, 2007), pp. 347–49.

+Evans, Donald D., *The Logic of Self-Involvement: A Philosophical Study of Everyday Language with Special Reference to the Christian Use of Language about God as Creator* (London: SCM, 1963).

Evans, Gillian R., *The Language and Logic of the Bible: The Road to the Reformation* (Cambridge: Cambridge University Press, 1965).

+Fish, Stanley, *Doing What Comes Naturally: Change, Rhetoric, and the Practice of Theory in Literary and Legal Studies* (Oxford: Clarendon, 1989), pp. 1–35.

+———, *Is There a Text in This Class? The Authority of Interpretive Communities* (Cambridge: Harvard University Press, 1980).

Fitzmyer, Joseph A., ed., *The Biblical Commission's Document "The Interpretation of the Bible in the Church": Text and Commentary* (Rome: Pontifical Biblical Institute, 1995).

Flannery, Austin P., O.P., ed., *Documents of Vatican II* (Grand Rapids: Eerdmans, 1975).

Foerster, Werner, *Gnosis: A Selection of Gnostic Texts*, translated by R. McL.

Wilson, 2 vols. (Oxford: Clarendon, 1972).

Forbes, G. W., *The God of Old: The Role of Lukan Parables in the Purpose of Luke's Gospel*, Journal for the Study of the New Testament, Supplement Series, no. 198 (Sheffield: Sheffield Academic Press, 2001).

*Ford, David F. (with Rachel Muers), *The Modern Theologians*, 3rd ed. (Oxford: Blackwell, 2005).

Ford, J. M., "Towards the Reinstatement of Allegory," *St. Vladimir's Theological Quarterly* 34 (1990): 161–95.

Foucault, Michel, *Discipline and Punish*, translated by A. Sheridan (New York: Pantheon and Penguin, 1977).

———, *Madness and Civilization*, translated by R. Howard (New York: Pantheon, 1965).

———, *The Order of Things*, translated by A. Sheridan (New York: Random House, 1970).

*Fowl, Stephen E., ed., *The Theological Interpretation of Scripture: Classic and Contemporary Readings* (Oxford: Blackwell, 1997).

Fowler, Robert M., *Loaves and Fishes: The Function of the Feeding Stories in the Gospel of Mark*, Society of Biblical Literature Dissertation Series 54 (Chico, Calif.: Scholars Press, 1981).

France, R. T., *Jesus and the Old Testament* (London: Tyndale Press, 1971).

*Frei, Hans, "David Friedrich Strauss," in *Nineteenth Century Religious Thought in the West*, edited by Ninian Smart et al. (Cambridge: Cambridge University Press, 1985), 1:215–60.

Friere, Paulo, *Pedagogy of the Oppressed* (New York: Herder and Herder, 1970).

Froehlich, K., *Biblical Interpretation in the Early Church*, translated by W. G. Rusch (Philadelphia: Fortress, 1984).

Frye, Northrop, *The Great Code: The Bible and Literature* (New York and London: Harcourt Brace Jovanovich, 1982).

+Fuchs, Ernst, "The Hermeneutical Problem," in *The Future of Our Religious*

Past: Essays in Honour of Rudolf Bultmann, edited by J. M. Robinson, translated by C. E. Carlston and R. P. Scharlemann (London: SCM, 1971), pp. 267–78.

———, *Hermeneutik*, 4th ed. (Tübingen: Mohr, 1970).

+———, "The New Testament and the Hermeneutical Problem," in *New Frontiers in Theology*, vol. 2, *The New Hermeneutic*, edited by James M. Robinson and John B. Cobb, Jr. (New York and London: Harper and Row, 1964).

———, *Studies of the Historical Jesus*, translated by A. Scobie (London: SCM, 1964).

*Funk, Robert W., *Language, Hermeneutic, and Word of God* (New York: Harper and Row, 1966).

Gadamer, Hans-Georg, *Hermeneutics, Religion, and Ethics*, translated by Joel Weinsheimer (New Haven: Yale University Press, 1999).

+———, *Philosophical Hermeneutics*, translated by David Linge (Berkeley: University of California Press, 1976).

+———, "Reflections on My Philosophical Journey," in *The Philosophy of Hans-Georg Gadamer*, edited by Lewis Edwin Hahn (Chicago and La Salle, Ill.: Open Court, 1997).

+———, *Truth and Method*, 2nd English ed. (London: Sheed and Ward, 1989).

Garrette, Jeremy R., *Foucault and Religion: Spiritual Corporality and Political Spirituality* (London and New York: Routledge, 1999, 2007).

Geffré, Claude, *The Risk of Interpretation: On Being Faithful to the Christian Tradition in a Non-Christian Age* (New York: Paulist, 1987).

Goba, Bonganjalo, *An Agenda for Black Theology: Hermeneutics for Social Change* (Johannesburg: Skotaville, 1988).

Gollwitzer, Helmut, *The Existence of God as Confessed by Faith*, translated by James W. Leitch (London: SCM, 1965).

*Goppelt, Leonhard, *Typos: The Typological Interpretation of the Old Testa-

ment in the New, translated by D. H. Hadvig (Grand Rapids: Eerdmans, 2006).

*Gottwald, Norman K., ed., *The Bible and Liberation: Political and Social Hermeneutics* (Maryknoll, N.Y.: Orbis, 1983).

*Grant, Robert M., *A Short History of the Interpretation of the Bible*, 3rd ed. (London: Black, 1965; rev. ed., Philadelphia: Fortress, 1984).

Green, Joel, *The Gospel of Luke* (Grand Rapids: Eerdmans, 1997).

Greenslade, S. L., ed., *The Cambridge History of the Bible*, vol. 3, *The West from the Reformation to the Present Day* (Cambridge: Cambridge University Press, 1963).

Greimas, A. J., *Sémantique Structurale: recherche de méthode* (Paris: Larousse, 1966; reprint, Paris: Presses Universitaires, 1986).

Grelot, P., *What Are the Targums? Selected Texts* (Collegeville, Minn.: Liturgical Press, 1992).

Grobel, Kendrick, *The Gospel of Truth: A Valentinian Meditation on the Gospel* (London: Black, 1960).

*Grondin, Jean, *Hans-Georg Gadamer: A Biography*, translated by Joel C. Weinsheimer (New Haven and London: Yale University Press, 2003).

Gundry, Patricia, *Neither Slave Nor Free: Helping Women Answer the Call to Church Leadership* (London and New York: HarperCollins, 1987).

Gundry, Robert H., *The Use of the Old Testament in St. Matthew's Gospel with Special Reference to the Messianic Hope* (Leiden: Brill, 1967).

Gunn, David M., *Judges*, Blackwell Commentaries (Oxford: Blackwell, 2005).

+*Gutiérrez, Gustavo, O.P., *A Theology of Liberation: History, Politics, and Salvation*, translated by Sister Caridad Inda and John Eagleson (London: SCM, 1974).

Gutting, Gary, ed., *The Cambridge Companion to Foucault* (Cambridge: Cambridge University Press, 1994).

+Habermas, Jürgen, *Knowledge and Human Interest*, 2nd ed. (London:

Heinemann, 1978).

+———, *The Theory of Communicative Action*, translated by Thomas McCarthy, 2 vols. (Cambridge: Polity Press, 1984–87).

Hagner, Donald H., *The Gospel of Matthew*, 2 vols. (Dallas: Word, 1993).

Hampson, Daphne, *After Christianity* (London: SCM, 1996).

———, *Theology and Feminism* (Oxford: Blackwell, 1990).

+Hanson, Anthony Tyrrell, *The Living Utterances of God: The New Testament Exegesis of the Old* (London: Darton, Longman and Todd, 1983).

+*Hanson, R. P. C., *Allegory and Event: A Study of the Sources and Significance of Origen's Interpretation of Scripture* (London: SCM, 1959), pp. 11–64.

Haroutunian, Joseph, and Louise Pettibone Smith, eds., *Calvin's Commentaries*, Library of Christian Classics, vol. 23 (London: SCM; Philadelphia: Westminster, 1958).

Harvey, David, *The Condition of Postmodernity* (Oxford: Blackwell, 1989).

Hayes, John, ed., *Dictionary of Biblical Interpretation*, 2 vols. (Nashville: Abingdon, 1999).

Heal, Jane, "Pragmatism and Choosing to Believe," in *Reading Rorty*, edited by Alan Malachowski (Oxford: Blackwell, 1990), pp. 101–36.

Heidegger, Martin, *Being and Time*, translated by John Macquarrie and Edward Robinson (Oxford: Blackwell, 1962).

———, *Introduction to Metaphysics* (New Haven: Yale University Press, 1959).

Heine, Susanne, *Christianity and the Goddesses: Systematic Critique of a Feminist Theology* (London: SCM, 1988).

———, *Women and Early Christianity: Are the Feminist Scholars Right?* (London: SCM, 1987).

Henderson, Ian, *Myth in the New Testament* (London: SCM, 1952).

Hepburn, R. W., "Demythologizing and the Problem of Validity," in *New Essays in Philosophical Theology*, edited by A. Flew and A. MacIntyre

(London: SCM, 1955), pp. 227–42.

*Hodges, H. A., "Selected Passages from Dilthey," in *Wilhelm Dilthey: An Introduction* (London: Oxford University Press, 1944).

Holgate, David, and Rachel Starr, *Biblical Hermeneutics* (London: SCM, 2006).

Holland, Norman, *Five Readers Reading* (New Haven: Yale University Press, 1975).

Holland, Tom, *Contours of Pauline Theology: A Radical New Survey of the Influences on Paul's Biblical Writings* (Fearn, Scotland: Christian Focus, 2004).

*Humm, Maggie, ed., *The Dictionary of Feminist Theory* (New York: Harvester Wheatsheaf, 1989).

*Hunter, A. M., *Interpreting the Parables* (London: SCM, 1964).

*———, *The Parables Then and Now* (London: SCM, 1971).

+Iser, Wolfgang, *The Act of Reading: A Theory of Aesthetic Response* (Baltimore: Johns Hopkins University Press, 1978, 1980).

+———, *The Implied Reader: Patterns of Communication in Prose Fiction from Bunyan to Beckett* (Baltimore: Johns Hopkins University Press, 1974).

*Jasper, David, *A Short Introduction to Hermeneutics* (Louisville and London: Westmister John Knox, 2004).

+Jauss, Hans Robert, *Toward an Aesthetic of Reception*, translated by T. Bahti (Minneapolis: University of Minnesota Press, 1982).

*Jeanrond, Werner G., *Theological Hermeneutics: Development and Significance* (London: Macmillan, 1991).

*Jensen, Alexander, *Theological Hermeneutics*, SCM Core Text (London: SCM, 2007).

*Jeremias, Joachim, *The Parables of Jesus*, translated by S. A. Hooke, rev. ed. (London: SCM, 1963).

Jewett, Robert, *Letter to Pilgrims: A Commentary on the Epistle to the He-

brews (New York: Pilgrim Press, 1981).

Johnson, Alfred M., ed., *Structuralism and Biblical Hermeneutics: A Collection of Essays* (Pittsburgh: Pickwick, 1979).

Johnson, Roger A., *The Origins of Demythologizing: Philosophy and Historiography in the Theology of Rudolf Bultmann* (Leiden: Brill, 1974).

Jonas, Hans, *The Gnostic Religion: The Message of the Alien God and the Beginnings of Christianity*, 2nd ed. (Boston: Beacon Press, 1963).

Jones, Geraint Vaughan, *The Art and Truth of the Parables* (London: SPCK, 1964).

Kant, Immanuel, *Critique of Judgement*, translated by Werner Pluhar (Indianapolis: Hackett, 1987).

Käsemann, Ernst, *The Wandering People of God: An Investigation into the Epistle to the Hebrews*, translated by R. Harrisville and A. Sandberg (Minneapolis: Augsburg, 1984).

Kearney, Richard, *On Paul Ricoeur: The Owl of Minerva* (Aldershot and Burlington, Vt.: Ashgate, 2004).

Kierkegaard, Søren, *Concluding Unscientific Postscript to the Philosophical Fragments* (Princeton: Princeton University Press, 1941).

Kim, Seyoon K., *The "Son of Man" as the Son of God* (Tübingen: Mohr, 1983).

King, J. Christopher, *Origen on the Song of Songs as the Spirit of Scripture: The Bridegroom's Perfect Marriage Song* (Oxford: Oxford University Press, 2006).

*Kirk, J. Andrew, *Liberation Theology: An Evangelical View from the Third World* (London: Marshall, Morgan and Scott, 1979).

Kissinger, Warren S., *The Parables of Jesus: A History of Interpretation and Bibliography* (Metuchen, N.J., and London: Scarecrow, 1979).

Kittel, Gerhard, and Gerhard Friedrich, eds., *Theological Dictionary of the New Testament*, translated by G. W. Bromiley, 10 vols. (Grand Rapids: Eerdmans, 1964–76).

Klein, William W., Craig L. Blomberg, and Robert L. Hubbard, Jr., *Introduction to Biblical Interpretation* (Dallas: Word, 1993).

*Klemm, David E., *Hermeneutical Inquiry*, 2 vols. (Atlanta: Scholars Press, 1986).

———, *The Hermeneutical Theory of Paul Ricoeur: A Constructive Analysis* (London and Toronto: Associated University Press, 1983).

Kovacs, Judith L., *1 Corinthians Interpreted by Early Christian Commentators* (Grand Rapids: Eerdmans, 2005).

Kovacs, Judith, and Christopher Rowland, *Revelation*, Blackwell Bible Commentaries (Oxford: Blackwell, 2004).

Künneth, Walter, *The Theology of the Resurrection* (London: SCM, 1965).

Kusimbi, Kanyoro, *Women, Violence, and Non-Violent Change* (Geneva: World Council of Churches, 1996).

+Laeuchli, Samuel, *The Language of Faith: An Introduction to the Semantic Dilemma of the Early Church*, introduction by C. K. Barrett (London: Epworth, 1965).

Lambrecht, Ian, *Once More Astonished: The Parables of Jesus* (New York: Crossroad, 1981).

Lampe, G. W. H., and K. J. Woollcombe, *Essays on Typology* (London: SCM, 1957).

Lane, William L., *The Epistle to the Hebrews*, 2 vols., Word Biblical Commentaries, vol. 47 (Dallas: Word, 1991).

Leach, Edmund, "Structuralism and Anthropology," in *Structuralism: An Introduction*, edited by David Robey (Oxford: Oxford University Press, 1973), pp. 37–56.

Levinson, Stephen C., *Pragmatics* (Cambridge: Cambridge University Press, 1983).

Lewis, C. S., *Experiment in Criticism* (Cambridge: Cambridge University Press, 1961).

Linnemann, Eta, *Parables of Jesus: Introduction and Exposition*, translated by John Sturdy from 3rd edition (London: SPCK, 1966).

Livingstone, David N., *Putting Science in Its Place: Geographies of Scientific Knowledge* (Chicago: University of Chicago Press, 2003).

———, *Science, Space, and Hermeneutics* (Heidelberg: University of Heidelberg, 2002).

*Loades, Ann, ed., *Feminist Theology: A Reader* (London: SPCK; Louisville: Westminster John Knox, 1990).

Lonergan, Bernard J. F., *Method in Theology* (London: Darton, Longman and Todd, 1972).

Longenecker, Richard, *Biblical Exegesis in the Apostolic Period* (Grand Rapids: Eerdmans, 1975).

Louth, Andrew, "Return to Allegory," in Louth, *Discerning the Mystery: An Essay on the Nature of Theology* (Oxford: Clarendon, 1983).

Lubac, Henri de, *Medieval Exegesis*, vol. 2, *The Four Senses of Scripture*, translated by E. M. Maeierowski (Grand Rapids: Eerdmans; Edinburgh: T. & T. Clark, 2000).

Lundin, Roger, ed., *Disciplining Hermeneutics: Interpretation in Christian Perspective* (Grand Rapids: Eerdmans; Leicester: Apollos, 1997).

Luther, Martin, *Commentary on the Epistle to the Hebrews*, in *Luther's Early Theological Works*, edited by James Atkinson, Library of Christian Classics, vol. 16 (London: SCM; Philadelphia: Westminster, 1962).

+———, *The Heidelberg Disputation*, in *Luther's Early Theological Works*, edited by James Atkinson, Library of Christian Classics, vol. 16 (London: SCM; Philadelphia: Westminster, 1962).

+———, *Luther's Works*, edited by J. Pelikan, 56 vols. (St. Louis: Concordia, 1955–).

+Luz, Ulrich, *Matthew 1–7: A Commentary*, translated by W. C. Linss (Minneapolis: Augsburg Fortress; Edinburgh: T. & T. Clark, 1989).

+———, *Matthew 8–20*, translated by W. C. Linss (Minneapolis: Augsburg Fortress; London: SCM, 2001).

+———, *Matthew 21–28*, translated by J. E. Crouch (Minneapolis: Fortress; London: SCM, 2005).

*Lyon, David, *Postmodernity* (Buckingham: Open University Press, 1994).

Lyotard, Jean-François, *The Differend: Phrases in Dispute*, translated by G. van den Abbeek (Manchester: Manchester University Press, 1990).

———, *Just Gaming*, translated by W. Godzich (Manchester: Manchester University Press, 1985).

———, *The Postmodern Condition: A Report on Knowledge*, translated by G. Bennington and B. Massumi (Manchester: Manchester University Press, 1984; French edition, 1979).

*McKim, Donald K., ed., *Dictionary of Major Biblical Interpreters* (Downers Grove, Ill., and Nottingham: IVP, 2007).

McKnight, Edgar V., *The Bible and the Reader: An Introduction to Literary Criticism* (Philadelphia: Fortress, 1985).

Macquarrie, John, *An Existentialist Theology: A Comparison of Heidegger and Bultmann* (London: SCM, 1955).

———, *The Scope of Demythologizing: Bultmann and His Critics* (London: SCM, 1962).

Marks, Elaine, and Isabelle de Courtivron, eds., *New French Feminisms: An Anthology* (Hemel Hemstead: Harvester Press, 1981).

Markus, Robert, *Signs and Meanings: World and Text in Ancient Christianity* (Liverpool: Liverpool University Press, 1996).

Marlé, René, "Bultmann and the Old Testament," in *Rudolf Bultmann in Catholic Thought*, edited by Thomas F. O'Meara and Donald M. Weisser (New York: Herder and Herder, 1968), pp. 110–24.

Michelson, A., *Women, Authority, and the Bible* (Downers Grove, Ill.: IVP, 1986).

Miegge, Giovanni, *Gospel and Myth in the Thought of Rudolf Bultmann*, translated by Stephen Neill (London: Lutterworth, 1960).

Miranda, José Porfirio, *Being and Messiah: The Message of St. John*, translated by John Eagleson (Maryknoll, N.Y.: Orbis; London: SCM, 1977).

+*———, *Marx and the Bible: A Critique of the Philosophy of Oppression* (Maryknoll, N.Y.: Orbis, 1974; London: SCM, 1977).

Moberly, R. W. L., *The Bible, Theology, and Faith: A Study of Abraham and Jesus* (Cambridge: Cambridge University Press, 2000).

Mollenkott, V. R., *The Divine Feminism in the Biblical Imagery of God as Female* (New York: Crossroad, 1983).

Moo, Douglas J., *The Old Testament in the Gospel Passion Narratives* (Sheffield: Almond, 1983).

*Morgan, Robert (with John Barton), *Biblical Interpretation* (Oxford: Oxford University Press, 1988).

Mosala, Itumeleng J., *Biblical Hermeneutics and Black Theology in South Africa* (Grand Rapids: Eerdmans, 1989).

*Mueller-Vollmer, Kurt, ed., *The Hermeneutics Reader* (Oxford: Blackwell, 1985).

Neill, Stephen, and Tom Wright, *The Interpretation of the New Testament, 1861–1986*, 2nd ed. (Oxford: Oxford University Press, 1988).

+Nida, Eugene A., "The Implication of Contemporary Linguistics in Biblical Scholarship," *Journal of Biblical Literature* 91 (1972): 23–90.

Oduyoye, Mercy Amba, *Introducing African Women's Theology* (Sheffield and New York: Continuum, 2004).

Oduyoye, Mercy Amba, and Elizabeth Amoah, eds., *People of Faith and the Challenge of HIV/AIDS* (Ibadan: Sefer, 2005).

*Oeming, Manfred, *Contemporary Biblical Hermeneutics: An Introduction*, translated by J. Vette (Aldershot and Burlington, Vt.: Ashgate, 2006).

Ogden, Schubert, *Christ without Myth: A Study Based on the Theology of Rudolf Bultmann* (New York: Harper and Row, 1961).

Olhausen, William, "A 'Polite' Response to Anthony Thiselton," in *After Pentecost: Language and Biblical Interpretation*, edited by Craig Bartholomew and others, Scripture and Hermeneutics Series, vol. 2 (Grand

Rapids: Zondervan; Carlisle: Paternoster, 2001), pp. 121–30.

Oliver, J. M., ed., *Diodore: Commentary on the Psalms*, in *Corpus Christianorum, Series Graeca*, 6 vols. (Turnhout: Brepols, 2006).

*Osborne, Grant R., *The Hermeneutical Spiral: A Comprehensive Introduction to Biblical Interpretation* (Downers Grove, Ill.: InterVarsity, 1991).

Osiek, Carolyn, *Beyond Anger: On Being a Feminist in the Church* (New York: Paulist, 1986).

———, *A Woman's Place: House Churches in Earliest Christianity* (Minneapolis: Augsburg, 2005).

Pagels, Elaine, *The Gnostic Paul: Gnostic Exegesis of the Pauline Letters* (Philadelphia: Fortress, 1975).

———, *The Johannine Gospel in Gnostic Exegesis* (Nashville and New York: Abingdon, 1973).

*Palmer, Richard E., *Hermeneutics: Interpretation Theory in Schleiermacher, Dilthey, Heidegger, and Gadamer*, Studies in Phenomenology and Existential Philosophy (Evanston, Ill.: Northwestern University Press, 1969).

+Pannenberg, Wolfhart, "Myth in Biblical and Christian Tradition," in Pannenberg, *Basic Questions in Theology*, translated by R. A. Wilson (London: SCM, 1970–73), 3:1–79.

+———, *Systematic Theology*, translated by G. W. Bromiley, 3 vols. (Edinburgh: T. & T. Clark; Grand Rapids: Eerdmans, 1991, 1994, 1998).

Parker, T. H. L., *Calvin's Old Testament Commentaries* (Edinburgh: T. & T. Clark, 1986).

Parratt, John, *An Introduction to Third World Theologies* (Cambridge: Cambridge University Press, 2004).

*Parris, David Paul, *Reading the Bible with Giants: How 2,000 Years of Biblical Interpretation Can Shed Light on Old Texts* (London and Atlanta: Paternoster, 2006).

Parsons, Mikeal, "Allegorizing Allegory: Narrative Analysis and Parable Interpretation," *Perspectives in Religious Studies* 15 (1988): 147–64.

Patte, Daniel, *Early Jewish Hermeneutic in Palestine*, Society of Biblical Literature Dissertation Series 22 (Missoula: Scholars Press, 1975).

*———, *What Is Structural Exegesis?* (Philadelphia: Fortress, 1976).

———, ed., *Global Bible Commentary* (Nashville: Abingdon, 2004).

———, *Semiology and Parables: Exploration of the Possibilities Offered by Structuralism for Exegesis* (Pittsburgh: Pickwick, 1976).

Plaskow, Judith, *Sex, Sin, and Grace: Women's Experience and the Theologies of Reinhold Niebuhr and Paul Tillich* (Lanham, Md.: University Press of America, 1980).

Poland, Lynn M., *Literary Criticism and Biblical Hermeneutics: A Critique of Formative Approaches* (Chico, Calif.: Scholars Press, 1985).

*Porter, Stanley E., ed., *Dictionary of Biblical Criticism and Interpretation* (London and New York: Routledge, 2007).

Reventlow, Henning Graf, *The Authority of the Bible and the Rise of the Modern World*, translated by John Bowden (London: SCM, 1984).

Richards, Janet Radcliffe, *The Sceptical Feminist: A Philosophical Enquiry* (London: Penguin Books, 1983).

+Ricoeur, Paul, *The Conflict of Interpretations: Essays in Hermeneutics*, translated by D. Ihde (Evanston, Ill.: Northwestern University Press, 1974).

+*———, *Essays on Biblical Interpretation*, edited by Lewis S. Mudge (Philadelphia: Fortress, 1980; London: SPCK, 1981).

———, *Fallible Man*, revised and translated by Charles A. Kelbley (New York: Fordham University Press, 1985).

———, *Figuring the Sacred: Religion, Narrative, and Imagination*, translated by David Pellauer and Mark I. Wallace (Philadelphia: Augsburg Fortress, 1995).

———, *Freedom and Nature: The Voluntary and Involuntary* (Evanston, Ill.: Northwestern University Press, 1966).

+———, *Freud and Philosophy: An Essay on Interpretation*, translated by Denis Savage (New Haven: Yale University Press, 1970).

———, *Hermeneutics and the Human Sciences: Essays on Language Action and Interpretation*, edited and translated by John B. Thompson (Cambridge: Cambridge University Press, 1981).

———, "Intellectual Biography," in *The Philosophy of Paul Ricoeur*, edited by Lewis E. Hahn (Chicago: Open Court, 1995).

+———, *Interpretation Theory: Discourse and the Surplus of Meaning* (Fort Worth: Texas Christian University Press, 1976).

———, *The Just*, translated by David Pellauer (Chicago and London: University of Chicago Press, 2000).

+———, *Oneself as Another*, translated by Kathleen Blamey (Chicago and London: University of Chicago Press, 1992).

———, *Reflections on the Just*, translated by David Pellauer (Chicago and London: University of Chicago Press, 2007).

———, *The Rule of Metaphor: Multi-Disciplinary Studies of the Creation of Meaning in Language*, translated by Robert Czerny with Kathleen McLaughlin (London: Routledge and Kegan Paul, 1977).

———, *The Symbolism of Evil* (Boston: Beacon Press, 1969; 1st English ed. 1967).

+———, *Time and Narrative*, translated by Kathleen Blamey and David Pellauer, 3 vols. (Chicago and London: University of Chicago Press, 1984, 1985, 1988).

Ricoeur, Paul, and André LaCocque, *Thinking Biblically: Exegetical and Hermeneutical Studies*, translated by David Pellauer (Chicago and London: University of Chicago Press, 1998).

Robins, Wendy S., ed., *Through the Eyes of a Woman: Bible Studies on the Experience of Women* (Geneva: World YWCA Publications, 1986).

Robinson, James M., "Hermeneutics since Barth," in *New Frontiers in Theology*, vol. 2, *The New Hermeneutic*, edited by James M. Robinson and

John B. Cobb, Jr. (New York and London: Harper and Row, 1964), pp. 1–77.

Rogerson, John, *Old Testament Criticism in the Nineteenth Century: England and Germany* (London: SPCK, 1984).

Rorty, Richard M., *Philosophy and Social Hope* (Princeton: Princeton University Press, 1979).

———, *Philosophy and the Mirror of Nature* (Princeton: Princeton University Press, 1979).

+———, *Truth and Progress: Philosophical Papers*, vol. 3 (Cambridge: Cambridge University Press, 1998).

Ruether, Rosemary Radford, *Gaia and God: An Eco-Feminist Theology of Earth Healing* (San Francisco: HarperCollins, 1992).

———, *Women-Church: Theology and the Practice of Feminist Liturgical Communities* (San Francisco: Harper and Row, 1985).

———, ed., *Religion and Sexism: Images of Women in the Jewish and Christian Traditions* (New York: Simon and Schuster, 1974).

+Ruether, Rosemary Radford, and Eleanor McLaughlin, eds., *Women of Spirit: Female Leadership in the Jewish and Christian Traditions* (New York: Simon and Schuster, 1979).

+Rush, Ormond, *The Reception of Doctrine: An Appropriation of Hans Robert Jauss' Reception Aesthetics and Literary Hermeneutics* (Rome: Pontifical Gregorian University, 1997).

+Russell, Letty M., ed., *Feminist Interpretation of the Bible* (Philadelphia: Westminster, 1985).

———, *The Liberating Word: A Guide to Nonsexist Interpretation of the Bible* (Philadelphia: Westminster, 1976).

Saiving, Valerie, "The Human Situation: A Feminine View," *Journal of Religion* 40 (1960): 100–112.

Saussure, Ferdinand de, *Course in General Linguistics*, edited by C. Bally and A. Sechehaye, translated by R. Harris (London: Duckworth, 1983).

Scalise, Charles J., *Hermeneutics as Theological Prolegomena: A Canonical Approach* (Macon, Ga.: Mercer University Press, 1994).

Scanzoni, L. D., "Revitalizing Interpretations of Ephesians 5:22," *Pastoral Psychology* 45 (1997): 317–39.

Scanzoni, L. D., and N. A. Hardesty, *All We're Meant to Be: A Biblical Approach to Women's Liberation* (Waco, Tex.: Word, 1974; 3rd rev. ed. 1992).

+Schleiermacher, Friedrich, *Christmas Eve: A Dialogue on the Incarnation*, translated by T. N. Tice (Richmond, Va.: John Knox, 1967).

+*———, *Hermeneutics: The Handwritten Manuscripts*, edited by Heinz Kimmerle, translated by James Duke and Jack Forstman (Missoula: Scholars Press, 1977).

———, *On Religion: Speeches to Its Cultured Despisers*, translated by John Oman (reprint, New York: Harper and Row, 1959).

*Schmithals, Walter, *An Introduction to the Theology of Rudolf Bultmann*, translated by John Bowden (London: SCM, 1968), pp. 38–39.

*Schubeck, Thomas L., S.J., "Liberation Theology," in *The Encyclopedia of Christianity*, edited by Erwin Fahlbusch, Jan Milič Lochman, et al., translated by G. W. Bromiley, 5 vols. (Grand Rapids: Eerdmans, 1999–2008), 3:258–65.

Schüssler Fiorenza, Elisabeth, *Bread Not Stone: The Challenge of Feminist Biblical Interpretation* (Boston: Beacon Press, 1984).

———, *Discipleship of Equals: A Critical Feminist Ekklēsia-logy of Liberation* (New York: Crossroad, 1993).

+———, *In Memory of Her: A Feminist Theological Reconstruction of Christian Origins* (New York: Crossroad; London: SCM, 1983).

———, *Jesus: Miriam's Child, Sophia's Prophet; Critical Issues in Feminist Theology* (London: SCM; New York: Continuum, 1995).

———, *Sharing Her Word: Feminist Biblical Interpretation in Contrast* (Boston: Beacon Press, 1998).

Scott, Bernard B., *Hear Then the Parable: A Commentary on the Parables of Jesus* (Minneapolis: Fortress, 1989).

Searle, John R., *Expression and Meaning: Studies in the Theory of Speech Acts* (Cambridge: Cambridge University Press, 1979).

+Segundo, Juan Luis, *Liberation of Theology*, translated by John Drury (Dublin: Gill and MacMillan, 1977).

Selwyn, Edward G., *The First Epistle of St. Peter: The Greek Text with Introduction, Notes, and Essays*, 2nd ed. (London: Macmillan, 1947).

Shotwell, Willis A., *The Biblical Exegesis of Justin Martyr* (London: SPCK, 1965).

Showalter, Elaine, ed., *The New Feminist Criticism: Essays on Women, Literature, and Theory* (London: Virago Press, 1986).

Silverman, Hugh, *Gadamer and Hermeneutics: Science, Culture, Literature* (New York: Routledge, 2001).

*Smalley, Beryl, *The Study of the Bible in the Middle Ages* (Oxford: Blackwell, 1952, 1964).

Smart, James, *The Interpretation of Scripture* (London: SCM, 1961).

Smith, James K. A., *Who's Afraid of Postmodernism? Taking Derrida, Lyotard, and Foucault to Church* (Grand Rapids: Baker Academic, 2006).

Souter, A., *A Study of Ambrosiaster*, Texts and Studies 7 (Cambridge: Cambridge University Press, 1905).

Stanley, Christopher D., *Paul and the Language of Scripture: Citation Technique in the Pauline Epistles and Contemporary Literature*, Society for New Testament Studies Monograph Series, no. 69 (Cambridge: Cambridge University Press, 1992).

*Stein, Robert H., *An Introduction to the Parables of Jesus* (Philadelphia: Westminster, 1981).

*Stiver, Dan R., *Theology after Ricoeur: New Directions in Hermeneutical Theology* (Louisville and London: Westminster John Knox, 2001).

Storkey, Elaine, *What's Right with Feminism?* (London: SPCK, 1985).

Strauss, David F., *The Life of Jesus Critically Examined*, translated and edited by P. C. Hodgson (Philadelphia: Fortress; London: SCM, 1973).

Stuhlmacher, Peter, *Historical Criticism and Theological Interpretation of Scripture*, translated by R. A. Harrisville (Philadelphia: Fortress, 1977).

*Sturrock, John, ed., *Structuralism and Since: From Lévi-Strauss to Derrida* (Oxford: Oxford University Press, 1979).

Sugirtharajah, R. S., *The Bible and the Empire: Postcolonial Explorations* (Cambridge: Cambridge University Press, 2005).

———, *The Bible and the Third World* (Cambridge: Cambridge University Press, 2001).

———, ed., *Asian Faces of Jesus* (Maryknoll, N.Y.: Orbis; London: SCM, 1993).

———, *Voices from the Margins: Interpreting the Bible in the Third World* (Maryknoll, N.Y.: Orbis; London: SPCK, 1989, 2006).

+Suleiman, Susan R., and Inge Crosman, eds., *The Reader in the Text: Essays on Audience and Interpretation* (Princeton: Princeton University Press, 1980).

*Tate, Randolph W., *Biblical Interpretation: An Integrated Approach* (Peabody, Mass.: Hendrickson, 1991).

Theissen, Gerd, *Psychological Aspects of Pauline Theology*, translated by J. P. Galwin (Philadelphia: Fortress; Edinburgh: T. & T. Clark, 1987).

Thielicke, Helmut, "The Restatement of the New Testament Mythology," in *Kerygma and Myth: A Theological Debate*, edited by Hans Werner Bartsch, 2 vols. (London: SCM, 1953), 1:138–74.

Thiselton, Anthony C., "Authority and Hermeneutics: Some Proposals for a More Creative Agenda," in *A Pathway with the Holy Scripture*, edited by Philip E. Satterthwaite and David F. Wright (Grand Rapids: Eerdmans, 1994), pp. 107–41.

———, "Canon, Community and Theological Construction," in *Canon and Biblical Interpretation*, edited by Craig G. Bartholomew and others,

Scripture and Hermeneutics Series, vol. 7 (Grand Rapids: Zondervan; Carlisle: Paternoster, 2006), pp. 1–30.

*———, *Can the Bible Mean Whatever We Want It to Mean?* (Chester, U.K.: Chester Academic Press, 2005).

———, *The First Epistle to the Corinthians: A Commentary on the Greek Text*, New International Greek Testament Commentary (Grand Rapids: Eerdmans; Carlisle: Paternoster, 2000).

+———. *The Hermeneutics of Doctrine* (Grand Rapids: Eerdmans, 2007).

*———, "The New Hermeneutic," in *New Testament Interpretation*, edited by I. H. Marshall (Exeter: Paternoster, 1972), pp. 308–31.

———, *New Horizons in Hermeneutics: The Theory and Practice of Transforming Biblical Reading* (London: HarperCollins; Grand Rapids: Zondervan, 1992).

*———, "Reader-Response Hermeneutics, Action Models, and the Parables of Jesus," in Roger Lundin, Anthony C. Thiselton, and Clarence Walhout, *The Responsibility of Hermeneutics* (Grand Rapids: Eerdmans; Exeter: Paternoster, 1985), pp. 79–115.

+———, *Thiselton on Hermeneutics: Collected Works with New Essays* (Grand Rapids: Eerdmans; Aldershot: Ashgate, 2006).

+———, *The Two Horizons: New Testament Hermeneutics and Philosophical Description with Special Reference to Heidegger, Bultmann, Gadamer, and Wittgenstein* (Grand Rapids: Eerdmans; Exeter: Paternoster, 1980).

Thiselton, Anthony C. (with R. Lundin and C. Walhout), *The Promise of Hermeneutics* (Grand Rapids: Eerdmans; Carlisle: Paternoster, 1999).

Thompson, John B., *Critical Hermeneutics: A Study in the Thought of Paul Ricoeur and Jürgen Habermas* (Cambridge: Cambridge University Press, 1981, 1983).

Thompson, John L., *Reading the Bible with the Dead* (Grand Rapids: Eerdmans, 2007).

Tilley, Terrence W., *Postmodern Theologies: The Challenge of Religious Diversity* (Maryknoll, N.Y.: Orbis, 1995).

Tolbert, Mary Ann, *Perspectives on the Parables* (Philadelphia: Fortress, 1979).

Torjesen, Karen Jo, *Hermeneutical Procedure and Theological Method in Origen's Exegesis* (Berlin: Walter de Gruyter, 1986).

Torrance, Alan J., *Persons in Communion: An Essay on Trinitarian Description and Human Participation with Special Reference to Volume One of Karl Barth's "Church Dogmatics"* (Edinburgh: T. & T. Clark, 1996).

Torrance, Thomas F., *Divine Meaning: Studies in Patristic Hermeneutics* (Edinburgh: T. & T. Clark, 1995).

*———, *Karl Barth: An Introduction to His Early Theology, 1910–1931* (London: SCM, 1962).

Tracy, David, *The Analogical Imagination: Christian Theology and the Culture of Pluralism* (London: SCM, 1981).

+Trible, Phyllis, *God and the Rhetoric of Sexuality* (Philadelphia: Fortress, 1978).

+———, *Texts of Terror: Literary-Feminist Readings of Biblical Narratives* (Philadelphia: Fortress, 1984).

Trigg, Joseph W., *Origen: The Bible and Philosophy in the Third-Century Church* (London: SCM; Louisville: John Knox, 1983, 1985).

+Tyndale, William, *A Pathway into the Holy Scripture*, in Tyndale, *Doctrinal Treatises and Introductions to Holy Scripture* (Cambridge: Cambridge University Press, Parker Society, 1848).

Ullmann, Stephen, *Principles of Semantics*, 2nd ed. (Oxford: Blackwell, 1963).

———, *Semantics* (Oxford: Blackwell, 1962).

Vanhoozer, Kevin J., *Biblical Narrative in the Philosophy of Paul Ricoeur: A Study in Hermeneutics* (Cambridge: Cambridge University Press, 1990).

+———, *Is There a Meaning in This Text? The Bible, the Reader, and the Morality of Literary Knowledge* (Grand Rapids: Zondervan, 1998).

*———, ed., *Dictionary for Theological Interpretation of the Bible* (London: SPCK, 2005).

*———, *Postmodern Theology: Cambridge Companion* (Cambridge: Cambridge University Press, 2003).

Via, Dan Otto, "The Parable of the Unjust Judge: A Metaphor of the Unrealised Self," in *Semiology and the Parables: An Exploration of the Possibilities Offered in Structuralism for Exegesis*, edited by Daniel Patte (Pittsburgh: Pickwick, 1976), pp. 1–32.

+———, *The Parables: Their Literary and Existential Dimension* (Philadelphia: Fortress, 1967).

Walker, Alice, *In Search of Our Mother's Gardens: Womanist Prose* (New York: Harcourt Brace, 1983; London: Women's Press, 1984).

Wall, John, *Moral Creativity: Paul Ricoeur and the Poetics of Possibility* (Oxford: Oxford University Press, 2005).

Wallace, Mark, *The Second Naïveté: Barth, Ricoeur, and the New Yale Theology* (Macon, Ga.: Mercer University Press, 1990).

*Ward, Graham, ed., *The Blackwell Companion to Postmodern Theology* (Oxford: Blackwell, 2001), pp. xiv–xv.

*———, *The Postmodern God: A Theological Reader* (Oxford: Blackwell, 1997).

+Warnke, Georgia, *Gadamer: Hermeneutics, Tradition, and Reason* (Cambridge: Polity Press, 1987).

Warnock, J. G., "Every Event Has a Cause," in *Logic and Language*, edited by A. G. W. Flew, 2nd ser. (Oxford: Blackwell, 1966), 1:95–111.

+Watson, Francis, *Text and Truth: Redefining Biblical Theology* (Edinburgh: T. & T. Clark, 1997).

+———, *Text, Church, and World: Biblical Interpretation in Theological Perspective* (Edinburgh: T. & T. Clark, 1994).

Weber, Otto, *Karl Barth's "Church Dogmatics": An Introductory Report*, translated by A. C. Cochrane (London: Lutterworth, 1953).

+Weinsheimer, Joel C., *Gadamer's Hermeneutics: A Reading of "Truth and Method"* (New Haven: Yale University Press, 1985).

Wellek, René, and Austin Warren, *Theory of Literature* (London: Jonathan Cape, 1949; 3rd ed., Pegasus, 1973).

Wenham, David, *The Parables of Jesus: Pictures of a Revolution* (London: Hodder and Stoughton, 1989).

Wilder, Amos N., *Early Christian Rhetoric* (Cambridge: Harvard University Press; London: SCM, 1964); the second edition of *Jesus and the Language of the Gospel* (Philadelphia: Fortress, reprinted 1976, 1982).

———, "The Word as Address and the Word as Meaning," in *New Frontiers in Theology*, vol. 2, *The New Hermeneutic*, edited by James M. Robinson and John B. Cobb, Jr. (New York and London: Harper and Row, 1964).

Wilmore, G. S., and James Cone, eds., *Black Theology: A Documentary History, 1980–1992*, 2nd ed., 2 vols. (Maryknoll, N.Y.: Orbis, 1993).

Wimbush, Vincent, ed., *African Americans and the Bible: Sacred Texts and Social Textures* (New York: Continuum, 2001).

Wimsatt, W. K., and Monroe C. Beardsley, "The Intentional Fallacy," *Sewanee Review* 4 (1946): 468–88; revised and republished in Wimsatt and Beardsley, *The Verbal Icon: Studies in the Meaning of Poetry* (Lexington: University Press of Kentucky, 1954), 3–18.

Wittgenstein, Ludwig, *The Blue and Brown Books: Preliminary Studies for the "Philosophical Investigations"* (Oxford: Blackwell, 1969).

———, *On Certainty*, German and English (Oxford: Blackwell, 1969).

+———, *Philosophical Investigations*, German and English, English text translated by G. E. M. Anscombe (Oxford: Blackwell, 1967).

Wittig, Susan, "A Theory of Multiple Meanings," *Semeia* 9 (1977): 75–105.

+Wolterstorff, Nicholas, *Divine Discourse: Philosophical Reflections on the*

Claim That God Speaks (Cambridge: Cambridge University Press, 1995).

Wood, James D., *The Interpretation of the Bible* (London: Duckworth, 1958).

+Work, Telford, *Living and Active: Scripture in the Economy of Salvation* (Grand Rapids: Eerdmans, 2002).

Wycliffe, John, *On the Truth of the Holy Scripture* (Kalamazoo, Mich.: Mediaeval Institute, and Western Michigan University, 2001).

———, *The Pastoral Office*, translated by F. L. Battles, Library of Christian Classics, vol. 14 (London: SCM; Philadelphia: Westminster, 1963).

*Yarchin, William, *History of Biblical Interpretation: A Reader* (Peabody, Mass.: Hendrickson, 2004).

Zaharopoulos, Dimitri Z., *Theodore of Mopsuestia on the Bible: A Study of His Old Testament Exegesis* (New York: Paulist, 1989).

Zimmermann, Jens, *Recovering Theological Hermeneutics: An Incarnational-Trinitarian Theory of Interpretation* (Grand Rapids: Baker Academic, 2004).

索引

人名

托马斯·阿奎那（Thomas Aquinas）140, 145-147, 155, 158, 205, 223, 371-372, 412

约拿单·爱德华兹（Jonathan Edwards）166, 370

詹姆斯·巴尔（James Barr）37, 232, 234, 237, 239-242, 298, 335, 339, 350, 352-353, 372-373

罗兰·巴特斯（Roland Barthes）36, 69, 233-239, 276, 347, 380, 383-384, 388-389, 395, 407

克雷格·布隆伯格（Craig Blomberg）50, 59, 73

马丁·布塞尔（Martin Bucer）158, 163

布里瓦德·查尔兹（Brevard Childs）225, 272, 370-371, 406, 410, 411

慈运理（Zwingli）156

勒内·笛卡尔（René Descartes）16-17, 21-22, 25, 28, 30-31, 44, 163-165, 192, 247-248, 250-253, 256, 264, 266, 270, 275, 283-284, 367, 380

赫尔穆特·蒂利克（Helmut Thielicke）203, 216

威廉·丁道尔（William Tyndale）156-157, 364, 412

查尔斯·多德（Charles H. Dodd）48-49, 56, 58-61, 65, 71, 73, 105, 108, 145-146, 161, 212, 236, 245-246, 249, 259, 263, 270-271, 274, 276, 279-280, 285-290, 304, 341, 356

瓦雷尔·法勒尔（W. Farel）158

凯文·范浩沙（Kevin Vanhoozer）239, 270, 290-291, 370, 383, 386-387

斐洛（Philo）12, 76, 82, 84-86, 91, 102-103, 120, 123, 125, 127-129, 134, 142, 364, 371

汉斯·弗莱（Hans Frei）245-246, 249, 303, 305-306, 314

黑格尔（Georg W. Hegel）44, 166, 172-173, 178, 182, 190, 192-193, 244, 249-255, 259, 263-265, 282, 284, 287-288, 290, 301, 304, 390, 401

威尔汉·赫尔曼 199-200, 202, 220, 222, 386

约翰·加尔文（John Calvin）31-32, 39, 156-160, 182, 191, 220, 292, 364-365, 372, 411

康德（Immanuel Kant）44, 95, 150, 163, 165-166, 178, 180-182, 188, 192, 199-200, 202, 211, 244-246, 249, 251, 253, 260, 264, 271, 280, 284-289, 292, 296, 390, 406

索伦·祁克果（Søren Kierkegaard）44, 178, 202, 215, 221, 225, 244-245, 247-248, 251, 264, 310-311

戈特弗里德莱布尼茨（Gottfried W. Leibniz）165, 181

赖特（N. T. Wright）70, 209

阿尔布雷赫特·立敕尔（Albrecht Ritschl）202

彼得·伦巴德（Peter Lombard）143-145, 147, 152-153

马丁路德（Martin Luther）32, 150, 152-157, 325, 411

约翰·麦奎利（John Macquarrie）2, 204-205, 207, 210, 214, 217

菲利普·墨兰顿（Philip Melanchthon）150, 156, 158, 161, 363-364

迪特里希·潘霍华（Dietrich Bonhoeffer）43, 163, 351

沃尔夫哈特·潘能伯格（Wolfhart Pannenberg）29-30, 212, 214, 248-249, 337, 350, 353

詹斯·齐默尔曼（Jens Zimmermann）46, 406

尼古拉斯·路德维希·亲岑多夫（Nicholas Ludwig Count von Zinzendorf）162-163, 167, 180

约翰·屈梭多模（John Chrysostom）13, 31, 125, 129, 133-136, 139, 147, 375

约翰·塞姆勒（Johann S. Semler）150, 163, 165-169, 171, 253, 406

菲利普·雅各·施本尔（Philipp J. Spener）161-162

阿尔伯特·史怀哲（Albert Schweitze）59, 88, 96, 209

施莱尔马赫（Schleiermacher）3, 7, 10-12, 15, 17-18, 22-23, 31-33, 35, 38-39, 43-44, 95, 150, 158, 163, 166, 172-173, 178-193, 198-199, 214, 244, 246, 251-254, 256, 265, 306, 321, 373, 412

弗里德里希·施勒格尔（Friedrich Schlegel）179

大卫·施特劳斯（David F. Strauss）172-174, 395, 406

巴鲁赫·斯宾诺莎（Baruch Spinoza）163, 167

保罗·田立克（Paul Tillich）321, 341, 345, 347, 351

约翰·卫斯理（John Wesley）162-163, 166, 180

路德维希·维特根斯坦（Ludwig Wittgenstein）2, 20, 22, 24-25, 39, 116, 187, 189, 213, 247-248, 252, 259, 261-263, 265, 275, 293, 380-382, 386, 388, 390, 392-393, 399-401, 407-408

尼古拉斯·沃尔特斯托夫（Nicholas Wolterstorff）190, 294-295, 363, 383, 387, 407

大卫·休谟（David Hume）16, 22, 28, 163, 165, 178, 181, 192, 205, 284, 380

伊拉斯谟（Erasmus）16, 22, 28, 163, 165, 178, 181, 192, 205, 284, 380

埃伯哈德·云格尔（Eberhard. Jüngel）209, 309

主题

《巴门宣言》（Barmen Declaration）221, 224
本体论（ontology）181, 210, 214, 216, 248, 251-252, 255-256, 260, 288, 372, 385
编修批判（redaction criticism）73
辩证神学（dialectical theology）216, 221
伯拉纠主义（Pelagianism）20, 154
柏拉图主义（Platonism）84, 86, 89-90, 164, 374-375
称义（justification）96, 98, 152, 154, 201, 205, 210, 309, 376
此在（Dasein）51, 210-211, 246, 255, 257, 268, 281, 288, 348
初步理解（preliminary understanding）21-23, 28, 43, 95, 185, 198, 227
读者回应（reader response）3, 40-43, 48-49, 52, 55, 70, 72-73, 236, 346, 356-357, 359, 361-366, 368, 386
二元论（dualism）211, 213, 249, 264, 308, 365
反基础主义（antifoundationalism）391
复活（resurrection）60, 82, 84, 87, 94, 97, 101, 113, 123-124, 136, 169, 190, 207, 209, 211, 220, 222, 224, 229, 289, 305, 310-311, 327, 334, 336, 339, 344, 347, 349-350, 372, 374-376
福音宣告（kerygma）200, 203, 206, 208, 211-213, 215-216, 222, 227

后结构主义（post-structuralism）41, 234-235, 237-239, 242, 394-395, 402, 409
基督论（Christology）65, 117, 119, 122, 124, 130-134, 136, 143, 153, 173, 175, 207-209, 213, 217, 221, 225, 311, 314, 335, 338, 341, 345, 350, 363
敬虔主义（Pietism）34, 160-162, 166, 168, 178-180, 188, 250, 259, 367, 374
客观性（objectivity）28, 36, 45, 166, 168, 199, 248, 252, 282, 367, 380, 401
库姆兰（Qumran）76-77, 80-81, 87, 213-214
浪漫主义（Romanticism）35-36, 160, 170, 179-180, 182, 190, 194, 249, 253-254, 258-259, 281, 295, 356, 359, 367
历史鉴别学（historical criticism; historical-critical method）134, 225
理性主义（rationalism）11, 16-17, 22, 28, 30, 88, 160, 162, 164-165, 168, 170, 172-173, 180, 244, 247-248, 250, 380
逻格斯（Logos）117, 129, 146, 385, 387
马克思主义（Marxism）234, 273, 300-301, 303-304, 307, 318, 321, 380, 384, 394-395
《马索拉抄本》（the Masoretic Text）79, 81-83
孟他努主义（Montanism）122, 327, 333, 375
《米示拿》（Mishnah）58, 78-80
末世论（eschatology）76, 209, 212,

217, 304-306, 311, 313, 341
认识论（epistemology）17-18, 188, 193, 200-201, 211, 251, 255, 279, 364, 399, 400
神的国（kingdom of God）58, 59, 62, 68, 209, 315, 335
神迹（miracle）96-97, 164-165, 169, 204-206, 212, 363
生活情境（Sitz im Leben）59-61, 238, 320-321,333
圣经权威（authority of the Bible）12, 406
圣经神学（biblical theology）171-172, 241, 410
圣灵（Holy Spirit）51, 76, 97, 112-113, 117, 124, 127-130, 133, 138, 144-145, 159, 162, 174, 189, 209, 222-227, 237, 311, 324, 327, 335-336, 341-342, 349, 366, 371, 373, 375, 406-407
世界观（worldview）45, 204-206, 214, 216, 251, 269, 273, 309, 411
实用主义（pragmatism）72, 364, 380, 383, 398, 401-402
述行（performative）293, 408-409
塔木德（Talmud）55, 58, 78, 80
路德主义（Lutheranism）200, 202, 211, 217
启蒙运动（Enlightenment）3,22, 30, 91, 95, 106, 150, 160-163, 165-167, 169, 171, 173, 178-182, 184, 188, 198, 247, 250-251, 253, 255-258, 264, 266, 287, 292, 299, 305, 397, 402, 406
去客观化（de-objectifying）198, 203, 205, 214, 247
《武加大译本》（Vulgate）106, 125, 142-143

戏剧化（dramatization）279
系统神学（systematic theology）4, 6, 130, 145, 156, 208, 311, 341, 345
信仰准则（rule of faith）119, 122, 127, 130, 138-139
形式鉴别学（form criticism）172, 200, 202, 211
新康德主义（neo-Kantianism）199-200, 202, 211, 244-245
叙事语法（narrative grammar）233
言外性（illocutionary）408
耶稣生平（Life of Jesus）173, 201
预表（typology）91, 94, 101-103, 105, 110, 118-119, 132, 134, 136-137, 159, 161, 344, 346, 361, 365, 371, 411
前设理解（pre-understanding）21, 94-95, 97- 98, 100-101, 198-199, 207
演说（la parole）84, 151, 187, 189, 200-203, 211, 213, 228, 262, 275, 295, 384, 387
耶稣生平 173, 201
语义场（semantic field）232, 277
语义学（semantics）232, 238-239, 241-242, 277, 381
元叙事（metanarrative）380, 382, 391
正统主义（orthodoxy）160-161, 168
自主文本（autonomous text）407
直观（divinatory; divination）141, 179, 182, 184-188

www.ingramcontent.com/pod-product-compliance
Lightning Source LLC
Chambersburg PA
CBHW071553080526
44588CB00010B/891